Das Guerilla Marketing Handbuch

Das Guerilla Marketing Handbuch bietet ein reich illustriertes Repertoire an Marketinginstrumenten. Sie erfahren u.a., wie Sie Zeitungsanzeigen, Werbebriefe, Kundenrundschreiben, Rundfunk- und Fernsehspots gestalten. Sie erfahren, welche Möglichkeiten die Verkaufsförderung bietet, wie Sie wirksame Aktionen der Direktwerbung durchführen können, was Sie beim Verkauf via Telefon beachten müssen. Das Handbuch enthält darüber hinaus zahlreiche Kontaktadressen von Dienstleistungsanbietern in der Werbebranche. Andere Bücher von Jay Conrad Levinson bei Campus:

Guerilla Marketing. Offensives Werben und Verkaufen für kleinere Unternehmen. 224 Seiten, 2. Auflage, 1992

Guerilla Marketing für Fortgeschrittene. Erfolg im kleineren Unternehmen: 50 goldene Regeln. 238 Seiten, 2. Auflage, 1994

Guerilla Verkauf. Mit unkonventionellen Ideen den Kunden gewinnen (mit Bill Gallagher und Orvel Ray Wilson). 248 Seiten, 1993

Guerilla Werbung. Ein Leitfaden für kleine und mittlere Unternehmen. 297 Seiten, 1995

Guerilla Marketing Online. Chancen für kleine und mittlere Unternehmen im weltweiten Datennetz (mit Charles Rubin). 292 Seiten, 1996

Jay Conrad Levinson ist Autor zahlreicher Bücher und Zeitschriftenartikel zum Marketing für kleine und mittlere Unternehmen und Veranstalter von Workshops zum Guerilla Marketing. Sein Klassiker Guerilla Marketing wurde in 31 Sprachen übersetzt. Vor der Gründung seines eigenen Marketing-Unternehmens war Levinson Vizepräsident und Kreativdirektor bei den Werbeagenturen J. Walter Thompson und Leo Burnett Advertising.

Seth Godin hat mehr als 75 Bücher für die Wirtschaftsprais geschrieben oder herausgegeben und ist Chef eines Unternehmens, das Informationen aufbereitet, bündelt und verbreitet. Sie können ihm schreiben: im Internet unter seth@sgp.com oder per Fax unter 001-914-693-8132.

3,–

Jay Conrad Levinson
Seth Godin

Das Guerilla Marketing Handbuch

Werbung und Verkauf von A bis Z

Aus dem Englischen von
Jürgen Ulrich Lorenz

Campus Verlag
Frankfurt/New York

Die amerikanische Originalausgabe »The Guerrilla Marketing Handbook« erschien 1994 bei Houghton Mifflin Company, Boston, New York.

Aus dem Englischen von Jürgen Ulrich Lorenz
Lektorat und Redaktion: Jan W. Haas, unter Mitarbeit von Gideon Spanke

Die Deutsche Bibliothek – CIP-Einheitsaufnahme

Levinson, Jay Conrad:
Das Guerilla-Marketing-Handbuch : Werbung und Verkauf von A bis Z / Jay Conrad Levinson ; Seth Godin. Aus dem Engl. von Jürgen Ulrich Lorenz. – Frankfurt/Main ; New York : Campus Verlag, 1996
Einheitssacht.: The guerilla marketing handbook < dt. >
ISBN 3-593-35586-8
NE: Godin, Seth:

Umschlaggestaltung: Atelier Warminski, Büdingen
Satz: Lorenz, Wiesbaden
Druck und Bindung: Druckhaus Beltz, Hemsbach
Gedruckt auf säurefreiem und chlorfrei gebleichtem Papier.
Printed in Germany

Danksagung

Dieses Buch ist meinem Mitautor Seth Godin gewidmet, einem frühen Anhänger von Guerilla-Marketing. Er entwickelte das Konzept für ein umfangreiches Handbuch, das es Guerilla-Anfängern ermöglicht, richtige Guerillas zu werden. Seth erledigte den Löwenanteil der Arbeit – Forschung, Stichwortsammlung, Entwicklung, Computer-Auswertungen, Textverarbeitung – und war ein idealer Partner. Seine Frau Helene und sein Sohn Alexander haben sehr viel Glück. Ich auch.

Jay Conrad Levinson
GMINTL@aol.com

Dieses Buch hätte ohne die Beiträge und Bemühungen zahlreicher außergewöhnlicher Menschen nicht erscheinen können. Steve Lewers, Lektor bei Houghton Mifflin, ist seit vielen Jahren eine wertvolle Unterstützung für die Guerilla-Reihe. Er brachte Jay und mich zusammen und betreute dieses Buch fast ein Jahr während der Ausarbeitung und Produktion. Sein fachkundiges Lektorat war mehr als Pflichterfüllung.

Julie Maner leistete größte Unterstützung. Jedes Wort, Bild, Seitenspalte und alle Adressenangaben gingen durch ihren Computer zum Druck. Ihr Talent, ihre Geduld und Anstrengung waren grenzenlos.

Wir sind glücklich, daß wir die Meinungen Dutzender von Guerillas aus dem ganzen Land erfahren konnten. Mark O'Halloran, Ivan Levinson, Alan Schlenker, Jim Dornbos und Herschell Gordon Lewis waren großzügig in ihrer Anteilnahme und ihrer Unterstützung. Die Zeitschrift *How* ermöglichte uns den Zugriff auf ihre Abonnenten-Datenbank. Dank an Lori Kozlove für die Hilfe, uns in ihrer Organisation zurechtzufinden.

Megan O'Connor und Lisa DiMona entwickelten zahlreiche Ideen und die übrigen SGP-Mitarbeiter – Jen Gniady, Carol Markowitz, Karen Watts, Robin Dellabough, Amy Winger und Bruce Cato – schlossen sich an. Die Houghton-Korrektorin Lisa Sachs korrigierte unseren Text und Alan Andres, Kristin Robbins und Debbie Applefield halfen, daß das Buch marktreif wurde.

Ich hatte das Vergnügen, im Laufe der Jahre Tausende von Guerillas zu treffen und von den meisten zu lernen. Besonderen Dank an David Seuss für sein Vorbild sowie an Bill Godin und Lenore Godin für die moralische Unterstützung, die so wichtig ist für eine erfolgreiche Tätigkeit als Guerilla. Natürlich geht der größte Dank an Jay, der auf die Unternehmenskrise der 80er Jahre antwortete, indem er die wichtigsten Marketing-Elemente in *Guerilla Marketing* beschrieb – immer noch das beste Marketing-Buch, das je geschrieben wurde. Ohne dieses Buch würde ich wahrscheinlich in einer Firma für Anlageberatung arbeiten, eine Menge Geld verdienen und mich die ganze Zeit miserabel fühlen. Der Nachmittag, den ich mit Jay 1983 verbrachte, veränderte mein Leben. Danke, Jay.

Ich widme dieses Buch meiner Frau Helene, die nie aufhört, an meine Bestimmung zu glauben.

Seth Godin
seth@sgp.com

Inhalt

Eine reiche Fundgrube an Ratschlägen, Einsichten, Weisheiten, Konzepten, Hilfsmitteln, Beispielen, Checklisten und guten Ideen

Der Unterschied zwischen Guerillas und konventionellen Anbietern

__Normale Anbieter__ verkaufen an Märkte. Sie kaufen Werbezeiten im Fernsehen, sponsern die Olympischen Spiele und schalten Anzeigen in Zeitschriften. Alles in der Hoffnung, die Verbraucher zu beeinflussen.

__Guerillas__ verkaufen an Individuen. Sie möchten ihre Produkte an bestimmte Personen verkaufen – Kunde für Kunde. Ihr Marketing ist persönlich, maßgeschneidert und sehr werbewirksam.

Ein __normaler Anbieter__ ist bei Direktwerbung über eine Rücklaufquote von 2 % erfreut. Er überflutet Ihren Briefkasten mit Briefen und Katalogen in der Hoffnung, daß einer von fünfzig Empfängern antworten wird. Bei drei Millionen versendeten Briefen wäre das nicht schlecht.

Ein __Guerilla-Anbieter__ steuert eine Rücklaufquote von 15 % an. Seine Direktwerbung ist persönlich und zielgruppengerecht; er beschriftet die Briefumschläge von Hand, benutzt Sonderbriefmarken oder liefert das Paket in einer Guerilla-Aufmachung. Bei 100 versendeten Briefen sind 15 neue Kunden ein ziemlich gutes Ergebnis.

Einleitung

Teil I: Auswahl Ihrer Marketing-Instrumente

73 kostengünstige, werbewirksame Wege für Ihre Marketing-Botschaft

TRADITIONELLE WERBUNG

KLEIN-MEDIEN

ZIELGRUPPENGERICHTETE MEDIEN

VERKAUFSFÖRDERUNG

TELEFON

NICHT-MEDIEN

Teil II: Hilfsmittel

ANHANG

__Normale Anbieter__ budgetieren nach Quartalen und stellen ein Produkt ein, das nicht läuft. Es ist zu teuer, weitere fünf Millionen DM in den Verkauf eines Flops zu stecken.

__Guerillas__ sind geduldig. Sie betrachten ein ganzes Jahr im Zusammenhang und sind bereit, sich die erforderliche Zeit zu nehmen, einen Kunden nach dem anderen anzusprechen, bis das Geschäft boomt.

Ein __normaler Anbieter__ geht auf Nummer Sicher. Das zu tun, was vorher bereits erfolgreich war, ist seine bevorzugte Strategie.

Ein __Guerilla-Anbieter__ hat nichts zu verlieren. Jede Werbemöglichkeit, von der Mitternachts-Show im Fernsehen bis zu magnetischen Visitenkarten oder Preisausschreiben, ist ihm gerade recht.

__Normale Anbieter__ denken, daß Guerilla-Anbieter nur Kleinstunternehmen in dunklen Hinterhöfen sind.

__Guerilla-Anbieter__ wissen, daß die Techniken des Guerilla-Marketing in Unternehmen jeder Betriebsgröße anwendbar sind, von McDonald's bis zu Johnnys Pizza.

__Konventionelle Anbieter__ tragen Anzüge mit Weste.

__Guerilla-Anbieter__ tragen Badehosen – auf den Bahamas, nachdem sie ihr Geld verdient haben.

Guerilla-Anbieter haben mehr Spaß!

Einleitung

Zur Benutzung dieses Buches

Wenn Sie keinen Plan haben, wie wollen Sie dann wissen, ob Sie Ihre Ziele erreicht haben? Die meisten Unternehmer machen den Fehler, sich ohne schriftlich fixierten Plan auf ein Geschäftsvorhaben einzulassen.

Dieser Teil beschreibt die wichtigsten Schritte für die Ausarbeitung eines solchen Plans. Anschließend wird einer der erfolgreichsten Guerilla-Anbieter vorgestellt.

Ist dies ein Buch für Sie?

Auf den ersten Blick scheinen die meisten Techniken, die in diesem Handbuch beschrieben werden, für den Kleinunternehmer maßgeschneidert zu sein. Und viele sind es auch.

Falls Sie jedoch Geschäftsführer eines Unternehmens mit 45 Millionen DM Jahresumsatz sind, die Marketing-Abteilung eines Warenhauses leiten oder Kundenbetreuer einer Anlageberatung sind, ist dieses Buch auch für Sie geeignet. Guerilla-Marketing ist nicht ein Bündel von Werbegags, das von Kleinunternehmen angewendet wird, die im Keller geführt werden. Es ist eine Einstellung.

Die Guerilla-Einstellung ist von Unternehmen aller Branchen erfolgreich angewendet worden. Regionalbahnen haben damit ihren Gewinn verdoppelt, nationale Telefongesellschaften haben ihren Kundenstamm ausgeweitet, und sogar Landschaftsgestalter konnten damit ihren Gewinn vervierfachen.

Dieses Buch ist in drei Teile gegliedert:

- **Strategie und Taktik: Die Ausarbeitung eines funktionierenden Plans**

  In diesem Teil behandeln wir die praktischen Grundlagen der Entscheidung, welchen Nutzen Sie Ihren Kunden bieten. Wir beschäftigen uns mit Ihrer Erfolgsplanung, der Festlegung eines Mediaplans und der Auswahl von Marketing-Maßnahmen aus dem Instrumentarium, das Ihnen zur Verfügung steht. Wir konzentrieren uns auf Marktpositionierung und grundlegende Marketing-Strategien, um Ihnen behilflich zu sein, die gefährlichen Fallen zu vermeiden, in denen sich so viele Anbieter verfangen.

- **Das Instrumentarium für Guerilla-Marketing**

  Wir behandeln die ganze Bandbreite von Guerilla-Techniken von Zeitschriftenwerbung bis zu Flugwerbung, von Direktwerbung bis zur Gestaltung eines Logo. Gehen Sie diesen Teil durch, um die Instrumente zu finden, die sich für Ihr Geschäft am besten eignen. In jedem Teil finden Sie zur schnellen Recherche ein handliches Verzeichnis mit Begriffserläuterungen sowie Firmenangaben mit Firmenbezeichnung und Telefonnummer.

- **Anhang**

  Dieser Teil enthält eine Übersicht über die Werbeträger mit Telefonnummern und Angaben über die Reichweite. Sie finden auch Preisangaben und Tausenderpreise. Und am Schluß stellen wir in einer Literaturempfehlung fünfzig Bücher für den Guerilla-Anbieter vor.

Die Entwicklung eines Plans

Das Manifest des Guerilla, das Konzept der Positionierung und die Entwicklung eines narrensicheren siebenstufigen Marketing-Plans

Sie lesen dieses Buch vielleicht, weil Sie ein Produkt oder eine Dienstleistung vermarkten wollen. Guerilla-Marketing kann angewendet werden, um beinahe alles zu verkaufen – von Luxusautos bis zu Massagen. Sie können diese Techniken auch einsetzen, um sich selbst zu vermarkten, wenn Sie einen Job suchen, oder um Ihre Fertigkeit als Tätowierungskünstler anzubieten.

Klassisches Marketing für Markenartikel erreichte seinen Höhepunkt vor ungefähr fünfzehn Jahren. Die Vorstellung des klassischen Marketing war einfach: Kaufen Sie Werbezeit oder -fläche in nationalen Werbeträgern, führen Sie Werbung durch und warten Sie auf Kunden, die Ihr Geschäft aufsuchen und Ihr Produkt kaufen. Klassisches Markenartikel-Marketing verhalf dem Getränkehersteller Kool Aid zu einem Jahresumsatz von 600 Millionen Dollar, machte Procter & Gamble zu einer »Geldpresse« und funktionierte sogar für Dienstleistungsunternehmen, wie zum Beispiel American Express.

Plötzlich änderten jedoch alle Großunternehmen, die in der Fortune-Liste der 500 Großunternehmen aufgeführt sind, sowie unzählige Kleinunternehmen vollständig ihren Kurs und setzten auf Guerilla-Marketing. Warum jetzt dieser Kurswechsel? Es gibt zahlreiche Gründe für diese Kursänderung, zum Beispiel die zunehmend kritische Einstellung der Verbraucher, ein verstärkter Wettbewerb und die Fragmentierung der Massenmedien infolge der zunehmenden Medienvielfalt. Die Riesen haben gelernt, was viele Kleinunternehmen stets gewußt haben – Guerilla-Marketing ist der beste (manchmal der einzige) Weg, um Ihr Geschäft aufzubauen.

Das Manifest des Guerilla

Um ein Produkt oder eine Dienstleistung zu verkaufen, muß ein Unternehmen eine Beziehung zum Kunden aufbauen. Es muß Vertrauen schaffen und ein persönliches Verhältnis zum Kunden herstellen. Es muß die Bedürfnisse der Kunden verstehen und ein Produkt liefern, das den versprochenen Produktnutzen bietet.

Geschickte Anbieter wenden jede verfügbare Technik an, um sich im Bewußtsein der Verbraucher zu profilieren. Mit Guerilla-Marketing verschiebt sich der Schwerpunkt vom Werbevolumen zur Wirkung der Werbebotschaft. Guerillas ziehen eindeutig vor, zehn Verbraucher mit einer wirksamen Werbebotschaft anzusprechen als hundert Verbraucher mit einer nichtssagenden Werbung.

Guerillas sind besessen vom Kundennutzen. Wann auch immer sie ein Produkt oder eine Dienstleistung anbieten, konzentrieren sie sich darauf, wie das Produkt oder die Dienstleistung dem Kunden nützt. Guerillas bauen alles – das Produkt, die Lieferung, das Marketing – auf diesem Kundennutzen auf.

Guerillas haben das richtige Verständnis von Marktpositionierung. Sie wissen, daß es töricht ist, den Marktführer auf seinem Terrain herauszufordern – geradewegs der Untergang. Statt dessen umgehen Guerillas den Marktführer, um sich zum eigenen Vorteil neu zu positionieren. Jeder Guerilla, der etwas auf sich hält, kann die Positionierung seines Produktes oder seiner Dienstleistung in ein oder zwei Sätzen beschreiben.

Guerillas sind knauserig. Sie wissen, daß jede Mark zählt, die für Marketing ausgegeben wird. Guerillas haben nicht vor, jemals eine Mark zu verschwenden. Sie sind jedoch nicht dumm. Falls notwendig, beauftragen Sie den besten Designer, Mediaplaner oder Berater – sie wissen nämlich, daß die beste Lösung am Ende oft die preiswerteste ist.

Guerillas fühlen sich vor allem einer Idee verpflichtet. Sie verstehen, daß Marketing nicht über Nacht wirkt. Indem sie sich ein Ziel setzen und daran festhalten, können Guerillas leichter mit den unvermeidlich eintretenden Rückschlägen umgehen. Guerillas wissen, daß der Weg zum Markterfolg mit gescheiterten Anbietern übersät ist, die kurz vor der Zielgeraden aufgegeben haben.

Drei Gründe, warum Anbieter scheitern

- **Fehlende Überzeugung**

  Wenn Sie nicht an Ihr Produkt glauben oder wenn Sie es nicht konsequent und gleichmäßig fördern, verschlechtert sich die Erfolgswahrscheinlichkeit. Der Marketing-Plan soll vor allem sicherstellen, daß Sie über die erforderlichen Hilfsmittel und das nötige Geld verfügen, um Ihr Produkt erfolgreich zu machen.

- **Fehlen eines klaren Produktnutzens**

  Obwohl es eigentlich auf der Hand liegt, verstehen nur wenige Anbieter, daß man *etwas verkaufen muß, das die Kunden wünschen.* Ohne direkten Kontakt zu Ihren Kunden und gründliche Marktforschung werden Sie kaum auf einen Verkaufsschlager stoßen. Zu häufig stehen die Fähigkeiten oder die Produktionsmöglichkeiten eines Unternehmens im Mittelpunkt der Überlegungen. Daher werden oft neue Produkte oder Dienstleistungen entwickelt, die sich nur dadurch auszeichnen, daß sie leicht hergestellt werden können. Das sollte jedoch der letzte Grund sein, ein Produkt anzubieten. Den Kunden ist es völlig gleich, welche Fähigkeiten oder welche Ausstattung Sie besitzen. Sie möchten vielmehr wissen, welchen Vorteil Ihr Angebot für sie bedeutet.

- **Schlechte Positionierung**

  In überbesetzten oder rückläufigen bzw. stagnierenden Märkten ist manchmal keine Positionierung möglich. (So ist beispielsweise die Eröffnung eines großen Transportdienstes mit Übernacht-Belieferung vermutlich nicht die beste Idee). Märkte, die überhaupt keine Positionierungsmöglichkeiten bieten, bilden jedoch eher die Ausnahme. Häufiger begehen Anbieter den Fehler, gegen den Marktführer auf seinem eigenen Terrain anzugehen. Wenn Sie im Rahmen des Marketing-Plans Ihre Produktpositionierung vornehmen, sollten Sie diese Gefahrenquelle sorgfältig im Auge behalten. Das beste Produkt und die überzeugendste Durchführung würden nicht helfen, wenn der Marktführer den gleichen Nutzen zum halben Preis verkauft.

Warum Sie einen Marketing-Plan benötigen

Warum ist ein Marketing-Plan so wichtig? Nur wenige Kleinunternehmen haben einen Ergebnisplan oder einen Produktionsplan. Warum sollten Sie daher Wert auf einen Marketing-Plan legen?

Im Gegensatz zu den meisten anderen Aspekten Ihres Geschäftes beinhaltet Ihr Marketing-Plan nicht quantifizierbare Risiken. Es läßt sich nicht mit Sicherheit bestimmen, wie zugkräftig Ihre Werbung sein wird, wie viele Kunden zur Geschäftseröffnung kommen werden oder welche Mundpropaganda Sie erzeugen können.

Ein möglicher Weg, mit dieser Unsicherheit umzugehen, ist, sie zu ignorieren. Viele Unternehmen mühen sich blind ab. Sie investieren Geld in Marketing, wenn das Geschäft gut läuft. Bei rückläufigen Umsätzen kürzen Sie die Marketing-Aufwendungen. (Klingt das für Sie genauso töricht wie für uns?) Wenn eine Werbekampagne nicht richtig zieht, wird sie schnell eingestellt. Funktioniert die Werbung jedoch, wird man ihrer schnell überdrüssig und wechselt zu einer neuen Werbebotschaft.

Guerillas wissen, daß ein Marketing-Plan der erste entscheidende Schritt zum Erfolg ist. Zig Ziglar erzählt die Geschichte von dem Piloten, der zu einem Flug von Dallas nach New York startet, wegen starker Turbulenzen ein wenig vom Kurs abkommt und sich daher zur Rückkehr nach Dallas entschließt. Nachdem sich das Wetter beruhigt hat, startet er erneut. Offensichtlich würden nur sehr wenige Flüge an ihr Ziel gelangen, wenn alle Piloten auf Schwierigkeiten so unsicher reagierten. Das Geheimnis eines Marketing-Plans liegt darin, daß er es Ihnen ermöglicht, Ihr endgültiges Ziel – trotz eventuell auftretender Rückschläge – klar zu erkennen. Ein weiterer, ebenso wichtiger Punkt: Ein Plan hilft Ihnen, Ihre Vision den Mitarbeitern sowie der Werbeagentur und Investoren zu erläutern. Wenn Ihr Plan fertiggestellt ist, wird er sieben entscheidende Elemente Ihrer Marketing-Strategie beschreiben.

! *Nutzen-Übung*

Wählen Sie einen Markenartikel, den Sie und Ihre Familie benutzen – Zahncreme, Luxusauto, Parfum, Kleidung usw. Dann schlüsseln Sie ehrlich den Nutzen auf, den das Produkt erfüllt. Sie werden wahrscheinlich überrascht sein, wie wenig dieser Nutzen mit der tatsächlichen Verwendung des Produktes zu tun hat.

Die sieben entscheidenden Elemente Ihres Marketing-Plans

1. Der Kundennutzen
2. Ihre Positionierung im Markt: Was genau verkaufen Sie eigentlich?
3. Ihre Zielgruppe
4. Ihre Werbestrategie
5. Ihr Budget
6. Die Instrumente und Techniken, die Sie einsetzen, um Ihre Zielgruppe anzusprechen.
7. Ein Zeitplan für die Umsetzung aller Maßnahmen.

Ein Sieben-Stufen-Plan

In diesem Kapitel führen wir Sie durch jede dieser Stufen und helfen Ihnen, Ihren eigenen Plan zu entwickeln. Sie könnten sich direkt in diesem Handbuch Notizen machen – es wird Ihnen helfen, Ihre Überlegungen zu ordnen und sie jederzeit abrufbar zu halten.

Stufe 1: Der Kundennutzen

Erfolgreich sind nur jene Produkte oder Dienstleistungen, die den Verbrauchern einen Nutzen bieten, der ihre Kosten übersteigt. Falls nötig, schreiben Sie das auf einen großen Zettel, den Sie deutlich sichtbar in Ihrem Büro aufhängen. Dies ist der naheliegende, aber oft übersehene Erfolgsschlüssel für Marketing.

Anbieter verwechseln häufig Ausstattungsmerkmale eines Produktes mit dem Produkt- bzw. Kundennutzen. Ausstattungsmerkmale sind Produktelemente, die einen Nutzen vermitteln. Ein kurzer Blick auf die nachstehende Übersicht wird Ihnen helfen, den Unterschied im Gedächtnis zu behalten:

Ausstattungsmerkmal	*Nutzen*
Airbag	Vermindertes Verletzungsrisiko
Großbuchstaben	Lesehilfe
Digitale Klangwiedergabe	Rauschfreies Hören
Freizeitschuhe	Bequemeres Gehen
Mercedes-Stern	Gesteigertes Selbstwertgefühl; gegründet auf Status

Denken Sie doch einmal daran, als Sie das letzte Mal ein neues Auto gekauft haben. Wahrscheinlich dachten Sie darüber nach, was Sie benötigen: Sicherheit für Ihre Familie, niedrige Betriebskosten, viel Platz für die Kinder usw. Es ist nicht allzu schwer, diese Bedürfnisse in Ausstattungselemente zu übersetzen: Airbag, günstiger Verbrauch, extra großer Kofferraum usw. Aber es ist die Befriedigung der Bedürfnisse, nicht die Ausstattung, aufgrund derer das Auto gekauft wird.

Aber was wünschen die Kunden? Wenn Sie in unserer sich rasch verändernden Konsumgesellschaft die Antwort auf diese Frage kennen, kann Ihre Marketing-Kampagne ihre ganze Wirkung entfalten. Sobald Sie zwischen Wünschen und Grundbedürfnissen unterscheiden können und sobald Sie verstehen, wie Sie das Bewußtsein des Verbrauchers beeinflussen können, sind Sie soweit, Ihre Rolle voll auszuschöpfen.

Die meisten Verbraucher haben alles, was sie zum Leben benötigen. Sie haben genug zu essen und einen Platz zum Schlafen. Die meisten Anbieter beschäftigen sich daher nicht mehr damit, diese Grundbedürfnisse zu befriedigen. Statt dessen konzentrieren sie sich auf die Wünsche und Sehnsüchte der Verbraucher. Hier ist eine unvollständige Aufzählung dessen, was Verbraucher wünschen:

- Sicher zu sein.
- Glücklich zu sein.
- Freude zu haben.
- Köstliche Speisen zu essen.
- Attraktiv zu sein.
- Erfolgreich zu sein.
- Sich selbst zu mögen.
- Anderen sympathisch zu sein.
- Ihre Familie und Freunde zu schützen.
- Keine Schmerzen zu haben.

Nachstehend finden Sie eine Liste von bestverkäuflichen Produkten. Alle werden zu Preisen verkauft, die deutlich über den Herstellkosten liegen. Die Kunden sind also bereit, für mehr zu zahlen als nur die Produkte an sich. Überprüfen Sie, ob Sie feststellen können, wie sich diese Produkte positioniert haben, um grundlegende Verbraucherwünsche zu befriedigen.

- Coca-Cola
- Marlboro
- Mövenpick-Eiskrem
- Volvo
- American Express
- Swatch-Uhren.

Wenn Sie die Bedürfnisse der Verbraucher erst einmal kennen und es verstehen, Ihren Produktnutzen darzustellen, dann haben Sie bereits den Kern dessen erfaßt, was Marketing bedeutet. Kein erfolgreicher Guerilla würde einen Marketing-Plan entwickeln, ohne sich die Verbraucherwünsche ständig vor Augen zu halten.

! *Verkaufen Sie Gattungsprodukte?*

Leicht tappt man in die Falle und glaubt, daß jeder Käufer nur auf den Preis schielt. Schließlich bieten Ihre Konkurrenten im Grunde genommen das gleiche Produkt an. Das Problem ist, daß man im allgemeinen mit Gattungsprodukten – wie zum Beispiel Salz, Zucker und Flugzeugsitze, um nur einige zu nennen – nur niedrige Gewinne erzielt.

Sie können aber praktisch jede Massenware in einen Markenartikel verwandeln, indem Sie auf Ihre Kunden abheben und genau das liefern, was diese wünschen. Aurora führte Mehl als Markenartikel ein, Schott gelang das gleiche bei Industrieglas, und Evian verwandelte Wasser in ein Premiumprodukt, für das die Verbraucher sogar einen höheren Preis zahlen.

Stufe 2: Was genau verkaufen Sie eigentlich?

Es würde Sie überraschen, wenn Sie wüßten, wie viel leichter es ist, erfolgreich zu sein, wenn Sie ein Produkt oder eine Dienstleistung entwickeln, die die Verbraucher wirklich wünschen. Dazu einige Beispiele:

- Musicals und Theaterstücke feiern am Broadway ständig Premiere und werden wieder abgesetzt. Die Veranstalter bemühen sich, die Häuser zu füllen und die Theater über Wasser zu halten. Der Magier Ricky Jay feierte am 10. Februar am Rande des Broadway-Theaterdistrikts Premiere. Bereits am 15. Februar war jede Show ausverkauft. Im März verlängerte er um vier Wochen. Diese Karten waren in sechs Stunden verkauft. Die Erfolgsursache hat nicht viel mit Marketing-Instrumenten zu tun, dafür um so mehr mit Kundennutzen – Ricky Jay bot einer kleinen Zielgruppe genau das, was sie wünschte.

- Federal Express war das erste Unternehmen, das Übernachtbelieferung für praktisch jeden Ort in den USA zu günstigen Preisen anbot. Wenn Kunden Fedex ausprobiert hatten, waren sie geködert. Es war nicht sonderlich schwer, Erstkunden davon zu überzeugen, daß Übernachtbelieferung ein Service war, ohne den sie nicht leben könnten. Wiederum ist der Nutzen hier so augenfällig, so greifbar, daß Fedex nicht viel Zeit darauf verwenden muß, um gewerbliche Kunden zu überzeugen, ihre Waren über Nacht zu versenden.

- Southwest Airlines eröffnete den Flugdienst zu verschiedenen Städten, die schon von anderen größeren Fluglinien – einschließlich American und United – bedient wurden. Ihre Flüge waren trotzdem schnell ausgebucht. Den Flugkunden gefielen die günstigen Preise, die freundlichen Mitarbeiter und der ausgezeichnete Service.

! *Billiger zu sein reicht nicht*

Allzu viele Anbieter machen den Fehler, genau das gleiche Produkt zu entwickeln wie Marke X, nur billiger. Selbst wenn Sie ein Parfum anbieten können, das genauso wie Chanel Nr. 5 duftet, werden Sie kaum die Mehrzahl der Verbraucher bekehren können.

Sie sollten verstehen, daß Verbraucher die Produkte selten ausschließlich nach dem Preis auswählen.

Was haben diese Beispiele gemeinsam? In jedem Fall stellten die Anbieter einen echten Kundenbedarf für ihre Dienstleistungen fest. Sie boten einen überzeugenden und charakteristischen Nutzen an und positionierten sich, indem sie den Kunden in einer persönlichen Botschaft mitteilten, wie sich ihr Leben verbessern würde, wenn sie dieses Produkt benutzten oder diese Dienstleistung in Anspruch nähmen.

Kritiker werden einwenden, dies sei zu offensichtlich. Sie sagen: »Natürlich soll man ein Produkt anbieten, das die Kunden wünschen.« Gerade weil dies so selbstverständlich ist, wird es vermutlich so häufig ignoriert. Betrachten Sie die Flops in den Videotheken oder die teuren Mißerfolge im Supermarkt. Fingos-Frühstückscerealien wurden in den USA mit einer 32-Millionen-Dollar-Marketing-Kampagne eingeführt. Nach dem ersten Jahr stagnierte der Umsatz bei 22 Millionen Dollar. Die Firma gab auf. Obgleich die Produktidee attraktiv erschien, handelte es sich jedoch um ein Produkt, für das die Verbraucher nicht bereit waren, den geforderten Preis zu zahlen.

Der schwierigste Teil der Aufgabe ist, herauszufinden, nach welchem Produkt oder welcher Dienstleistung die Kunden Schlange stehen werden. Wenn Microsoft ein neues Textverarbeitungsprogramm entwickelt, durchläuft es mehr als 10.000 Stunden an Verbrauchertests. Darüber hinaus wird Marktforschung durchgeführt. Sie können sicher sein, daß die neuen Produkte für eine große Bandbreite von Computeranwendern attraktiv sind. Im Gegensatz dazu bemühen sich die meisten Unternehmen nicht einmal, ihre besten Kunden nach Anregungen oder Ideen für neue Produkte zu fragen.

Wie können Sie ein Produkt einführen und die Erfolgschancen maximieren, wenn Sie nicht Microsoft sind? Ein wenig Planung kann weiterhelfen. Lassen Sie uns den Prozeß beginnen.

Schreiben Sie zunächst das Produkt oder die Dienstleistung auf, die Sie anbieten oder anbieten wollen:

Seien Sie nicht schüchtern. Schreiben Sie direkt in das Handbuch – auf diese Weise können Sie Ihre Ergebnisse gleich festhalten. Seien Sie so genau wie möglich. Sagen Sie nicht: »ein Lebensmittelgeschäft«, sondern beispielsweise: »Ein Feinkostgeschäft mit einem Sortiment von 10.000 Artikeln im Prominentenviertel von Hamburg«.

Listen Sie die Ausstattungsmerkmale auf, die Ihr Produkt von Konkurrenzprodukten unterscheiden oder die besser sind als die Ihrer Wettbewerber:

Legen Sie jetzt den Kundennutzen für Ihr Produkt fest. Wie verbessern Sie das Leben der Verwender? Denken Sie daran, Nutzen aufzulisten, keine Ausstattungsmerkmale.

Werfen Sie einen Blick auf die Produktnutzen, die Sie aufgelistet haben. Heben Sie Ihr Produkt deutlich und positiv von seiner Konkurrenz ab? Falls nicht, was wird die Verbraucher zum Markenwechsel veranlassen?

Stufe 3: Wer genau soll das Produkt kaufen?

Wenn Sie den Kundennutzen für Ihr Produkt festgelegt haben, haben Sie stillschweigend eine bestimmte Zielgruppe zugrunde gelegt. Beispielsweise ist ein Fischköder mit der Garantie, Ihre Finger nicht zu stechen, wahrscheinlich nicht für Kinder oder Vegetarier gedacht, sondern er ist für Angler. Segmentieren Sie Ihren Markt nun weiter. Wer genau hat einen Bedarf für Ihr Produkt?

Domino's Pizza ist ein gutes Beispiel dafür, wie das Verstehen der Verbraucherwünsche zum Umsatzwachstum beitragen kann. Die meisten Pizzafreunde in den USA geben zu, daß Domino nicht die beste Pizza ist, die man kaufen kann – aber nirgendwo anders ist der Service schneller. Indem er engen Kontakt zu seinen Kunden hielt, stieß Tom Monaghan darauf, daß College-Studenten (seine ursprüngliche Zielgruppe) schnelle und leichte Kost wünschten, nicht unbedingt Feinschmekkerqualität. Viele Konkurrenten waren dadurch fehlgeleitet, daß sie versuchten, eine bessere Pizza anzubieten anstatt eine Pizza, die den Kunden genau das gab, was sie wünschten.

Noch einmal: Wenn Sie denken, Sie könnten Ihr Angebot über den Preis differenzieren, liegen Sie vermutlich falsch. Kunden werden viel häufiger über den Service motiviert, über Schnelligkeit, Qualität oder andere geldunabhängige Eigenschaften.

Falls Sie gesagt haben: »Jeder«, versuchen Sie es noch einmal. Es gibt nur wenige Produkte, die für jeden attraktiv sind. Gewöhnlich ist das eine Abkürzung für: »Niemand benötigt dieses Produkt sehr, jeder braucht es nur ein wenig«. Benutzen Sie die nachstehenden Zeilen, um genau festzulegen, wer Ihr Produkt am meisten benötigt. Beschreiben Sie Alter, Einkommen, Schuhgröße, Musikgeschmack und Körpergröße Ihrer Zielgruppe – alles, was Ihren Markt von anderen unterscheidet. Können Sie angeben, welche Zeitschriften Ihre Zielgruppe liest? Welche Fernsehprogramme sie sieht?

____

____

____

____

Falls Sie Schwierigkeiten haben, eine Zielgruppe festzulegen, ist es Zeit, erneut zu beginnen. Aber dieses Mal arbeiten Sie rückwärts. Beginnen Sie zunächst mit dem Markt, und konzipieren Sie dann ein Produkt speziell für diesen Markt. Beispielsweise könnten Sie herausfinden, daß in Süd-Florida lebende Witwen über 70 Schwierigkeiten haben, ihre Rezepte eingelöst zu bekommen. Die Lösung dieses Problems würde einen nennenswerten Nutzen darstellen.

Wenn Sie Ihre Zielgruppe festgelegt haben, ist es Zeit, Ihre Vorstellungen zu überprüfen. Sie müssen ungefähr ein Dutzend Verbraucher aus Ihrer Zielgruppe finden und zu einer Gruppendiskussion einladen. Das ist zwar kein wissenschaftliches Vorgehen, um eine Reaktion auf Ihre Vorstellungen zu erhalten, jedoch viel besser als nichts.

Die Teilnehmer der Gruppendiskussion laden Sie zum Essen ein oder in Ihr Büro zu einem Kaffee. Nehmen Sie einen angenehmen Raum, und beginnen Sie mit den Fragen. Was verwenden die Verbraucher zur Zeit, um den Nutzen zu erreichen, den Sie anbieten. Was schätzen sie an dem Produkt oder der Dienstleistung – und was nicht? Finden Sie heraus, wieviel die Verbraucher für den Produktnutzen zahlen, den Sie anbieten. Lassen Sie die Teilnehmer der Gruppendiskussion sprechen. Am besten lassen Sie sie sich untereinander widersprechen.

! *Wichtig:*
Beachten Sie, daß eine Gruppendiskussion keine statistisch repräsentative Stichprobe ist. Wenn neun von zwölf Teilnehmern der Gruppendiskussion unabhängig voneinander Ihr Produkt bestätigen, bedeutet das noch keine Erfolgsgarantie. Dies ist schließlich keine repräsentative Marktforschungserhebung. Statt dessen ist es für Sie eine Chance, von den Bedürfnissen der Verbraucher etwas in ihren eigenen Worten zu erfahren.

Sie müssen Ihre Marktforschung nicht unbedingt als Gruppendiskussion durchführen. Falls Ihre Zielgruppe sehr verstreut lebt, versuchen Sie, Informationen zu erhalten, indem Sie einen Online-Computerservice benutzen oder einen Fragebogen versenden. Falls sich herausstellt, daß Sie Ihren Markt vollständig falsch eingeschätzt haben (ein durchaus mögliches Szenario), dann müssen Sie zu Stufe 1 zurückgehen und erneut beginnen.

Wenn Sie diesen Prozeß durchlaufen haben (und es kann durchaus einige Versuche erfordern), kennen Sie den Produktnutzen, den Sie Ihrer Zielgruppe anbieten sollten. Wandeln Sie dieses Wissen in eine Marketing-Aussage von ein oder zwei Sätzen um, die klar ausdrückt, was Sie anzubieten haben und wem Sie es anbieten. Zum Beispiel:

- *Hard Manufacturing* bietet Kinderkrankenschwestern größerer Krankenhäuser verläßliche, problemlos zu handhabende Krankenhaus-Kinderbetten an.
- *Boston Chicken* bietet beschäftigten Familien gesunde, delikate Hühnergerichte an, die wie hausgemacht schmecken.
- *Marlboro-Zigaretten* vermitteln jener Jugend in den Großstädten der Welt, die auf der Suche nach dem amerikanischen Traum ist, ein Gefühl von Rauheit und Freiheit.

Beachten Sie, daß Sie sich auf jeden Fall die Zielgruppe deutlich vorstellen können – in einigen Fällen, wie zum Beispiel bei Hard Manufacturing, könnte man sogar eine Adressenliste der potentiellen Kunden kaufen. Diese Genauigkeit ist entscheidend, um Ihre Zielgruppe zu erreichen.

Positionierung

Bevor Sie weitergehen, nehmen Sie sich eine Minute Zeit, um zu verstehen, wie der Wettbewerb Ihre Fähigkeit beeinflußt, der Zielgruppe Ihren Produktnutzen anzubieten. Eines der besten Marketing-Bücher der 80er Jahre war *Positionierung: Neue Werbestrategien* von Trout und Reis. Alle Guerillas sollten dieses Buch lesen.

Angesichts der vielen Produkte auf dem Markt (und Tausender Neueinführungen jedes Jahr) und angesichts der Anzeigenflut sind die Verbraucher gegenüber traditionellen Marketing-Taktiken beinahe immun geworden. Sie können unmöglich jede Information über alle Produkte im Gedächtnis behalten. Statt dessen kategorisieren sie ein Produkt oder ignorieren es.

Das Konzept der Positionierung ist einfach: Finden Sie eine Marktlücke und füllen Sie sie aus. Die Verbraucher greifen ein oder zwei Eigenschaften heraus, die sie mit einem Produkt verbinden. Dann speichern sie die Informationen ab. Wenn sie diese Eigenschaften benötigen, fällt ihnen das Produkt ein.

Ein Beispiel: Wenn Sie jedes beliebige Auto mieten könnten, welchen Wagen würden Sie wählen, um einen wichtigen Manager am Flughafen abzuholen? Die meisten Leute würden sagen: einen Mercedes, einen Cadillac oder vielleicht einen Lexus. Warum? Weil diese Modelle als teure, beeindruckende Limousinen für Führungskräfte positioniert sind. Obgleich sie auch schnell fahren, eine ganze Familie aufnehmen können und Sicherheit bieten, sind sie zuerst und vor allem als Statuswagen positioniert. Die »Status«-Nische wird durch diese Wagen ausgefüllt. Wenn Sie sich entscheiden, ein vergleichbares konkurrierendes Modell zu vermarkten, dann müssen Sie einen dieser Wagen aus dem Bewußtsein des Kaufinteressenten verdrängen. Sie werden möglicherweise herausfinden, daß es leichter ist, Ihre eigene Marktposition zu entdecken, als einen Marktführer anzugreifen.

Welchen Wagen würden Sie benutzen, um eine Gruppe von sechs Kindern zum Kindergarten zu fahren? Die meisten Yuppie-Eltern in den USA würden sofort einen Volvo wählen. Obgleich es ein sicheres Auto ist, gibt es – außer der Werbung – buchstäblich nichts, das den Volvo besonders zu einem Auto von Eltern macht. Das Brillante an Volvos Positionierungskampagne ist, daß sie ein ziemlich langweiliges schwedisches Auto zum Liebling der autofahrenden Eltern umpositioniert hat. Ohne etwas am Auto zu ändern, war Volvo in der Lage, die Marktnische »Sicheres Familienauto« zu finden und mit dem eigenen Produkt auszufüllen.

7-Up benutzte eine Guerilla-Marketing-Technik, um Coca-Cola in den USA auszupositionieren. Obgleich das Marketing-Budget von Coca-Cola viel größer war, konnte 7-Up sich behaupten. Indem sie sich UnCola (»Nicht-Cola«) nannten, erzählten sie den Verbrauchern: »Wir sind nicht Coca-Cola«. Für jene, die anders sein wollen, bot 7-Up einen leichten Weg, um sich von der Menge abzuheben. Je mehr Coca-Cola warb, desto mehr halfen sie 7-Up. 7-Up hat Coca-Cola nie als Marktführer im Markt für Soft Drinks herausgefordert. Durch Erfindung eines neuen Marktes (Soft Drinks, die nicht Coca-Cola sind) wurde 7-Up Marktführer in einem kleinen, aber gewinnbringenden Marktsegment.

Wenn Guerillas der Markterfolg versagt bleibt, liegt die häufigste Ursache darin, daß sie keine Marktnische finden und besetzen konnten. Sie eröffnen eine Trockenreinigung, einen Gärtnerdienst oder einen Frisiersalon, der nicht anders als die Konkurrenten positioniert ist. Wenn Sie gerade so sind wie der andere Konkurrent, dieser jedoch bereits länger im Geschäft ist, dann sind Sie in Ihrer Marktstellung bedroht.

Wenn Sie Ihre Positionierung und die Ihrer Wettbewerber grafisch darstellen wollen, erfordert dies ein wenig Vorstellungskraft. Aber es lohnt sich. Lassen Sie uns einige einfache Beispiele des Zahncreme-Marktes in den USA betrachten.

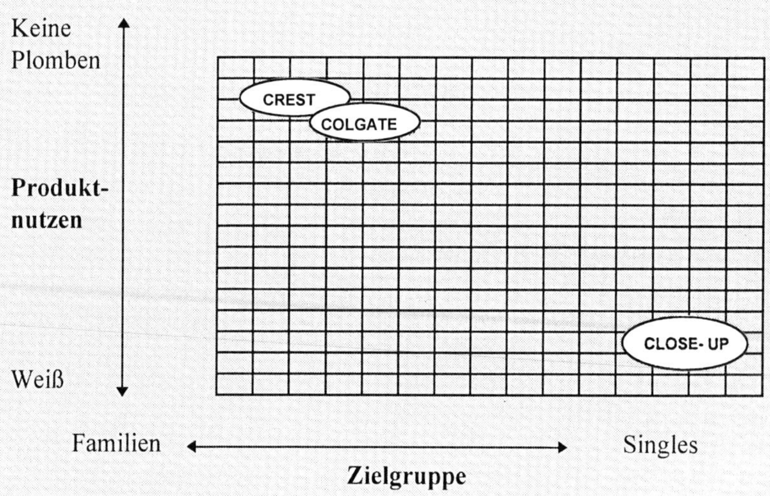

Als Close-Up eingeführt wurde, konkurrierten alle größeren Zahncrememarken ausschließlich um eine Marktposition – die Familienzahncreme gegen Karies. Close-Up – ein Produktname, der körperliche Nähe suggeriert – wurde hervorragend positioniert als Zahncreme für junge Singles, die mehr an Sex als an Kariesbekämpfung interessiert sind.

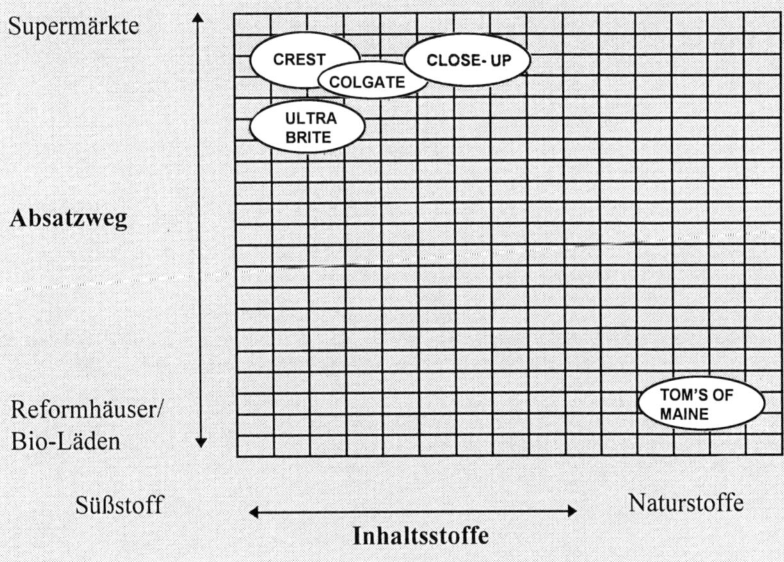

Als Tom's of Maine beschloß, eine Zahnpasta einzuführen, verwendete die Firma ein anderes Diagramm. Anstelle der Achsenbezeichnungen Produktnutzen und Zielgruppe brachte sie zwei neue Begriffspaare ins Spiel:

Tom's of Maine führte die Positionierung auf der Basis von Absatzweg (Wo werden die Produkte gekauft?) und Inhaltsstoffen durch. Der Hersteller besetzte eine neue Marktnische für gesunde Zahncreme.

Tom's schaltete seine Konkurrenten dadurch aus, daß er die Wettbewerbsbeziehungen zu den anderen Zahncrememarken neu definierte. Länger als fünf Jahre war Tom's in den USA die einzige landesweit erhältliche Marke, die ganz auf natürliche Inhaltsstoffe setzte. Ein Verbraucher, der in einem Reformhaus oder Bioladen einkaufte, hatte daher für Zahncreme automatisch eine einzige Wahl: Tom's.

In beinahe jedem Markt bietet sich eine Möglichkeit, die Wettbewerbsbeziehungen neu zu definieren und Ihre eigene Marktnische zu finden. Wenden Sie diesen Positionierungsprozeß an, um festzustellen, wo Ihre Konkurrenten stehen und wie Sie diese durch Besetzung einer Marktnische ausschalten können.

- Listen Sie die Marken auf, die um Ihre Zielgruppe konkurrieren. Legen Sie die Betrachtung breit genug an. Wenn Sie zum Beispiel Brezeln verkaufen, sind Ihre Konkurrenten – zusätzlich zu anderen Brezel-Herstellern – auch Produzenten von Kartoffelchips und Salzstangen.

- Beschreiben Sie für jede Marke die Marktpositionierung: Wen soll sie ansprechen; wie unterscheidet sie sich von ihren Konkurrenzprodukten?.

- Verwenden Sie das nachstehende Raster, um jede(s) relevante Produkt/Marke grafisch darzustellen. Die Grundachse (x-Achse) kann Variablen darstellen, wie zum Beispiel Preis, Qualität, Service oder ein beliebiges Unterscheidungskriterium. Die andere Achse (y-Achse) stellt eine weitere Variable dar (vgl. das Beispiel für Zahncreme).

- Finden Sie eine Marktnische und füllen Sie diese aus. Wenn Sie keine Marktnische finden können, sollten Sie nicht erwarten, daß die Kunden Sie finden. Es sei denn, Sie haben genug Geld, um sie im direkten Wettbewerb mit Ihren stärksten Konkurrenten in Ihren Laden zu ziehen.
- Beschreiben Sie die gefundene Marktnische. Sie sollten in der Lage sein, es in einem kurzen Satz zu tun. Einige Beispiele:

  Der teuerste Friseur am Ort.
  Der Supermarkt mit dem besten Service in der Stadt.
  Das preisgünstigste Fitneßcenter.
  Das Restaurant mit den bestaussehenden Obern.
  Der Weltmarktführer für Krankenhaus-Kinderbetten.

Ihre Marktnische:

___

___

Um die richtige Marktpositionierung für Ihr Unternehmen zu finden, ist konsequentes Denken und Handeln verlangt. Sie sollten Ihr Ziel mit Überzeugung verfolgen und Ihre Marktposition mit Verkaufsargumenten darstellen. Jeder Aspekt Ihres Marketing-Plans sollte die besondere Marktnische widerspiegeln, die Sie besetzen wollen. Ihre Positionierung ist Ihr Charakter – drücken Sie ihn aus!

Die Naturkosmetikkette Body Shop positionierte sich als umweltfreundlicher Körperpflegemittelanbieter mit dem Versprechen, den Verbrauchern dabei behilflich zu sein, »Wohlbefinden« zu erlangen, und nicht, »Glanz und Glamour« zu finden. Sie verpacken Ihre Produkte umweltfreundlich, betonen Gesundheit und Fitneß in ihrer Werbung und gestalten ihre Läden in kühlen Erdfarben. Alles in dem Versuch, ihre Marktpositionierung zu unterstützen.

Nachdem die Presse in den USA über den hohen Fettgehalt der China-Küche berichtet hatte, mußten viele China-Restaurants Umsatzeinbußen hinnehmen – einige um mehr als 50 %. Ein unternehmerischer Guerilla entschloß sich, sein Restaurant neu zu positionieren.

Über Nacht wurde aus dem Hunan Garden Szechuan Restaurant das Café 19 Chinese Health Food Restaurant – ein Lokal für »gesunde chinesische Kost«. Der Besitzer behielt sein Menu-Angebot unverändert bei – er hatte bereits ein Dutzend fettfreie Dampfgerichte auf der Speisekarte. Er änderte auch nicht das Dekor. Nur das Schild.

Durch Repositionierung des Restaurants als Lokal für Gesundheitskost war er in der Lage, seine Umsätze zu steigern. Tatsächlich konnte er höhere Umsätze erzielen als vor der Fettkontroverse. Natürlich hätte das nicht funktioniert, wenn die gedämpften Gerichte nicht verfügbar gewesen wären. Die Lektion ist einfach: Hatten die Gäste sein Lokal erst einmal mit anderen Augen betrachtet, zogen sie es anderen China-Restaurants vor. Die gesunden Gerichte gab es bereits, der Besitzer mußte sie nur herausstellen.

Denken Sie immer daran, daß Positionierung ohne Substanz langfristig nicht funktioniert. Als PCs vor einigen Jahren ihren ersten Boom erlebten, versuchte Smith-Corona die Verbraucher in den USA zu überzeugen, daß ihre elektronische Schreibmaschine genauso gut und kompliziert sei – ein Riesenfehler. Erst nachdem sie sich besannen und die Einfachheit ihres Produktes betonten, erholten sich die Umsätze.

Stufe 4: Ihre Positionierung und Werbestrategie

Nachdem Sie nun Ihr Produkt im Wettbewerb positioniert haben, sind Sie in der Lage, Ihre Werbestrategie zu Papier zu bringen. Das obige Beispiel wird Ihnen dabei behilflich sein.

- Produkt oder Dienstleistung:

- Zielgruppe:

- Wettbewerber:

K Swiss hatte ein ernstes Problem. Als kleiner Anbieter für Tennisschuhe stand die Firma ständig im Schatten der Branchenriesen. Da die Manager von K Swiss einsahen, daß sie keine Chance hatten, Nike oder Reebok auszuschalten, gab K Swiss die Pläne auf, prominente Sportler als Werbeträger zu gewinnen und Tausende von Modellen zu verteilen. Es wurde beschlossen, den un-Nike zu vermarkten – einen Sportschuh für Leute, die gut aussehen wollen, guten Schutz für ihre Füße wünschen und sich nicht für Reklamegags oder Modespielereien interessieren.

- ***Produkt:*** *Sportschuhe*
- ***Zielgruppe:*** *Gelegenheits-/ Freizeitsportler der gehobenen Mittelklasse*
- ***Wettbewerber:*** *Nike, Reebok, Adidas, Converse*
- ***Produktnutzen:*** *Im klassischen Design von K Swiss sehen Sie besser aus und fühlen sich besser.*
- ***Wie hebt sich das Produkt von der Konkurrenz ab:***

  Die meisten Wettbewerber stellen Spielereien heraus – Qualitätsanspruch, Pumpen und Unterstützung durch prominente Werbeträger. K Swiss verwendet ein 25 Jahre altes klassisches Design in Weiß mit dem Schwerpunkt auf Qualität – ohne Firlefanz.

- Produktnutzen:

- Wie hebt sich das Produkt von der Konkurrenz ab? (Beschreiben Sie Ihre Positionierung und die Ihrer Konkurrenzprodukte.)

- Falls der Leser nur eine Idee aus der Werbung im Gedächtnis behält, welche sollte es sein?

- Welche Maßnahmen soll der Verbraucher ergreifen, nachdem er die Anzeige gelesen hat?

Jetzt haben Sie Ihr Produkt im Wettbewerb positioniert, den Kundennutzen definiert und eine Strategie festgelegt. Somit ist es Zeit, einige Zahlen aufzubereiten.

- ***Falls Sie nur einen Aspekt der Werbung im Gedächtnis behalten, was sollte es sein?***

  Wenn Sie Bequemlichkeit und Qualität verlangen – im Gegensatz zu Schnickschnack und Statusgewinn – dann ist K Swiss der Schuh für Sie.

- ***Welche Aufforderung erhält der Verbraucher?***

  Gehen Sie in ein örtliches Sportartikel-Fachgeschäft und verlangen Sie ausdrücklich ein Paar Sportschuhe von K Swiss.

Stufe 5: Aufstellung eines Budgets

Viele Unternehmer fragen sich verwundert, warum sie ein Marketing-Budget benötigen. Sie stellen sich vor, einige Anzeigen zu schalten und bei entsprechendem Geschäftsverlauf noch einige Anzeigen zusätzlich. Dieses kurzsichtige Denken führt immer zur Enttäuschung. Für jedes Geschäft gelten gewisse Spielregeln; es gibt einen zulässigen Mindestumsatz und Marketing-Aufwendungen, die die Existenz sichern. Wenn Sie nicht genug für Marketing ausgeben, ist Ihre Existenz bedroht. Sind Ihre Aufwendungen zu hoch, verschwenden Sie Geld, oder Sie bekommen mehr Aufträge, als Sie abwickeln können.

Der erste Schritt bei der Aufstellung eines Marketing-Budgets ist die Festlegung, wieviel Prozent des Umsatzes Sie für Marketing ausgeben können. Nach einer guten Erfahrungsregel können Sie im allgemeinen von 10 % ausgehen. Einige Branchen (z.B. Kosmetika oder Zigaretten) erfordern jedoch mehr. Wenn Sie ein regionales Geschäft betreiben, können Sie einen erfolgreichen Nichtkonkurrenten in einer anderen Region nach seinen Zahlen befragen, oder Sie kontaktieren den entsprechenden Industrie- oder Handelsverband, um die Insider-Sicht zu erfahren.

Was auch immer der Standard in Ihrer Branche sein mag, Sie sollten ein Marketing-Budget einplanen, das um einige Prozentpunkte höher liegt. Marktführer geben häufig etwas mehr für ihr Marketing aus, und dies fördert ihr Umsatzwachstum. Unter keinen Umständen sollten Sie einen Marketing-Plan aufstellen, der einen geringeren Werbekostenanteil vorsieht als Ihre Konkurrenten.

Nun müssen Sie eine Schätzung vornehmen. Wieviel werden Sie nächstes Jahr umsetzen? Es gibt verschiedene Möglichkeiten, diese Umsatzschätzung vorzunehmen, auf der Grundlage Ihres Marktanteils über Regalfläche bis zur Astrologie. Wir wollen an dieser Stelle nicht zu viel Zeit hierauf verwenden.

Sie sollten jedenfalls den Umsatz des ersten Jahres in einer Bandbreite schätzen. So könnte die Rechnung für eine Mode-Boutique wie folgt aussehen:

Anzahl Kunden pro Tag:	15 - 25
Durchschnittlicher Kaufbetrag pro Kundin:	250 DM
Jahresumsatz (300 Tage):	1.125 TDM - 1.875 TDM

Wie Sie sehen können, läßt sich der Umsatz auf diese Weise grob schätzen. Man hat damit einen Anhaltspunkt, wieviel Geld für Marketing aufgewendet werden kann.

Was ist ein Kunde wert?

Nehmen Sie sich eine Minute Zeit, um eine zentrale Marketing-Kennzahl zu ermitteln. Was ist der Wert eines Kunden über seine gesamte Lebensdauer? Schreiben Sie die Antwort auf, hängen Sie den Zettel mit Ihrer Antwort in Sichtweite in Ihrem Büro auf, und teilen Sie das Ergebnis vor allem Ihren Mitarbeitern mit.

Warum ist diese Frage so wichtig? Einerseits erhalten Sie einen Beurteilungsmaßstab dafür, wieviel Sie ausgeben können, um einen neuen Kunden zu gewinnen. Und andererseits sollten Sie sich vergegenwärtigen, wieviel sie verlieren, wenn ein Kunde wieder abspringt.

Stew Leonard, der erfolgreichste selbständige Lebensmittelhändler aller Zeiten, benutzte diese Analyse häufig. Er ging davon aus, daß der durchschnittliche Kunde sieben oder acht Jahre bei ihm kaufen würde, bevor er wegziehen würde. Bei monatlichen Lebensmittelausgaben von 250 Dollar beläuft sich das auf 3.000 Dollar im Jahr oder 21.000 Dollar im Zeitablauf von sieben Jahren. Bei einer Nettospanne von 10 Prozent bedeutet das, daß der Kunde für ihn 2.100 Dollar wert ist (ohne Berücksichtigung von Mundpropaganda – ein unzufriedener Kunde kann genügend Mißgunst verbreiten, um zehn andere Kunden davon abzuhalten, einen Fuß in Ihren Laden zu setzen). Nachdem Stew wußte, daß jeder Kunde mehr als 2.000 Dollar wert war, war er viel eher bereit, ein Körbchen verdorbener Erdbeeren umzutauschen, eine zusätzliche Werbung zu schalten oder Service anzubieten – kostengünstige Maßnahmen, wenn Sie dazu beitragen, den Cash-flow aufrechtzuerhalten.

Federal Express ist ein anderes Unternehmen, das den Wert eines Kunden in den Mittelpunkt stellt. Wenn ein mittleres Unternehmen wöchentlich 30 Pakete (à 25 Dollar) versendet, sind das 750 Dollar pro Woche bzw. 18.750 Dollar pro Jahr. Wenn ein Kunde mit einer 25-Dollar-Sendung unzufrieden ist und zu einem Konkurrenten wechselt, verliert Federal Express Tausende von Dollar. Darum ist bei Federal Express jeder Angestellte im Kundendienst befugt, bei verspäteter Auslieferung ohne weitere Fragen sofort eine Reklamationsgutschrift über 100 Dollar auszustellen. Der Betrag von 100 Dollar ist ein geringer Preis, um einen Kunden mit 18.750 Dollar Jahresumsatz zu halten.

Um den Wert eines Kunden zu ermitteln, beantworten Sie diese einfachen Fragen:

- Wie lange wird der Kunde bei Ihnen kaufen, wenn Sie akzeptablen Service und Qualität anbieten?
- Wieviel wird der Kunde durchschnittlich pro Jahr kaufen? (Berücksichtigen Sie auch Umsatzsteigerungen als Folge Ihrer Maßnahmen oder Maßnahmen des Kunden.)
- Wie hoch ist Ihr Rohgewinn bzw. Ihre Nettospanne?

Zehn Dinge, die Guerillas nicht tun sollten

- *Eine nationale Werbekampagne durchzuführen, ohne sie zuvor getestet zu haben.*
- *Die voraussichtliche Kundenzahl zu grob zu schätzen.*
- *Es unter Hinweis auf die Geschäftspolitik abzulehnen, ein spezifisches Kundenproblem zu lösen.*
- *Eine erfolgreiche Werbekampagne einzustellen.*
- *Briefe und Telefonanrufe von Kunden zu ignorieren.*
- *Sich nur auf Massenmedien zu konzentrieren.*
- *Werbung zu betreiben, ohne sich auf einen Marketing-Plan zu stützen.*
- *Zu zögern, wenn sie gebeten werden, Ihre marketingstrategische Positionierung in zwei Sätzen zu erläutern.*
- *Zu befürchten, daß sie scheitern.*

Übrigens: Eine Erfahrungsregel besagt, daß sich der Wert eines Kunden verdreifacht, wenn Sie den Effekt von Mundpropaganda berücksichtigen.

Diese Zahl sollten Sie sich ständig vor Augen halten, und alle Ihre Mitarbeiter sollten sie kennen. Dies hilft Ihnen, Ihr Augenmerk konsequent auf die kritischen Erfolgsfaktoren zu richten.

Die Inhaberin unserer Mode-Boutique, die eine Kostenbelastung von 10 % des geschätzten Jahresumsatzes zugrunde legt, ermittelt so, daß sie 112,5 bis 187,5 TDM für Marketing ausgeben muß. Führen Sie nun eine Analyse durch, und schätzen Sie die Bandbreite Ihres eigenen Jahresumsatzes. Dann ermitteln Sie die Kostenbelastung. Denken Sie daran, daß einige Geschäfte eine größere Investition erfordern (besonders in der Anfangsphase), während andere selbst bei geringeren Aufwendungen gut laufen.

Stufe 6: Auswahl der Marketing-Maßnahmen

Wenn Sie Ihr Budget festgelegt haben, ist es an der Zeit, daß Sie Teil II dieses Buches lesen. Betrachten Sie jedes Marketing-Instrument und entscheiden Sie, ob es ein kostengünstiger Weg ist, Ihre Zielgruppe anzusprechen. Notieren Sie hier die Maßnahmen, die Ihnen zusagen.

Maßnahme	Kosten pro Einsatz	Einsatzhäufigkeit pro Monat	Kosten pro Monat

Stufe 7: Aufstellung eines Mediaplans

Nachdem Sie die Instrumente aufgelistet haben, die Ihnen zusagen, stellen Sie Ihren Mediaplan auf:

Maßnahme	J	F	M	A	M	J	J	A	S	O	N	D

Hier sind zwei zusätzliche Tabellen-Formulare, die Sie verwenden können, um eine Alternative zu planen.

Maßnahme	Kosten pro Einsatz	Einsatzhäufigkeit pro Monat	Kosten pro Monat

Maßnahme	J	F	M	A	M	J	J	A	S	O	N	D

Checkliste für Guerillas

Bevor Sie Geld für Medienwerbung ausgeben, sollten Sie sich die folgenden Fragen stellen, um sicher zu sein, daß Sie startbereit sind:

1. Welchen Nutzen bieten Sie dem Verbraucher?

2. Wer genau ist Ihr Kunde? Geben Sie eine detaillierte Beschreibung.

3. Wie ist Ihre Marktposition im Vergleich zu Ihren Wettbewerbern?

4. Welche Barrieren bestehen, die Konkurrenten daran hindern, Ihnen Marktanteile abzunehmen?

5. Wie wollen Sie (persönlich) mit Ihren Kunden kommunizieren?

6. Wie wollen Sie die Werbewirkung Ihrer Verkaufsförderungsmaßnahmen messen?

7. Ist Ihr Lagerbestand groß genug, und haben Sie genügend Mitarbeiter, um eine wachsende Nachfrage zu befriedigen?

8. Haben Sie die Nicht-Medien-Instrumente geprüft, um sicherzustellen, daß Sie den Rahmen für eine erfolgreiche Medienkampagne erarbeitet haben?

9. Wie sieht Ihr Mediaplan als Monatsplanung aus? Haben Sie eine ausreichende Einsatzhäufigkeit geplant, um Ihre Zielgruppe zu erreichen? Ist Ihr Budgetansatz ausreichend, um den Plan auch dann zu verwirklichen, wenn die Anfangsumsätze schwach sind?

(Fügen Sie hier eine Kopie Ihres Marketing-Plans ein.)

10. Erfüllt der geplante Medieneinsatz Ihre strategischen und taktischen Ziele, oder sieht Ihr Plan lediglich gut aus?

Bestehende Unternehmen: Führen Sie eine Guerilla-Analyse durch

Wenn Ihr Unternehmen bereits besteht, überprüfen Sie die Positionierung. Arbeiten Sie einen einfachen Fragebogen aus und verteilen Sie ihn an Ihre Mitarbeiter, indem Sie die folgenden Fragen stellen:

- Wer ist unsere Zielgruppe?

  ____

- Welchen Produktnutzen bieten wir, den unsere Konkurrenten nicht vorweisen können?

  ____

  ____

- Beschreiben Sie in zwei Sätzen, wofür Ihr Unternehmen steht:

  ____

  ____

  ____

Sie werden vielleicht über die Antworten überrascht sein.

Wenn Sie die Mitarbeiterbefragung durchgeführt haben, rufen Sie einige Kunden an (Sie haben die Telefonnummern doch griffbereit, oder?) und stellen ihnen die gleichen Fragen.

Stellen Sie einen Stapel Befragungskarten auf Ihren Ladentisch und ermuntern Sie Kunden, die in Ihren Laden kommen, eine Karte auszufüllen.

Wenn Sie neu im Geschäft sind, gibt es dennoch einen Schritt, den Sie im Rahmen dieser Analyse machen können: Zeigen Sie Ihre neue Werbung einigen Fremden. Stellen Sie ihnen die gleichen drei Fragen:

- Wer ist unsere Zielgruppe?

  ____

  ____

  ____

- Welchen Produktnutzen bieten wir, den unsere Konkurrenten nicht vorweisen können?

  ____

  ____

- Beschreiben Sie in zwei Sätzen, wofür Ihr Unternehmen steht:

  ____

  ____

Falls ein Kunde diese Fragen nicht beantworten kann, nachdem er Ihre Anzeige gesehen hat, denken Sie zweimal (vielleicht dreimal) nach, bevor Sie das Geld ausgeben, um diese Anzeige zu schalten.

Guerilla-Anbieter des Jahres

Jordan's Furniture, Boston/Massachusetts

Mehr als 1.000 Firmen beteiligten sich an dem ersten Wettbewerb für den besten Guerilla-Anbieter der USA. Der Wettbewerb war hart – es gibt eine beeindrukkende Schar innovativer, erfolgreicher Guerillas. Als wir jedoch die Beurteilung der Erfolgsstories vornahmen, hob sich ein Unternehmen deutlich von den übrigen ab durch ein ungewöhnliches Maß an Kreativität, Kundenverständnis, Ausdauer, Durchsetzungsvermögen und Rentabilität.

Jordan's Furniture – ein Möbelfilialist mit Standorten in der Nähe von Boston – ist unser Preisträger als Guerilla-Anbieter des Jahres. Wie Sie den vielen Hinweisen auf diese Firma in diesem Buch entnehmen werden, hat Jordan's unerschrocken nahezu jede Guerilla-Taktik erfolgreich eingesetzt. Sie ist der lebende Beweis, daß Guerilla-Techniken den Umsatz und Gewinn eines Unternehmens beachtlich steigern können (und dazu beitragen können, daß auch Sie mehr Spaß haben).

Als Barry und Eliot Tatleman *Jordan's Furniture* im Frühjahr 1973 übernahmen, zählte das damals einzige Geschäft in Waltham bei Boston acht Beschäftigte und brachte es auf einen Jahresumsatz von 500.000 Dollar. Im letzten Jahr erzielte das Unternehmen an drei Standorten den unglaublichen Umsatz von 100 Millionen Dollar. Das ist eine Steigerung von 20.000 Prozent in gerade 20 Jahren oder durchschnittlich 1.000 Prozent pro Jahr!

Wie haben sie das geschafft? Nicht, indem sie Hypotheken auf ihre Häuser aufnahmen, um teure Werbezeit einzukaufen. Tatsächlich lag ihre Werbekostenbelastung in diesem Zeitraum um mehr als 50 Prozent unter dem Branchendurchschnitt. Ihre Werbung war jedoch so gut, daß die meisten Einwohner von Boston und dem Süden von New Hampshire inzwischen überzeugt sind, daß es tatsächlich nur *einen* Möbelmarkt in der Stadt gibt.

Jeder ihrer Marketing-Schachzüge war auffällig, überlegt und von echter Guerilla-Mentalität geprägt. Ihre Werbung ist zielgruppenorientiert und wirksam. Die Brüder sind im Einkauf von Radio-Werbezeit sehr geschickt. Ihre Werbebotschaft wird ständig wiederholt. Ihre Möbelmärkte warten mit einer beeindruckenden Fülle an innovativen Kundendienstleistungen auf (Zum Beispiel erhalten Kunden, die Möbel abholen, eine kostenlose Wagenwäsche. Bei den Kunden ist der Vergnügungspark – Investitionssumme: drei Millionen Dollar – an der Rückseite des Marktes sehr beliebt. Die Liste ist fast endlos).

Die Lagerumschlagshäufigkeit eines amerikanischen Möbelgeschäftes beträgt im Durchschnitt 3 pro Jahr, das heißt, ein Möbelstück lagert vier Monate. Bei Jordan's beträgt diese Zeitspanne gerade einen Monat (Die Umschlagshäufigkeit pro Jahr beträgt 11). Diese Umschlagshäufigkeit führt zu einer beachtlichen Flächenproduktivität von 12.500 DM Jahresumsatz pro Quadratmeter Verkaufsfläche (Branchendurchschnitt: 3.000 DM), was wiederum zu beachtlichen Gewinnen führt und ihnen weitere Werbeaktionen ermöglicht.

Barry und Eliot verlassen sich für ihren Erfolg nicht auf Werbegags. »Unsere Kunden wissen, daß wir hinter unseren Produkten stehen. Mit dem ›Besseren Geschäftsbüro‹ haben wir in der Industrie den besten Ruf«, sagt Barry.

Sie machen mehr, als ihre Kunden bloß fair zu behandeln. Jeder Verkäufer ist entscheidungsberechtigt, so daß bei Jordan's keiner den Schwarzen Peter an andere weiterreicht.

Sie lassen im Guerilla-Marketing nichts unversucht – ihre Anstrengungen sind intensiv, werbewirksam und gewinnbringend. Damit stellen sie eine Herausforderung und ein Modell für alle aufstrebenden Guerillas dar. Glückwunsch und danke!

Ein Interview mit Barry und Eliot

- **Steht hinter Jordan's eine Philosophie?**

  Unsere Maßnahmen haben wir ergriffen, weil wir glaubten, es sei richtig; nicht weil wir den Gewinn im Auge hatten ... und es hat funktioniert. Wir glauben daran, daß es unser Ziel sein muß, dem Kunden einen umfassenden Service anzubieten. Es klingt zwar aufdringlich, aber wir glauben wirklich daran, unsere Mitarbeiter glauben daran und wir tun es auch.

- **Wie wichtig ist der Faktor Preis für Ihren Erfolg?**

  Die Verbraucher müssen überzeugt sein, daß sie preiswert kaufen und Service bekommen. Eins ist nicht genug – Sie müssen beides bieten. Der Preis ist eine wichtige Speiche im Rad, aber diese Speiche muß auf die anderen Speichen abgestimmt sein.

- **Schreiben Sie Ihre Werbebotschaften selbst?**

Ja. Wir bekommen unsere Ideen überall – von unseren Mitarbeitern; aktuellen Ereignissen; Dingen, die wir lesen; Angelegenheiten, die die Öffentlichkeit interessieren.

Wir hatten einen dritten Bruder – Milt –, der vor einem Jahr verstarb. Er arbeitete nicht täglich im Geschäft, war jedoch sehr stark an unserem kreativen Prozeß beteiligt. Er war eine wunderbare Quelle für Werbeideen, und wir vermissen seinen kreativen Geist. Er pflegte zu sagen, daß er Barry und Eliot geschaffen habe, weil er es war, der uns vor 20 Jahren empfahl, in die Funkwerbung zu gehen.

Unsere Kunden gehen so in unseren Werbespots auf, daß wir jeden Monat Hunderte von Briefen bekommen – viele mit Ideen! Es ist schön zu wissen, daß die Kunden sich als Teil des Ganzen verstehen.

- **Was war die erfolgreichste Aktion, die Sie je durchgeführt haben, und warum?**

Ich bin nicht sicher, ob Sie es eine Aktion nennen würden, aber »MOM« – unser Erlebniskino – ist bestimmt unsere wirkungsvollste Initiative. Wir nennen »MOM« einen dreifachen Gewinner. Unsere Kunden gewinnen, weil es solch ein Spaß ist, und in unserem Möbelmarkt erwarten sie Spaß. Das Unternehmen gewinnt, weil »MOM« neue Kunden in den Markt bringt. Die Gesellschaft gewinnt, weil wir die Gewinne von »MOM« für gemeinnützige Zwecke spenden (bis heute über 300.000 Dollar).

Die Wirkung unserer Werbung überrascht uns immer wieder von neuem. Jedesmal, wenn wir einen neuen Markt eröffnen, ist die aufgestaute Nachfrage und die von uns aufgebaute Glaubwürdigkeit so groß, daß wir die Kunden sogar über Funkwerbung bitten müssen, eine Weile nicht vorbeizukommen. Unsere Geschäftseröffnungen haben zwei der größten Verkehrsstaus in der Region verursacht!

- **Bevorzugen Sie immer noch Funkwerbung? Warum?**

Unser Herz schlägt für Funkwerbung. Aber wir ziehen das Radio anderen Medien nicht grundsätzlich vor. Es hängt davon ab, wer Ihr Kunde ist. Unsere Auffassung ist: Welches Medium Sie auch immer wählen, Sie müssen es richtig machen, und Sie müssen es dominieren. Wir haben Radio und Fernsehen ausgewählt, und das funktioniert bei uns.

- **Ist die Schulung neuer Mitarbeiter eine Herausforderung?**

Es ist leicht, neue Mitarbeiter zu integrieren. Eine weit größere Herausforderung ist es, die Motivation von Mitarbeitern zu erhalten, die bereits längere Zeit dabei sind. Wir verbringen die meiste Zeit damit, unsere langgedienten Mitarbeiter zu schulen und zu motivieren und das Teamwork im Unternehmen zu verbessern.

- **Wie haben Sie Ihr Wachstum gemeistert?**

  Wir geben zu, daß Wachstum mehr Probleme bringen kann als Stagnation. Wir bemühen uns, darauf vorbereitet zu sein. Manchmal klemmt es, und das Geschäft wächst zu schnell. In derartigen Situationen steigt die Belastung aller Mitarbeiter. Für unseren Erfolg ist entscheidend, daß wir anerkennen und würdigen, wie hart unser Team arbeitet – besonders in Spitzenzeiten.

- **Was planen Sie als nächstes?**

  Es war nie unser Traum, der Größte zu sein – nur der Beste. Wir beabsichtigen, bald einen vierten Markt zu eröffnen, der größer, besser und innovativer sein wird. Wir wollen das Kauferlebnis durch unsere Displays und Unterhaltung weiter verbessern.

Dies ist die Snackbar im MOM-Erlebniskino, wo Jordan's Spaceballs anbietet – das Eis der Zukunft. Der gesamte Gewinn der Snackbar, der T-Shirt-Verkäufe und des Erlebniskinos wird für gemeinnützige Zwecke gestiftet.

Sogar der Hund, der neben Barry und Eliot auf dem Abtrennseil sitzt, ist Teil des Aufzugs. Er bewegt seinen Kopf, wedelt mit dem Schwanz und ist der Liebling aller Kinder. Das echte Bild von Barry (rechts) und Eliot (links) sehen Sie unten rechts.

Jordan's behandelt jeden Kunden als Gast (siehe oben). Das Unternehmen zeichnet jedes Möbelstück mit einem Fakten-Etikett aus, das Hersteller, Bauweise, Garantie, Abmessungen, Pflegeanleitung usw. erläutert (siehe unten). Jordan's fordert jeden Lieferanten auf, diese Informationen abzuzeichnen, um Genauigkeit zu gewährleisten. Originalton von Barry und Eliot: »Den Kunden ehrlich zu informieren ist entscheidend für alles, was wir tun.«

*Vor 20 Jahren war **Absolut Vodka** in den USA unbekannt. Michael Roux, Geschäftsführer von Carillon Imports, beauftragte die Werbeagentur TBWA, und sie entwickelte eine der erfolgreichsten Guerilla-Werbekampagnen aller Zeiten.*

Was macht sie zu einer Guerilla-Kampagne?

- *Sie ist konsequent. Seit mehr als einem Jahrzehnt verwendet Absolut Vodka dieselbe Aufmachung, Anmutung, Positionierung und denselben Produktnutzen – seit dem Herbst 1992 auch für den deutschen Markt. Während konventionelle Anbieter Konsequenz nur bevorzugen, bestehen Guerilla-Anbieter darauf.*

- *Sie ist zielgruppenorientiert. Absolut setzt zielgruppenorientierte Zeitschriftenwerbung ein, das erlaubte dem Anbieter, die Zielgruppe sorgfältig auszuwählen.*

- *Sie ist positioniert. Durch Einschaltung junger zeitgenössischer Künstler hat sich Absolut als im Trend liegende, intelligente Alternative gegenüber anderen Wodka-Marken positioniert. Absolut hat seine eigene Produktgattung geschaffen und diese Marktnische besetzt.*

Die Tatsache, daß das Budget für die Einführung von Absolut Vodka nicht eben klein war (obgleich es mehrere Millionen Dollar betrug, war es im Vergleich zur Konkurrenz winzig), hat nichts mit ihrer Taktik zu tun: hundertprozentig Guerilla.

Ethische Werbegrundsätze

Die folgende Liste ist ein Auszug aus dem Ehrenkodex des Verbandes für Direktwerbung (Direct Marketing Association) der USA. Obgleich diese Grundsätze ursprünglich für die Direktwerbung aufgestellt wurden, lassen sie sich genausogut für alle Werbetreibenden anwenden. Ein Geschäft läßt sich nicht auf Täuschung aufbauen – Guerillas täuschen nie, wenn sie die Öffentlichkeit ansprechen.

- **Ehrlichkeit**

  Alle Angebote sollten eindeutig, ehrlich und vollständig sein, so daß der Kunde genau versteht, was angeboten wird, sowie Preis, Zahlungsbedingungen (einschließlich aller Zusatzkosten) und Verpflichtungen kennt, die er mit der Auftragserteilung eingeht. Vor Veröffentlichung eines Angebotes sollten Direktvermarkter alle Vorkehrungen getroffen haben, um ihre Versprechungen und Angebote auch tatsächlich einlösen zu können. Anzeigen oder einzelne Werbeaussagen, die unwahr, irreführend, täuschend oder betrügerisch sind oder die Konkurrenten herabsetzen, müssen unterbleiben.

- **Verächtlichmachung**

  Herabsetzung einer Person oder Gruppe aufgrund der Rasse, Farbe, Religion, der nationalen Herkunft, des Geschlechtes, des Familienstandes oder Alters ist nicht akzeptabel.

- **Werbung für Kinder**

  An Kinder sollten keine Angebote gerichtet werden, die nur für Erwachsene geeignet sind.

- **Fotografien und Kunstwerke**

  Fotografien, Abbildungen, Kunstwerke und dargestellte Situationen sollten genaue Bilder und aktuelle Nachbildungen der Produkte, Dienstleistungen oder sonstigen Gegenstände sein.

- **Angabe von Auftraggeber und Verkaufsabsicht**

  Bei allen Kontakten im Rahmen der Direktwerbung sollte der Name des Auftraggebers und der Zweck des Kontaktes angegeben werden. Niemand sollte Angebote oder Auftragswerbung als Marktforschung tarnen, wenn die eigentliche Absicht darin besteht, Produkte oder Dienstleistungen zu verkaufen oder Spenden einzutreiben.

- **Identität des Verkäufers**

  Jedes Angebot und jede Lieferung sollte den Namen und die Adresse des Direktvermarkters hinreichend genau angeben, so daß der Kunde den Absender auf dem Postweg oder telefonisch kontaktieren kann.

- **Angebote in Rechnungsform**

  Angebote, die fälschlicherweise als Rechnungen oder Mitteilungen von Behörden angesehen werden könnten, sollten nicht verwendet werden!

- **Verwendung des Wortes »kostenlos«**

  Ein Produkt oder eine Dienstleistung, die dem Empfänger ohne Kosten oder Verpflichtung angeboten wird, darf als »kostenlos« bezeichnet werden. Wenn ein Produkt oder eine Dienstleistung »kostenlos« angeboten wird, zu einem symbolischen oder stark reduzierten Preis verkauft wird und/oder wenn das Angebot nur dann gültig ist, wenn der Empfänger gleichzeitig ein anderes Produkt oder eine andere Dienstleistung kauft, sollten alle Geschäftsbedingungen klar und eindeutig sein. Diese Angaben müssen mit der Verwendung des Begriffes »kostenlos« oder eines ähnlichen Begriffes in Verbindung stehen.

  Wenn der Begriff »kostenlos« oder andere ähnliche Begriffe verwendet werden (2 für 1, halber Preis, Happy hour usw.), sollte das Produkt oder die Dienstleistung, für die zum Kauf aufgefordert wird, nicht im Preis angehoben worden, in der Qualität verschlechtert oder in der Menge reduziert worden sein.

Ähnliche Regelwerke gibt es auch in Deutschland. Der Deutsche Direktmarketing Verband e.V. beispielsweise verlangt von allen Unternehmen, die sich um eine Aufnahme bewerben, in ihrer jeweiligen Fachgruppe einen Ehrenkodex zu unterzeichnen. Diese Richtlinien sind auf die Aufgaben der jeweiligen Dienstleister zugeschnitten. Die Unternehmen verpflichten sich dabei zu einem fairen Wettbewerb untereinander, zur Wahrheit und Klarheit aller Angaben gegenüber den Auftraggebern und zu einem verbraucherfreundlichen Verhalten. Schwerwiegende Verstöße gegen den Ehrenkodex können mit einem Verbandsausschluß geahndet werden.

Burger King, früher ein Guerilla-Konkurrent von McDonald's, hat seinen Erfolgsweg verlassen. Nach dem großen Erfolg der Werbeslogans »Have It Your Way« (Ganz nach Ihrem Geschmack) und »Grilled Not Fried« (Gegrillt – nicht gebraten) in den USA hat das Unternehmen mehr als acht Werbeagenturen eingeschaltet, ungefähr eine pro Jahr.

Trotz des Erfolges der früheren Kampagnen begann Burger King, sich auf kurzfristige Verkaufsförderung (zur Erhöhung der Kundenfrequenz) zu konzentrieren, statt an einer langfristigen Marktpositionierung und Markenpflege zu arbeiten. In dem Moment, als die Verantwortlichen die Geduld verloren und den schnellen Erfolg suchten, waren sie zum Scheitern verurteilt.

Veröffentlichungen über Werbung

Horizont, Zeitung für Marketing, Werbung und Medien

Mainzer Landstraße 251 • 60264 Frankfurt/Main • (069) 75 95 16 02

Aktuelle Branchen-Wochenzeitung rund um unternehmerisches Marketing, Werbung, Kommunikation und Medien. Neben wöchentlichen News und Hintergrundberichten zahlreiche Serviceangebote wie Studien, Dossiers, Recherchedienst, Seminare und Fachtagungen.

Der Kontakter

Große Elbstraße 14 • 22767 Hamburg • (040) 31 16 51-0

Wochenzeitung für den Werbefachmann: aktuelle Informationen aus Agenturen, den Medien und der werbungtreibenden Wirtschaft.

w & v Werben und Verkaufen
Karkstraße 35-37 • 80333 München • (089) 54 852-0
Wochenzeitschrift für Werbung

STAMM - Leitfaden durch Presse und Werbung
STAMM Verlag GmbH • Goldammerweg 16 • 45134 Essen • (0201) 84 300-0
Ein Presse- und Medienhandbuch; erscheint jährlich und kostet DM 189,- (Stand: 1995)

Werbung, die sich auszahlt
Wolfgang Meffert • Verlag Wunderlich
Ein weiterer Autor aus der wachsenden Zahl der Guerillas. Viele Tips und Kniffe zu preiswerter Werbung in Deutschland.

Die neue Erfolgsmethode für bessere Werbung
Reiner Selz • Verlag Norman Rentrop

Werbung, die ankommt
Walter Schönert • verlag moderne industrie
Ein hervorragender Ratgeber für die Gestaltung Ihrer Guerilla-Anzeige. Auch Fernsehspots werden behandelt.

Jahrbuch der Werbung
Econ Verlag
Die erfolgreichsten Werbekampagnen des Vorjahres

Werben wie die Profis
Joachim Bürger • verlag moderne industrie
Alles über Werbetexte und gute Grafik, außerdem Profi-Tips für die Zusammenarbeit mit freien Mitarbeitern.

Max Werbe-Jahrbuch 1994, und ***Band II MAX-Leserservice***
PVS Fulfillment-Service GmbH • Postfach 1461 • 74150 Neckarsulm
Spektakuläre Werbekampagnen und wie sie entstanden sind.

texten und schreiben
Gewerbestraße 2 • 86825 Bad Wörishofen • (08247) 35401
Magazin für gutes Deutsch und wirksamen Text

marken-Handbuch
Team-Fachverlag • Auwanne 19 • 63971 Karlstein am Main • (06188) 6031
Adreßbuch zu Werbeagenturen, Spezialmittlern, Firmen und Marken in Deutschland, Österreich und der Schweiz. Erscheint jeweils im April und September und kostet 168 DM (Stand: 1995).

Markenartikel
Markenverband e.V. • Schöne Aussicht 59 • 65193 Wiesbaden • (0611)58 67-0
Monatszeitschrift für Markenwerbung

Werbebegriffe, die Sie kennen sollten

Agenturprovision – Die Werbeträger gewähren Werbeagenturen automatisch einen Rabatt von 15 % auf die geschaltete Werbung. Zusätzlich gewähren sie bei häufiger Schaltung in der Regel einen Mengennachlaß, der bei 10% oder auch höher liegen kann.

Anforderungs-/Antwortkarten – Postkarten, die im Auftrag von Werbetreibenden in Zeitschriften beigefügt sind, damit der Leser weitere Informationen anfordern kann.

Demographie – Die Struktur Ihrer Zielgruppe. Die Leserschaft des *Spiegel* hat offensichtlich eine andere demographische Struktur als die Leser der *Brigitte*.

Kontakter/Kontaktdirektor – Beschäftigte in Werbeagenturen, die für die Betreuung bestimmter Kunden verantwortlich sind. Ihre Funktion ist, gleichzeitig die Interessen des Kunden, der Agentur, des Art-Director und des Texters zu vertreten.

Media-Daten – Die Verlage bzw. anderen Werbeträger stellen für Werbetreibende umfangreiche Daten über die Reichweite ihrer Medien, die Struktur ihrer Leserschaft und Preise zusammen.

Reichweite und Frequenz – Zwei entscheidende Meßgrößen für die Ausarbeitung Ihres Mediaplans. Reichweite ist die Anzahl der Personen, die Sie mit einer Anzeigenkampagne ansprechen. Frequenz ist die Häufigkeit, mit der Sie den durchschnittlichen Leser mit Ihrer Anzeigenkampagne ansprechen.

Spaltenhöhe – Soweit Anzeigen nicht nach Seiten oder Seitenteilen in Auftrag gegeben werden, wird das Anzeigenformat in der Höhe nach Millimeter und in der Breite nach der Anzahl der gewünschten Spalten angegeben. Während die Breite der Spalten feststeht – sie beträgt bei den meisten Zeitungen im Anzeigenteil 44 - 46 mm und im Textteil 52 - 70 mm – bestimmt der Werbetreibende im Rahmen der Satzspiegelhöhe selbst, wie hoch seine Anzeige werden soll. Grundlage für die Berechnung der Anzeigenpreise ist der sogenannte *Millimeterpreis*, der Preis für 1 mm Höhe in einer Spalte. Bei mehrspaltigen Anzeigen vervielfacht sich der Preis entsprechend der Anzahl der belegten Spalten.

Tausenderpreis – Dies ist der Preis einer Anzeige dividiert durch die Auflage der Zeitschrift bzw. Reichweite des Werbeträgers. Beispielsweise hat eine Anzeige zum Preis von 30.000 DM in einer Zeitschrift mit einer Auflage von 1.000 Exemplaren einen Tausenderpreis von 30 DM.

4X – Die Zahl vor dem Buchstaben X bezeichnet die Häufigkeit, mit der die Anzeige geschaltet werden soll. In Abhängigkeit von der Frequenz erhalten Sie einen Rabatt (sog. *Malstaffel*).

Spielerisch geht's häufig leichter – diese Anzeige der Citibank ist ein echter Augenstopper. Auf originelle Weise wird ein aktuelles Thema verarbeitet, ohne die Zielgruppe unnötig einzuschränken: Begriffe rund ums Schwein sind Alltagssprache, nicht nur bei Jugendlichen.

Quelle: BMZ/FCA *Werbeagentur GmbH & Co. KG, Postfach 10 14 54, 40005 Düsseldorf*

Diese Zeitschriftenanzeige ist Teil einer ausgezeichneten Positionierungskampagne. Man erkennt sofort, daß es sich bei dem Twingo um ein handliches, spaßiges und preiswertes Auto handelt. Erinnert Sie das an irgend etwas? Vielleicht an den VW-Käfer?

Quelle: PUBLICIS *Werbeagentur GmbH, Falkensteiner Str. 77, 60322 Frankfurt/Main*

Werbeagenturen

Finden Sie die richtige Agentur und nutzen Sie sie dort, wo sie am effektivsten ist

! *Der Hauptgrund, warum Sie eine Werbeagentur benötigen*

Ein genialer Texter, der ständig kreativ tätig sein will, würde nie in Vollzeitstellung für Sie arbeiten. Eine Werbeagentur kann jedoch Brillanz zu einem Tageshonorar verkaufen. Und wenn Sie echte Brillanz finden, werden Sie entdecken, daß sie viel mehr wert ist, als sie kostet.

Erinnern Sie sich an die Kampagnen für Lucky Strike, Marlboro und Absolut Vodka. Diese Kampagnen waren Milliarden Dollar wert, trotzdem wurde jede von einer Werbeagentur auf der Grundlage der üblichen Agenturprovision betreut – ohne zusätzliche Kosten für die Werbetreibenden.

An dem Tag, an dem Sie sich entschließen, Ihre erste Anzeige zu schalten, sollten Sie ernsthaft überlegen, einen Werbeberater, Grafiker oder Grafik-Designer einzuschalten. Und wenn Sie im Jahr mehr als 50.000 DM für Werbung ausgeben, ist es an der Zeit, eine Full-Service-Werbeagentur zu beauftragen.

Werbeagenturen werden grundsätzlich durch die Werbeträger bezahlt, nicht durch Sie. Daher werden schlaue Guerillas die beste und aggressivste Werbeagentur finden. Viele Werbeagenturen sind bereit, auch kleinere Kunden zu betreuen, wenn die Agentur durch die zu entwickelnden Anzeigen ihre Sichtbarkeit verbessern kann oder Auszeichnungen gewinnen kann. Und da Sie Guerilla sind, sind Sie der ideale Partner für eine aggressive Agentur. Sie sollten sich jedoch vergewissern, daß die Agentur ihre Preise für Werbewirksamkeit gewonnen hat, nicht für ästhetische Gestaltung.

Es gibt zwei bewährte Vorgehensweisen, um eine Werbeagentur zu finden. Der erste Weg ist ziemlich einfach: Suchen Sie Anzeigen, von denen Sie denken, daß sie erfolgreich sind. Rufen Sie dann den Werbetreibenden an und erkundigen Sie sich, welche Werbeagentur die Anzeige entworfen hat.

Wenn Ihr Werbebudget größer ist – vielleicht 600.000 DM oder mehr – könnten Sie überlegen, einen Berater einzuschalten, der Sie bei der Auswahl der geeigneten Agentur berät.

Falls Sie jedoch auf eigene Faust eine Werbeagentur finden möchten, sollten Sie daran denken, sich die neueste Ausgabe des Jahrbuches »Die deutschen Werbeagenturen 19..« oder eines der vergleichbaren Referenzwerke zu beschaffen, die am Schluß dieses Kapitels aufgeführt sind. Dort finden Sie auch die Anschriften der zuständigen Fachverbände, die Ihnen ebenfalls bei der Agentursuche behilflich sein werden.

Auswahl von Werbeagenturen

Viele der unten genannten Firmen haben sich spezialisiert. Einige sind überwiegend für bestimmte Branchen tätig, andere haben einen regionalen Schwerpunkt gewählt. Wenn Sie zu einer dieser Firmen Kontakt aufnehmen, befragen Sie sie zunächst nach ihren bisherigen Kunden, ihren Gebühren und ihren Spezialitäten. Beginnen Sie damit, eine Agentur in Ihrer Nähe anzurufen. Weitere Agenturen finden Sie in den Gelben Seiten.

BBDO Düsseldorf GmbH
Königsallee 92 • 40212 Düsseldorf • (0211) 13 79-554

Die Brücke Kommunikations- und Marketingagentur GmbH
Lindenallee 21 • 14050 Berlin • (030) 302 90 21

DIE CREW Werbeagentur GmbH
Maybachstraße 8 • Am Killesberg • 70469 Stuttgart • (0711) 135 45-0

Flaskamp GmbH
Voltastraße 5 • 13355 Berlin • (030) 46 00 6-0

Fritsch, Heine, Rapp + Collins
Agentur für Dialogmarketing und Werbung GmbH
Stadtdeich 5 • 20097 Hamburg • (040) 33 95 90

Grey-Gruppe Deutschland
Corneliusstraße 16-24 • 40215 Düsseldorf • (0211) 38 07-349

Lintas Marketing Communications GmbH
Buchardstraße 14 • 20095 Hamburg • (040) 3 39 75-622

LOGO Werbung & Kommunikation
Paulsborner Str. 3 • 10709 Berlin • (030) 893 05 55

McCann-Erickson
Ulmenstraße 39 • 60325 Frankfurt/Main • (069) 71 31-0

Serviceplan Werbeagentur
Prinzregentenstraße 50 • 80538 München • (089) 2 37 22-1 42

Wensauer & Partner Werbeagentur GmbH
Osterholzallee 76 • 71636 Ludwigsburg • (07141) 40 75-0

Wundermann Cato Johnson Tricom Center
Postfach 61 62 • 65735 Eschborn • (06196) 5 96-2 00

Young-Rubicam
Bleichstraße 64 • 60313 Frankfurt/Main • (069) 21 92-0

Zebra Werbeagentur
Richard-Wagner-Straße 71 • 09120 Chemnitz • (0371) 2 71 81-0

Zentrale Werbeagentur
Bleibtreustraße 7 • 10623 Berlin • (030) 313 09 21

10 Fragen, die Sie sich stellen sollten, bevor Sie eine Werbeagentur beauftragen

- Wie ist unser Zeitrahmen – streben wir langfristige Marktanteilssteigerungen oder kurzfristige Aktionserfolge an?
- Benötigt unsere Agentur eine Media-Einkaufsabteilung, oder wollen wir das getrennt handhaben?

- Wollen wir unsere Agentur nach einem Grundhonorar oder der üblichen Agenturprovision vergüten?
- Suchen wir die Kreativleistung für eine bestimmte Werbekampagne oder für eine generelle Zusammenarbeit?
- Wie wichtig ist es für uns, regelmäßig Zugang zum Leiter der Agentur zu haben, die wir auswählen?
- Welche Werbeträger muß unsere Agentur betreuen?
- Muß unsere Agentur nur bestehende Projekte betreuen oder auch die Einführung neuer Produkte?
- Spielt es einen Rolle, ob unsere Agentur einen günstigen Standort hat?
- Suchen wir eine Agentur mit einer bestimmten Philosophie oder eine, die bereit ist, nach der Philosophie ihrer Kunden zu arbeiten?
- Wer soll verantwortlich sein?

Bewerten Sie jede Agentur, indem Sie sich die folgenden Fragen stellen:

- Verstehen sie die Ziele unseres Unternehmens?
- Beachten Sie die Ziele unseres Unternehmens?
- Haben sie die notwendige Erfahrung, und können Sie entsprechende Referenzen vorweisen?
- Sind sie an unserem Geschäft interessiert, und haben sie Branchenkenntnisse?
- Sind sie mit unserer Wettbewerbssituation vertraut?
- Stellen sie abgewogene Marketing-Strategien vor?
- Präsentieren sie klare und überzeugende kreative Lösungen?
- Sind sie personell und technisch gut ausgestattet?
- Können wir gut zusammenarbeiten?

Quelle: Bearbeitet nach Small Business Reports, *August 1991*

Gründen Sie Ihre eigene hausinterne Werbeagentur

In der Anfangszeit der Werbung zahlten Zeitungen an selbständige Vertreter eine Provision von 15 %. Dafür verkauften diese die Anzeigen und führten für die Werbetreibenden die Setzarbeiten durch.

Als die Werbung sich weiterentwickelte, blieb die Provisionsvereinbarung unverändert. Mit geringen Ausnahmen erzielen die Werbeagenturen ihre Einnahmen aus der Anzeigenschaltung von den Werbeträgern, nicht von den Werbetreibenden.

Wenn Sie keine Werbeagentur einschalten, können Sie die Provisionsvereinbarung zu Ihrem Vorteil nutzen, wenn Sie Ihre eigene Agentur gründen. Die Provision von 15 %, die von den Medien gezahlt wird, ist in den Werbeeinschaltpreisen enthalten. Daher ist es für die Medien unerheblich, ob sie die Provision an eine externe Agentur oder an Sie zahlen. Auf diese Weise können Sie 15 % der Werbekosten sparen, die Sie in den klassischen Medien – wie Zeitungen, Zeitschriften und Fernsehen – schalten.

Sie müssen Ihre Agentur allerdings als eigenständige Tochterfirma gründen – der Werbeabteilung eines Unternehmens wird (zumindest in Deutschland) die Agenturprovision nicht gewährt.

Informationen über Werbeagenturen

DDV Deutscher Direktmarketing Verband e.V.
Hasengartenstraße 14 • 65189 Wiesbaden • (0611) 977 93-0

Gesamtverband Werbeagenturen GWA e.V.
Friedensstraße 11 • 60311 Frankfurt/Main • (069) 25 60 08-0

Zentralverband der deutschen Werbewirtschaft e.V. (ZAW)
Villichstraße 17 • 53177 Bonn • (0228) 82 09 20

Porträts Deutscher Werbeagenturen
Große Elbstraße 14 • 22767 Hamburg • (040) 31 14 41-45

STAMM - Leitfaden durch Presse und Werbung
STAMM Verlag GmbH • Goldammerweg 16 • 45134 Essen • (0201) 84 300-0
Ein Presse- und Medienhandbuch; erscheint jährlich und kostet 189 DM (Stand: 1995).

Jahrbuch der Werbung in Deutschland, Österreich und Schweiz
J. Jeske, E. Neumann, W. Spranger (Hrsg.) • Econ Verlag
Querschnitt der Werbung des Vorjahres

Die deutschen Werbeagenturen 96
Europa-Fachpresse-Verlag GmbH • Karlsstraße 35-37 • 80333 München • (089) 548 52-0
Werbeagenturen in Deutschland: Ihre Aktivitäten und Kunden.

marken-Handbuch
Team-Fachverlag • Auwanne 19 • 63971 Karlstein am Main • (06188) 6031
Adreßbuch zu Werbeagenturen, Spezialmittlern, Firmen und Marken in Deutschland, Österreich und der Schweiz. Erscheint jeweils im April und September und kostet 168 DM (Stand: 1995).

Tips für Werbung in Zeitungen und Zeitschriften

Die gängigste Form der Werbung für Kleinunternehmen

Guerilla-Erfolgsstory

Die Firma Stereo Advantage (Stereo-Vorteil) begann als kleines Einraum-Stereogeschäft in Buffalo im US-Bundesstaat New York. Tony Ragusa, ein echter Guerilla, schaltete seine großen Konkurrenten dadurch aus, daß er eine völlig neue Vorgehensweise für den Stereo-Verkauf wählte. Er positionierte sein Geschäft ganz anders als die üblichen Stereogeschäfte.

Seine Anzeigen waren mit Palmen dekoriert und dem Slogan »In Ihrem Trommelfell«. Vom Tag der Eröffnung an schaltete er die gleiche Anzeige (nur die Produkte änderten sich) auf der gleichen Seite der Freitags-Zeitung. Er schaltet diese Anzeige seit 1977, das heißt, der Leser in Buffalo konnte die Anzeige bisher mehr als 900mal sehen. Das ist Werbedruck.

Tonys Verkäufer erhalten keine Provision. Für einen Dollar extra wird auf jedes Produkt eine unbegrenzte Garantie gewährt. Die Kunden werden ermuntert, sich niederzusetzen und zu hören. Die Verkäufer sind überraschend hilfsbereit.

Mit Abstand die gängigste Form der Werbung für Kleinunternehmen ist Themenwerbung in Zeitungen. Zeitungen verbinden lokalen Zugriff mit nahezu universeller Werbewirkung. Sie bieten auch ein hohes Maß an Flexibilität. Bis einige Tage vor Erscheinungstermin können Sie Anzeigen aufgeben oder Textänderungen vornehmen. Es ist außerdem ein Werbeträger, der leicht getestet werden kann. Zeitungswerbung bietet Guerillas die Beständigkeit und Wiederholungsmöglichkeit, die eine Werbekampagne erfolgreich machen.

Es gibt mehr Zeitungen in Ihrer Region, als Sie sich je vorgestellt haben. Zusätzlich zu den Großstadt-Zeitungen gibt es Lokalzeitungen, Anzeigenblätter usw. Stellen Sie fest, welche Zeitung Ihre Zielgruppe am besten abdeckt, und testen Sie Ihre Anzeige dann in so vielen Blättern wie möglich.

Verwenden Sie Coupons in Ihren Anzeigen. Jeder Coupon sollte ein anderes Angebot machen. Fordern Sie den Kunden in der Anzeige auf, den Coupon mitzubringen, wenn er in Ihr Geschäft kommt, oder den Coupon zu erwähnen, wenn er anruft. Durch Zählen des Rücklaufs werden Sie bald feststellen, welche Zeitungen und – welche Coupons – für Sie am besten funktionieren.

Die goldene Werbe-Regel: Wiederholung

Gestaltung und Text sind erfolgsentscheidend für Ihre Werbung. Aber denken Sie immer daran, daß Wiederholung der Schlüssel ist. Von jeweils drei gesehenen Anzeigen wird der Verbraucher im Durchschnitt zwei ignorieren. Es sind durchschnittlich neun Kontakte erforderlich, bevor sich der Verbraucher spontan an die Anzeige erinnert. Deshalb sollte eine bestimmte Anzeige wenigstens 27mal in den Medien geschaltet werden, die eine bestimmte Zielgruppe ansprechen, bevor die Werbung geändert wird.

Anzeigengestaltung

Unterschätzen Sie nicht die Bedeutung, die der Gestaltung Ihrer Anzeige zukommt. Viel mehr Verbraucher werden Ihre Anzeige sehen, als jemals Ihr Geschäft betreten werden. Daher entscheidet Ihre Anzeige darüber, welches Bild sie von Ihnen erhalten. Lassen Sie Ihre Anzeige nicht durch die Zeitungsleute entwerfen, und lassen Sie diese nicht den Text schreiben. Falls Sie sich darauf einlassen, wird die Anzeige schließlich genauso aussehen und klingen wie die anderen Anzeigen in dieser Zeitung. Ihre Konkurrenten sind nicht nur die anderen Anbieter in Ihrer Branche, sondern alle Werbetreibenden.

Sie konkurrieren um die Aufmerksamkeit der Leser mit Banken, Fluglinien, Autohändlern, Zigarettenherstellern, Getränkeherstellern und wer weiß, was noch. Daher sollte sich Ihre Anzeige aus der Menge abheben. Beauftragen Sie einen Top-Grafiker, Ihre Anzeige zu gestalten. Später können Sie die Zeitung bitten, die Gestaltungsvorgaben zu beachten, die Ihr Art-Director entwickelt hat. Hauptsächlich benötigen Sie jedoch einen Grafik-Designer, der es versteht, eine Anzeigengestaltung zu entwickeln, die Ihrem Marketing-Plan entspricht. Sie werden keine Kunden gewinnen, wenn Sie sie langweilen. Sie müssen sich ein Image schaffen, und eine gut gestaltete Anzeige hilft dabei unermeßlich. (Der Unterschied ist tatsächlich meßbar, da alle Guerillas ihre Anzeigen testen.)

Wie groß sollte Ihre Anzeige sein? Wenn es nicht ein Vermögen kostet, ist eine ganzseitige Anzeige sicherlich am besten geeignet, um Aufmerksamkeit zu erregen. Aber Sie werden nicht wöchentlich oder alle 14 Tage für eine ganzseitige Anzeige bezahlen wollen, und glücklicherweise ist die Folgerichtigkeit Ihrer Anzeige viel wichtiger als ihre Größe. Eine halbseitige Anzeige kostet ungefähr nur halb so viel, kann jedoch nahezu die gleiche Wirkung wie eine ganzseitige Anzeige haben, insbesondere, wenn Sie sie regelmäßig schalten.

Bevor Sie Ihre Werbekampagne planen, rufen Sie die Zeitung an und verlangen die Media-Unterlagen. Diese werden Sie kostenlos erhalten. Alles, was Sie wissen müssen, können Sie den Media-Daten entnehmen, wie z.B. Höhe der Auflage, demographische Struktur der Leser und Anzeigenpreise. Die Anzeigenpreise werden nach Spaltenhöhe berechnet.

Nehmen wir an, Sie wollen eine Tageszeitungsanzeige in der *Standardgröße* 1/4 Seite (250 mm hoch, 3 Spalten breit) schalten. Als Anzeigenpreis einer regionalen Tageszeitung legen wir 4,38 DM pro mm zugrunde. Dann beträgt der Spaltenpreis 250 X 4,38 = 1.095 DM. Bei 3 Spalten ergibt sich somit ein Anzeigenpreis von 1.095 X 3 = 3.285 DM.

Führen Sie einige Rechnungen durch, ehe Sie die Zeitung anrufen, um Ihre Anzeige zu schalten. Auf diese Weise werden Sie bereits eine Vorstellung entwickelt haben, wann und wie oft Sie werben wollen.

Obwohl seine Preise bereits zu den niedrigsten in der Stadt zählen, setzt er zusätzlich auf einige ausgewählte Verlustbringer, um seine Kundenfrequenz nachhaltig zu steigern. Während die meisten Geschäfte Tonbänder für 3 Dollar verkaufen, bietet er das gleiche Tonband als Markenfabrikat – ohne Mengenbegrenzung – für 0,89 Dollar an.

Aus dem Einraum-Laden in der Hauptstraße von Buffalo ist zwischenzeitlich ein Riesenmarkt geworden, der die Ausmaße eines typischen Autogeschäftes angenommen hat. Dazu kommen 12 Filialen in anderen Landesteilen sowie telefonische Kundenbetreuer. Das Unternehmen beliefert mehr als 1.000 gewerbliche Kunden. Es gelingt den Mitarbeitern, loyale Kunden zu gewinnen, die wiederum mit ihren Freunden sprechen. Auf diese Weise wird eine beträchtliche Mundpropaganda erzeugt.

Tony positionierte sein Geschäft als »Der andere Stereo-Markt«; und die Kunden reagierten darauf.

Welches sind die besten Tage, um Ihre Anzeigen zu schalten?

- Inserieren Sie an Tagen, an denen Ihr Geschäft geöffnet ist. Eine einfache Regel, die jedoch häufig übersehen wird.

- Sprechen Sie Ihre Zielgruppe gezielt an. Der Sportteil am Montag ist ein Anziehungspunkt für Männer. Der Höhepunkt des Lebensmittelangebots ist der Donnerstag. Der Unterhaltungsteil am Freitag und Samstag ist ein guter Anzeigenplatz für Schulungsangebote und Restaurants.

- Für die Samstagsausgabe berechnen einige Tageszeitungen einen Aufschlag, weil die Leserzahl samstags am höchsten ist. Testen Sie eine Samstagsanzeige, um sicher zu sein, daß der Aufschlag durch höhere Umsätze kompensiert wird.

Wenn Sie eine wirklich gute Anzeige haben – eine, die alle Eigenschaften und Nutzen Ihres Produktes erläutert – können Sie erwägen, Nachdrucke anfertigen zu lassen, die Sie als Handzettel, Beilage in Direktwerbebriefen oder Aufhänger im Laden verwenden. Bei *47th Street Photo*, dem Mekka für Elektronik in New York, steht täglich ein Mitarbeiter vor dem Laden und verteilt Handzettel. Sie können sicher sein, daß mehr als ein Kunde den Laden betreten hat, weil ihn etwas auf dem Handzettel interessiert hat.

Wenn Ihre Anzeige optisch ansprechend ist, können Sie daraus ein Plakat bzw. Poster herstellen lassen. Plakate (siehe dort) kosten sehr wenig und schaffen mehr Atmosphäre in Ihrem Laden.

Der wahre Wert der Zeitungswerbung liegt darin, daß viele Verbraucher erst die Angebote prüfen, bevor sie einkaufen. Um diese Verbraucher zu erreichen, müssen Sie Ihre Werbung genau in dem Augenblick auf sie richten, wenn sie sich entscheiden, wo sie kaufen werden. Wenn Ihr Produkt sich an eine bestimmte Gruppe richtet, wie zum Beispiel Geschäftsleute, sollten Sie überlegen, Ihre Anzeige in einer Wirtschaftszeitung zu schalten. Falls Ihr Angebot sich an Schnäppchenjäger richtet, inserieren Sie in einer Tageszeitung. Der endgültige Marketing-Plan sieht in der Regel Anzeigen in verschiedenen Tageszeitungen vor.

Tips für erfolgreiche Zeitungswerbung

- Sie sollten eine starke Schlagzeile verwenden. Wenn die Überschrift nicht die Aufmerksamkeit der Leser erregt, wird es der Rest der Anzeige auch nicht tun.
- Heben Sie das Wort »*KOSTENLOS*« hervor und wiederholen Sie es, wenn möglich.
- Zeigen Sie eine Abbildung Ihres Produktes oder Ihrer Dienstleistung, die gerade ausgeführt bzw. angewendet wird.
- Berücksichtigen Sie Anwenderberichte.
- Machen Sie ein Sonderangebot. Sie sollten den Leser zu einer Handlung auffordern. Formulieren Sie Ihr Angebot mit einer gewissen Dringlichkeit, indem Sie es auf einen bestimmten Zeitraum oder eine bestimmte Menge begrenzen. Machen Sie die Umsätze jetzt!
- Rahmen Sie Ihre Anzeige ein. Durch Verwendung eines Rahmens kann eine Kleinanzeige fast wie eine größere Anzeige wirken.
- Versuchen Sie es einmal mit einer Farbanzeige. Rot, blau und braun wirken gut. Das ist bei Kleinanzeigen nicht möglich, aber in einigen Tageszeitungen können Sie größere Anzeigen auch als Farbanzeigen schalten.

- Testen Sie verschiedene Arten von Anzeigen und Angeboten in verschiedenen Blättern, bis Sie die optimale Anzeige, das optimale Angebot und die optimale Anzeigengröße gefunden haben. Dann wiederholen Sie die Anzeige vertrauensvoll immer wieder. Werden Sie jedoch nicht träge – fahren Sie fort, Alternativen zu testen.

- Große Tageszeitungen mit überregionaler Verbreitung bieten die Möglichkeit regionaler Schwerpunktwerbung. Dabei können Sie einzelne Wirtschaftsraum-Ausgaben belegen. Die *Bild*-Zeitung etwa erscheint mit rund 20 Stadt- und Regionalausgaben, die alle einzeln oder in verschiedener Kombination belegt werden können.

- Ändern Sie Ihre Anzeige nicht, weil Ihre Freunde und Familie der Anzeige überdrüssig sind. Sie werden Ihrer Anzeige viel eher überdrüssig sein als Ihre potentiellen Kunden. Wiederholung und Verstärkung sind die Schlüssel zu erfolgreicher Zeitungswerbung.

- Versuchen Sie alles, was in Ihrer Macht steht, um Ihre Anzeige möglichst günstig zu plazieren, d.h. auf der rechten Seite oberhalb des Falzes. Nur darum zu bitten ist nicht genug. Bestehen Sie darauf.

- Sie sollten keine Angst haben, langen Text zu verwenden. Es ist häufig nachgewiesen worden, daß Anzeigen mit mehr Text stärker wirken als jene mit wenig Text. Sie wollen dem Leser so viel wie möglich über Ihr Produkt oder Ihre Dienstleistung mitteilen. Erzählen Sie eine Geschichte, die ihn dazu verleitet zu kaufen.

- Berichten Sie in Ihrer Anzeige über etwas Aktuelles. Die Leute lesen Zeitung, um etwas Neues zu erfahren. Daher sollte Ihre Botschaft mit den Nachrichten verknüpft sein, wenn möglich.

- Fügen Sie immer Ihre Adresse und Telefonnummer ein, damit die Leser wissen, wo Sie zu finden sind. Machen Sie nicht den Fehler, Ihre Adresse nur in den Coupon-Teil Ihrer Anzeige einzufügen. Wenn Sie einen Coupon verwenden, sollte Ihre Adresse auf dem Coupon und außerhalb des Coupons in der Anzeige erscheinen, so daß Ihre Adresse noch sichtbar ist, wenn der Coupon herausgetrennt wurde.

Ob die Leser Ihre Zeitungs- oder Zeitschriftenanzeige beachten oder übersehen werden, hängt in erster Linie von Ihrer Überschrift ab. Wenn der Rest Ihrer Anzeige hervorragend ist, die Überschrift jedoch nichts taugt, machen Sie einen groben Marketing-Fehler. Hier sind einige Tips, um Überschriften zu entwerfen.

Tips für Überschriften

- Ihre Überschrift muß entweder einen Produktnutzen mitteilen oder den Leser dazu verleiten, weiterzulesen.

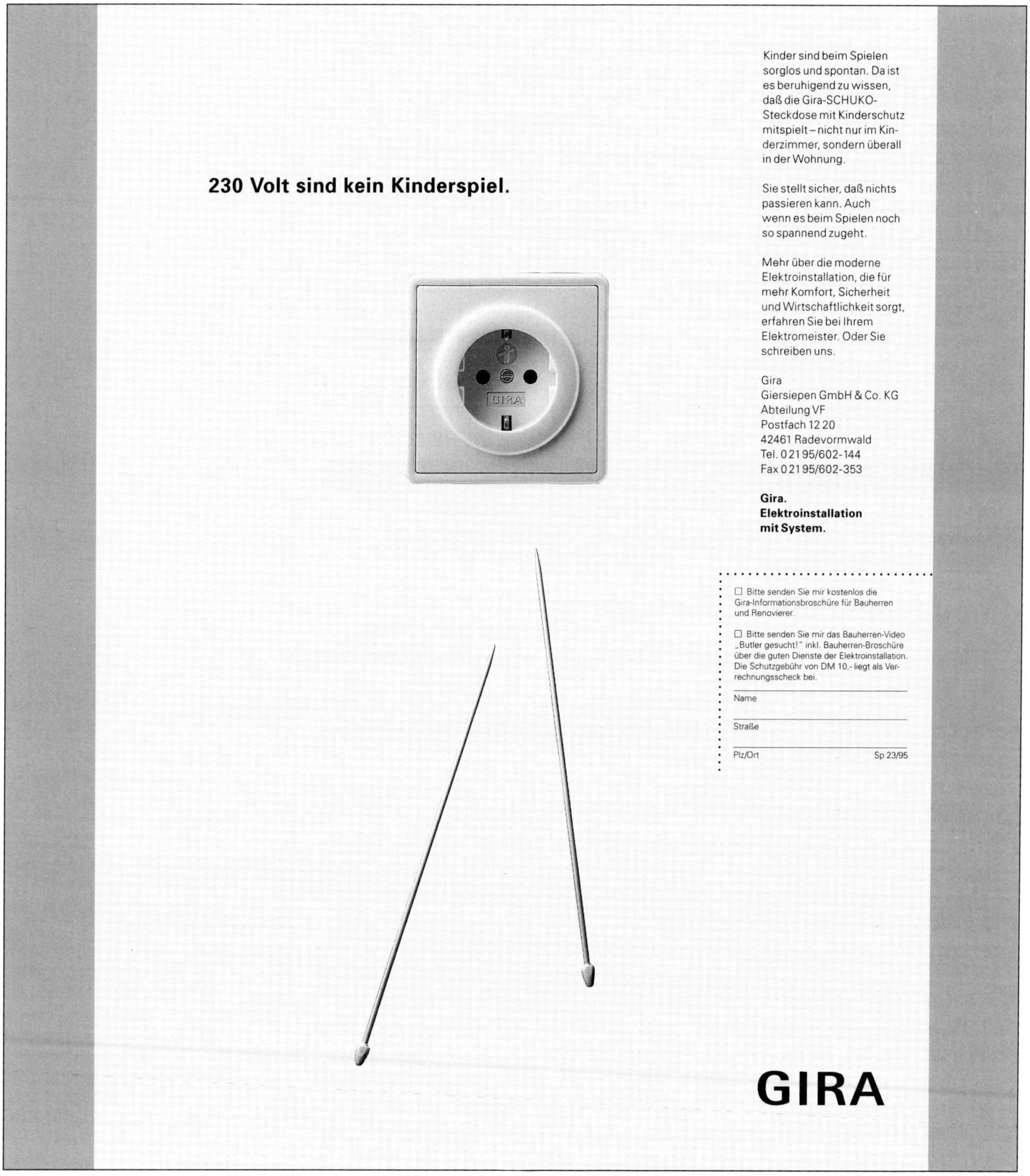

Schlicht, aber wirkungsvoll: Diese Anzeige der Elektroinstallationsfirma GIRA besticht durch eine prägnante Überschrift, das Angebot einer kostenlosen Informationsbroschüre und einen Ausschneidecoupon, der den Leser auffordert zu handeln.

Faustregeln für Zeitschriftenwerbung

- Eine zweiseitige Anzeige findet 25 % mehr Leser als eine einseitige Anzeige.
- Eine halbseitige Anzeige erreicht zwei Drittel der Wirkung einer ganzseitigen Anzeige.
- Eine ganzseitige Farbanzeige erzielt 40 % mehr Leser als eine Schwarz-Weiß-Anzeige.
- Mehrseitige Anzeigen ziehen mehr Leser an als einseitige Anzeigen, aber nicht proportional zur Anzahl der Seiten.
- Die Plazierung im vorderen oder hinteren Teil der Zeitschrift ist unerheblich – mit Ausnahme der Titel- und Rückseite.
- Die Leserschaft geht nicht zurück, wenn eine Anzeige mehrfach in einer Zeitschrift erscheint.
- Fotografien sind wirkungsvoller als Zeichnungen.
- Abbildungen, die das Produkt in der Anwendung bzw. im Gebrauch zeigen, sind besser als statische Produktabbildungen.
- Anzeigen, in denen Personen abgebildet sind, erzielen meist einen höheren Wiedererkennungswert als Anzeigen ohne Personen.

Quelle: Starch Research, *wie berichtet in* Business Rules of Thumb

Prüfen Sie die Werbewirkung Ihrer Anzeige

- Vermittelt die Überschrift den Produktnutzen deutlich und mit aufforderndem Charakter?
- Arbeitet der Untertitel den Produktnutzen heraus, und steigert er das Interesse des Lesers?
- Vertieft der erste Textabsatz die Überschrift, und kommt er schnell auf den Punkt?
- Lockern die Zwischenüberschriften den Text auf, und steigern sie das visuelle Interesse?
- Sind die Absätze kurz, um die Lesbarkeit zu erleichtern?
- Habe ich dem Leser ein Angebot mit Aufforderungscharakter unterbreitet, das er nur schwerlich zurückweisen kann?

Ein Geschäftsmann schaltete einmal eine ganzseitige Anzeige in der Zeitschrift Newsweek. *Danach befragte er Kunden, wo sie von seiner Firma gehört hätten. Nach einer Woche hatten nur fünf Kunden behauptet, daß sie seine Anzeige gesehen hätten. Nach einem Monat waren es 18 Kunden. Nach einem Jahr waren es 63 Kunden, die sagten, sie hätten das erste Mal von der Firma durch die Anzeige in* Newsweek *erfahren.*

Wahrscheinlich haben Hunderte mehr die Anzeige gesehen, aber sie erwähnten es nicht – keine schlechte Werbewirkung, wenn man berücksichtigt, daß die Werbekosten nur etwa 500 Dollar betrugen.

Noch besser war jedoch, daß der Geschäftsmann die Anzeige in ein Aufmerksamkeit erregendes Plakat umwandelte.

- Sind die Bestellinformationen vollständig und leicht verständlich?
- Ist die Sprache für die Leser gut verständlich?
- Kann ich eine Garantie ausloben, um die Glaubwürdigkeit zu erhöhen?
- Ist der Text lebhaft genug, um das Leserinteresse zu wecken?
- Ist der Text frei von schmeichelnder, hochgestochener oder blumiger Sprache?
- Beantworte ich stets die entscheidende Frage des Lesers: »Was kann Ihr Produkt für mich tun?«

Quelle: Ivan Levinson, Herausgeber des Marketing-Mitteilungsblattes The Levinson Letter.

Informationen über Printwerbung

Es gibt so viele gute Bücher und Zeitschriften über Printwerbung, daß wir sie nicht alle auflisten können. Werfen Sie einen Blick auf das Literaturverzeichnis am Ende des Buches.

Kleinformatige Themenanzeigen

Klein in der Größe, groß in der Wirkung

Wenn Sie an Werbung denken, stellen Sie sich dann automatisch Fernsehspots oder ganzseitige Anzeigen vor? Pech gehabt, denn Kleinanzeigen sind für Guerillas oft wirkungsvoller und gewinnbringender. Wir definieren kleinformatige Themenanzeigen als *einspaltige Anzeigen,* ca. 50 mm breit und ca. 50 - 125 mm hoch.

Vier Geheimnisse zur Entwicklung erfolgreicher Themen-Kleinanzeigen

- **Inserieren Sie im richtigen Werbeträger**

  Falls die Zeitung oder Zeitschrift nicht viele Anzeigen wie Ihre schaltet, dann liegt es wahrscheinlich daran, daß Kleinanzeigen in diesem Werbeträger nicht die erwartete Wirkung zeigen. Für Sie ist es daher viel besser, wenn Sie in einem Blatt inserieren, in dem regelmäßig viele kleinformatige Themenanzeigen erscheinen.

- **Ihre Anzeige sollte Ihr Produkt deutlich beschreiben**

  Sie haben nur den Bruchteil einer Sekunde, um die Aufmerksamkeit des Lesers zu erregen. Daher sollten Sie eine Grafik oder eine auffällige Überschrift verwenden, um den von Ihnen angebotenen Kundennutzen zu beschreiben.

Eine ungewöhnliche, aber wirksame Art der Autowerbung. Der Mini wird als Kultobjekt präsentiert, dessen Nutzen weniger in seinem praktischen Wert liegt als vielmehr im Ausdruck individuellen Lebensgefühls. Entsprechend wurden die Werbemedien gewählt: große Stadt- und Trendmagazine.

Quelle: AMMIRATI PURITAS LINTAS, *Beethovenstraße 71, 60325 Frankfurt/Main*

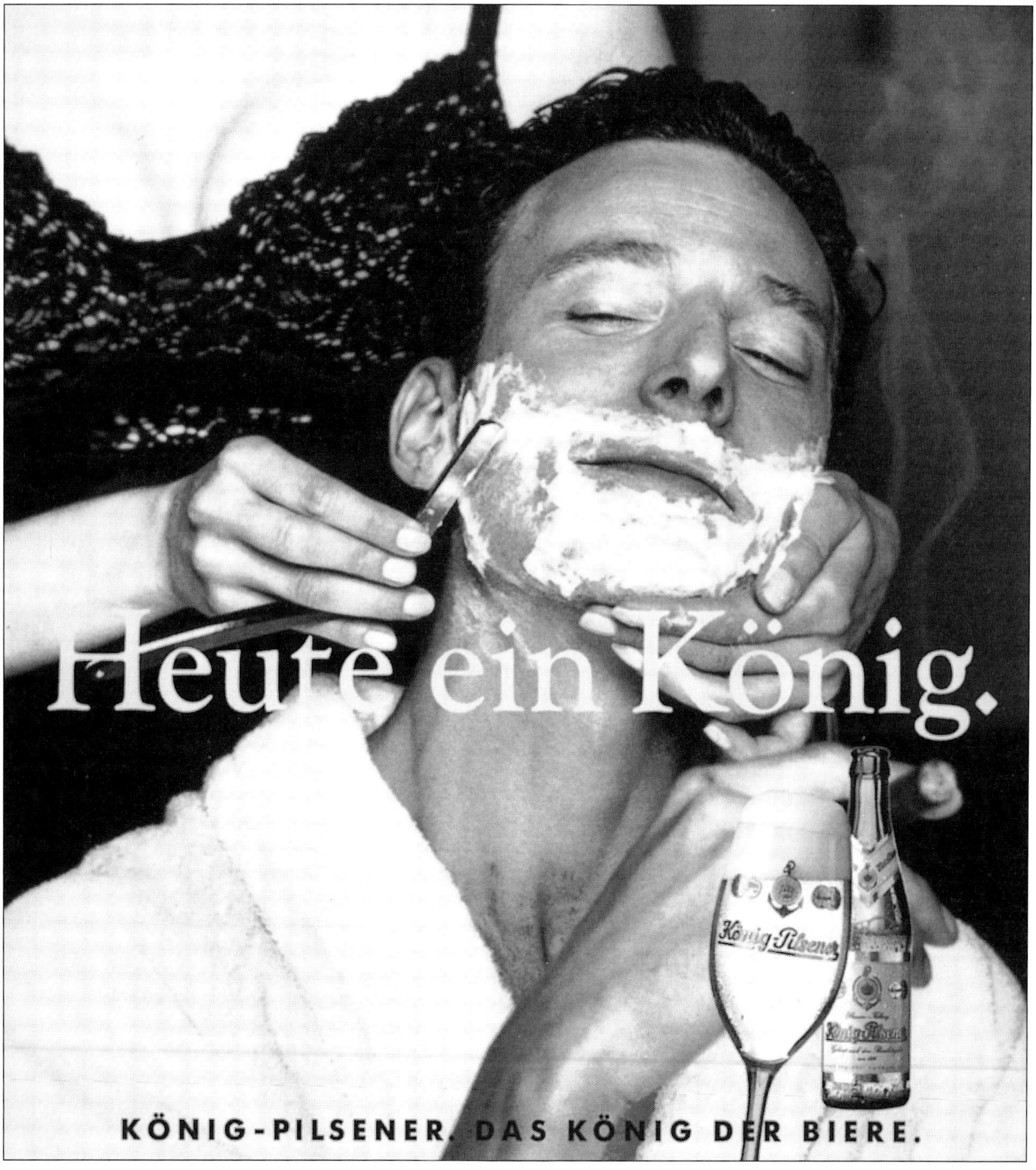

Auf die Positionierung kommt es an: Für den Biermarkt mit seinen vielen äußerlich ähnlichen Produkten gilt das ganz besonders. Auch diese Werbeanzeige wendet sich – auf ganz andere Weise als das Beispiel auf der vorigen Seite – an den modernen, aufgeschlossenen Menschen, der das Leben zu genießen weiß.

Quelle: SCHOLZ & FRIENDS *GmbH, Postfach 11 03 93, 20403 Hamburg*

- **Verwenden Sie einen Rahmen**

  Dadurch erscheint Ihre Anzeige größer.

- **Erleichtern Sie die Antwortmöglichkeit**

  Denken Sie daran, Ihre Anzeige mit Ihrer Adresse und/oder Telefonnummer zu versehen.

- **Seien Sie konsequent**

  Schalten Sie die Anzeige für eine längere Zeit. Vielleicht sind drei, sechs oder neun Ausgaben erforderlich, bevor jemand mit Ihrer Anzeige genügend vertraut ist, um darauf zu antworten. Außerdem bekommen Sie einen Rabatt nach der sogenannten Mal- oder Mengenstaffel.

Wenn Sie inserieren, vergessen Sie nicht, verschiedene Anzeigenversionen zu testen. Sie müssen herausfinden, welche Anzeige die beste Werbewirkung zeigt. Und dann sollten Sie diese immer wieder inserieren.

Viele deutsche Zeitschriften nehmen übrigens Seiteneinschübe für Anbieter einer Region (oder eines Nielsen-Gebiets) auf, in denen dann regionale Werbung zu einem sehr viel günstigeren Preis geschaltet werden kann. Kostenbewußte Guerillas, die von der Glaubwürdigkeit einer großen überregionalen Zeitschrift profitieren wollen, machen von dieser Möglichkeit regen Gebrauch.

Die Giel Frankfurt GmbH – Präsentationswerbung – (Tel.: 069/4 05 86-0) ist eine Agentur, die für solche Zwecke jeweils eine größere Anzeigenfläche kauft und diese dann in kleinere Flächen aufteilt, die von kleinen und mittelständischen Unternehmen einer Region (oder eines Nielsen-Gebiets) belegt werden können. Da Giel zusätzlich zu der Agenturprovision von 15 % noch erhebliche Mengenrabatte erhält, kann die Agentur sehr preiswert einkaufen – zum großen Vorteil des Guerillas.

Kleinanzeigen (Rubrikenanzeigen)

Eine wirtschaftliche Alternative zu Themenanzeigen

Wenn Sie an Kleinanzeigen denken, stellen Sie sich wahrscheinlich Wortanzeigen in Durchlaufrubriken vor, wie zum Beispiel Stellengesuche, Angebote von Gebrauchtwagen, Möbeln, Booten oder Immobilienanzeigen. Aber denken Sie einmal darüber hinaus. Kleinanzeigen können nämlich auch genutzt werden, um ein Geschäft zu bewerben. Und viele gutgehende Geschäfte existieren hauptsächlich aufgrund der Zugkraft von Kleinanzeigen.

Bei Kleinanzeigen in Durchlaufrubriken wird unterschieden zwischen *Formatanzeigen* und reinen *Wortanzeigen.* Kleinanzeigen können Sie generell in drei Werbeträgern aufgeben: in Zeitschriften, in Tages- und Wochenzeitungen sowie in Anzeigenblättern. Wenn Sie überregional verkaufen wollen, sind Zeitschriften der ideale Werbeträger für Sie. Betreiben Sie ein örtliches Geschäft, werden Sie sich wahrscheinlich auf Lokalzeitungen und Anzeigenblätter konzentrieren. Wenn Sie beispielsweise einen Teppich-Reinigungsdienst betreiben, ist es eine Verschwendung, Ihre Kleinanzeige in der *Hörzu* zu schalten. Sie können jedoch einen sehr guten Erfolg in Ihrem lokalen Anzeigenblatt erzielen.

Diese Kleinanzeigen sprechen in der Überschrift den Produktnutzen an, führen Service-Telefonnummern auf und bieten Informationsmaterial an oder laden zu einem kostenlosen Test ein.

Anzeigen in Durchlaufrubriken erzielen eine beachtliche Wirkung, wenn Sie ein besonderes Produkt oder eine besondere Dienstleistung anbieten. Ideal ist es, wenn Sie in einer Wortanzeige sagen: »Rufen Sie uns an oder schreiben Sie uns, um unsere Broschüre *kostenlos* zu bekommen.« Weil die Mehrzahl der Leser die Zeitung von hinten nach vorne lesen, ist es sehr wahrscheinlich, daß Ihre kostengünstige Kleinanzeige gelesen wird.

Immer mehr Zeitschriften bieten Durchlaufrubriken für Kleinanzeigen an. Sie wissen, daß die vielen Existenzgründer sich einfach keine Formatanzeigen leisten können, und sie wissen, daß Kleinanzeigen werbewirksam sind. Betrachten Sie zum Beispiel *Tempo*. Sie werden feststellen, daß bestimmte Werbetreibende mit ihrer Kleinanzeige auf den Durchlaufseiten in jeder Ausgabe erscheinen.

Es kostet nicht so viel, eine Kleinanzeige in der Durchlaufrubrik zu schalten – sogar in einer Zeitschrift mit größerer Auflage. Und meistens wird Ihnen darüber hinaus ein Mengenrabatt in Form einer Mal- oder Mengenstaffel angeboten. Das kann zum Beispiel bedeuten, bei 12 Anzeigen erhalten Sie einen Rabatt von 10 %, bei 24 Anzeigen von 15 % und bei 52 Anzeigen von 20 %. Je höher die Einschalthäufigkeit, desto geringer ist der Preis pro Insertion.

Die Tatsache, daß Anzeigen in Durchlaufrubriken klein und kostengünstig sind, bedeutet allerdings nicht, daß sie unwirksam sind. Ein Guerilla schaltete diese Anzeige:

> Schnelle, leistungsfähige Elektroreparaturen. Geprüfter Elektriker mit Referenzen. Kostenloser Kostenvoranschlag. Rufen Sie 5656 an. Volle Garantie auf ausgeführte Arbeiten.

Nachdem diese Anzeige sechsmal erschienen war, mußte er sie zurückziehen, weil er den Ansturm nicht mehr bewältigen konnte, den die Anzeige hervorgerufen hatte.

Ein junger Unternehmer in Wyoming kauft in jedem Herbst lastwagenweise Teppichreste. Er schaltet für 8 Dollar eine Wortanzeige in der Studentenzeitung der Universität von Wyoming und bietet Teppiche an, die auf die einheitlich 6,1 mal 3,7 Meter großen Schlafräume der Universität zugeschnitten sind. Sein durchschnittlicher Aufschlag beträgt 500 %. Im Frühjahr kauft er die Teppiche für 1 Dollar pro Stück zurück und entsorgt sie. Damit nimmt er der Universitäts-Hausverwaltung eine Last ab und macht selbst einen ordentlichen Gewinn. Außerdem bekommt er so jedes Semester einen Schub potentieller Kunden.

Tips für zugkräftige Kleinanzeigen

- Fassen Sie die Überschrift kurz. Sie sollten aber in jedem Fall eine Überschrift verwenden. Lassen Sie die Überschrift komplett in Großbuchstaben setzen.
- Vermeiden Sie Abkürzungen oder Fachjargon, es sei denn, Sie sind sicher, daß er für den Leser verständlich ist!
- Geben Sie an, wie man Sie erreichen kann.
- Testen Sie ruhig einmal verschiedene Rubriken. Ihre Anzeige könnte in einer Kategorie vielleicht eine größere Werbewirkung erzielen als in einer anderen.
- Probieren Sie in Tageszeitungen verschiedene Erscheinungstage aus. Einige Wochentage zeigen eine bessere Werbewirkung als andere.

Es gibt verschiedene Beispiele für erfolgreiche Blätter, die nur aus Kleinanzeigen auf Durchlaufseiten bestehen.

Eine solche Zeitschrift ist Auto-Spezial, *der größte monatliche Automarkt in Deutschland. In jeder Ausgabe findet man dort rund 20.000 private Gebrauchtwagenangebote. Derselbe Verlag (Offertenblatt Spezial Verlags GmbH) gibt auch die Zeitschrift* Motorrad-Spezial *heraus, die monatlich rund 10.000 Motorrad-Kleinanzeigen enthält.*

Immobilienmakler leben und sterben mit Kleinanzeigen. Zwei Makler in New York entwickelten zwei unterschiedliche Vorgehensweisen.

Sopher Real Estate in Manhattan inseriert in der New York Times *und verwendet in jeder Anzeige das Firmen-Logo. Auf diese Weise erzielt die Firma große Aufmerksamkeit.*

Lindsey Real Estate in Mount Vernon, einem Vorort von New York, nutzt die Anzeigen, um neben Häusern vor allem die Agentur selbst zu vermarkten. Durch Hervorhebung ihrer Mitarbeiter und Dienstleistungen kann Lindsey Interessenten veranlassen, anzufragen oder hereinzuschauen, selbst wenn ihr Wunschhaus nicht in der Anzeige stand.

- Vielleicht wollen Sie mit einer Anzeige beginnen, die einem Inserat ähnelt, das längere Zeit geschaltet wurde. Wenn das Inserat häufiger erschien, dann deshalb, weil es werbewirksam war. Um einen wirklichen Durchbruch zu erzielen, sollten Sie jedoch eine Anzeige entwickeln, die sich vollständig von den Inseraten Ihrer Konkurrenten unterscheidet.
- Um Geld zu sparen, werden Sie wahrscheinlich versuchen, die Anzeige so kurz wie möglich zu halten. Sie sollten jedoch nicht vorschnell sein. Testen Sie kurze und lange Anzeigen. Rubrikenanzeigen sind so billig, daß Sie ständig neue Ideen testen können.

Kleinanzeigen in Durchlaufrubriken bieten Guerillas die verlockenden Vorteile von geringen Kosten, Flexibilität, leichter Verfügbarkeit, kostenloser Herstellung und kostenloser Textberatung (obgleich Sie mit dem Resultat keinen Literaturpreis gewinnen können). Sie lassen sich schnell ändern, sind leicht zu testen und sind erfreulich produktiv, wenn es Ihnen erst gelungen ist, einen Renner zu entwickeln.

Es gibt heutzutage mehr Rubriken denn je. Das bedeutet, daß Ihre Chancen gestiegen sind, mit kostengünstigen Anzeigen ins Schwarze zu treffen. Ist es für eine Buchhandlung, die ihre Computerliteratur verkaufen möchte, etwa nicht sinnvoll, eine Anzeige in der Computerrubrik zu schalten? Sie sollten so viele Rubriken wie möglich testen. Es gibt im übrigen keinen Grund, warum Sie die gleiche Anzeige in einer Ausgabe nicht unter verschiedenen Rubriken erscheinen lassen können.

Gelbe Seiten

Der beste Weg, um ernsthafte Kaufinteressenten zu erreichen

Stellen Sie sich eine Veröffentlichung vor, die kostenlos an jeden Haushalt in Ihrem Absatzgebiet verteilt und intensiv genutzt wird – ausschließlich von Leuten, die jedesmal, wenn sie die Veröffentlichung benutzen, ernsthaft ein Produkt oder eine Dienstleistung kaufen wollen. Wären Sie interessiert, darin zu werben?

Aufgrund der hohen Kosten werden die Gelben Seiten von vielen Guerillas nicht ausreichend als Werbeträger genutzt. Dennoch gibt es Tausende von Unternehmen, die ihren ganzen Werbeerfolg den Gelben Seiten verdanken. Clevere Guerillas können (und sollten) diesen wirksamen, aber teuren Werbeträger zu ihrem Vorteil nutzen.

Anzeigen auf den Gelben Seiten sind – anders als bei den anderen Werbemedien – schwierig zu testen (sie erscheinen nur einmal pro Jahr) und erfordern die Beachtung zahlreicher Regeln, die vom Verleger des Verzeichnisses geltend gemacht werden. Ihr Verkaufsrepräsentant für die Gelben Seiten ist eine Wissensquelle; er versucht jedoch auch, Ihnen die größtmögliche Anzeige zu verkaufen. Versuchen Sie, jede nur mögliche Information aus ihm herauszuholen; treffen Sie jedoch nur Entscheidungen, die Sie sich leisten können.

Berliner Zeitung · Nummer 29

Bauen & Renovieren

Bauhandwerk/-ausführungen

kk BAUUNTERNEHMEN SEIT 1979 KLAUS KEMPF
Bau- und Naturstein-Arbeiten
Aus ca. 50 ständig vorhandenen Sorten Granit u. Marmor fertigen wir:
• Fensterbänke • Zaunabdeckungen • Treppenstufen • Tischplatten
• Küchenarbeits- und Waschtischplatten • Thekenabdeckplatten • Kaminverkleidungen
Montag–Freitag von 7°°–17°° Uhr • oder nach Vereinbarung
12621 Berlin-Kaulsdorf · Dorfstraße 42/43 neben Schilkin · Tel. u. Fax (030) 5 67 71 38

Nasse Wände, feuchte Keller?
Erfolgsgarantie dank dem Einsatz modernster Analysetechniken sowie dem ISOTEC-Spezialverfahren. Ihr Fachbetrieb für Bauwerkstrockenlegung.
TÜV-geprüft
Berolina Bautenschutz, Kuckhoffstr. 77, 13156 Berlin, Tel.: 9 16 61 20
Mitglied im Deutschen Holz- und Bautenschutzverband e. V.
ISOTEC ...macht Ihr Haus trocken

MASTER'S RESIDENZ
Mein Partner für Haus und Hof
Der Wintergarten aus Holz
Die natürliche Art zu wohnen • Sofortinfo 03 31-71 57 03
Master's Potsdam • Uhlandstraße 12a
14482 Potsdam

TREPPEN
z. B. Massivholz 13 Steigungen mit Geländer
HERWERT TREPPEN NACH MAß
ab 3333,- DM incl. MwSt.
Beratung - Verkauf - Montage durch
RUND-UMS-HAUS-SERVICE
Winninger Weg 3, 12681 Berlin
Tel./Fax: 030/543 42 37

Baukapazitäten
frei f. Keller, Rohbau, Ausbau. Auch Planungen u. schlüsselfert., massives Bauen. Hohe Qualität u. schnelle Ausführung garantiert: Fa. Motek Bau GmbH, Binzstr. 60, 13189 Bln., ☎ (030) 4722166, Fax 4722176

HOBEKA FENSTERFABRIK
Fenster, Läden und Haustüren in jeder Ausführung
für Alt- und Neubauten nach Maß in jeder Ausführung in Holz und Kunststoff
Schallschutz- u. Energiesparfenster
Althaus-Sanierung
- Ständige Musterschau -
Zeppelin-Ring 18, OT Schenkendorf 15711 Königs Wusterhausen/Berlin
Tel. 0 33 75/91 71 40 · Fax 91 71 41
Hartshausen · 85406 Zolling/Freising
Telefon (0 81 67) 61 00 · Telefax 82 37

Fibel General-vertretung

Tischlerei Ostermann & Partner fertigt, verkauft, montiert, repariert und sichert TÜREN, FENSTER und ROLLÄDEN (Holz, Kunststoff und Aluminium)
Berlin-Friedrichshain, Libauer Str. 19
Tel.: 291 04 51, Tel./Fax: 291 79 72

Rigips! Decken, Wände, Dachschrägen! 834 59 04

Bauzeichnung
und Aufmaß jeder Art Computergestützt, per sofort zum Festpreis. ☎ 4624422, Fax 4624423

Zimmerei/Tischlerei hat freie Kapazität. ☎ /Fax 566 30 68

Rüstung frei, schnell und preiswert, Tel. 030/402 20 21, Fax 030/402 50 81

Übernehme Fliesen- u. Fußbodenverlegearb. ab 60,-DM/m². Tel. 5663764, Mo.-Fr. 18-20 h

Countdown läuft-entscheidungsfreudige Bauherren aufgepaßt! Wenn Sie sich bis zum 28.02.1996 zum Bau Ihres Hauses entscheiden, können Sie bis zu 10% Prozent Baukosten einsparen. Samstagsruf 10.00-15.00 Uhr: Tel. 677 56 96; KOMPLETT Hausbauten GmbH

Um- und Ausbauten übernimmt Meisterbetrieb. ☎ 916 51 51

Tief- u. Abwasseranlagenbau, Sammelgruben, Abflußleit. einschl. Erdarb. sowie kompl. Baugruben führt aus: Fa. R. Christ GmbH, Vermittlung u. Ber. AB 663 99 97

ThermoKlinker
Fassaden-System – ohne Fundament
Das patentierte Ecksystem 2000
NEU
15 Jahre Garantie!
Vom Erfinder – Das beste Stück! ThermoKlinker: Vollwärmeschutz in einem Bauelement. Sicherung der Hauswand vor Wind und Wetter
Klinken Sie sich ein, rufen Sie uns an.
Achtung, Winterangebot!
D.A.P. Fassadenproduktion GmbH
Blissestraße 38
10713 Berlin/Wilmersdorf
Tel.: 0 30 / 822 00 66
Fax: 0 30 / 822 00 33

Sanierung 2-FH. Kleinmachnow
Termin: März/April 1996
• Dacherneuerung
• Fassade mit Vollwärmeschutz
• Fenstererneuerung
Tel. + Fax: 07131-16 20 70

Baupreise!
Wir recherchieren für Sie in unserer Datenbank nach optimalen Baupreisen in Berlin u. Brandenburg, für Bauplanung, -bedenburg, für Bauplanung, Aus-, Um- u. Neubau, Baustoffe, EFH, DH, ETW, Bau-treuung, Baustoffe, EFH, DH, ETW. Bau-kontor Dreyer & Partner, 15366 ...

Parkettabziehen, Linoleum versiegeln und kleine Reparaturen, kurzfristig und preiswert. Lammfromm & Vogel, Hohenzollerndamm 12, 10717 Berlin-Wilmersdorf, Tel.: 862 36 36.

Herde/Öfen/Heizungen

Fachbetrieb Ofen/Herdeabriß Endpreis: 230 DM, 2168814

• HEIZUNG • GAJEWSKI • SANITÄR •
● Gasetagenheizung ● Badsanierung ● Rep. Service
IBB-Förderung?
Wir sagen Ihnen wie. Rufen Sie an!
Schliemannstr. 19 10437 Berlin
Tel./Fax. 4 45 22 35

TRAUMHAFTE KAMINE
Über 1000 Modelle ...wenn Sie die Riesenauswahl in bester Qualität zu günstigen Preisen suchen!
Leistungsstark durch eigene Kaminfabrik • Kachelfabriken • Kachelofenfabrik
GmbH + Co. KG HARK Die Nr. 1 im Kamin- und Kachelofenbau
STÄNDIGE AUSSTELLUNGEN:
12277 Berlin (Marienfelde) • Motzener Str. 3 • Tel. (0 30) 7 21 46 79
16909 Heiligengrabe (bei Wittstock) • Am Birkenwäldchen 1a (Ecke Wittstocker Str.) • Telefon (03 39 62) 5 04 35
15370 Fredersdorf (Berlin) • Platanenstraße 35, (BAB Berliner Ring, Abfahrt B.-Hellersdorf) Telefon (03 34 39) 63 10
Öffnungszeiten: Mo. - Fr. 9.00 - 18.30 Uhr, Sa. 9.00 - 14.00 Uhr, lg. Sa. 9.00 - 18.00 Uhr (01.04. - 30.09. langer Samstag von 9.00 - 16.00 Uhr)

Baumaterial

KLUWE BAUSTOFFE BAUELEMENTE
2 x in Berlin
• 13627, Nonnendamm 33, 38 02-0
• 12357, Kanalstraße 55, 6 60 03-0

Container-Service

MINICONTAINER 1,3 bis 6m³
SCHUTT-, SCHROTT- UND SPERRMÜLLABFUHR
auch mit Klappe u. Deckel · Fa. Greffin
Tel. 9 65 39 31

Mini-Container - Tel. 611 41 16

Container 2-30 m³. Fa. 4913007

Fliesenarbeiten

Fliesenbetrieb
übernimmt kurzfristig Fliesen-, Trockenbau- u. Komplettbäderarbeiten. Fa. Neumann, ☎ (03362) 26292, 0177 / 3033788 od. ...

Fliesenarbeiten vom Meisterbetrieb. ☎ 916 51 51

Fliesenarbeiten aller Art! Schnelldienst. Kostenl. Kostenvoranschlag. Fa., ☎ 463 40 65

Fliesenbau aller Art + Sanitär. ☎ (030) 892 77 80

Fa. BENKO übernimmt kurzfristig Fliesen- u. Trockenbauarb. ☎ 4447941 od. 0177/2150269

Fliesen - Bäder - Küchen ☎ /Fax (030) 6852725

Fachger. Ausführung v. Fliesen- u. Klempnerarb.; ☎ 449 69 62

Jalousien/Rolläden

schneider
Rolladen-Markisenfabrik GmbH
Ihr Partner rund um's Haus:
Balkonverkleidungen · Jalousien · Haustürvordächer · Insektenschutz · Rolläden · Fenster und Türen · Markisen
Reparaturen · Elektroantriebe
Marienfelder Allee 197, 12279 Berlin
Telefon (030) 721 20 88

Qualität hat Tradition – 106 Jahre
Castorf OHG
LICHT- u. SONNENSCHUTZTECHNIK in BERLIN
Tip der Woche:
Auf unsere Markisen erhalten Sie jetzt WINTERRABATT
10437 Berlin-Prenzlauer Berg, Stargarder Str. 69–70, Ecke Pappelallee, U- und S-Bahn Schönhauser Allee,
Tel. 4 45 56 46 Fax. 4 44 77 26
Mo. bis Fr. 10–13 Uhr und 15–18 Uhr

Gasetagenheizungen ... DM und Schornstein... gen ab m/85 DM, Flie... ten ab 65,- DM/m², ... 250,- DM, Elektroi... plant, installiert, al... zu Festpreisen. Ange... lung in 72 Std. Fa. ... LAGENSERVICE Rhinstr. 103, 10315 ... 5429585, Tel./Fax: ... Std. Notdienst f. ... brenner u. Beseitig... stopfung u. Rohrb... rufnummer: Funkl... 17 h: ☎ 859 41 34

Gas-Etagenheizg., ...lagen, Bäder ind... wert, sauber, sch... Selbstbausätze ... kostenlos. Stolze ... 13158 Berlin. ☎

Gas-Etagenheizu... Brennwerttechnik ... Solaranlagen, Bad... fachgerecht, 100%... Tel. 6 72 93 6... Grünauer Str.

ETAGEN... umfassende Pla... (Fördermitte... fachgerechte A... VESTE... 10715 ...

Achten Sie auf die Bezeichnung der Rubriken, die Anzeigenüberschriften und die knappen Verkaufsangaben.

Ein örtliches Restaurant startete kürzlich einen Belieferungsdienst. Es genügt, dort anzurufen und zu sagen, wieviel Personen zu Ihrer Party kommen und wann, und zum gewünschten Termin stehen genügend Speisen und Getränke bereit, um alle Gäste satt zu machen. Dieses Restaurant schaltete auf den Gelben Seiten eine Anzeige unter der Rubrik »Party-Service« und das Telefon hat seitdem noch nicht aufgehört zu klingeln.

Tips für wirksame Werbung auf den Gelben Seiten

- **Anzeigentext**

  Sehen Sie bei Anzeigen auf den Gelben Seiten so viel Text wie möglich vor. Marktforschungsstudien haben ergeben, daß Themenanzeigen mit mehr Information das Kaufverhalten der Verbraucher anregen. Das Marktforschungsinstitut Russel führte eine Studie durch, in der einer Gruppe von Befragungspersonen sowohl Anzeigen mit langem als auch mit kurzem Text gezeigt wurden. Die Studie ergab, daß die Anzeigen mit ausführlicherem Text im Durchschnitt einen doppelt so hohen Wiedererkennungswert erreichten. Es ist wiederholt nachgewiesen worden, daß sich *mehr Text verkauft*. Je mehr Informationen Sie dem Kaufinteressenten mitteilen können, desto besser.

- **Anzeigengröße**

  Planen Sie Ihre Anzeige so groß, wie es Ihr Budget eben noch erlaubt. In der gleichen Studie, die vorher zitiert wurde, antworteten die Befragten mit einem überzeugenden Prozentsatz, daß sie zuerst den Werbetreibenden mit der größten Anzeige anrufen würden. Je größer die Anzeige, desto mehr Informationen können Sie vermitteln und desto überzeugender können Sie sein. Wenn potentielle Kunden Ihre Anzeige ignorieren, dann spielt es keine Rolle, was Sie sagen!

Die goldenen Gelben Seiten

Die Gelben Seiten sprechen die heißesten Kaufinteressenten an. Diese nehmen sich die Zeit, um herauszufinden, was Sie anbieten. Daher müssen Sie nicht allzuviel Energie aufwenden, um ihre Aufmerksamkeit zu erregen oder die allgemeinen Vorteile Ihres Produktes oder Ihrer Dienstleistung zu verkaufen. Vorsicht: Diese Werbung plaziert Sie direkt neben Ihre Konkurrenten. Konzentrieren Sie Ihre Aussage, seien Sie genau und seien Sie so groß, wie Sie es sich leisten können.

- **Farbe**

  Falls möglich, verwenden Sie in Ihrer Anzeige eine zweite Farbe – Farbe zieht Leser an.

- **Zuverlässigkeit**

  Überzeugen Sie den Kaufinteressenten, daß Sie zuverlässig sind. Berücksichtigen Sie ähnliche Informationen wie die folgenden: Jahre, die Sie bereits im Geschäft sind, Erfahrung, Größe des Betriebes, Lizenzen, Zeugnisse, akademischer Grad, Preise/Urkunden. Wenn Sie der größte Pizzabäcker in der Stadt sind, sagen Sie es.

- **Autorisierter Verkauf und Service**

  Geben Sie die Markennamen, Warenzeichen, Hersteller und Großhändler an, mit denen Sie zusammenarbeiten. Machen Sie Angaben über Ihr Vertriebssystem und ggf. über Ihre Service-Stützpunkte.

- **Sicherheit und Schutz**
  Erwähnen Sie Versicherungen, Konzernzugehörigkeit oder Partnerschaft, Garantien, Verbandszugehörigkeit und besondere Qualifikation Ihrer Mitarbeiter.

- **Vollsortiment bzw. Full-Service**
  Überzeugen Sie den Kaufinteressenten, daß Sie der beste Händler mit dem umfassendsten Sortiment für das Produkt oder der beste Dienstleistungsanbieter sind. Führen Sie Art, Umfang, Vielfalt, Preise und Qualität Ihres Produkt- oder Serviceangebots auf. Vergessen Sie nicht, spezialisierte Dienstleistungen oder Produktausstattungen zu erwähnen sowie Lieferbereitschaft, Kapazität, Kataloge oder Broschüren, Finanzierungsmöglichkeiten, Annahme von Kreditkarten, Scheckzahlung, Abhol- und Belieferungsmöglichkeiten, Öffnungszeiten und Parkmöglichkeiten.

- **Abbildungen**
  Fotos und Abbildungen sind interessant anzuschauen und erregen die Aufmerksamkeit des Lesers. Sie können auch die Geschichte Ihres Produktes oder Ihrer Dienstleistung erzählen. Überlegen Sie, ein Bild des Inhabers, der Geschäftsräume oder des Produktes einzufügen. Es ist auch eine gute Idee, Ihren Firmennamen und Ihr Logo deutlich herauszustellen.

- **Standort**
  Teilen Sie den Kaufinteressenten mit, wo Sie zu finden sind – erwähnen Sie die nächste Kreuzung, markante Wahrzeichen oder ein nahes Einkaufszentrum. Vielleicht fügen Sie sogar eine Anfahrtsskizze bei.

! *Ein Grund dafür, daß die Gelben Seiten solch eine nützliche Verkaufshilfe sind, ist die Tatsache, daß sie klare Werberegeln haben. Diese Regeln sichern einerseits ein einheitliches Erscheinungsbild des Buches. Andererseits erschweren sie es Guerillas, ihre Anzeigen so zu gestalten, daß sie sich genügend von denen der Konkurrenz abheben. Falls Ihr Verkaufsrepräsentant versucht, Ihnen von einer bestimmten Technik abzuraten, suchen Sie als Beleg dafür, daß Sie die Standards nicht verletzen, eine andere Anzeige in der gleichen Ausgabe der Gelben Seiten, die die gleiche Technik verwendet.*

Alternativen für die Gelben Seiten

Der Begriff »Gelbe Seiten« ist die offizielle Bezeichnung für das regionale Branchentelefonbuch zu den Telefonbüchern der Deutschen Telekom AG. Daneben gibt es bundesweite Einkaufsführer, wie z.B.

- **Einkaufs-1x1 der Deutschen Industrie**
  Deutscher Adreßbuch-Verlag GmbH, Darmstadt/Berlin
- **Wer liefert was? Bezugsquellennachweis für den Einkauf**
  »Wer liefert was« GmbH, Hamburg (An AMERITEC Company)
- **Branchen-Einkaufsführer**
  Kompass Deutschland Verlags- und Vertriebsgesellschaft mbH, Freiburg

In den meisten städtischen Ballungsräumen finden Sie darüber hinaus aber auch ein lokales Branchenadreßbuch, das unter verschiedenen Namen wie »Stadtadreßbuch« oder »gewußt wo« erscheint. Solche Verzeichnisse führen die Anbieter häufig nicht nur unter einer Branchenrubrik auf, sondern enthalten zusätzlich eine alphabetische oder nach Straßennamen geordnete Auflistung.

Einige Verlage, die Stadtadreßbücher herausgeben:

Verlag Birkner & Co., Niederlassung Mecklenburg-Vorpommern
Werkstraße 209 (Europahaus) •19061 Schwerin • (0385) 61 62 06

NovoPrint Verlags GmbH
Steinbeisstraße 9 • 70736 Fellbach bei Stuttgart • (0711) 57 62 02

Verlag Heinz Heise GmbH & Co. KG
Helstorfer Straße 7 • 30625 Hannover • (0511) 53 52-0

Es ist schwierig, den Werbeerfolg in den verschiedenen Ausgaben der Bezugsquellennachweise zu messen. Wo Sie werben sollten, hängt von der Art Ihres Produktes bzw. Ihrer Dienstleistung ab, die Sie verkaufen. Wenn Sie zum Beispiel Anbieter von Hydraulik-Filtern sind, sind die industriellen Einkaufsführer mit bundesweitem Geltungsbereich für Sie der optimale Werbeträger. Sind Sie ein lokaler Anbieter mit kleinem Einzugsgebiet, dann ist eine regionale Ausgabe der »Gelben Seiten« als Werbeträger vorzuziehen.

Im allgemeinen sind die Anzeigen für Industriegüter in den industriellen Einkaufsführern erfolgreicher. Doch sollten Sie beachten, daß Ihre potentiellen Kunden vermutlich beide Ausgaben der Gelben Seiten in ihrem Büro haben. Es stellt sich also die Frage, wo Sie den Schwerpunkt für Ihre Werbung setzen sollten. Plazieren Sie testweise Anzeigen in beiden Verzeichnistypen und stellen Sie fest, welche Anzeige eine bessere Werbewirkung hat.

Unsere Faustregel zur Auswahl eines Adreßbuches als Werbeträger: Betrachten Sie Ihre Konkurrenten. Firmen werden nur weiter in den Gelben Seiten inserieren, wenn es neues Geschäft einbringt. Falls Ihre Branchenrubrik in einem bestimmten Adreßverzeichnis beinahe leer ist, so gibt es vermutlich einen guten Grund dafür. Aber wenn die Branchenrubrik seitenweise mit Anzeigen gefüllt ist, können Sie es sich dann leisten zu fehlen?

Empfehlungen für Werbung auf den Gelben Seiten

- Fragen Sie sich: Was ist mein einzigartiges Verkaufsargument? Wie kann ich den Wettbewerb übertreffen? Denken Sie daran, daß der Leser der Gelben Seiten, der Ihre Anzeige sieht, auch mit den Anzeigen der anderen Konkurrenten konfrontiert wird.

- Verwenden Sie keine kunstvollen Vorlagen; die lassen sich auf den Gelben Seiten im Druck nicht gut wiedergeben.

- Falls Sie zögern, Fragen an den Verkaufsrepräsentanten der Gelben Seiten zu richten, weil Sie glauben, sich damit eine Blöße zu geben, verzichten Sie auf eine wertvolle Informationsquelle.

- Bemühen Sie sich um eine Telefonnummer, die man gut behalten kann.

- Wenn Sie zwei starke Verkaufsargumente haben (z.B. »Tag und Nacht geöffnet« und »Lieferung in einer Stunde«), sollten Sie überlegen, zwei Anzeigen zu schalten.
- Kämpfen Sie für Ihre Rechte. Verzichten Sie nicht auf einen guten Verkaufstext, weil der Anzeigen-Verkaufsrepräsentant sagt: »Ich glaube nicht, daß der Verlag das akzeptieren wird«. Versuchen Sie es.
- Wenn Sie private Verbraucher und gewerbliche Kunden beliefern, richten Sie den Anzeigentext für die Gelben Seiten auf private Verbraucher aus. Gewerbliche Kunden können Sie besser durch Direktwerbung oder persönliche Verkaufsgespräche gewinnen.
- Überlegen Sie sorgfältig, unter welchem Stichwort Sie gelistet werden wollen. Manchmal zahlt es sich aus, die größte Anzeige in einer kleineren Rubrik zu haben anstatt eine kleine Anzeige in einer großen Kategorie. Beispielsweise werden die meisten Pizzerien unter *Gaststätten/Restaurants* gelistet, eine stark belegte Rubrik. Eine größere Anzeige unter dem Stichwort *Pizza-Service* zu schalten, wird sich vielleicht als Alternative auszahlen.
- Wenn die Werbevorgaben der Gelben Seiten erfordern, daß Sie Ihr Verkaufsangebot abschwächen oder Ihren Werbeslogan umständlich erklären, sollten Sie lieber auf diesen Text verzichten. Einem Text, der durch langatmige Erklärungen verwässert ist, fehlt die nötige Schlagkraft.
- Sie sollten keine Karikaturen, ungeschickte Slogans oder Fotos Ihrer Kinder verwenden. Die Leser der Gelben Seiten sind ernsthafte Kaufinteressenten, die einen professionellen Lieferanten suchen.
- Verwenden Sie einen starken Rahmen – den schwärzesten, der erlaubt ist. Gliedern Sie den Schriftsatz in kleinere Absätze, um die Lesbarkeit zu verbessern, und halten Sie Abstand vom Rahmen. Der Aufmerksamkeitswert Ihrer Anzeige wird so gesteigert.
- Strichabbildungen werden gewöhnlich besser wiedergegeben als Fotografien. Vermeiden Sie aber, zu witzig zu sein. Karikaturen sind für Comic-Hefte, nicht für Gelbe Seiten.
- Seien Sie nicht zu scharfsinnig in Ihren Formulierungen. Der ernsthafte Käufer nimmt Selbstgefälligkeit übel. Der Text sollte warm, aber geschäftlich sein.
- Wiederholen Sie nicht die Anzeige vom letzten Jahr, weil Sie vielleicht keine Zeit haben und diese Anzeige gerade verfügbar ist.
- Haben Sie keine Angst vor langem Text. Marktforschungsergebnisse belegen, daß langer Text in den Gelben Seiten eine bessere Wirkung hat.
- Planen Sie voraus. Analysieren Sie, was funktioniert und was nicht. Fragen

Sie jeden neuen Kunden: »Wie haben Sie von uns gehört?«. Finden Sie heraus, was der Kunde wünscht, und richten Sie Ihren Text so aus, daß Sie darauf eine positive Antwort geben.

Quelle: How to Make Your Advertising Twice as Effective at Half the Cost
von Herschell Gordon Lewis (Verlag Bonus Books)

Begriffe der Gelben Seiten, die Sie kennen sollten

Quellenhinweis – ein Anhängsel am Ende Ihres Eintrags auf den Gelben Seiten, das auf Ihre Themenanzeige hinweist, z.B.: »Sehen Sie unsere Anzeige auf Seite 335«.

Rubrik – Stichworte, unter denen die verschiedenen Geschäftszweige ausgewiesen werden.

Spaltenanzeige – Eine Anzeige auf den Gelben Seiten, die alphabetisch unter dem jeweiligen Stichwort erscheint.

Informationen über Werbung auf den Gelben Seiten

Verband Deutscher Adreßbuchverleger e.V.
Ritterstraße 17-19 • 40213 Düsseldorf • (0211) 32 09 09

STAMM- Leitfaden durch Presse und Werbung
STAMM Verlag GmbH • Goldammerweg 16 • 45134 Essen • (0201) 84 300-0
Ein Presse- und Medienhandbuch; erscheint jährlich und kostet DM 189,- (Stand: 1995).

Die Anzeige für die Firma Car-Music-Shop hat eine aufmerksamkeitsstarke Kopfzeile, positioniert das Geschäft gut und zeigt den Kunden eine Anfahrtsskizze. Sie ist außerdem die größte und am besten gestaltete Anzeige auf der Seite.

Quelle: Gelbe Seiten *1995/96 für Berlin, BFB Branchen-Fernsprechbuch GmbH, Reichsstraße 4, 14052 Berlin*

Brainstorming für Gelbe Seiten

Verwenden Sie diese Seite, um die sechs Elemente zu beschreiben, die Sie in Ihrer nächsten Anzeige auf den Gelben Seiten berücksichtigen wollen (Rangfolge von sehr wichtig bis unwichtig).

____

____

____

____

____

____

____

____

____

Funkwerbung

Maßgeschneidert für Guerillas – kostengünstige, sehr wirkungsvolle regionale Werbung

Funkwerbung ist eines der stärksten Guerilla-Instrumente, das Ihnen zur Verfügung steht. Radiostationen sind offen für Gegengeschäfte (siehe dort) und normalerweise sind sie an dem interessiert, was Sie anbieten. Spielen Sie Ihre Karten richtig aus, und Sie können dreimal mehr Werbezeit bekommen, als Sie bezahlen.

Der Schlüssel zu erfolgreicher Funkwerbung

- Funkwerbung ist eine der besten Möglichkeiten, um eine bestimmte Zielgruppe anzusprechen, vorausgesetzt, Sie werben im richtigen Radiosender. Finden Sie die Sender heraus, deren Hörer Ihrem Kundenprofil am nächsten kommen.
- Funkwerbung funktioniert am besten in Kombination mit anderen Medien. Verwenden Sie Werbefunk, um eine Direktwerbeaktion oder Telefonkampagne zu verstärken. Funkwerbung funktioniert auch gut in Verbindung mit 0130- und 0180-Telefonnummern.

- Seien Sie kreativ. Ein humorvoller Stil erregt Aufmerksamkeit.
- Funkwerbung ist ebenso wirkungsvoll wie preisgünstig. Kurze Funkspots sind hervorragend, um den Bekanntheitsgrad Ihres Firmennamens zu erhöhen, und lange Spots geben Ihnen genügend Zeit, um Ihre Geschichte zu erzählen. Füllen Sie die Sendezeit nicht mit Leerlauf oder langweiligem Text. Sechzig Sekunden im Radio sind eine Ewigkeit.
- Mehrfache Wiederholung der Werbebotschaft ist im Radio sogar wichtiger als in anderen Medien. Weil die Hörer ein- und ausschalten, sich vorübergehend vom Gerät entfernen, durch Tunnel fahren und gelegentlich nicht zuhören, müssen Sie Ihre Botschaft verschiedene Male wiederholen.
- Nutzen Sie die Lebendigkeit des Funks. Veranlassen Sie den Sender, eine Live-Übertragung aus Ihrem Geschäft durchzuführen. Der Diskjockey fährt seinen Ü-Wagen auf Ihren Parkplatz und veranstaltet seine Sendung live. Dies ist eine besonders wirkungsvolle Kampagne, wenn Sie eine Sonderveranstaltung bewerben, wie zum Beispiel eine Geschäftseröffnung oder eine Verkaufsaktion. Live-Übertragungen fordern die Kunden zu einer bestimmten Handlung auf: »Kommen Sie her und ...«. Außenübertragungen bedeuten für Sie mehr Werbewirkung für weniger Geld, als eine konventionelle Funkkampagne je liefern kann. Der Sender will die Aufmerksamkeit auf Außenübertragungen (und auf Sie) lenken. Außenübertragungen sind für Werbetreibende hervorragend, sie ermöglichen es jedoch auch dem Sender, zur Geltung zu kommen.

Guerilla-Anbieter des Jahres

Die Brüder Barry und Eliot, Eigentümer von Jordan's Furniture in Boston, bauten ihr Reich als Möbeleinzelhändler auf 22 Jahren Funkwerbung auf. 1972 führten sie ihre erste »Barry und Eliot«-Kampagne durch, in der sie selbst als Sprecher mitwirkten. Ihre Funkanekdoten wurden bald berühmt. Sie haben die Funkwerbung nie aufgegeben.

In der Region Boston werben sie ständig in mindestens zwölf Radiostationen. Ihr selektiver Medieneinkauf und ihre ausgeklügelte kreative Strategie haben sie zu einer Hauptstütze der Radiostationen in Boston gemacht. Die Einwohner von Boston können jeden Funk-Slogan von Jordan's aufsagen und sogar die Anfahrt zu den Märkten, wie sie in der Werbung beschrieben wird, auswendig wiederholen.

Die besten Sendezeiten für Funkwerbung

Morgens zwischen sechs und neun Uhr und nachmittags zwischen drei und sieben Uhr sind die Werbezeiten am teuersten. Sie können Werbezeiten zwischen 19 und 22 Uhr wahrscheinlich zu einem guten Preis bekommen, aber vielleicht sollten Sie dann gar nicht werben: Es ist die Hauptsendezeit des Fernsehens, und die Zahl der Radiohörer ist demzufolge gering. Viele Radiosender haben mitten in der Nacht mehr Hörer als während der Hauptsendezeit des Fernsehens. Sie sollten testen, welche Zeiten für Sie besonders kostengünstig sind.

- Für die Verkaufsförderung ist Funkwerbung ein wirksames Medium. Sie können eine Atmosphäre von Dringlichkeit schaffen, was in der Printwerbung nur eingeschränkt möglich ist. Verbünden Sie sich mit anderen Anbietern oder Organisationen, um eine zugkräftige Verkaufsförderungsaktion auf die Beine zu stellen. Veranstalten Sie in Ihrem Geschäft eine Spendensammlung für lokale Wohltätigkeitszwecke. Werben Sie im Radio, und nutzen Sie eine Außenübertragung, um die Sammlung bekannt zu machen. Führen Sie einen Wettbewerb durch, und nutzen Sie Ihre Funkspots, um zur Teilnahme

Viele Guerillas ignorieren Funkwerbung, weil sie glauben, es lohne sich nicht, dort zu werben. Im Gegenteil: Infolge der großen Hörertreue und hervorragender demographischer Strukturen kann Funkwerbung ein wirkungsvoller Weg sein, Kundenfrequenz in Ihrer Buchhandlung, Mode-Boutique oder in Ihrem Restaurant zu erzeugen. Denken Sie daran, eine bestimmte Sendung zu sponsern, die Ihre Zielgruppe regelmäßig hört. Die Kostenbelastung für ein solches Sponsoring kann vergleichsweise niedrig sein, und Sie werden sicherlich die Bindung der Stammhörer gewinnen.

aufzurufen. Lassen Sie eine gebührenfreie 0130-Telefonnummer als Service-Leitung installieren, und rühren Sie dafür die Werbetrommel im Radio.

- Funkwerbung ist besonders für Autohändler ein wirksamer Werbeträger. Gibt es eine bessere Werbezeit für Allradwagen als während der Rush-hour in einem Schneesturm?
- Im Funk können Sie als Sponsor auftreten. Was halten Sie von: »Dieser ABC-Radio-Wetterbericht wird Ihnen präsentiert vom Akmo-Schneereinigungsdienst«? Sie können eine Service-Ankündigung sponsern: »Die Kerzenschein-Bar und ABC-Radio erinnern Sie daran, daß Freunde ihre Freunde nicht trinken und fahren lassen.« Sponsern Sie die Nachrichten oder die Sportberichte, die in den meisten Radiostationen den ganzen Tag gesendet werden.
- Die meisten Sender sind gern bereit, Ihnen technische Unterstützung bei der Entwicklung Ihrer Funkspots zu geben. Falls Sie ein schalldichtes Tonstudio benötigen, um einige Spots mit Ihrem Sprecher aufzunehmen, fragen Sie. Für eine aufwendigere Produktion zahlt es sich aus, ein Tonstudio zu mieten (die günstigen Preise werden Sie überraschen).
- Wenn Sie bereit sind, die hohen Preise für die Hauptsendezeit zu bezahlen, sollten Sie als Bonus verlangen, daß der Sender Ihnen in schwächeren Sendezeiten zusätzliche Funkspots kostenlos einräumt. In Deutschland war es früher beinahe unmöglich, Preisnachlässe von Radiostationen zu bekommen. Heutzutage sind Rabatte aber durchaus üblich. Arbeiten Sie deshalb mit Ihrem Sender zusammen, um gemeinsam einen Streuplan aufzustellen, der für beide Seiten vorteilhaft ist. Aber auch ohne einen derartigen Streuplan sollten Sie sich mit Ihrem Sender zumindest auf einen Preisnachlaß für schwächere Sendezeiten einigen. Schließlich profitiert er selbst von einer solchen Regelung, weil er Restzeiten verkaufen kann, die sonst ungenutzt blieben.
- Immer häufiger ist es möglich, auch eine Preisberechnung nach der Umsatzhöhe zu vereinbaren. Dabei erhält der Sender beispielsweise 20 bis 25 Prozent des Produktnettopreises, multipliziert mit der Zahl der Bestellungen. Abgerechnet wird, wenn die Verkaufszahlen feststehen. Dem Guerilla kann dies einiges an Werbegeldern einsparen, aber Vorsicht: Erweist sich Ihr Produkt als echter Verkaufsschlager, kann Sie eine derartige Vereinbarung teurer zu stehen kommen, als wenn Sie den Listenpreis bezahlt hätten!
- Mit Radiostationen kann man häufig Gegengeschäfte vereinbaren (siehe *Gegengeschäfte*). Wenn Sie ein Restaurant betreiben, bieten Sie an, daß die Diskjockeys Ihres örtlichen Senders jeden Tag ein kostenloses Mittagessen bekommen, wenn sie im Austausch dafür Ihr Restaurant zweimal in der Sendung erwähnen. In unserem Gebiet gibt es eine Mietwagenfirma, die den Morgen-Diskjockey bei Bedarf kostenlos zum Sender fährt. Als Gegenleistung erwähnt der Diskjockey die Firma in der Sendung.

- Wenn Sie Ihre Funkspots von Ihrer hauseigenen Werbeagentur entwickeln lassen, sollten Sie unbedingt die Agenturprovision von 15 % verlangen (siehe *Werbeagenturen*).

Fünf Guerilla-Tips für Funkwerbung

- Wenn Sie die Aufmerksamkeit des Hörers nicht in fünf Sekunden erringen, sind Sie gescheitert.
- Ziehen Sie alle Instrumente in Betracht, die Ihnen Funkwerbung bietet: eine Stimme allein oder mehrere Stimmen, Hintergrund- oder Vordergrundmusik und Klangeffekte in großer Fülle (siehe *Jingles* und *Musik*).
- Erwähnen Sie Ihren Firmennamen mindestens fünfmal in einem 30-Sekunden-Spot. Sonst werden sich die Zuhörer nicht daran erinnern.
- Entwickeln Sie eine erkennbare Radiopersönlichkeit, damit die Hörer – unabhängig von Ihrer jeweiligen Werbebotschaft oder der Melodie Ihres Spots – wissen, daß Sie auf Sendung sind. Schaffen Sie sich eine Identität. Jeder sollte Ihren Funkspot identifizieren können, selbst wenn er den Anfang oder das Ende des Spots verpaßt hat.
- Setzen Sie nur auf ein oder zwei Radiostationen. Sie müssen Ihre Werbung für dieselben Hörer wiederholen, und das können Sie nur tun, wenn Sie sich auf wenige Sender konzentrieren.

12 Regeln für die Entwicklung eines Funkspots
von Herschell Gordon Lewis

- Vermeiden Sie, zu humorvoll zu sein. Ihre Seriosität muß über jeden Zweifel erhaben sein.
- Wenn Sie selbst als Sprecher mitwirken, sprechen Sie deutlich und natürlich – so, als ob Sie Ihrer Mutter etwas erklären wollten.
- Wiederholen Sie ständig den Produktnamen.
- Wenn der Funkspot mit einer Telefonnummer endet, bereiten Sie die Ansage vor: »Haben Sie etwas zu schreiben? Schreiben Sie diese Nummer auf, damit Sie sie nicht vergessen: 55 56 00. Haben Sie die Nummer notiert? Falls nicht, hier ist sie noch einmal: 55 56 00.« Dann erinnern Sie den Hörer daran, daß die Telefonnummer auch in den Gelben Seiten zu finden ist. Verweisen Sie aber nur dann auf die Gelben Seiten, wenn Sie die größte Anzeige in Ihrer Branchenrubrik haben – sonst schicken Sie die potentiellen Kunden zu Ihren Konkurrenten.

Statt dessen können Sie den Hörern sagen, daß man Sie im normalen Telefonbuch findet. Wenn Sie diesen Hinweis oft geben, sollten Sie dort auch eine Anzeige schalten, damit Sie leichter zu finden sind.

- Verwenden Sie eine bestimmte Melodie als Gedächtnisstütze. Sie sollten jedoch eine Melodie nie für den ganzen Spot verwenden, es sei denn, Ihr Spot hat nur eine Länge von 10 Sekunden. Wir alle hassen Erkennungsmelodien, Tatsache ist jedoch, daß sie funktionieren (siehe *Jingles*).
- Wenn Ihre Strategie den Preis betont, versuchen Sie, nur ein Produkt und einen Preis zu erwähnen. Wenn man einen Funkspot hört, kann man zu viele Fakten und Zahlen leicht durcheinanderbringen.
- Verwenden Sie einfache, schlichte Sätze. Probieren Sie die Werbung an einem Zehnjährigen aus. Wenn er sie nicht versteht, ist sie zu kompliziert.
- Wenn Sie eine Adresse angeben, arbeiten Sie mnemotechnisch mit einer Gedächtnisstütze: »Berliner Straße Drei-Null-Drei – gegenüber vom Park-Hotel.« Unser Guerilla-Anbieter des Jahres gab allen Radiohörern in Boston einprägsame Beschreibungen der Anfahrtswege zu seinen Möbelmärkten.
- Im Manuskript sollten Sie Zahlen ausschreiben, damit sich der Sprecher nicht verhaspeln kann. Schreiben Sie zum Beispiel nicht »1.001 Gründe«, sondern »Eintausenundeins Gründe«.
- Lesen Sie den Text einige Male laut vor, um Worte festzustellen und zu entfernen, die nicht »klingen«, schwer auszusprechen sind oder oft mißverstanden werden.

! ***Sollten Sie Ihr eigener Werbesprecher sein?*** *Wenn ihre Stimme auch die Kosten der Funkwerbung senkt und ihrer Werbung sicherlich Charakter verleiht, entscheiden sich die meisten Guerillas dennoch dagegen. Warum? Erstens, weil es vielleicht weniger wirkt – bei einer unsympathischen oder rauhen Stimme wenden sich die Hörer ab. Zweitens ist es schwieriger, sich an einen regelmäßigen Werbeplan zu halten, wenn Sie für jeden neuen Funkspot in das Studio fahren müssen. Sie haben bestimmt wichtigere Sachen zu erledigen.*

Begriffe der Funkwerbung, die Sie kennen sollten

Außenübertragung – Eine Live-Sendung, in der der Diskjockey Ihr Geschäft aufsucht und eine Live-Sendung veranstaltet.

Durchschnittliche Zahl der Hörer pro Viertelstunde – Die durchschnittliche Zahl von Hörern, die einen Sender während einer bestimmten Viertelstunde mindestens fünf Minuten hören.

Kontakthäufigkeit – Die Anzahl der Kontakte, die ein Hörer mit Ihrem Funkspot während der gesamten Laufzeit der Kampagne hat.

Reichweite – Die Anzahl der Hörer, die tatsächlich Ihren Funkspot hören.

Rush-hour – Die Morgen- und Abend-Sendeblöcke (6-10 Uhr und 15-19 Uhr), während der die meisten Hörer zur Arbeit fahren bzw. von dort zurückkehren. Dies sind normalerweise die teuersten Werbezeiten, sie haben jedoch auch die größte Hörerzahl.

! *Nach den Erhebungen des Büros für Funkwerbung in den USA hören Amerikaner im Durchschnitt jeden Tag 2 Stunden und 58 Minuten Radio. Ferner hören mehr als 75 % aller Manager, Schreibkräfte und Arbeiter während der Arbeitszeit Radio. In Deutschland ist das Radio sogar noch beliebter: Hier bleibt das Gerät durchschnittlich 3 Stunden und 42 Minuten pro Tag eingeschaltet.*

Sendeblock – Radiostationen teilen den Tag in sogenannte Sendeblöcke ein. Rush-hour beispielsweise ist der morgendliche Sendeblock zwischen sechs und zehn Uhr.

Spot – Die Bezeichnung für einen Werbebeitrag in der Funkwerbung.

Informationen über Funkwerbung

Rundfunk und Fernsehen – RuF
Nomos Verlagsgesellschaft • Waldseestrasse 3 • 76484 Baden-Baden • (07221) 2104-0

Forum der Medienwissenschaft und Medienpraxis. Mit Aufsätzen, Berichten, Dokumenten, Literaturübersicht und Diskussionsbeiträgen zu Hörfunk, Presse, Film, Fernsehen sowie den Neuen Medien. Jährlich erscheinen 4 Hefte.

Brainstorming für Funkwerbung

Verwenden Sie diese Seite, um neue Möglichkeiten aufzulisten, wie Sie Funkwerbung für Ihr Geschäft nutzen können. Beziehen Sie Möglichkeiten für Aussenübertragungen, die Verteilung von Gratisproben und Programm-Sponsoring in Ihre Überlegungen ein.

Eine Werkstatt für Elektroreparaturen, die sich auf die Reinigung und Reparatur von Videogeräten spezialisiert hat, schaltete Funkwerbung beim örtlichen Radiosender. Durch konsequente wöchentliche Werbung (jeden Dienstag bis Donnerstag) und Sponsern der morgendlichen Nachrichtensendung erhöhte die Werkstatt ihre Kundenfrequenz und verdoppelte den Umsatz.

Fernsehwerbung

Wirksame, kostengünstige Werbung für schlaue Guerillas

Guerillas wissen, daß Fernsehwerbung eine große Wirkung hat. Mehr als irgendein anderes Werbemedium kann Fernsehen eine emotionale Reaktion bei Zuschauern hervorrufen – und in Anbetracht der Tatsache, daß der durchschnittliche deutsche Haushalt täglich beinahe drei Stunden fernsieht, sind Ihnen Zuschauer garantiert.

Fernsehwerbung kann für Ihre Firma vielfältig eingesetzt werden. Sie können Fernsehwerbung verwenden, um die Kundenfrequenz zu erhöhen, einen Markennamen bekannt zu machen oder sich bei den Verbrauchern zu positionieren. Andererseits ist Fernsehwerbung jedoch relativ teuer. Wählen Sie daher Ihre Beiträge sorgfältig aus.

Guerilla-Einsicht: Fernsehwerbung muß nicht teuer sein

! Fernsehspots werden nach Sekunden berechnet. Daher muß sich jede Sekunde für Sie auszahlen. Wenn Sie einen Fernsehspot von 15 Sekunden genauso werbewirksam wie einen von 30 Sekunden machen können, dann können Sie diesen Spot für dasselbe Budget zweimal senden. Kürzen, kürzen, kürzen.

Ein 30-Sekunden-Spot beim Endspiel um die amerikanische Football-Meisterschaft kostet ungefähr 1 Million Dollar. Angesichts dieser abschreckenden Zahl gibt es für Guerillas zwei Möglichkeiten. Einige, wie zum Beispiel der Sicherheitsschloßhersteller Master Lock, entscheiden sich, Ihr gesamtes Budget für Fernsehwerbung für einen einzigen Werbespot auszugeben. Eine Wiederholung ist dann jedoch nicht möglich.

Andere kleinere Guerillas geben den Gedanken an Fernsehwerbung ganz auf, weil sie glauben, daß Fernsehwerbung zu teuer sei.

Mit der Ausbreitung des Kabelfernsehens auch in Deutschland bröckeln die Preise jedoch zusehends. Bei einer lokalen Kabelstation können Sie eine Minute Fernsehwerbung teilweise bereits für unter 1.000 DM kaufen. Die Preise sind dabei abhängig von Tageszeit, Jahreszeit und Häufigkeit der Schaltung. Natürlich bekommen Sie dafür keine bundesweite Abdeckung, aber was soll's? Testen Sie Ihre Fernsehspots, und bald werden Sie die richtige Mischung von Budget, Reichweite und Kontakthäufigkeit finden.

Acht Eigenschaften eines guten Fernsehspots

1. *Unterhaltsam.* Einen unterhaltsamen Spot kann man sich leicht merken.
2. *Verständlich.* Der Zuschauer versteht die Werbebotschaft sofort.
3. *Sichtbar.* Der Zuschauer kann die Botschaft *sehen.*
4. *Hohe Qualität.* Die Qualität des Fernsehspots spiegelt die Qualität des Produktes wider. Wenn Ihr Spot schlecht und offensichtlich billig ist, werden die Zuschauer annehmen, daß das angebotene Produkt Schund ist.
5. *Ehrlich.* Ein Fernsehspot mit vielen offensichtlichen Übertreibungen wird keine Werbewirkung haben.

6. Enthält eine *Handlungsaufforderung*. Bitten Sie den Zuschauer, mit der Information, die Sie ihm gerade gegeben haben, etwas zu tun – idealerweise, in ein Geschäft zu gehen und Ihr Produkt zu kaufen.
7. *Inhaltsvoll*, nicht nur mit Spezialeffekten arbeitend. Spezialeffekte erregen zwar Aufmerksamkeit, es ist jedoch der Inhalt, der das Produkt verkauft.
8. Setzt *Schauspieler* oder Sprecher ein, die Vertrauen vermitteln. Besetzen Sie die Hauptrolle nicht mit Ihrem Kind.

Wie wäre es hiermit als unverwechselbare Form von Fernsehwerbung? Ein Warenhaus in Seattle produzierte einen Fernsehspot, mit dem es sein exklusives Bonbon-Sortiment bewarb. Der Spot hatte nur eine Länge von 1/14 Sekunde! Die New York Times *schrieb einen Artikel über den Werbespot, und das Warenhaus wird in das Guinness Buch der Rekorde mit dem kürzesten TV-Spot aller Zeiten aufgenommen. Offensichtlich wurde der Spot nicht gesehen, ganz sicher jedoch die PR.*

Vier Möglichkeiten, einen Fernsehspot zu testen

1. Betrachten Sie den Spot, wenn der Ton abgeschaltet ist. Können Sie immer noch erkennen, welche Zielgruppe er anspricht und wie diese darauf reagieren soll?
2. Zeigen Sie ihn einer Gruppe von Zwölfjährigen. Hören sie auf zu sprechen, um ihn anzusehen? Dann fragen Sie sie, wofür er war.
3. Sehen Sie sich den Spot zwanzigmal hintereinander an. Ist er so abstoßend, daß Sie wütend werden?
4. Betrachten Sie jeweils nur die eine Hälfte und dann die andere Hälfte. Verstehen Sie immer noch, was verkauft wird?

Ausweitung der Distribution Ihres Produktes mit Fernsehwerbung

Für einen Hersteller, der versucht, eine Nische in einem Spezialmarkt zu erobern, kann Fernsehwerbung ein großartiges Instrument sein. Es ist vielleicht die beste Möglichkeit, Einzelhändler zu überreden, Ihr Produkt zu führen.

Häufig ist es schwierig, vom Handel gelistet zu werden, weil so viele andere Unternehmen um denselben Regalplatz oder dieselbe Verkaufsfläche konkurrieren. Mit Fernsehwerbung allein werden Sie nicht in das Berliner KaDeWe gelangen, in kleinen Geschäften und bei Kleinfilialisten könnte es jedoch möglich sein, die Einstiegshürde auf diese Weise zu überwinden!

Schreiben und produzieren Sie einen 30-Sekunden-Spot für Ihr Produkt. Geben Sie sich Mühe, daß er gut wird – mit Musik, einem Sprecher mit vertrauenserweckender Stimme und beeindruckenden Bildern. Von größter Bedeutung: Kürzen Sie ihn auf 25 Sekunden und listen Sie in den letzten 5 Sekunden die Namen der Geschäfte auf, in denen Ihr Produkt vorrätig ist. Tatsächlich ist dies eine Form von Verbundwerbung. Normalerweise werben die Einzelhändler und verlangen dann von den Herstellern, deren Produkte sie in der Werbung herausgestellt haben, einen Werbekostenzuschuß. In diesem Fall ist es der Hersteller, der die Werbung bezahlt und schaltet. Dafür räumen die Einzelhändler, die in der Werbung gezeigt werden, dem Hersteller Regalplatz ein, um sein Produkt zu verkaufen.

! Werbefilme und Werbespots zählen zwar zu den Massenmedien, sind aber dennoch keine Massenware. Ihre genauen Herstellungskosten hängen jeweils von einer Vielzahl von Faktoren ab. Dazu gehören Art und Länge des Films, Zahl und Rang der Schauspieler, Umfang der Dekoration, Zahl der Aufnahmeorte oder Ateliertage, Dauer der Drehzeit, Umfang des Drehstabes, Notwendigkeit von Probeaufnahmen, Tricks und anderes mehr. Auch die jeweils gewählte Aufnahmetechnik, die sich nach dem Zweck des Vorhabens richten sollte, wirkt sich auf die Kosten aus. Nehmen Sie sich daher die Zeit, Ihr Projekt schon bei der Auswahl der Herstellerfirma, auf jeden Fall aber vor der endgültigen Auftragsvergabe mit dem Produzenten in allen Einzelheiten durchzusprechen. (Quelle: Deutscher Werbekalender 1994, S. 338)

Geben Sie kein Vermögen aus, wenn Sie den Spot produzieren. Obwohl die Produktionskosten eines Fernsehspots in den USA 1993 bei durchschnittlich über 250.000 DM lagen, können gute TV-Spots bereits für ein Zehntel dieses Betrages produziert werden. Um jedoch einen Kaufwunsch für Ihr Produkt auszulösen und Einzelhändler zu beeindrucken, die Ihre potentiellen Verkaufsstellen sind, muß Ihr Spot zielgenau und professionell sein. Geben Sie genügend Geld aus, um eine hohe Qualität zu produzieren. Ein Fremder sollte den Spot 15mal ansehen können, ohne Sie zu hassen.

Teilen Sie dem Einzelhändler mit, daß Sie vorhaben, in seinem Einzugsbereich einen Fernsehspot zu schalten, der genau seine Kunden anspricht, und daß Sie am Ende des Spots sogar seinen Namen und Standort erwähnen werden. Ein Qualitäts-Spot wird den Zuschauer überzeugen, daß Ihr Produkt genau das ist, was er benötigt, und daß der erwähnte Einzelhändler der beste Ort ist, um es zu kaufen.

Ihr Angebot an den Einzelhändler ist einfach: Bevorraten Sie sich mit meinem Produkt, und ich erwähne Ihr Geschäft. Einzelhändler lieben es, im Fernsehen namentlich erwähnt zu werden, um so mehr, wenn sie sich an den Werbekosten nicht beteiligen müssen. Beeindruckt von diesen Vorteilen, wird die überwiegende Mehrzahl der Einzelhändler Ihr Produkt kaufen. Schließlich denken sie, daß es teuer ist, TV-Spots zu produzieren und zu senden. Sie sind keine Guerillas wie Sie. Tief in ihrem Herzen haben sie immer den Wunsch gehabt, im Fernsehen vertreten zu sein. Sie wußten jedoch, daß sie es sich nicht leisten konnten.

Treffen Sie diese Vereinbarung mit so vielen Einzelhändlern, wie Sie wollen, aber zeigen Sie nie mehr als fünf Namen am Ende eines Werbespots. Wenn Sie mit 50 Einzelhändlern Vereinbarungen treffen (was mit dem Glanz und Glamour des Fernsehens nicht so schwierig sein dürfte), benötigen Sie zehn 5-Sekunden-Enden mit jeweils fünf Namen. Schalten Sie die Spots abwechselnd, so daß jeder Einzelhändler den gleichen Auftritt bekommt.

Wenn Sie wollen, verhandeln Sie über einen Großauftrag, und bieten Sie dem Einzelhändler an, drei bis sechs Monate ausschließlich ihn zu erwähnen. Konzentrieren Sie sich vor allem auf Filialisten und Franchisenehmer, weil diese sofort den Wert und die Fairneß Ihres Angebotes erkennen werden. Natürlich, denn sie kennen vermutlich alle Geheimnisse des Fernsehens.

Der größte Fehler in der Fernsehwerbung: Schlechte Qualität

Bei sinkenden Produktionskosten und leichter zu kaufender Sendezeit rückt Fernsehwerbung für die meisten Guerillas in greifbare Nähe. Und darin liegt die Gefahr. Weil es so billig ist, sind viele kleinere Firmen (und sogar einige grössere) versucht, ihre Werbespots selbst zu entwickeln.

Einer der schnellsten und wirkungsvollsten Wege, Ihr Unternehmen schlecht zu positionieren, ist, einen langweiligen, schlecht getexteten und schlecht produzierten Werbespot herzustellen. Wenn wir auch alle über aufgeblasene Autoverkäufer und salbungsvolle Werbesprecher gelacht haben, Tatsache ist, daß diese Art von Werbung grundsätzlich nicht funktioniert. Und der Schaden,

den sie hinsichtlich der Positionierung anrichtet, läßt sich kaum einschätzen. Hier ist unser Guerilla-Ratschlag: Sie würden sich nicht selbst chirurgisch behandeln – also schreiben, produzieren und schneiden Sie nicht Ihren eigenen Fernsehspot.

Kinowerbung

Vieles von dem, was über Fernsehwerbung gesagt wurde, gilt in gleicher Weise für Ihre Werbung im Kino. Die drei größten Unterschiede:

- Die Reichweite von Kinowerbung ist im Vergleich zu Fernsehspots begrenzt. Das Kino ist aber ein ganz hervorragender Werbeträger, wenn Sie ein vorwiegend junges Zielpublikum ansprechen möchten, da vor allem die Altersgruppe zwischen 14 und 29 Jahren regelmäßig Kinobesuche tätigt. Mit Hilfe von Kinowerbung können Sie pro Woche durchschnittlich 1,73 Millionen junge Leute erreichen.
- Im Kino wird Ihre Werbung mit hoher Wahrscheinlichkeit tatsächlich gesehen. Anders als bei Fernsehwerbung können Sie sich der beinahe uneingeschränkten Aufmerksamkeit des Betrachters sicher sein, der nicht von äußeren Reizen abgelenkt wird oder den Werbeblock dazu nutzt, anderweitigen Beschäftigungen nachzugehen.
- Das Kino hält eine Vielzahl an Werbemitteln für Sie bereit – für jeden Zweck und jedes Budget ist etwas dabei.

! Bei Kinowerbung zahlen Sie nur für tatsächliche Kontakte: Alle Filmtheater sind gesetzlich verpflichtet, ihre Besucherzahlen anhand der verkauften Eintrittskarten der Filmförderungsanstalt (FFA) in Berlin zu melden, die jährlich »Die Besucherfrequenz der Filmtheater« herausgibt. Die Einschaltpreise der einzelnen Kinos richten sich nach diesen Besucherzahlen, die von der Informationsgemeinschaft zur Feststellung der Verbreitung von Werbeträgern e.V. (IVW) überprüft werden.

In Deutschland gibt es derzeit gut 3.800 Filmtheater (Westdeutschland: ca. 3.300, Ostdeutschland: ca. 500). Vier Prozent aller Erwachsenen gehen mindestens einmal wöchentlich ins Kino. Betrachtet man nur die Altersgruppe zwischen 14 und 29, so steigt diese Zahl auf über 11%. Das heißt: Mit einer Werbekampagne im Kino erreichen Sie einen überwältigenden Teil der Jugend – 9 von 10 Jugendlichen bis 19 Jahre und gut 70% der 20-29jährigen. Auch in der Altersgruppe der 30-39jährigen sind es immer noch 43%, die Sie mit einer Kino-Kampagne erreichen (*Quelle: FDW Werbung im Kino e.V.: Kinobesucher in der Medien-Analyse 95*).

Das Kino bietet Ihnen eine beeindruckende Zahl an Werbemöglichkeiten. Dazu gehören:

- **Das Diapositiv**
  Wahlweise als stummes Dia (Standzeit ca. 10 Sekunden) oder als Tondia mit längerer Standzeit (ca. 20 Sekunden); bei letzterem wird individuelle Musik oder Werbetext eingespielt.

- **Das Dia auf Film** (DaF)

  Bewegliche Dias werden auf einen Filmstreifen von ca. 6 Metern Länge (Laufzeit 13,2 Sekunden) abgefilmt. In einigen Filmtheatern ist infolge der Automatisierung der Filmvorführung nur noch diese Variante möglich, Stand-Dias werden dort nicht mehr angenommen.

- **Der Kinospot**

  Ein kleiner Filmstreifen mit einer Länge von 6 Metern (13,2 Sekunden) bis 12 Metern (26,4 Sekunden), der bereits deutlich mehr Gestaltungsmöglichkeiten bietet und von lokalen Anbietern gern genutzt wird.

- **Der Werbefilm**

  Qualitativ hochwertiger Filmstreifen von üblicherweise 30 bis 50 Metern Länge, die Mindestlänge beträgt 20 Meter. Der Phantasie des Gestalters (und jener des Betrachters) sind kaum Grenzen gesetzt. Auf der großen Kinoleinwand wirken optische Effekte weitaus intensiver als am Fernsehbildschirm – entsprechend besser bleibt Ihre Werbebotschaft beim Betrachter haften. Auf das Einblenden Ihrer Telefonnummer können Sie im Kino natürlich verzichten; um so wichtiger dagegen sind ein einprägsames Firmenlogo und attraktive Schriften, die Ihre Positionierung vermitteln.

Passen Sie die Auswahl Ihrer Werbeträger Ihren Zielen und Möglichkeiten an

Die Verträge zur Durchführung von Kinowerbung werden nicht mit den einzelnen Kinobesitzern abgeschlossen, sondern mit den dafür zuständigen, auch überregionalen Werbeverwaltungen. Die Vorführkosten (Einschaltpreise) richten sich nach deren jeweils gültigen Preislisten. Die Kosten für die Herstellung der Werbemittel oder für Manuskripte sind in diesen Preisen nicht enthalten. Für Werbefilme sind die Einschaltkosten wöchentlich, für Ortswerbung (Dias und Kinospots) monatlich zu zahlen.

Zur Zeit betragen die monatlichen Einschaltkosten für Stummdias je nach Ortsgröße, Art, Lage und Besucherfrequenz des Kinos zwischen 60 DM in kleineren Orten und 500 DM in großstädtischen Erstaufführungstheatern. Bei Einsatz von Tondias verdoppeln sich diese Preise.

Für einen 20-Sekunden-Kinospot betragen die monatlichen Einschaltpreise bei einer Mindestlaufzeit von 12 Monaten je nach Besucherfrequenz zwischen 120 und 920 DM.

Die wöchentlichen Einschaltpreise für Werbefilme richten sich zunächst nach den sogenannten »Besucherstaffeln« der einzelnen Filmtheater (eine Staffel entspricht 500 Besuchern pro Woche bzw. 26.000 Besuchern pro Jahr). Pro Besucherstaffel, Meter und Woche beträgt diese Grundgebühr ca. 2,40 DM. Zusätzlich entscheidet der Standort des Filmtheaters über die Höhe der Einschaltpreise (auch Filmtheater werden nach Nielsen-Gebieten gegliedert; vgl. unter *Werbung in Zeitungen und Zeitschriften).*

Wollten Sie sämtliche Kinos in Deutschland belegen, so müßten Sie pro Meter Werbefim und Woche derzeit rund 19.648 DM anlegen, im Schnitt also 5,18 DM pro Kino. Da aber jedes Kino einzeln belegt werden kann, kommen Sie bereits mit einem weit geringeren finanziellen Einsatz zum erwünschten Werbeerfolg.

Darüber hinaus können Sie Ihre Zielgruppe sehr genau ansprechen. Wenn Sie etwa einen Reifen-Service betreiben, bietet Ihnen ein Autokino zweifelsohne das ideale Werbeforum. Ihr neues Wochenblatt für den aufgeweckten Zeitgenossen wird beim Publikum großstädtischer Programmkinos sicher reges Interesse finden. Und Ihre gerade eröffnete Eckkneipe könnten Sie in allen Familienkinos im Umkreis von drei oder vier Kilometern bewerben. Weitere Filmtheater-Kategorien mit jeweils sehr speziellem Publikum sind Filmkunst-, Truppen- und Sex-Kinos.

Produktionsfirmen für Fernseh- und Kinowerbung

Video Ilea, Audio- & Videoproduktion
Solmische Weiherstraße • 63303 Dreieich • (06103) 87 88 2

Hamburg-TV, Volker Küster
Ausschläger Allee 56 • 20539 Hamburg • (040) 789 28 34

Commpra Communikations-Projektagentur Marketing und Medien GmbH
Emser Straße 1 • 65195 Wiesbaden • (0611) 52 50 99

Kinomat-Film
Moltkestraße 51 • 42115 Wuppertal • (0202) 38 0 70

Relita
Rankestraße 5/6 • 10789 Berlin • (030) 8 81 50 91

Deco-Film W. Feuerhake
Postfach 30 17 48 • 20306 Hamburg • (040) 7 22 19 85

CINEON-ARRI TV Produktionsservice GmbH
Türkenstraße 95 • 80799 München • (089) 38 09-574

Medieneinkäufer

IPA-plus Vermittlung für Fernsehwerbung GmbH
Freiherr-vom-Stein-Straße 31 • 60323 Frankfurt/Main • (069) 9 71 18-0

IP Multimedia Deutschland GmbH
Bockenheimer Landstraße 98-100 • 60323 Frankfurt/Main • (069) 97 57 26-0

Informationen über Fernseh- und Kinowerbung

Verband Deutscher Werbefilmproduzenten e.V.
Poststraße 33 • 20354 Hamburg • (040) 3 50 85 13

Spitzenorganisation der Filmwirtschaft e.V.
Kreuzberger Ring 56 • 65205 Wiesbaden • (0611) 7 78 91-0

Fachverband FDW Werbung im Kino e.V.
Oberhafenstraße 1 • 20097 Hamburg • (040) 32 29 94

Filmförderungsanstalt (FFA)
Budapester Straße 41 • 10787 Berlin • (030) 25 40 90-0

Deutsches Video Institut e.V.
Budapester Straße 44 • 10787 Berlin • (030) 2 61 16 79

Fernseh-Informationen
Hangstraße 44 • 82131 Gauting • (089) 8 50 34 32

medien aktuell
Friedrich-Ebert-Allee 311 • 22869 Schenefeld • (040) 8 39 10 64

Medien Bulletin, Kellerer & Partner GmbH
Konrad-Celtis-Str. 77 • 81369 München • (089) 74 11 72 20

Medien Report
Hegnacher Straße 30 • 71336 Waiblingen • (07151) 2 33 21

Spots Media-Katalog Neue Mediengesellschaft
Karlstraße 41 • 89073 Ulm • (0731) 15 20 23

Werbung, die sich bezahlt macht, während sie läuft, ist eine wunderbare Angelegenheit. Wenn Sie in einer Zeitschrift oder im Fernsehen eine erfolgreiche Werbung mit Rückantwortkarten bzw. einer eingeblendeten Bestell-Telefonnummer machen, ereignen sich zwei Dinge. Einige Zuschauer sehen die Werbung und kaufen sofort Ihr Produkt. Andere Verbraucher sehen die Werbung auch, behalten Ihren Markennamen im Gedächtnis, kaufen jedoch nicht sofort. Wenn die erste Gruppe groß genug ist, um die Einschaltkosten der Werbung zu bezahlen, dann können Sie die zweite Gruppe kostenlos ansprechen. Und Guerillas lieben kostenlose Werbung.

Infomercials sind definiert als Fernsehspots (*Commercials)* von wenigstens 10 Minuten Länge. Mit der Ausbreitung von Kabelfernsehen ist es plötzlich für die meisten Guerillas erschwinglich geworden, ein Infomercial zu testen. Produktions- und Sendekosten für Infomercials sind im Vergleich zu einem konventionellen 30-Sekunden-Fernsehspot relativ gering; ein Infomercial können Sie durchaus schon für das Dreifache der Produktionskosten eines 2-Minuten-Fernsehspots herstellen. Der tatsächliche Kostenunterschied zwischen beiden liegt nicht in der Herstellung, sondern in der zu kaufenden Sendezeit.

Infomercials verzeichnen in den USA einen verstärkten Trend. In den letzten fünf Jahren stieg der durch Infomercials erzielte Bruttoumsatz in den USA von 350 Millionen Dollar auf über 900 Millionen Dollar. Hier ist eine beispielhafte Aufzählung der größeren Unternehmen, die Infomercials eingesetzt haben: American Airlines, Apple, Braun, Club Méditerranée, Ford Motor Company, Eastman Kodak, McDonald's, Visa und Volvo. Jede einzelne dieser Firmen hat versucht, eine Werbemöglichkeit auszuloten, die sie von ihrer Konkurrenz abheben könnte.

Infomercials

Besuchen Sie Ihre potentiellen Kunden dort, wo sie sich am wohlsten fühlen – in ihrem eigenen Wohnzimmer

Infomercials: Auf das Nachfassen kommt es an

Wenn Sie Ihr Produkt oder Ihre Dienstleistung mit einem Infomercial vermarkten wollen, denken Sie daran, daß Ihre Aufgabe nicht beendet ist, wenn das Programm gesendet wird. Infomercials erzeugen häufig Mißtrauen bei Kunden, manchmal aus gutem Grund. Nach einer Marktforschungserhebung, die von der Zeitschrift *Response TV* durchgeführt wurde, antworteten 30 % der Befragten, die Artikel durch Fernseh-Direktbestellung (Spots oder Infomercials) gekauft hatten, daß sie es nicht wieder tun würden. Das gelieferte Produkt erfüllte nicht ihre Anforderungen oder wurde nicht schnell genug oder nicht in einwandfreiem Zustand geliefert, oder der Telefonservice war nicht zufriedenstellend. Nachfassen ist der Schlüssel, um durch ein Infomercial zu verkaufen. Sie müssen in Ihrer Reaktion auf den Kunden ehrlich und schnell sein.

Wenn Sie einen Spot entwickeln, sollten Sie ihn testen. Sie können ihn in verschiedenen Gruppendiskussionen zeigen und die Reaktionen feststellen. Nehmen Sie die erhaltenen Reaktionen auf, bis Sie einen richtigen Sendetest machen können.

Die beste Erfolgsstory für Infomercials stammt von Susan Powter. Ihr Infomercial »Stop den Wahnsinn« katapultierte sie geradewegs an die Spitze der mehrere Milliarden Dollar schweren Gesundheitsindustrie. Susan fährt im Land umher und gibt Workshops und Seminare, veröffentlicht ein vierteljährliches Audio-Informationsblatt und vermarktet eine Serie von Fitneß-Bekleidung für Frauen mit Übergröße. Darüber hinaus verkauft sie ein Buch und ein Videoband, das auf dem Material beruht, das sie in ihrem halbstündigen Infomercial behandelt. Inzwischen betreibt sie auch ihr eigenes Seminarzentrum in Dallas (Texas).

Guerillas können ein Infomercial nutzen, um als Verkäufer direkt in das Heim des Kunden vorzudringen. Der Markt ist übersättigt mit 30-Sekunden-Klangstücken, und die Verbraucher werden daher zunehmend empfänglich für Fernsehspots, die die ganze Geschichte eines Produktes erzählen. Dadurch, daß sie die ungeteilte Aufmerksamkeit der Verbraucher für eine halbe Stunde fesseln, ermöglichen Infomercials es dem kleinen Zeitgenossen, die Marktführer herauszufordern. Der Trick besteht darin, das Infomercial unterhaltend genug zu machen, um die Aufmerksamkeit zu fesseln, jedoch auch informativ genug, um den Zuschauer über den Produktnutzen zu informieren.

Guerillas erkennen, daß ein Infomercial eine Plattform sein kann, auf der sich Einzelhandelserfolge erringen lassen. Ein neues Produkt kann von der Darstellung in einem Infomercial profitieren. Eine hohe Rücklaufquote wird das Produkt für Einzelhändler noch viel attraktiver machen – es gibt einige Verbraucher, die gerade am Telefon kein Produkt kaufen wollen, die es jedoch gern in ihrem örtlichen Geschäft kaufen. Braun Inc. produzierte ein Infomercial für den Oral-B-Zahnbelag-Entferner, das den Umsatz der Firma verdoppelte.

Wie Sie ein erfolgreiches Infomercial entwickeln

- Bemühen Sie sich um ein Gleichgewicht. Seien Sie unterhaltsam, knausern Sie jedoch nicht mit Informationen (und umgekehrt).
- Beziehen Sie zahlreiche Anwenderberichte ein. Verwenden Sie normale Personen und auch Prominente.
- Zeigen Sie das Produkt in möglichst vielen Anwendungen und Umgebungen.
- Prominente können einem Infomercial Glaubwürdigkeit verleihen. Obwohl es angenehm ist, sie zu haben, sind sie jedoch nicht erfolgsentscheidend. Echte Anwenderberichte sind viel wichtiger.
- Infomercials funktionieren am besten, wenn Sie sie mit einer gebührenfreien Telefonnummer kombinieren. Ihr Infomercial sollte bei dem Zuschauer eine sofortige Handlung auslösen. Sie können diese Handlung erleichtern, wenn Sie ihnen eine 0130-Telefonnummer anbieten, die sie dann gleich anrufen können und unter der sie Ihr Produkt bestellen können.

Die Hersteller von Flowbee, einem Gerät, das man am Staubsauger befestigen kann, um sich die Haare zu schneiden, wurden mit einem Infomercial reich. Ihre Darstellung von Anwenderberichten war besonders wirkungsvoll. Während des gesamten Infomercials demonstrierten normale Verbraucher, wie leicht es ist, das Produkt zu benutzen, um sich gegenseitig perfekt die Haare zu schneiden.

Überzeugen Sie sich, daß Ihr Produkt für ein Infomercial gut geeignet ist. Einige sind es nicht. Die folgende Aufzählung beschreibt die vier wichtigsten Elemente.

Erwünschte Eigenschaften zur Auswahl eines Infomercial-Produktes

- **Preis**

  Wenn Ihr Produkt zu teuer ist, wird es sich nicht verkaufen. Ist es jedoch zu billig, wird es auch nicht funktionieren. Beispielsweise wird niemand ein Auto aufgrund eines Infomercials kaufen. Wenn Sie andererseits mit Dosensuppen möglicherweise viel Anklang finden, ist es dennoch unwahrscheinlich, daß Sie damit – bei einem Verkaufspreis von 2,25 DM – einen hohen Gewinn erzielen können.

- **Breiter Anklang**

  Wenn Ihr Produkt zu spezialisiert ist, wird es sehr wahrscheinlich im Fernsehen kein Erfolg. (Sie zahlen für jeden, der die Show sieht, unabhängig vom Grad seines Interesses.)

- **Verständlichkeit**

  Gute Infomercial-Produkte erfordern kein persönliches Ausprobieren vor dem Kauf. Bevor die Verbraucher ein technisches Produkt oder ein Spezialprodukt kaufen, möchten sie die Möglichkeit haben, es auszuprobieren. Wenn Ihr Produkt leicht vorgeführt werden kann, ist es wahrscheinlich gut für Infomercials geeignet.

- **Visueller Wirkungsnachweis**

  Ein Produkt ist ideal, wenn es überzeugend in Anwenderberichten demonstriert werden kann oder wenn lebendige »Vorher«- und »Nachher«-Bilder gezeigt werden können. Einen zufriedenen Kunden im Fernsehen zu sehen und zu hören, hat eine ungeheure Wirkung auf potentielle Käufer.

Sportgeräte, Gesundheitsprodukte, Kosmetika, CDs und Audio-Kassetten eignen sich hervorragend für Infomercials. Küchengeräte, Töpfe, Schmuck und Diätprodukte waren auch sehr erfolgreich.

Die Geschichte von Victoria Jackson Cosmetics ist ein Beispiel einer Guerilla-Firma, die mit Infomercials erfolgreich mit den Großen der Branche konkurriert. Sie begann 1989, ihre Produkte in direktem Wettbewerb zu Avon ausschließlich über Infomercials zu vermarkten. Bis heute haben ihre Infomercials, in denen Prominente wie Ali McGraw, Meredith Baxter und Lisa Hartmann eine wichtige Rolle spielen, einen Umsatz von 100 Millionen Dollar erzielt. Avon wird in diesem Jahr das erste Infomercial herausbringen.

Adressen-Akquisition oder Produktverkauf

Es ist erfolgsentscheidend, daß Sie das Ziel Ihres Infomercials festlegen, *bevor* Sie mit der Entwicklung beginnen. Ein Infomercial, das darauf angelegt ist, Anhaltspunkte über potentielle Kunden zu gewinnen, unterscheidet sich deutlich von einem Infomercial, das versucht, direkt ein Produkt zu verkaufen. Die Zuschauer für diese beiden Arten von Infomercials unterscheiden sich ebenfalls. Wenn es auch ein wenig erfolgversprechendes Unterfangen ist, Autos über Infomercials zu verkaufen (siehe die Bemerkungen über Produktauswahl für Infomercials auf der vorhergehenden Seite), kann das Infomercial eine gute Möglichkeit sein, Adressen potentieller Autokäufer zu finden. Damit können Sie jene Zuschauer aus dem großen Fernsehpublikum herausfiltern, bei denen es sich lohnt, eine teure Broschüre zu übersenden. Es ist viel schwieriger, Infomercials für den direkten Produktverkauf zu entwickeln.

Viele der glanzvollen Infomercial-Erfolgsstories drehen sich um Allerwelts-produkte, die große Umsätze erzielt haben. Dennoch können die meisten von uns sich nicht vorstellen, ein Popeil-Teigwarengerät oder ein Spray gegen Glatzköpfigkeit zu kaufen. Da sich die Industrie aber weiter entwickelt, glauben wir, daß sich Infomercials durchsetzen werden, die für entschlossene Guerillas potentielle Kunden ausfindig machen.

Die meisten Werbetreibenden sind über die Werbeflut besorgt. Wie wird sich Ihre Werbung von der Werbefülle abheben? In der Außenwerbung haben Werbetreibende ein anderes Problem – sie konkurrieren mit Bäumen, Straßenschildern und schönen Sonnenuntergängen.

Die fehlende Reizüberflutung in der Außenwerbung ist einer ihrer beiden größten Vorteile. Der andere ist Langeweile. Die Leute, die im Verkehrsstau festsitzen oder auf einen Bus warten, haben nichts zu tun. Sie sind hungrig auf Abwechslung. Das erste Plakat, das sie sehen, prägt sich in das Gedächtnis der potentiellen Kunden ein. Ein Heimspiel für jeden Werbetreibenden!

Von Kindesbeinen an haben wir geglaubt, nur große Unternehmen wie Marlboro, Toyota und 7-Up könnten sich Plakatwerbung leisten. Das ist genau die Mentalität, mit der wendige Guerillas rechnen. Plakate vermitteln ein Gefühl von Stabilität und geben Ihrer Werbebotschaft einen Auftritt in Überlebensgröße. Ein gut plaziertes, professionell gestaltetes Plakat wirkt Wunder für Ihre Glaubwürdigkeit und für Ihren Umsatz.

Verschiedene Firmen haben ihr ganzes Geschäft mit Plakatwerbung aufgebaut. Wall Drug im ländlichen Süd-Dakota betreibt Plakatwerbung über Hunderte von Meilen. Wenn der Autofahrer bei Wall Drug ankommt, neugierig, hungrig oder gerade nach dem »kostenlosen Glas mit eiskaltem Wasser« verlangend, wird er bestimmt anhalten. Zuletzt hat Wall Drug einen Jahresumsatz von mehreren Millionen Dollar erwirtschaftet.

Das aufstrebende Softwarehaus Spinnaker kaufte während der jährlichen Ausstellung für Unterhaltungselektronik in Chicago eine Plakatfläche zwischen Flughafen und Kongreßzentrum. Jeder Einkäufer, der die Ausstellung besuchte, sah das Plakat. Mit einem Plakat, das wahrscheinlich gerade einmal 5.000 Dollar kostete, katapultierte sich Spinnaker ins Rampenlicht der Ausstellung und erzielte einen bleibenden Eindruck.

Sie können das gleiche tun mit einem Fußballschlager. Belegen Sie eine Plakatwand entlang der Anfahrtstraße zum Stadion. 70.000 Verbraucher, zusammen mit all den Journalisten, werden Ihre Werbebotschaft sehen.

Plakate bewegen sich nicht. Das bedeutet, daß Ihre Werbebotschaft jeden Tag zur gleichen Zeit garantiert auf dieselben Pendler trifft. Wie Guerillas wissen, ist Wiederholung das Geheimnis des Werbeerfolgs. Und Plakate liefern Wiederholungen.

Gezielt eingesetzt, kann Plakatwerbung eine Handlungsaufforderung sein, die direkt zu höheren Umsätzen führt. Sie können Ihr Marketing in der Regel nicht nur mit Plakatanschlag allein betreiben. Aber natürlich gibt es bemerkenswerte Ausnahmen. Ein Markt für Schlafzimmermöbel in San Jose hatte nicht nur einen schwer zu findenden Standort, sondern litt auch unter betrüblichem Geldmangel. Durch einen glücklichen Zufall lag der Möbelmarkt jedoch in der Nähe einer Plakatwand, die gerade vor einer größeren Straßenkreuzung plaziert war. So mietete der Markt diese Großfläche und warb: »Werfen Sie einen Blick in ›Das Schlafzimmer‹ – nächste Ampel rechts«. Der Möbelmarkt gewann schließlich so viele Impulskäufer, daß er sein Marketing um Fernsehwerbung erweitern konnte. Letztendlich wurde es der im ganzen Land führende Möbelmarkt dieser Art. Es begann alles mit einem einsamen, jedoch wirkungsvollen Plakat.

Außenwerbung

Plakate sowie Verkehrsmittelwerbung erzielen große Aufmerksamkeit und fördern Image sowie Glaubwürdigkeit

Plakatanschlag ist ein gutes Werbemedium für saisonale Geschäfte. Setzen Sie genau vor Ihrer Hauptsaison Plakate ein, um die Verbraucher an Sie zu erinnern.

Nach Robert Aaberg vom Entrepreneur Magazine *ist der »**Goldene Schnitt« für Plakate oder Schilder** 5:8 - 5 Einheiten in der Höhe zu 8 Einheiten in der Breite.*

Ein anderes Möbelgeschäft in Des Moines nutzte ein Plakat, um die Umsätze des verkaufsschwächsten Monats zu beleben. Während der Sommermonate führte das Geschäft eine Aktion durch und pries seine Angebote im Werbefunk, seinem üblichen Werbemedium. In sehr guter Lage im Innenstadtbereich fügte es jedoch noch ein Plakat hinzu. Obgleich die Plakatwand nur für einen Monat gemietet werden konnte, trug sie dazu bei, die Aktion zu einem Erfolg zu machen und den normalerweise schwachen Juli zu einem der gewinnreichsten Monate. Ist der ganze Erfolg auf das Plakat zurückzuführen? Natürlich nicht. Es ist Teil eines Marketing-Mix.

Den Plakatformaten liegt in Deutschland die DIN-Reihe zugrunde. Ausgangspunkt aller Formate ist der 1/1 Bogen (DIN A1 – 84 x 59 cm). Die Plakate müssen diesem Format oder einem Vielfachen entsprechen oder darin teilbar sein. Es wird zwischen folgenden Formen des Plakatanschlags unterschieden:

- **Allgemeine Anschlagstellen**

  Säulen oder Tafeln, die dem Anschlag mehrerer Werbetreibender dienen und in der Regel auf öffentlichem Boden stehen.
  (Format max. 6/1 Bogen, d.h. 252×119 cm)

- **Ganzstellen**

  Säulen oder Tafeln, die dem Anschlag jeweils nur eines Werbetreibenden vorbehalten sind, aber ebenfalls auf öffentlichem Boden stehen.
  (Format max. 6/1 Bogen, d.h. 252×119 cm)

- **Großflächen**

  Tafeln, die ebenfalls dem Anschlag nur eines Werbetreibenden vorbehalten sind, in der Regel aber auf privatem Grund und Boden stehen.
  (Format max. 18/1 Bogen, d.h. 356×252 cm)

- **Spezialstellen**

  Hierzu gehören vor allem Kleintafeln in Verbrauchermärkten (Format KT 4/1, d.h. 168×119 cm), aber auch die sogenannten City-Light-Poster.

Ganzstellen, ursprünglich nur in Großstädten und nur in Verbindung mit allgemeinen Anschlagsstellen angeboten, sind heute auch alleine und in kleineren Orten belegbar. Die Belegung einer Ganzstelle bietet vielfältige Möglichkeiten in bezug auf Format und Gestaltung.

Großflächen werden in Gruppen von unterschiedlicher Größe und Zusammensetzung angeboten, oft von mehreren Pächtern in einer Stadt. Es ist möglich, wenige Tafeln an ausgesuchten Plätzen zu belegen, aber auch ein Netz von mehreren hundert Stellen. Dispositionen für lange Zeiträume (bis zu einem ganzen Jahr) sind dabei keine Seltenheit. *(Quelle: Christine Lötters u.a.: Werbung – Grundlage, Planung, Umsetzung, Landsberg 1993, S. 175-177)*

Preise für Plakatanschlag

Plakatwerbeflächen werden in den USA ähnlich wie Fernsehshows verkauft – auf der Basis von Quoten. Diese beruhen auf der Zahl von Autos, die das Plakat in einem Zeitraum von einem Monat passieren. 3M, eines der größten Plakatanschlagunternehmen in den USA, stützt sich auf die offiziell ermittelte sogenannte »Tägliche Frequenz« (gemeint ist die Anzahl der Autos, die täglich ein Plakat passieren).

Eine solche Preisunterscheidung anhand der Passantenfrequenz ist in Deutschland derzeit noch nicht üblich. Aber auch in Deutschland richtet sich der Preis für Plakatanschlag nach dem Standort der Anschlagstellen. Grundlage der Berechnung ist immer der Bogentagpreis – also der Preis für 1/1-Bogen an einer Stelle für einen Tag. Belegt wird grundsätzlich für eine oder mehrere *Dekaden*, die jeweils aus 10 bis 11 Tagen bestehen.

Die Preise von Plakatflächen unterscheiden sich von Anbieter zu Anbieter erheblich. Einige Unternehmen verlangen unabhängig von der Lage der Plakatfläche einen Einheits-Bogentagpreis von 13,80 DM bis 15 DM (gekauft werden muß aber auch hier für die Dauer einer Dekade).

Andere Unternehmen teilen Städte in verschiedene Klassen ein; maßgeblich ist hier die Einwohnerzahl. So kann man in der Kleinstadt Ahaus (32.000 Einwohner) ein Plakat schon für einen Bogentagpreis von 11 DM bis 11,50 DM bele-gen. In Hamburg hingegen wird jeder Standort einer von fünf Qualifikationsklassen zugeordnet; der Bogentagpreis liegt hier zwischen 10 DM und 25 DM.

Neben den traditionellen Firmen für Außenwerbung (die Tausende von Anschlagtafeln besitzen) gibt es auch kleinere Anbieter. Schauen Sie auf den Gelben Seiten unter »Außenwerbung« nach. Die Auflistungen vermitteln Ihnen einen guten Überblick, welche bundesweit agierenden und örtlichen Firmen die Außenwerbung in Ihrem Gebiet betreuen.

In den 60er Jahren hatte in den USA ein unwahrscheinliches Duo von Guerillas großen Erfolg mit Plakatwerbung. Volkswagen führte den Käfer mit einer Kampagne ein, die sehr stark auf Plakatanschlag setzte. Der Käfer war ein perfekter Kandidat für Außenwerbung, weil die ungewöhnliche Form des Autos einen hohen Aufmerksamkeitswert erzielen konnte und weil es dringend notwendig war, sofort Markenidentität zu erlangen.

Richard Nixon machte Plakatanschlag zu einem entscheidenden Element in seinem Wahlkampf 1968 um die Präsidentschaft. Dadurch, daß er sein Foto an den Highways in ganz Amerika aufstellen ließ, verstärkte er seine Position im Wahlkampf.

Alternativen zum Plakatanschlag

In der Außenwerbung gibt es mehr Möglichkeiten als Plakatwände. Städte bieten Werbemöglichkeiten in und auf Bussen und U-Bahnen sowie an den Haltestellen und Bahnhöfen. Flughäfen bieten auch Innenwerbung, die wie Plakatanschlag funktioniert. Vergessen Sie nicht Displays in Einkaufszentren, Folienwerbung auf Taxis und Schilder in Telefonzellen.

Buswerbung ist ein relativ kostengünstiger Werbeträger, um Aufmerksamkeit zu erregen. Die New Yorker sind ein egozentrisches Völkchen und glauben leicht, daß jemand, der in New York wirbt, überall Werbung betreibt. Da die meisten Medien ihren Hauptsitz in New York haben, kann eine aggressive Buswerbung in Manhattan schnell zu Mundpropaganda werden und plötzlich im ganzen Land in den Ohren klingen.

Die gleiche Theorie gilt für Flughafenwerbung. Die Leute, die am Flughafen warten und nichts weiter zu tun haben, als Ihre Werbung zu betrachten, sind oft Führungskräfte oder Familien mit höherem Einkommen, die jeder Guerilla nur

Buswerbung ist ein wirksamer Werbeträger, um Ihre Werbebotschaft in einem Ballungsraum zu streuen. Sie können an den Seitenwänden und der Rückseite des Busses werben und erreichen im Verlauf eines Tages Tausende von Fußgängern und Autofahrern.

! Kennen Sie "Edgar"? Hinter dem geheimnisvollen Namen verbirgt sich ein neuartiges, bei großstädtischen Café- und Kneipenbesuchern höchst erfolgreiches Werbemedium: die Gratispostkarte. An bundesweit über 1.400 Standorten finden sich Kartenhalter mit einem bunten Gemisch an Kunst- und Werbepostkarten, die von Cafébesuchern kostenlos mitgenommen werden können. Die vergleichsweise hohen Schaltungskosten von 22-33 Pfennig pro Karte werden durch die geringen Streuverluste und den besonders intensiven Werbekontakt aufgewogen. Da die Gratispostkarten gerne verschickt werden, ergibt sich ein zusätzlicher Multiplikationseffekt. Inzwischen hat sich sogar eine Sammlergemeinde für die Gratispostkarten gebildet. »Edgar – auf der Karte« (Tel.: 040/41 46 04-0) übernimmt auf Wunsch auch Herstellung und Motivgestaltung Ihrer Karte.

zu gern als Kunden hätte. Während sich Produkte wie Mietwagen, Hotelzimmer und Laptop-Computer offensichtlich für Fughafenwerbung eignen, sollten Sie jedes Produkt oder jede Dienstleistung in Betracht ziehen, die diese Zielgruppe anspricht. Örtliche Werbetreibende (insbesondere Restaurants) sind mit Flughafenwerbung häufig sehr erfolgreich.

U-Bahn-Werbung kann ein wirksamer Werbeträger sein, insbesondere wenn Ihr Geschäft in der Nähe einer U-Bahn-Station liegt. Kennedy Studios, ein Filialist für Bilderrahmen in Boston, benutzt dieses Medium intensiv. Die Firma wirbt mit gut getexteten Geschichten in U-Bahn-Stationen für jedes Ihrer Geschäfte. Als Kennedy mit der U-Bahn-Werbung begann, hatte das Unternehmen viel weniger Filialen als heute – es funktioniert.

Bus- und U-Bahn-Werbung sowie Flughafenwerbung geben Ihnen mehr Zeit als nur den Bruchteil einer Sekunde, um Ihre Werbebotschaft mitzuteilen. Wie bei der Plakatwand müssen Sie jedoch die Aufmerksamkeit der potentiellen Kunden mit einer griffigen Schlagzeile oder einer aufsehenerregenden Grafik wecken. Aber jetzt, wo Ihr Publikum nicht im Auto vorbeifährt, sollten Sie sich ruhig trauen, Ihren Standpunkt mit so viel Text darzulegen, wie Sie benötigen. Jemand, der auf den Bus wartet, hat wenigstens zehn Minuten Zeit, Ihre Werbung zu lesen.

Firmen für Außenwerbung

Richard Koschwitz GmbH
Joachim-Friedrich-Straße 15 • 10711 Berlin • (030) 8 91 37 15

Schwarz Aussenwerbung GmbH
Gottlieb-Daimler-Straße 6 • 78467 Konstanz • (07531) 95 58-12

PLACTION
Schirmerstraße 80 • 40211 Düsseldorf • (0211) 16 90 40

awk Gesellschaft für visuelles Marketing mbH
August-Horch-Str. 10a • 56070 Koblenz • (0261) 80 92-0

Abribus Citymedia
Oskar-Jäger-Straße 48 • 50825 Köln • (0221) 95 44 43-0

MGM
Kistlerhofstraße 88 • 81379 München • (089) 74 81 38-0

Berkenhoffs Plakat Media GmbH
Werderstraße 33 • 20144 Hamburg • (040) 44 24 18

beba Plakat-Werbung GmbH
Länderweg 25-29 • 60599 Frankfurt Main • (069) 61 20 96

Informationen über Außenwerbung

Fachverband Außenwerbung e.V.
Ginnheimer Landstraße 11 • 60487 Frankfurt/Main • (069) 70 90 59

Lürzer's Archiv
Hamburger Allee 45 • 60486 Frankfurt/Main • (069) 24 77 17-0
Anzeigen, TV, Poster aus aller Welt

Media-Daten Verlag GmbH
Am Klingenweg 4b • 65396 Walluf • (06123) 7 00-0
Verschiedene Handbücher und Nachschlagewerke für die Mediaplanung: media-daten; agenturen + markenadress; media-spectrum; media-plakat; redaktions-adress

Deutsche Eisenbahn-Reklame GmbH
Postfach 10 08 60 • 53175 Bonn • (03039) 6 95 19

Deutsche Postreklame GmbH
Wiesenhüttenstraße 18 • 60329 Frankfurt/Main • (069) 2 68 20

Deutsche Taxi Reklame GmbH
Tivolistraße 18 • 79104 Freiburg • (0761) 3 86 62-0

Deutsche Städte-Reklame GmbH (DSR)
Eschenheimer Anlage 33-34 • 60318 Frankfurt a. M. •(069) 1 54 30

Fachverband Lichtwerbung e.V.
Vangerowstraße 20 • 69115 Heidelberg • (06221) 91 29 40

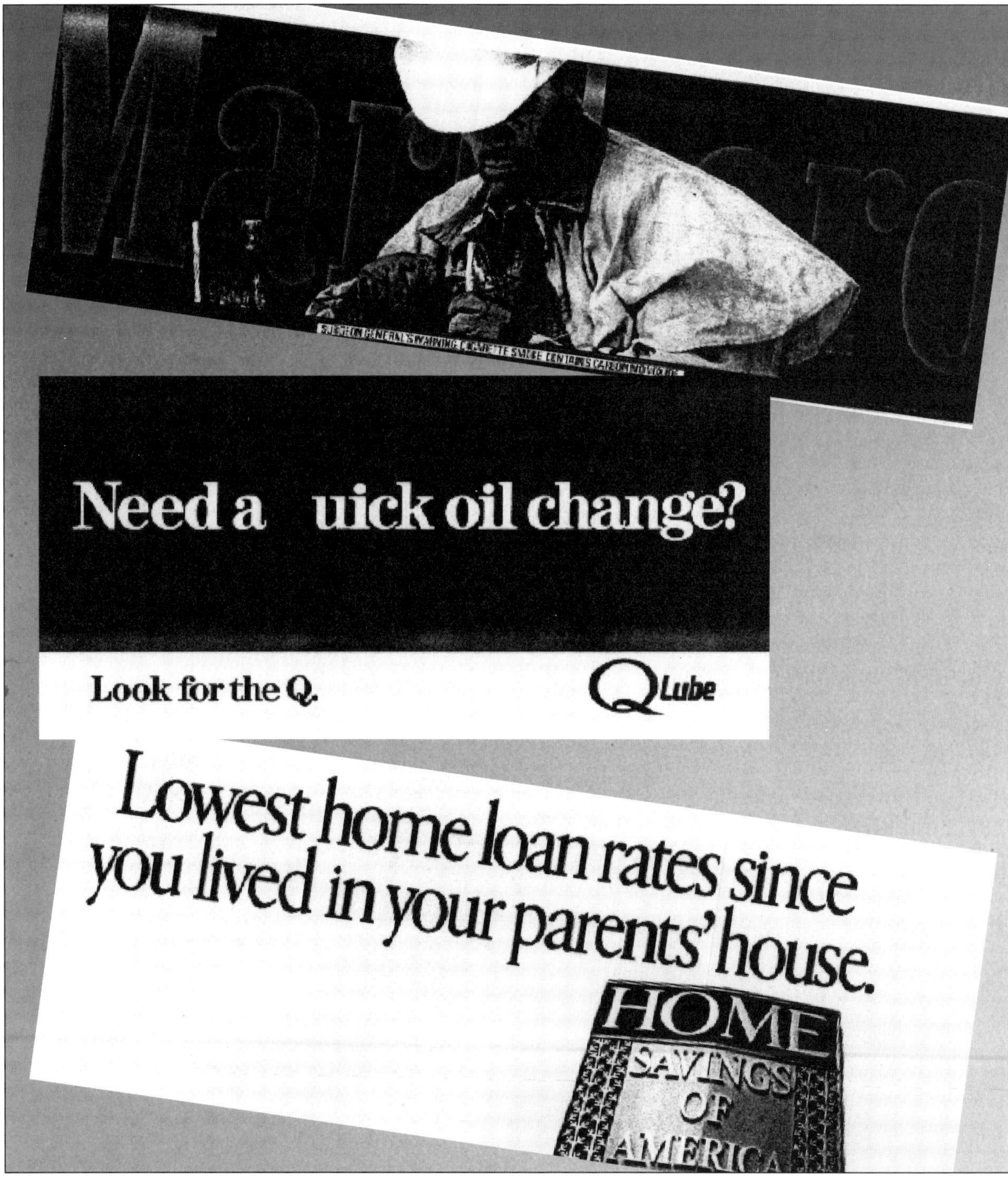

* »Schneller Ölwechsel gefällig?« ** »Die niedrigsten Zinsen für eigenen Wohnraum, seit Sie bei Ihren Eltern gewohnt haben« – überzeugender und prägnanter geht es kaum.

Diese Plakate sind bescheiden im Text, aber groß in der Werbewirkung. Sie sind klar, geistreich und haben einen hohen Wiedererkennungswert.

Tips, um einen Vertrag für Plakatanschlag auszuhandeln

- Akzeptieren Sie nie den offiziellen Preis laut Preisliste, ohne vorher über einen niedrigeren Preis zu verhandeln. Häufig können Sie 15 - 25 % sparen.
- Kaufen Sie am Ende des Monats ein. Plakatwerbeunternehmen haben Quoten und bieten oft attraktive Rabatte und Anreize.
- Verlangen Sie bei Vertragsabschluß einige Plakate als zusätzliche Exemplare. Wenn ein Plakat einmal gedruckt wird, sind die Zusatzkosten für zusätzliche Exemplare gering. Sie können vielleicht Ihr eigenes Plakat an der Außenwand Ihres Hauses anbringen.
- Denken Sie über Gegengeschäfte nach. Vielleicht haben die Anschlagfirmen einen Bedarf für das, was Sie verkaufen.
- Versuchen Sie, für den Plakatanschlag Werbekostenzuschüsse von Herstellern zu bekommen, mit denen Sie gute Geschäfte machen. Einige Guerillas decken auf diese Weise 100 % der Kosten ab.
- Wenn Sie für ein Jahr unterschreiben, verlangen Sie ein- oder zweimalige Neuplakatierung zur Auffrischung der Plakate. Sie werden solche Zugeständnisse nie erhalten, es sei denn, Sie verlangen es.

Tips für Plakatgestaltung

- Verwenden Sie nicht mehr als sechs Worte – es dauert zu lange, mehr als sechs Worte zu lesen.
- Halten Sie das Konzept einfach. Plakate sind nicht der Ort, um Angebote für Intensivkäufer zu diskutieren oder um Rabattstaffeln oder Computer-Betriebssysteme zu erläutern.
- Zeigen Sie dem Passanten eine große Grafik, auf die er sich konzentrieren kann – eine, die Aufmerksamkeit erregt.
- Verwenden Sie nur eine deutliche und leicht lesbare Schrift.
- Verwenden Sie eine angemessene Schriftgröße – ein Vorbeifahrender hat nicht die Zeit, eine kleine Schrift zu lesen.
- Wenn das Plakat an einer Stelle mit viel nächtlichem Durchgangsverkehr plaziert ist, sollte es beleuchtet sein.

Wenn Sie ein Plakat entwerfen, verwenden Sie diese handliche Schablone, um zu prüfen, ob Ihr Plakat werbewirksam ist. Wenn Sie den nachstehenden Kasten auf Armeslänge halten, sieht er ungefähr genauso aus wie ein Großplakat, das

Sie von einer Schnellstraße aus sehen. Wenn Sie Ihren Text auf dieser Schablone nicht lesen können, wird Ihr potentieller Kunde ihn auch nicht lesen können.

Sie können Ihre eigenen Plakatflächen erfinden.

Ein Restaurant in New York plazierte auf dem Dach einen 9 Meter langen Leguan. Ein anderes benutzt einen Punktstrahler, um die Silhouette einer Spinne auf die Hauswand zu projizieren.

Falls Sie ein Gebäude kennen, das einen Neuanstrich nötig hätte, läßt der Eigentümer Sie vielleicht Ihr Werbeschild anbringen, wenn Sie sich bereit erklären, das Haus zu streichen. Das Phoenix-Hotel in San Francisco brachte auf einem Nachbargebäude eine gewaltige Wandmalerei an. Damit fand das Hotel viel Beachtung in den Medien und zog ein beachtliches Neugeschäft an.

Natürlich sollten Sie die Angelegenheit im Bauamt prüfen lassen, bevor Sie einen Leguan von 9 Metern Länge aufstellen lassen.

Neun Dinge, die auf ein Plakat gehören (und eine Warnung)

1. Eine Telefonnummer, die man sich leicht merken kann.
2. Etwas, das sich bewegt.
3. Eine Sensation.
4. Ein Beweis bzw. ein Anwenderbeispiel.
5. Ein lebhaftes Foto.
6. Ein riesiges 3D-Objekt, wie zum Beispiel. eine Nase oder Rakete.
7. Ihr Slogan.
8. Ein riesiger Coupon.
9. Eine besondere Handlungsaufforderung.
   (»Nächste Ausfahrt« ist unser Favorit)

Warnung: Niemand will ein Foto von Ihnen oder Ihrer Familie sehen. Widerstehen Sie der Versuchung, sich selbst berühmt zu machen.

Begriffe der Außenwerbung, die Sie kennen sollten

Allgemeine Anschlagstelle – auch 6-Bogen-Plakat oder Säule genannt. Die Standardgröße für Plakatanschlag: 252 x 119 cm.

1-Bogen-Plakat – Abmessungen 84 x 59 cm.

Großfläche – auch 18-Bogen-Plakat genannt. Abmessungen: 356 x 252 cm.

Insassenzahl – Ein Faktor, der angibt, wieviel Personen durchschnittlich in jedem Fahrzeug sitzen, das eine bestimmte Plakatwand passiert. Er wird in den USA benutzt, um die tatsächliche Passantenfrequenz pro Tag zu ermitteln.

Kleintafel – Abmessungen 119 x 168 cm.

Kontrollfahrt – Eine Kontrollfahrt durch das Gebiet, in dem Ihre Plakatwände plaziert sind. Während einer Kontrollfahrt vor dem Kauf prüfen Sie die vorgeschlagenen Standorte für Ihre Plakatwände. Sie sollten vor allem die Präsenz Ihres Wettbewerbs in dem Gebiet prüfen und die Sichtbarkeit der Tafeln, auf denen Sie werben wollen. Während einer Kontrollfahrt nach dem Kauf prüfen Sie die Qualität der Plakate (keine Risse oder Farbprobleme) und vergewissern sich, daß Ihre Plakate tatsächlich an den versprochenen Standorten erscheinen.

Reichweite – Wenn Sie eine Reichweite von 100 belegen, werden so viele Plakatanschlagtafeln bereitgestellt, daß Sie 100 % der Bevölkerung an einem Tag erreichen können. Bei einer Reichweite von 50 erreichen Sie an einem Tag 50 % der Bevölkerung. Die durchschnittliche Reichweite eines Plakatanschlages in üblicher Stärke liegt in den Großstädten zwischen etwa 85 und 90 % der Bevölkerung.

Tagesverkehrsaufkommen – Diese Zahl repräsentiert die durchschnittliche Zahl von Fahrzeugen, die täglich eine bestimmte Plakatwand passieren. Sie wird in den USA vom Büro für Verkehrszählung verwendet, um die tatsächliche Passantenfrequenz pro Tag zu ermitteln.

Tatsächliche Passantenfrequenz pro Tag – Die durchschnittliche Zahl von Personen, die einer bestimmten Plakatwand täglich ausgesetzt sind.

Brainstorming für Außenwerbung

Plakate sollten nur 7 Worte haben oder weniger. Verwenden Sie diese Seite, um 10 neue Plakat-Slogans für Ihr Unternehmen zu entwerfen.

____

____

____

____

____

____

Selbstdarstellungspostkarte von »Edgar – auf der Karte« (siehe Seite 94) in Form einer Bohnerwachsdose. Gestanzte Karten gibt es unter anderem auch als Kaffeetasse, Fotokamera oder Seifenstück.

Luftwerbung

Mit Zeppelinen und Ballons können Sie große Aufmerksamkeit erregen

Wollen Sie unbedingt bemerkt werden? Mieten Sie einen Zeppelin! Es ist vielleicht teuer, Ihr Gegenwert ist jedoch unübertroffen. Es gibt keine bessere Möglichkeit, um die Werbeflut zu durchbrechen. Die Menschen fühlen sich zu Dingen am Himmel mystisch hingezogen, und ein Zeppelin ist Ihr eigenes UFO. Der Goodyear-Zeppelin ist eine Attraktion, nicht nur eben Werbung. Dank des Zeppelins setzt Goodyear jedes Jahr Milliarden Dollar um.

Zeppeline, Heißluftballons und Himmelsschreiber sind erfolgreiche Wege, wenn Sie den Bekanntheitsgrad Ihrer Firma oder Marke erhöhen wollen. Mit einem Zeppelin können Sie zwar keine Geschichte erzählen, mit Sicherheit können Sie jedoch einen großen Eindruck machen. Wenn Sie in einen Markt eindringen wollen, lassen Sie einen Zeppelin über das Stadion von Bayern München fliegen – sofortiger Bekanntheitsgrad. Natürlich können Sie statt dessen auch Bandenwerbung machen. Aber bei gleichem Werbeaufwand werden Sie mit einem Zeppelin zehnmal mehr Verbraucher erreichen. Der Zeppelin hat also eine viel größere Werbewirkung!

Ein Heißluftballon in Form einer 7-Up-Dose ist die Verkaufsförderungsmaßnahme, die 7-Up bereits am längsten einsetzt. Die Firma setzt den Ballon überall in den USA ein, bei Festivals und Sportereignissen. Wenn sie eine Parade oder einen Karnevalsumzug sponsert, ist der Ballon da. 7-Up fand heraus, daß die Menschen anhalten und aus ihren Autos aussteigen, um den Ballon zu fotografieren. Wie viele Werbetreibende, die auf Plakatanschlag setzen, können das sagen? Der Ballon zieht Scharen an, schafft ein positives Image für das Unternehmen 7-Up und positioniert das Produkt als spaßig und unbeschwert.

Eine der ungewöhnlichsten Guerilla-Geschichten, die wir gehört haben, ist die über den Drehbuchautor, der ein Flugzeug mietete. Er ließ dieses Flugzeug über den Strand in Kalifornien fliegen, um sein unverkauftes Drehbuch bekannt zu machen. Er hat das Film-Drehbuch nie verkauft; das lag aber daran, daß es nicht gut war. Er erhielt jedoch zahlreiche Telefonanrufe von Agenten, die es lesen wollten. Wenn Sie nun möglicherweise eine Bar auf Sylt besitzen, dann gibt es kaum einen besseren Weg, Ihre Bar zu füllen, als ein Flugzeug mit einem Werbetransparent über den Strand fliegen zu lassen!

Sogar kleinere Guerillas können sich Luftwerbung leisten. Dutzende von Firmen bieten Heißluftballons und andere heliumgefüllte Attraktionen an, die Sie über Ihrem Laden schweben lassen können. Sie funktionieren genauso wie ein Scheinwerfer, jedoch am Tage.

Es gibt auch Kaltluftballons, die sogar kostengünstiger als Heliumballons sind. Das sind die Geräte, die am Boden über Ventilatoren mit Luft gefüllt werden. Sie werden in Deutschland mit einem Durchmesser von 15 cm bis 6,4 m angeboten, die maximale Höhe beträgt 7,8 m. Solche Ballons sind in den verschiedensten Formen erhältlich, z.B. in Form einer Banane (ca. 1.800 DM/St.), eines Kaktus (ca. 1.900 DM/St.) oder eines Weihnachtsmanns (ca. 2.200 DM/St.). Einfachere Ballons kosten z.B. bei einem Durchmesser von 35 cm und einseitigem Werbeaufdruck nur rund 230 DM pro 1.000 Stück.

Der Besitzer eines Ladens für Feuerwerksartikel in Alabama kaufte einen Helium-Zeppelin als Sonderanfertigung. Der Zeppelin war der einzige Teil seines Marketingplans, den er änderte. Er behielt die gleiche Anzeige auf den Gelben Seiten bei, die gleiche Plakatwerbung und die gleiche Direktwerbung.

Vergessen Sie nicht zu testen. Ihre Mitarbeiter sollten jeden neuen Kunden fragen, wie er von Ihrem Geschäft gehört hat. Stellen Sie fest, wie viele Kunden der Himmelsschreiber gebracht hat – Werbung ohne Test ist Geldverschwendung.

Alles, was er hinzufügte, war der Helium-Zeppelin, der 895 Dollar kostete. Er erreichte eine Umsatzsteigerung von 15 %.

Versuchen Sie, sich mit den neuen, High-Tech-Eigenschaften von Zeppelinen und Luftschiffen vertraut zu machen, um Ihre Sichtbarkeit zu erhöhen. Es gibt Nachtzeppeline, die Botschaften in Neonschrift aufblitzen lassen und neue Himmelsschreiber-Techniken, die so genau wie Computer-Drucker arbeiten und Ihre Werbebotschaft am Himmel plötzlich wie eine Zauberei erscheinen lassen. Und dann gibt es die neuen »elektronischen Stadtwahrzeichen«: großflächige LED-Leuchtschriftdisplays, die ein buntes Gemisch aus aktuellen Informationen und Werbebotschaften präsentieren. Diese Displaytafeln, die inzwischen in einer Reihe größerer Städte zu finden sind, erzielen eine hohe Aufmerksamkeit beim Betrachter. Sie bieten eine Vielzahl an technischen Möglichkeiten, die vom Standbild über eine 2D- bis zur Trickfilmanimation reicht. Die Spotlänge beträgt in der Regel 6 Sekunden; die Preise variieren je nach Standort der Displaytafel. Kontaktieren Sie die MediaNova Informatik GmbH in Leipzig unter der Rufnummer (0341) 2 26 17-0, um Einzelheiten zu erfragen.

Luftwerbeunternehmen

Zunächst sollten Sie auf den Gelben Seiten unter »Luftballons«, »Ballonpassagierfahrten« nachschlagen, um örtlich vertretene Spezialfirmen zu finden.

Unternehmen, die sich auf Luftwerbung spezialisiert haben, finden Sie am einfachsten in den Gelben Seiten. Blättern Sie zu den Rubriken »Werbeartikel und Werbegeschenke«, »Werbung - Flugwerbung« oder »Luftballons«, um eine Firma in Ihrer Nähe zu finden.

WeFA Luftwerbung
Niederlassung Berlin • Gardeschützenweg 84 • 12203 Berlin • (030) 8 33 08 28

Ballonzauber & Airspace Workshop GmbH
Gerichtsstraße 8 • 44135 Dortmund • (0231) 55 69 70-0
Verkauf und Vermietung

meier-ballons
Postfach 4208 • 76027 Karlsruhe • (0721) 38 77 47

Passatgummi
Gutenbergstraße 4 • 52477 Alsdorf • (02404) 6 20 11

Bären Luftballons
Kurfürstenstraße 31/32 • 10785 Berlin • (030) 2 61 92 99

Kurt Albert Röhr - Laufschriften in verschiedenen Größen
Erasmusstraße 18/19 • 10553 Berlin • (030) 3 44 10 30

MediaNova Informatik GmbH
On Line LED Medien Marketing Service GmbH • Pragerstraße 200 • Messegelände • Pavillon 13.14 • 04103 Leipzig • (9341) 2 26 17-0

Wielfried Lietzow - Laufschrift-Computer
Luxemburger Str. 31 • 13353 Berlin • (030) 6 24 49 07

Brainstorming für Luftwerbung

Wenn Sie einen Zeppelin hätten, wo würden Sie ihn schweben lassen? Gibt es bestimmte Attraktionen im Freien, die Ihre Kunden häufig besuchen, und sind sie für ein Flugzeug mit Werbetransparent zugänglich? Listen Sie hier auf:

Vorteile für den Einzelhändler

1. Kostengünstige oder kostenlose Werbung
2. Kostenloses, bewährtes, professionelles Verkaufsförderungsmaterial
3. Abstimmung darüber, was funktioniert und was nicht

Vorteile für den Hersteller

1. Zielgruppengerechte lokale Werbung. Es wäre zu umständlich, sie von der Hauptverwaltung aus zu schalten.
2. Größere Wirkung der Werbeausgaben
3. Verstärkte Verkaufsanstrengungen des Einzelhändlers

Wenn Sie Hersteller sind, könnten Sie überlegen, den Werbekostenzuschuß als Naturalrabatt mit Ware zu bezahlen. Einzelhändler sind oft bereit, die Bestellmenge eines Produktes zu erhöhen (und Ihnen auf diese Weise mehr Regalplatz einzuräumen), wenn Sie als Gegenleistung einen Werbekostenzuschuß für Fernsehwerbung erhalten.

Brainstorming für Werbekostenzuschüsse

Wenn Sie Einzelhändler sind, stellen Sie eine Liste Ihrer zehn größten Lieferanten auf und geben Sie an, wieviel Werbekostenzuschuß Sie von ihnen erhalten. Wenn Sie Hersteller sind, listen Sie Ihre zehn größten Kunden auf und geben Sie an, wieviel Werbekostenzuschuß Sie ihnen gewähren.

Gegengeschäfte mit dem Ziel, Werbezeit oder Werbefläche ohne Bezahlung zu erlangen, sind ein besonders raffiniertes Guerilla-Instrument. Weil Werbeplatz ein vergängliches Gut ist, werden häufig Gegengeschäfte abgewickelt. Sie werden feststellen, daß Radio- und Fernsehsender häufig die Produkte und Dienstleistungen benötigen, die Sie anbieten und die Sie gegen Werbezeit tauschen wollen.

Wenn Sie ein Restaurant besitzen, können Sie vielleicht mit der örtlichen Radiostation – auf dem einfachsten Niveau – Mahlzeiten gegen Zeit für Funkspots tauschen. Unser Mitteilungsblatt für Guerilla Marketing konnte seine Auflage deutlich erhöhen, als Jay Beiträge für eine Zeitschrift schrieb, die – als Gegenleistung dafür – jeweils am Ende des Artikels für unser Mitteilungsblatt warb. Die Leser erhielten Informationen, die sie normalerweise vielleicht nicht bekommen hätten. Wie in den meisten Guerilla-Marketing-Tauschgeschäften haben alle Seiten einen Vorteil.

Die meisten Gegengeschäfte sind jedoch viel raffinierter als diese einfachen Tauschgeschäfte. Tauschhandel ist ideal für flexible Guerilla-Anbieter.

Viele Sender in den USA schalten Zwischenhändler ein. Diese tauschen Werbezeit gegen Ihr Produkt. Dann tauschen sie Ihr Produkt gegen etwas anderes usw. Wie die Zeitschrift *Barter News* schrieb, wurden verblüffenderweise 1993 ungefähr 60 % aller Werbemedien in den USA nicht gekauft, sondern über Gegengeschäfte abgewickelt.

Direkter Tauschhandel

Der direkte Tauschhandel – auch Parallelgeschäft genannt – funktioniert genauso, wie der Name sagt. Spezialfirmen für Tauschhandel tauschen Werbezeiten gegen Produkte – ohne finanzielle Transaktion. Hier ist ein einfaches Beispiel:

Die Firma ABC hat einen Bestand von 400 Radioweckern. Sie bietet diese einer Spezialfirma für Tauschhandel im Austausch gegen Werbezeiten an. Die Verkaufsabteilung dieses Spezialisten schätzt den Verkaufswert der Radiowekker auf 20.000 Dollar. Im Austausch für die Radiowecker bietet sie der Firma ABC Werbezeiten oder Anzeigenflächen in Druckmedien an (normalerweise mehr, als dem Wert der getauschten Waren entspricht). In diesem Fall wird sie möglicherweise Anzeigenflächen in ausgewählten Zeitschriften und Werbezeiten für Funk- und Fernsehstationen im Gesamtumfang von 30.000 Dollar anbieten.

Die Firma ABC erhält Werbezeiten und Anzeigenflächen im Wert von 30.000 Dollar und braucht sich nicht um ein überlaufendes Lager zu sorgen. Die beteiligten Werbeträger »verkaufen« Werbefläche an die Spezialfirma für Tauschhandel, und diese ist in der Lage, die Radiowecker für 25.000 Dollar an einen Flohmarkt irgendwo im Lande zu verkaufen. Jeder hat seinen Vorteil.

Gegengeschäfte

Durch Gegengeschäfte können schlaue Guerillas viel Geld sparen

! *Chyron Inc. ist ein führender Hersteller von Spezialgeräten für Fernseh-Grafiken. Dabei handelt es sich um teure Ausrüstungen, die während Fernsehshows Logos und Bildschirmschriften produzieren. Als die Firma dieses Geschäft aufnahm, wollte sie sich als Marktführer etablieren. Sie hatte das Ziel, bei jedem Sender ein System zu installieren.*

Chyron lieferte seine Ausrüstung an MTV und andere Sender im Austausch für Werbezeit. Dann verkaufte das Unternehmen die Werbezeit gegen Geld und Büroausstattung an eine Spezialfirma für Tauschhandel. Diese vermarktete die Werbezeiten an andere Guerillas, die mit ihren Produkten oder Dienstleistungen bezahlten.

Jeder hatte seinen Vorteil. Die Sender erhielten kostenlos Geräte im Wert von mehreren tausend Dollar. Chyron richtete die Geschäftsräume ein und konnte sogar einen kleinen Überschuß erzielen. Und die übrigen Guerillas erhielten einen großen Rabatt.

! *Bevor Sie eine Tauschvereinbarung abschließen, stimmen Sie sich mit Ihrem Buchhalter über die steuerliche Behandlung ab. Stellen Sie sicher, daß jede Art von Tauschgeschäft Ihr Ergebnis positiv beeinflußt.*

Citicorp war mit einem Bürogebäude belastet, das mit einem hohen Buchwert ausgewiesen war. Keines der Kaufangebote für das Gebäude erreichte annähernd die Investitionssumme.

Das Unternehmen kontaktierte eine Spezialfirma für Tauschhandel und konnte das Bürogebäude gegen eine Barzahlung und beachtliche Werbezeit für Funkwerbung verkaufen. Diese Werbezeiten nutzte Citicorp dann, um seine Kreditkarte zu bewerben. Auf diese Weise konnte die Bank ihre Werbekosten beträchtlich reduzieren.

Verrechnung der Forderungen

Manche Produkte lassen sich nicht so leicht veräußern wie Radiowecker. In solchen Fällen führen viele Tauschhandelsfirmen eine Verrechnung der Forderungen durch. Die Firma XYZ wendet sich zum Beispiel mit 10.000 Angelhaken an die Tauschhandelsfirma. Diese übernimmt die Angelhaken und gewährt XYZ im Austausch dafür einen Werbekredit, der dem Großhandelspreis der Angelhaken entspricht (z.B. 60.000 Dollar). Dieser Kredit wird verwendet, um die Medieneinkäufe von XYZ bei von ihnen vertretenen Medien zu verrechnen. Wenn XYZ beispielsweise für 20.000 Dollar in *Hot Rod News* (Angler-Journal) inseriert, übernimmt die Tauschhandelsfirma die Hälfte des Betrages, und XYZ muß nur noch 10.000 Dollar für die Anzeigen bezahlen.

XYZ hat einen Vorteil, weil sie nur 10.000 Dollar für Inserate im Wert von 20.000 Dollar zahlen. Die Tauschhandelsfirma hat einen Vorteil, weil sie die Werbefläche im Umfang von 20.000 Dollar zu einem weit günstigeren Preis eingekauft hat. *Hot Rod News* hat einen Vorteil, weil sie Werbefläche verkauft haben, die ohne die Belegung durch die Tauschhandelsfirma vielleicht nicht verkauft worden wäre.

Eine Verrechnung der Forderungen ist vorteilhaft in Fällen, in denen Sie beabsichtigen, das zu empfangende Geld auszugeben. Dadurch, daß Sie Ihren Mittelabfluß reduzieren, erhöht diese Art von Gegengeschäft Ihren Gewinn und gibt Ihnen mehr Bewegungsspielraum.

Eines der kostengünstigsten und werbewirksamsten Instrumente, das Sie verwenden können, um sich selbst zu vermarkten, ist Ihre Visitenkarte. Jedes Unternehmen, vom größten Konzern bis zum kleinsten Guerilla, verwendet die gleichen Elemente, um eine Visitenkarte zu gestalten. Wenn Sie in Ihrer Visitenkarte eine Chance sehen, sich von Ihren Konkurrenten abzuheben, dann werden Sie und Ihr Geschäft sich unterscheiden.

Auf Ihrer Visitenkarte sollte wenigstens Ihr Name, Ihre Firmenbezeichnung, Adresse, Telefonnummer, Faxnummer und eine Positionierungsaussage aufgeführt sein. Diese Aussage kann Ihr Slogan sein (»Sie können kein besseres Krankenhauskinderbett kaufen«) oder eine kurze Beschreibung Ihrer Geschäftstätigkeit (»Innovative Marketing-Techniken für Schuhgeschäfte«). Sie wären erstaunt, wenn Sie wüßten, wie oft jemand auf Ihre Visitenkarte schauen wird, ohne überhaupt irgendeine Vorstellung davon zu haben, wer Sie sind oder was Sie machen.

Ein Großunternehmen, das wie ein Guerilla handelte, setzte die privaten Telefonnummern seiner Führungskräfte auf die Visitenkarten. Wenn es Ihnen wichtig ist, persönliche Betreuung anzubieten (besonders in einer Branche, in der Geschwindigkeit zählt), können Sie damit Vertrauen schaffen.

Seien Sie nicht voreilig, wenn Sie Ihre Visitenkarte herstellen. Verwenden Sie das beste Papier, das Sie sich leisten können, und stellen Sie sicher, daß Ihre Visitenkarte professionell gestaltet wird. Es ist kurzsichtig, ein biederes Design zu verwenden. Bei der starken Verbreitung von Desktop-Publishing können Sie heutzutage wahrscheinlich einen Top-Designer finden, der die Gestaltung für einige hundert DM übernimmt.

Es gibt ungeheure Möglichkeiten, Ihre Visitenkarte herauszuputzen, um sie zweckmäßiger oder werbewirksamer zu machen. Die Grundregel, die Sie beachten sollten, lautet: Benutzen Sie die Rückseite der Visitenkarte. Es kostet fast nichts und ist sonst verschwendeter Platz.

Ein Scherzartikel- und Neuheiten-Geschäft in der Nähe unseres Büros verteilt Visitenkarten, auf deren Rückseite in Schmuckschrift folgender Text steht: »Eine andere Form des Ausweises«. Viele Kunden dieses Geschäftes tragen diese Visitenkarte in ihrer Brieftasche und warten geradezu darauf, daß beispielsweise der Angestellte einer Mietwagenfirma danach fragen wird. Möchten Sie Ihre Visitenkarte nicht lieber in der Brieftasche eines Kunden sehen als im Papierkorb?

Die Info-Karte, die später in diesem Kapitel gezeigt wird, ist ein raffiniertes neues Druckerzeugnis, mit dem Sie eine Broschüre in der Größe einer Visitenkarte herstellen können. Sie können bis zu acht Schriftarten verwenden. Die Info-Karte bietet genug Platz, um zahlreiche nützliche Informationen zu berücksichtigen.

Vorschläge, was Sie auf einer Visitenkarte oder Info-Karte berücksichtigen sollten

- Beschreiben Sie Ihr Geschäft in einer Zusatzzeile.
- Beziehen Sie Ihre Preisliste ein.

Klein-Medien

Visitenkarten

Verwenden Sie eine kostengünstige Visitenkarte, um sich von Ihren Konkurrenten abzuheben

Klein-Medien für Guerillas

Wer auch immer gesagt hat, daß es die kleinen Dinge sind, die zählen, muß an Guerillas gedacht haben. Die Werbewirkung, die Visitenkarten, Transparente oder Rundbriefe auf potentielle Kunden haben, wird von den konventionellen Anbietern von Massenprodukten häufig übersehen. Guerillas wissen, daß diese Instrumente erfolgsentscheidend sein können, um die Zielgruppe anzusprechen und zum Verkaufsabschluß zu gelangen.

In diesem Teil lernen Sie, auf Details achtzugeben und jede Verkaufsmöglichkeit vorteilhaft zu nutzen. Es wird beschrieben, wie Sie Ihr Bestellformular verwenden sollten, um Zusatzverkäufe zu tätigen; Ihre Visitenkarte, um Ihr Produkt zu positionieren; und Geschenkgutscheine, um Wiederholungskäufe zu veranlassen.

Eine Guerilla-Unternehmerin in Kansas verwendet Ihre Visitenkarte als Mini-Plakat. Ihr Schreibdienst ist spezialisiert auf Abschlußarbeiten von Studenten der Universität von Kansas. Sie führt alle relevanten Informationen auf Ihrer Visitenkarte auf (Bearbeitungszeit, Preise usw.) und befestigt 100 Visitenkarten pro Woche am Schwarzen Brett auf dem Universitätsgelände. Die Kosten für 5.000 Visitenkarten pro Jahr sind ihr ganzes Marketing-Budget.

Denise wollte Ihr Steuerberatungsbüro ausweiten. Sie schaltete daher in der Kleinstadt-Tageszeitung Anzeigen im Format 50 x 80 mm. Sie vereinbarte vorher mit dem Drucker, den Anzeigenplatz frei zu lassen – mit Ausnahme der untersten Zeile, in der sie die Leser aufforderte, ihre Visitenkarte für zukünftige Kontakte abzulegen. Als die Zeitungen aus der Druckerpresse kamen, klebten sie und ihr Mann die farbigen Foto-Visitenkarten mit doppelseitigem Klebestreifen in den Leerraum. Noch Monate später hörte sie von den Lesern.

- Beschreiben Sie Ihren Service im einzelnen.
- Verwenden Sie eine Anfahrtsskizze.
- Listen Sie Ihre gebührenfreie 0130-Telefonnummer auf.
- Geben Sie ein Profil Ihrer wichtigsten Mitarbeiter.
- Erzählen Sie die Erfolgsgeschichte von jemandem, der Ihr Produkt verwendet hat.
- Zeigen Sie Fotos Ihrer Produkte, Ihres Büros oder Ihrer Mitarbeiter.
- Berücksichtigen Sie Zitate, Scherze oder Aphorismen, die die Leute gern mit sich herumtragen.

Falls Info-Karten Ihnen übertrieben oder ungeeignet erscheinen, können Sie einfach die Rückseite der normalen Visitenkarte benutzen, um nützliche Informationen zu geben, die Ihre Karte beim Empfänger vorn in seiner Visitenkartensammlung ansiedeln. Eine gefalzte Visitenkarte läßt sich auch gut einsetzen und ist nicht so viel teurer.

Wenn Sie ein Einzelhandelsgeschäft betreiben, könnten Sie überlegen, Ihre Visitenkarte in einen Dauerrabattgutschein für Stammkunden umzuwandeln. Ein großes Schallplattengeschäft in Manhattan räumt allen Kunden, die an der Kasse die Visitenkarte des Managers zeigen, einen Rabatt von 10 % ein.

Ein Makler-Guerilla in Kalifornien händigt an der Mautstelle zusätzlich drei Dollar und eine Visitenkarte aus, wenn er die Brücke vom exklusiven Landkreis Marin nach San Francisco überquert. »Ich zahle auch für den Wagen hinter mir. Geben Sie dies dem Fahrer.« In neun von zehn Fällen ruft der andere Fahrer an, wenigstens, um sich zu bedanken. Unter dem Strich hat er mehrere teure Häuser verkauft, und bei einer Provision von 6 % kann er es sich leisten, täglich die Brücke mehrfach in beiden Richtungen zu überqueren, indem er sich vor Autos der Marken BMW, Cadillac und Mercedes setzt.

Setzen Sie Ihre Visitenkarte als Mini-Plakat für Ihre Firma ein. Wenn Sie Bauunternehmer sind, werfen Sie Ihre Visitenkarte in die Briefkästen Ihrer Nachbarn. Fügen Sie Ihre Visitenkarte der ausgehenden Post bei. Händigen Sie sie jedem aus, der an einer Besprechung teilnimmt. Wenn Sie etwas Treffendes auf der Rückseite verwenden, läßt sich leicht sagen: »Hier finden Sie eine Aufzählung von 0130-Telefonnummern, die Sie eventuell benötigen, wenn Sie unterwegs sind.«

Sie können versuchen, Ihre Visitenkarte als aktives Verkaufsinstrument einzusetzen. Lassen Sie eine doppelseitige Visitenkarte drucken. Auf einer Seite steht: »Bei Vorlage dieser Karte erhalten Sie...«. Immer wenn Sie mit einem potentiellen Kunden sprechen, füllen Sie die Leerstelle aus. Wenn Sie zum Beispiel Vertreter einer Druckerei sind, stoßen Sie vielleicht auf einen potentiellen Kunden, der seine Broschüren kostengünstiger produzieren möchte. Auf der Rückseite Ihrer Visitenkarte können Sie nun schreiben: »Bei Vorlage dieser Karte wird ein Rabatt von 10 % für den Druck von Firmenbroschüren gewährt.« Dies ist ein persönliches Angebot, das direkt auf die Bedürfnisse des potentiellen Kunden abgestimmt ist. Guerillas lieben die persönliche Ansprache!

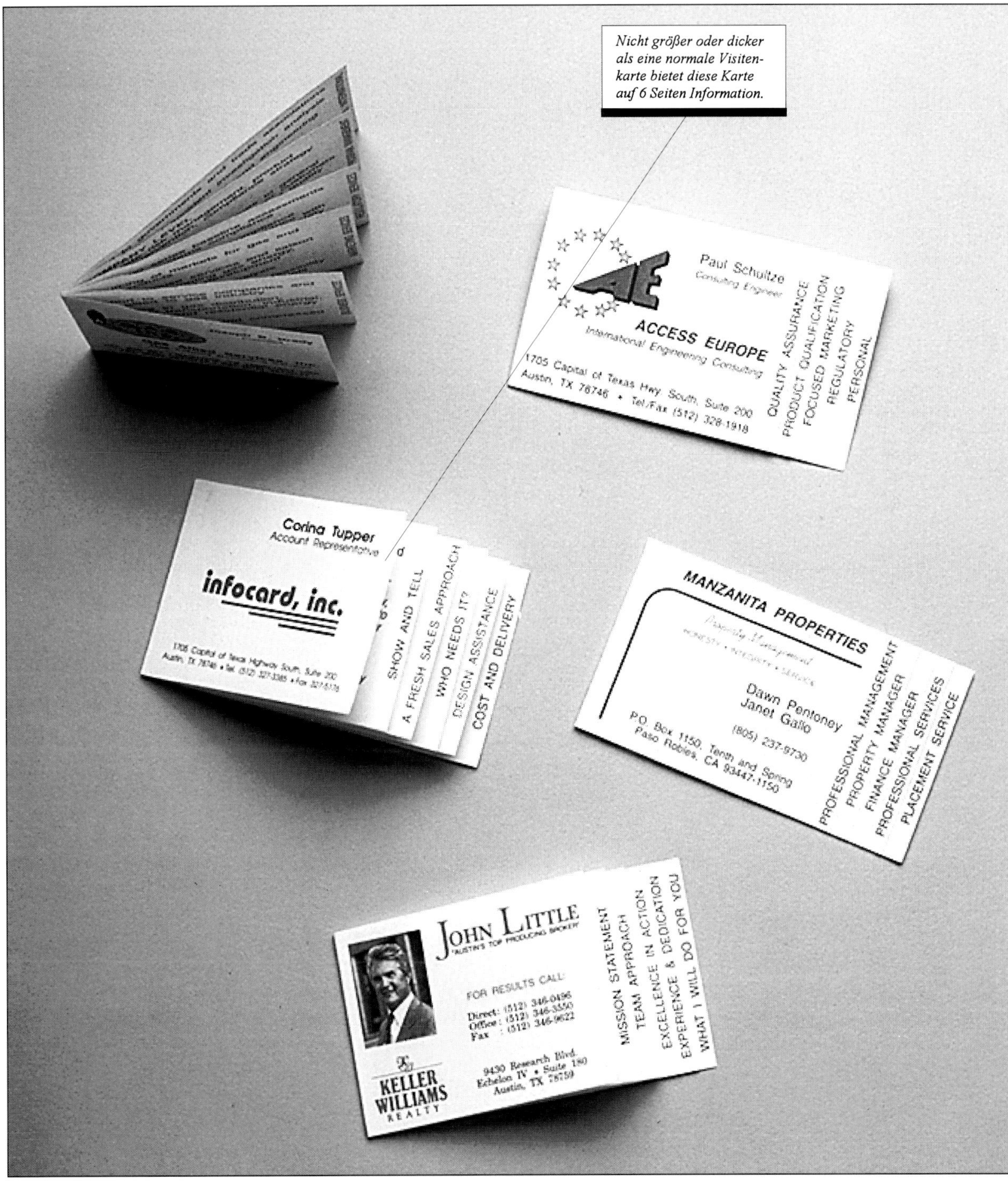

Beispiele für Info-Karten

Quelle: Infocard, *1705 Capital of Texas Hrsgb., Seite 200, Austin, TX 78746, USA*

Beispiele für Visitenkarten aus den USA. Beachten Sie die interessanten Umrisse, die Falzkarten, die Rolodex-Karte (Rotationskartei) und die Art, wie die Karten die Geschäfte positionieren.

Broschüren

Verwandeln Sie Ihre Broschüre in ein wirksames Verkaufsinstrument

Wenn Sie jemand um zusätzliche Informationen über Ihre Firma bittet, was senden Sie ihm zu? Viele Unternehmen verwenden veraltete, unvollständige, allgemeine Broschüren, die Kunden eher abstoßen als anziehen. Andere verwenden überteuerte, sehr aufwendige Extravaganzen, die nicht einmal wirksam genug sind, ihre Kosten wieder hereinzuholen.

Verlangen Sie nicht zu viel von Ihrer Broschüre, und Sie werden nicht enttäuscht sein. Viele Firmen sehen eine Broschüre als eine Möglichkeit an, einen Verkaufsabschluß zu tätigen, ohne einen Verkaufsbesuch zu machen. Für die meisten Produkte oder Dienstleistungen ist diese Erwartung zu hoch. Die Broschüre kann jedoch einen wertvollen Beitrag leisten, Ihre Firma zu positionieren und den potentiellen Kunden auf den Kauf vorzubereiten.

Anders als eine Werbebeilage, die Sie breit streuen können, sollten Broschüren selektiv an jene verteilt werden, die zusätzliche Informationen verlangt haben, oder an sorgfältig ausgewählte potentielle Kunden.

Die meisten Einkaufsentscheidungen verursachen bei den Käufern eine gewisse Unsicherheit. Sie befürchten, einen Fehler zu machen, und zögern unbewußt, bevor sie eine Verpflichtung eingehen. Viele Kaufinteressenten lassen sich eher überzeugen, wenn man sie bittet, einige kleine Schritte zu tun, anstatt gleich einen großen Sprung zu wagen. Die meisten Leute werden Ihre Werbeanstrengungen besser aufnehmen, wenn Sie sagen: »Machen Sie einen kleinen Schritt, und lesen Sie meine Broschüre. Nun machen Sie einen weiteren kleinen Schritt und telefonieren mit mir. Dann machen Sie einen letzten Schritt und kaufen etwas bei mir.«

Ihre Verkaufsbroschüre fügt sich in diesen Prozeß der kleinen Schritte ein, indem sie Kaufinteressenten die Gelegenheit bietet, mehr über Sie zu erfahren. Kunden müssen Sie kennenlernen und Ihnen vertrauen, bevor sie eine Kaufverpflichtung eingehen.

Der Wert von Broschüren

Broschüren bieten die beste Gelegenheit, detailliert über Ihr Produkt oder Ihre Dienstleistung zu informieren. Die Leser erwarten viel Informationen von einer Broschüre, daher sollten Sie sie ihnen geben. Dies ist keine Einladung, langweilig zu sein, es ist jedoch ein Hinweis, daß Sie sehr informativ sein können und sollten.

Vorteile einer Broschüre im Verkaufsprozeß

- Broschüren funktionieren gut, wenn sie einen Einführungsbrief ergänzen, der die Beziehung zu potentiellen Kunden anbahnt.
- Broschüren verleihen einer Firma einen Anstrich von Glaubwürdigkeit, wenn sie professionell geschrieben, gestaltet und hergestellt wurden.

Eine Broschüre als Postvertriebsstück, die vom Interest Verlag versendet wurde, ein Anbieter für Special Interest Publikationen und Anwendersoftware. Diese Ausführung ist vierfarbig mit einer perforierten Antwortkarte im Innenteil.

- Broschüren sorgen für Entspannung im Verkaufsprozeß, indem sie Kaufinterressenten eine Chance geben, vor einem Zusammentreffen zu studieren, was Sie zu sagen haben.
- Broschüren ermöglichen es Ihnen, wichtige Fragen Ihrer potentiellen Kunden zu beantworten, sogar bevor sie gestellt werden. Verwenden Sie Ihre Broschüre, um Empfehlungen von Kunden zu zitieren, die Vorteile Ihres Angebots darzustellen sowie verbal und optisch zu kommunizieren.

Viele Guerillas sparen bei der Gestaltung und Herstellung ihrer Broschüre. Das ist ein großer Fehler. Dies ist Ihre Chance, Ihr Unternehmen zu positionieren und ein Qualitätsimage aufzubauen. Ihre Broschüre sollte in puncto Äußeres Ihnen selbst in nichts nachstehen. Es ist jedoch keinesfalls erforderlich, eine 32-seitige Vierfarbbroschüre (zu 7 DM pro Stück) zu haben, um mit den Großen der Branche konkurrieren zu können.

Bei der Herstellung von Broschüren und anderen Werbedrucksachen sollten Sie möglichst die gängigen DIN-Formate einhalten. Sonderformate führen in der Regel zu deutlich höheren Herstellungskosten. Üblich sind die Formate DIN A4 oder DIN A5 in Hoch- oder Querformat sowie das quadratische 2/3-DIN-A4-Format, auch 1/6 DIN genannt. Dieser sogenannte *Folderprospekt* mit den Maßen 21×21cm ist besonders geeignet, wenn der Prospekt zum Mitnehmen ausgelegt oder ausgegeben werden soll: Er paßt in jede Jackettasche. Wenn Sie beabsichtigen, Ihre Broschüre in Prospektständern auszulegen, sollten Sie unbedingt die Maße der zum Teil genormten Prospektfächer beachten.

Denken Sie bei der Konzeption Ihrer Broschüre daran, unnötigen und teuren Papierabfall zu vermeiden, indem Sie jeweils Viertel-Papierbögen voll ausnutzen. Wenn Sie sich für ein DIN-A4-Format entscheiden, sollte Ihre Broschüre daher 4, 8, 12 Seiten usw. umfassen, bei einem DIN-A5-Format sind es 8, 16, 32 Seiten usw., bei einem 21×21cm-Format 6, 12, 18 Seiten usw. *(Quelle: Ernst Obermaier, Grundwissen Werbung, München 1988, S. 103).*

Eine der kostengünstigsten Methoden ist, vorgedruckte Broschüren-Formulare (Schmuckblätter) zu verwenden. Diese DIN A 4-Blätter (210 x 297 mm) sind auf beiden Seiten mit Schmuckrahmen und Farben bedruckt. Geben Sie diese Bögen Ihrer örtlichen Druckerei oder verwenden Sie sie in Ihrem Laserdrukker, um Sie maßgeschneidert mit Ihrem eigenen Text herzustellen. Vorgedruckte Formulare eignen sich auch gut für Preislisten oder andere Informationen, die sich häufig ändern. Sie können einen Designer beauftragen, Ihre erste Broschüre zu gestalten, die Änderungen können Sie dann bei Bedarf selbst durchführen.

Wenn Sie Ihre Firmenbroschüre versenden, sollten Sie ihr einen persönlichen Anstrich geben. Heben Sie einzelne Punkte hervor, die nach Ihrer Meinung für die potentiellen Käufer besonders interessant sind. Schreiben Sie Bemerkungen an den Rand, oder fügen Sie P.S.-Zusätze mit ergänzenden Kommentaren hinzu. Dies vermittelt den Eindruck, daß Sie einige Zeit und Gedanken auf die Bedürfnisse des Kaufinteressenten verwendet haben.

Einsendung von Cedar & Associates für den Wettbewerb »Zeigen Sie uns Ihre Geschäftspapiere« der Firma Paper Direct. Alle Elemente sind gut aufeinander abgestimmt: Broschüre, Briefkopf, Briefumschlag und Visitenkarte.

Quelle: Paper Direct, *205 Chubb Ave., Lyndhurst, NJ 07071, USA*

Tips für Broschüren

- Achten Sie darauf, daß die Überschrift auf der Titelseite ins Auge sticht. Die Leser sollten wissen, wer Sie sind, ohne die Broschüre tatsächlich öffnen zu müssen. Ihre Überschrift sollte Ihr Produkt verkaufen und die Aufmerksamkeit des Lesers erregen.
- Verwenden Sie auf der Titelseite eine Grafik oder ein Foto, das den Leser anzieht. Falls möglich, heben Sie es durch die Verwendung von Farbe ab.
- Nehmen Sie Darstellungen in die Broschüre auf. Zeigen Sie Ihr Produkt oder Ihre Dienstleistung in der Anwendung bzw. im Gebrauch.
- Seien Sie unbesorgt über langen Text, falls er erforderlich ist. Geben Sie den potentiellen Kunden so viele Informationen, wie Sie können, indem Sie die Vorteile Ihres Produktes oder Ihrer Dienstleistung deutlich beschreiben.
- Verwenden Sie Ihre Broschüre, um eine Beziehung zu Ihren potentiellen Kunden herzustellen. Erzählen Sie etwas über sich oder Ihr Unternehmen. Teilen Sie Ihre Geschäftsphilosophie mit, und weisen Sie auf die Tatsache hin, daß Sie sich ständig über die Bedürfnisse Ihrer Kunden Gedanken machen.
- Führen Sie Anwenderberichte auf. Listen Sie auch größere Kunden auf.
- Nehmen Sie nützliche allgemeine Informationen oder Empfehlungen in Ihre Broschüre auf, die es sinnvoll erscheinen lassen, Ihre Broschüre jederzeit griffbereit zu halten.
- Teilen Sie Ihren potentiellen Kunden mit, wie Sie zu erreichen sind. Fügen Sie zumindest Ihre Adresse und Telefonnummer ein. Wenn Sie ein Einzelhandelsgeschäft betreiben, sollten Sie erwägen, einen Lageplan mit Ihrem Standort und Anfahrtswegen in die Broschüre aufzunehmen. Geben Sie immer Ihre Geschäftszeiten an.
- Fordern Sie zur Handlung auf. Fügen Sie ein Bestellformular ein, machen Sie ein Angebot, oder nehmen Sie einen Kundenfragebogen in Ihre Broschüre auf.

Eine Farbbroschüre unterstreicht den Eindruck professioneller Qualität. Wenn Sie Farbe verwenden, müssen Sie einen Drucker finden, der auf Farbdruck spezialisiert ist.

Guerilla-Erfolgsstory

Marcia Layton ist eine von Tausenden von Unternehmensberatern in den USA. Doch ihr Geschäft läuft sehr gut, während andere kämpfen, um ihren Kopf über Wasser zu halten. Warum? Weil Marcia ein Guerilla ist, schlicht und einfach. Sie folgt ihrem eigenen Rat und entwickelt jedes Jahr für sich selbst einen Marketing-Plan. Er ist gut durchdacht und offensichtlich sehr wirksam.

Sie entwickelte eine dreifach gefalzte Broschüre (sog. Wickelfalz), um Ihre Firma Layton & Co. zu vermarkten, und sie versendet sie, um sich unmittelbar von unqualifizierten Anbietern abzuheben. Sie faßt mit einer Informationsmappe nach, die ausführliche Inforrmationen über ihre Person und ihre Firma enthält, Übersichten über ihren beruflichen Hintergrund, ihre Erfahrungen und Dienstleistungen sowie einige Zeitungsausschnitte und Artikel. In allen ihren Unterlagen verwendet sie Kundenempfehlungen und Anwenderbeispiele.

Ihre elektronische Kleinanzeige in CompuServe kostet nur 7,75 Dollar pro Woche und erlaubt ihr, eine Kernzielgruppe von potentiellen Kunden anzusprechen. Marcia verbringt eine beträchtliche Zeit online und pflegt auf diese Weise Beziehungen zu Geschäftsinhabern und Netzwerkbetreibern im ganzen Land. Sie versendet Werbebotschaften an elektronische Anschlagtafeln, nimmt an Netzwerk-Foren teil und berät andere Netzwerkteilnehmer. Auf diese Weise hat sie viele Kundenbeziehungen aufgebaut.

Marcias Hauptanliegen ist PR, eine der werbewirksamsten und dennoch kostengünstigsten Marketing-Formen. Sie hat erreicht, daß verschiedene Fachzeitschriften – einschließlich CompuServe Magazine, MAC Home Journal *und* Online Access *– über ihre Firma berichtet haben.*

Marcia verwendet sogar ihr Fax-Deckblatt, um ihr Geschäft zu vermarkten. Neben den üblichen Informationen (Fax an und von) listet Marcia die von ihrer Firma angebotenen Dienstleistungen auf. So macht sie Kunden und Kaufinteressenten darauf aufmerksam, daß Layton & Co. eine breite Palette von Dienstleistungen ausführen kann.

Spezialdruckereien für Farbdruck

Die folgenden Firmen stellen nur eine sehr kleine Auswahl dar. Schlagen Sie in den Gelben Seiten nach, um einen Betrieb in Ihrer Nähe zu finden.

ABT DRUCK GmbH
Postfach • 69441 Weinheim • (06201) 1 20 96

ARA-Druck GmbH + Co. KG
Postfach 800150 • 70501 Stuttgart-Vaihingen • (0711) 80 70 01

COLOR-DRUCK PFORZHEIM GmbH & Co
Fritz-Neuert-Str. 8-12 • 75181 Pforzheim • (07231) 95 82 50

DISTLER DRUCK GmbH & Co.
Gewerbestraße 20 • 90556 Cadolzburg • (09103) 5 00 80

Fränkische Druckpresse GmbH & Co. KG
Postfach 1207 • 74552 Crailsheim • (07951) 49 30

Informationen über Broschüren

Prospekt- und Katalogoptimierung
Uwe Drescher • verlag moderne industrie

Letraset Katalog – Das Werkbuch für Grafik und Design
Deutsche Letraset GmbH • Mergenthalerstraße 8 • 60388 Frankfurt am Main

Bundesverband Druck e.V.
Biebricher Straße 79 • 65187 Wiesbaden • (0611) 80 30

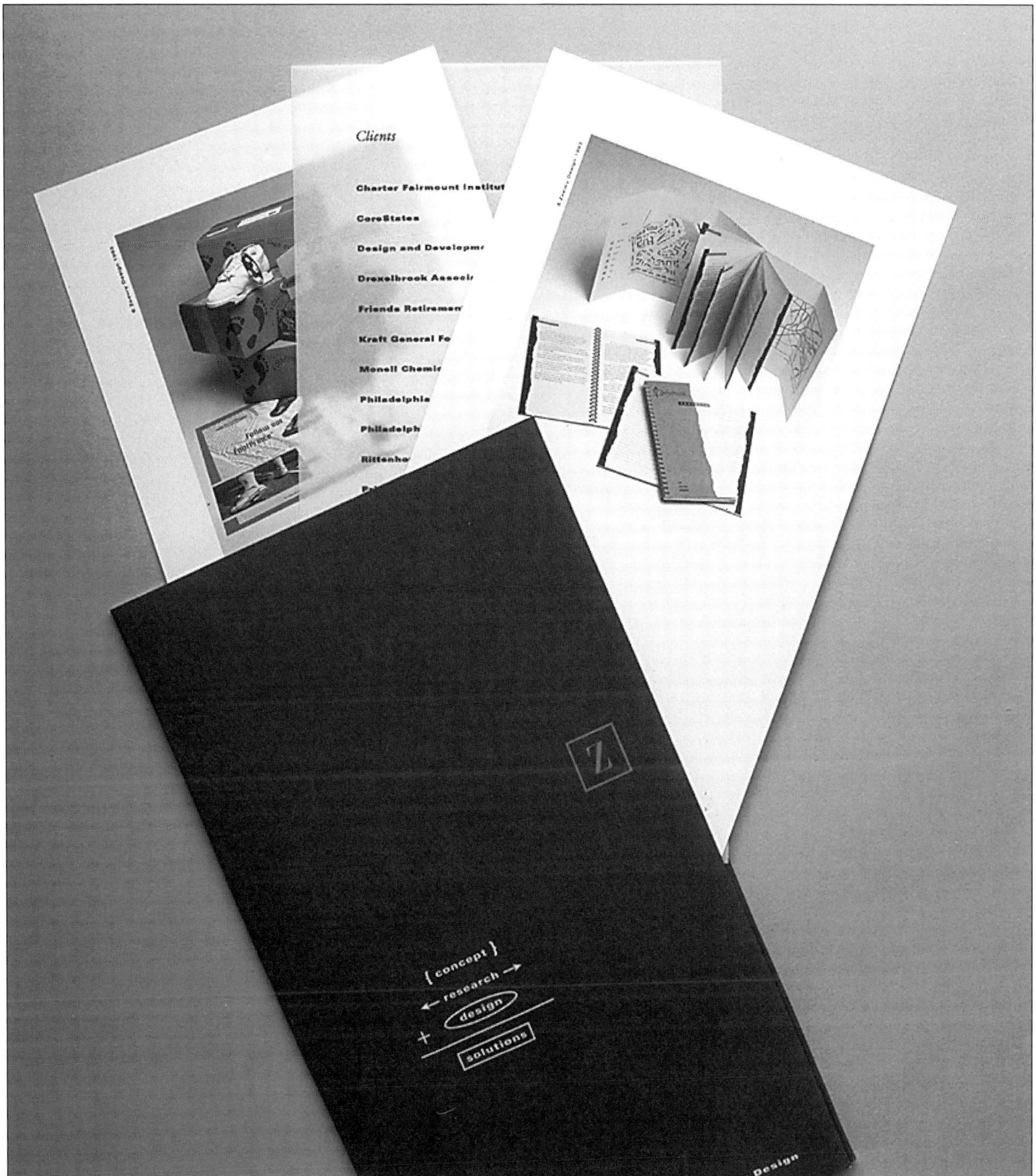

Eine Broschüre zur Selbstdarstellung, die von Zeewy Design entworfen wurde. In der Mappe befindet sich eine Serie von Beilagen, von denen jede ein Foto und eine detaillierte Beschreibung der Arbeit von Zeewy enthält.

Quelle: Zeewy Design, *111 Forest Ave., Suite 2, Narberth, PA 19072, USA*

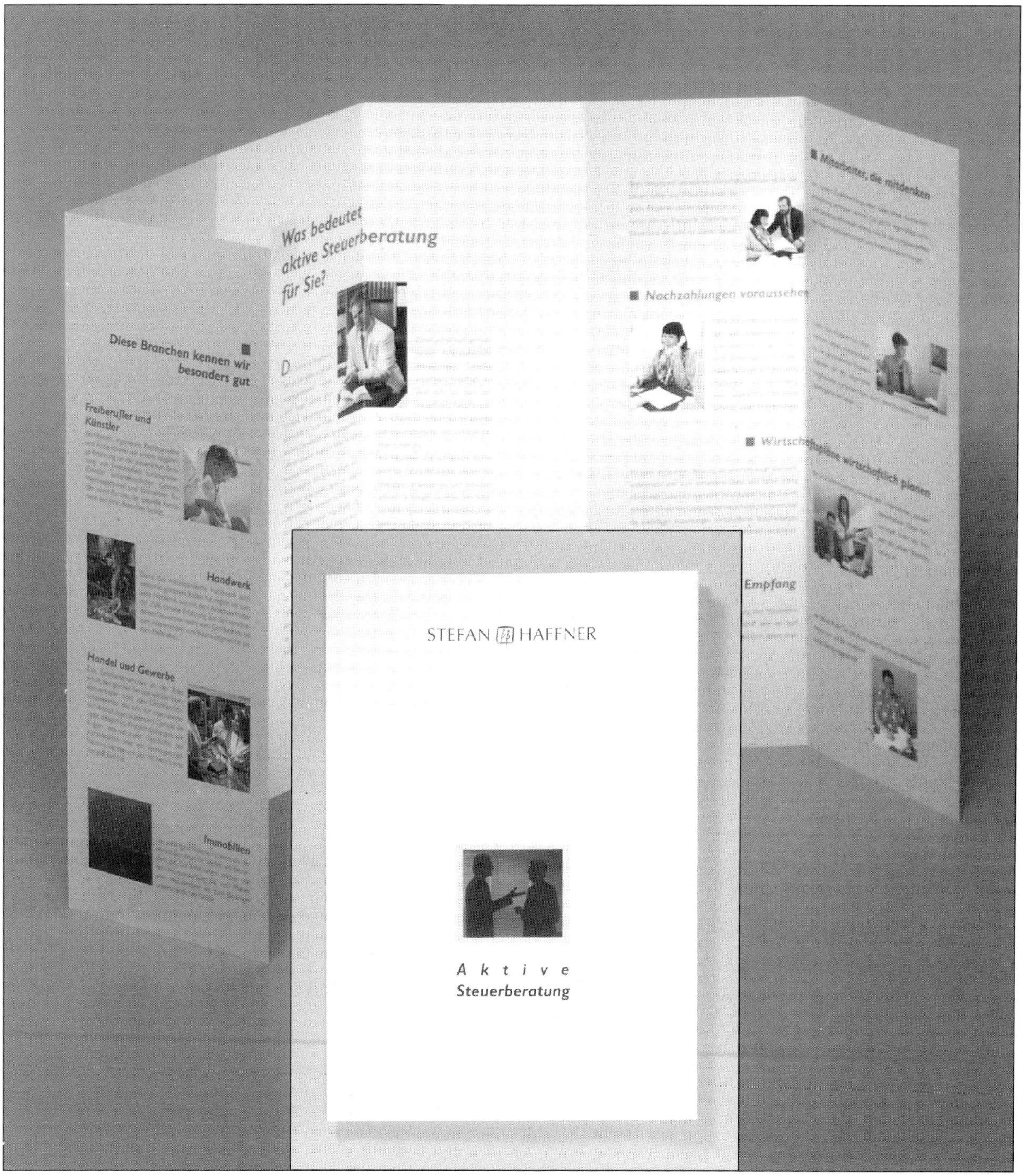

Eine Broschüre zur Selbstdarstellung einer Steuerberatungsfirma, gestaltet von der Werbeagentur LOGO. Dies ist hervorragende Positionierung.

Quelle: LOGO *Werbung & Kommunikation, Paulsborner Straße 3, 10709 Berlin*

»Wir geben Anstöße«, lautet der Kernsatz dieser Image-Broschüre der SDR Werbung GmbH, Stuttgart, die sich an Werbeagenturen, Werbeleiter und Meinungsbildner in ganz Deutschland richtet.

Quelle: Werbeagentur Beck KG, *Alte Steige 17, 73732 Esslingen-Liebersbronn*

Brainstorming für Broschüren

Verwenden Sie diese Seite, um die Elemente aufzulisten, die Sie in Ihre nächste Broschüre aufnehmen wollen. Denken Sie nach über mögliche Überschriften, Anwenderbeispiele, Produktnutzen und Angebote, die Sie verwenden könnten.

Video-Broschüren

Ein preiswerter Weg, um direkt mit Ihren potentiellen Kunden zu kommunizieren

Wenn irgend etwas eine Druckbroschüre übertreffen kann, dann ist es eine elektronische – eine fünf- bis zehnminütige Version einer gedruckten Broschüre. Video-Broschüren verbinden die Werbewirkung eines Fernsehspots mit der starken Zielgruppenorientierung einer auf dem Postweg versendeten Druckbroschüre.

Die Kopierkosten für kurze Videos betragen ungefähr 4 DM pro Stück. Bei einer Druckbroschüre fallen die Stückkosten mit steigender Auflage (siehe *Broschüren*). Wenn Sie nur eine kleine Auflage benötigen, können die Stückkosten daher unerschwinglich sein. Anders als bei Druckbroschüren bleiben die Stückkosten bei Video-Broschüren konstant, unabhängig davon, wie viele Video-Broschüren Sie herstellen. Mit Video-Broschüren können Sie die Stückkosten gering halten und bei Bedarf Kopien anfertigen.

Die Kosten der Videoherstellung betragen 200 - 20.000 DM pro Minute. Sie sollten jedoch davon ausgehen, daß es wenigstens 2.000 - 3.000 DM pro Minute kostet, um ein gutes Video herzustellen. Da Sie wahrscheinlich nicht mehr als vier oder fünf Minuten benötigen werden, fallen die Gesamtkosten kaum höher aus als bei einer farbigen Druckbroschüre.

Eine Video-Broschüre kann häufig besser als ihr gedrucktes Gegenstück den Eindruck von Wert vermitteln. Die Ausstattung mit Videorecordern ist sehr hoch; in Deutschland lag sie 1993 bei 53 % aller Haushalte, mit weiter steigender Tendenz. Damit können Sie heute bereits die Mehrheit Ihres Publikums mit einer Videokassette erreichen. Die potentiellen Kunden werden sie wahrscheinlich ansehen. Falls sie interessiert sind, werden sie sie möglicherweise mit einer oder mehreren Personen erneut betrachten. Bedenken Sie, daß Videofilme noch eine (gewisse) Neuheit sind, anders als gedruckte Broschüren. Die meisten Empfänger werden Ihre Videokassette nicht automatisch fortwerfen.

Einige umsatzstarke Guerillas haben Großaussendungen von Video-Broschüren erfolgreich durchgeführt. Hart, Schaffner & Marx, der Marktführer bei Herrenbekleidung in den USA, ersetzte seinen Weihnachtskatalog durch einen Videofilm. Ein Autohersteller versandte ein Video für ein neues Modell. Am Anfang wurde der Name des örtlichen Händlers vorgestellt, der Hauptteil bestand aus glanzvollen Abbildungen, und am Schluß wurde der Name des Empfängers gezeigt, eingeblendet in das Videobild. Es war die erste in einer Serie von personalisierten Video-Broschüren, die von diesem Guerilla entwickelt wurden. Sehr wirkungsvoll.

Potentielle Kunden können durch Zeitschriftenartikel, Direktwerbebriefe, Ausstellungen usw. von Ihrem Video erfahren. Wenn sie von Ihnen eine Videokassette anfordern, senden Sie es ihnen kostenlos zu. Fügen Sie einen persönlichen Brief bei, genau so, wie Sie es mit einer gedruckten Broschüre machen würden. Fassen Sie mit einem Telefonanruf oder Brief innerhalb von 10 Tagen nach. Die Anforderung der Videokassette sollte als der erste Schritt im Kaufprozeß verstanden werden. Fassen Sie unbedingt nach – lassen Sie das Interesse, das Sie geweckt haben, nicht wieder versanden.

Das Ferienlager Arowhon im Algonquin Park in Kanada verkaufte früher über den persönlichen Kontakt. Bei jeder Anfrage machte ein Werberepräsentant des Ferienlagers einen persönlichen Besuch bei den potentiellen Gästen. Die Abschlußrate bei diesen Besuchen war 10%. Unglücklicherweise war dies zeitraubend und teuer. Vor zwei Jahren ersetzte der Betreiber die Hausbesuche durch eine Video-Broschüre. Die Abschlußrate ging leicht zurück, die Zahl der potentiellen Gäste hat sich jedoch mehr als verdreifacht. Um doppelt so viel zahlende Gäste zu bekommen, wendet das Ferienlager weniger Zeit auf und gibt weniger Geld aus.

Firmen für Video-Herstellung

Die folgenden Firmen sind darauf spezialisiert, Ihre Video-Broschüre vom Entwurf bis zur Realisierung zu betreuen. Wenn Sie ein Video entwickeln, sollten Sie genügend Zeit für die Planung verwenden. Diese Investition macht sich bezahlt, weil Sie in der tatsächlichen Produktion viel Geld sparen können.

Wenn Sie nicht mehr als 20.000 DM ausgeben wollen, zahlt es sich wahrscheinlich aus, zunächst Preise von örtlichen Firmen einzuholen, die in ihrem Budget keine Reisekosten berücksichtigen müssen.

MULTIMEDIA Studio Kraemer Berlin
Husemannstraße 21 • 10435 Berlin • (030) 4 42 38 28

PRISMA VIDEO GmbH
Kurfürstenstraße 84 • 10787 Berlin • (030) 2 61 50 32

Video Ilea, Audio- & Videoproduktion
Solmische Weiherstraße • 63303 Dreieich • (06103) 87 88 2

Transparente und Schilder

Ein großartiges Positionierungs-instrument, mit dem Sie Aufmerksamkeit erregen

Übersehen Sie nicht den Wert von Transparenten und Schildern, um Ihr Geschäft zu positionieren und Kundenfrequenz zu erzeugen. Wenn Sie Ihren Standort an einer Hauptverkehrsstraße haben, fahren vielleicht im Durchschnitt 50.000 Leute pro Tag an Ihrem Geschäft vorbei. Ein werbewirksames Schild kann von großer Bedeutung sein.

In Los Angeles gibt es viele Geschäfte, die ihre Gebäude in riesige Symbole verwandelt haben. Es gibt Restaurants in der Form von Bockwürsten und Auto-Waschanlagen in der Form von Walen. Sie teilen ihre Marktpositionierung unmittelbar mit. Bevor Sie ähnliches realisieren, sollten Sie Ihre Pläne allerdings ausführlich mit der zuständigen Baubehörde besprechen.

Einige Faustregeln für die Verwendung von Schildern

- Lesen Sie sehr sorgfältig Korrektur. Prüfen Sie mehrfach die Schreibweise. Fehler kommen häufig vor, und sie wirken auf Kunden abstoßend.
- Fertigen Sie nur ein Schild an, zu dem Sie voll stehen können. Geben Sie genug Geld aus, um ein großes Schild anzufertigen, dann lassen Sie es für sich arbeiten.
- Halten Sie die Werbebotschaft kurz. Autofahrer haben nur einige Sekunden, um Ihr Schild zu lesen. Begnügen Sie sich daher mit zehn Worten oder weniger (sechs wären ideal).
- Verwenden Sie beleuchtete Schilder und Flaggen auf Transparenten.
- Vergewissern Sie sich, daß die baurechtlichen Bestimmungen ein Schild oder Transparent zulassen. Dann lassen Sie das größte, auffälligste Schild anfertigen, das baurechtlich erlaubt ist.
- »Räumungsverkauf wegen Geschäftsaufgabe« ist kein nützlicher Slogan für Guerillas, die versuchen, ein Geschäft aufzubauen.

Mehrfarbige Flaggen, wie sie Autohändler verwenden, sind ein kostengünstiger Weg, Aufmerksamkeit zu erregen. Oder mieten Sie einen Suchscheinwerfer. Die Leute lieben es, zu einem besonderen Ereignis zu kommen, selbst wenn das einzig Besondere ist, daß Sie Flaggen aufgezogen haben oder einen Suchscheinwerfer einsetzen.

Wenn Sie Nachbargeschäfte veranlassen können, sich anzuschließen, können Sie in Ihrem Geschäftsviertel ein besonderes Ereignis planen. Hängen Sie ein Transparent über Ihre Straße, stellen Sie Tische auf den Fußweg und richten Sie einen Basar ein. Das ist ein hervorragender Weg, um neue Kaufinteressenten anzuziehen. Wenn Sie darüber nachdenken, funktioniert es sogar für Trockenreinigungen (servieren Sie Minibockwürste als Erfrischung, dann bieten Sie jenen, die sich mit Senf bespritzt haben, eine Reinigung mit Rabatt an!).

Eine erfolgreiche Technik für Kleinunternehmen an belebten Durchgangsstraßen: Errichten Sie ein Schild, dessen Buchstaben Sie täglich ändern können. Wenn Sie raffiniert genug sind, kann Ihre tägliche Werbebotschaft an die Pendler ein regelmäßiger Bestandteil ihres Tages werden, und es wird tatsächlich Leute geben, die nach Ihrem Schild besonders Ausschau halten. Dies ist ein hervorragender erster Schritt, um eine Beziehung aufzubauen und Kaufinteressenten zu Kunden zu machen.

Drei benachbarte Möbelgeschäfte konkurrieren miteinander in einem kleinen Einkaufszentrum in Cleveland. Der Markt am Südende stellte ein großes Schild auf: »Räumungsverkauf: Jeder Artikel wird geräumt.«. Das Geschäft am Nordende stellte ein noch größeres Schild auf, das lautete: »Große Ersparnisse, 50 % Preissenkung«. Der Guerilla in der Mitte hängte ein kleines Transparent über seine Ladentür, auf dem lediglich stand: »Haupteingang«.

Transparent-Hersteller

Fahnenfabrik Zimmermann + Baison
Rheinstraße 45 • 12161 Berlin • (030) 8 52 10 91

Textilfabrik Kamenz GmbH
Meißner Straße 244 • 01445 Radebeul • (0351) 75 30 1

Lansche
Münchener Straße 31d-e • 82024 Taufkirchen • (089) 614 00 51/52

kajo Fahnen
Spädingshausen 15 • 58540 Meinerzhagen • (02358) 8437

Schilder-Hersteller

Lokale Anbieter finden Sie in den Gelben Seiten unter den Rubrikbezeichnungen »Fahnen« und/oder »Schilder« sowie unter dem allgemeineren Stichwort »Werbung«.

Lohmann direkt
Fichtenstraße 14 • 51702 Bergneustadt • (02261) 94 49-44

Boos + Hahn
Kinzigtalstraße 2 • 77799 Ortenberg/Baden • (0781) 489-0

Gammrath Werbung
Annastraße 6-8 • 12247 Berlin • (030) 773 75 03

Plakate

Wirtschaftliche, sehr werbewirksame Marketing-Instrumente

Plakate sind sehr werbewirksam! Große Vierfarbplakate, die eher aussehen wie Kunstwerke, können sehr wirksame Guerilla-Instrumente sein. Und das Schönste ist: Sie sind nicht so teuer, wie Sie vielleicht denken.

Wenn Sie zur Herstellung eines Vierfarbplakates konventionelle Techniken einsetzen, sind Reproduktion von Vierfarbabbildungen und Druck bei kleinen Druckauflagen nicht kostengünstig. Heutzutage kann jedoch der ganze Prozeß über Computer abgewickelt werden. Sie können Hunderte von Mark sparen, wenn Sie nur einige Dutzend Plakate benötigen.

In praktisch jeder größeren Stadt gibt es eine Firma für Künstler- und Grafikbedarf. Diese bieten häufig auch Farbkopien, Montage, Farbauszüge usw. an. Suchen Sie in Ihren Gelben Seiten nach einer Firma in Ihrer Nähe. Sie können unter »Grafikbedarf« oder »Grafische Ateliers« nachschlagen.

Plakathersteller für kleine Druckauflagen

Durch Einsatz neuer Computertechnologie können diese Firmen Bilder oder Dateien kostengünstig in beeindruckende, sehr große Farbbilder umwandeln.

Hinrichs FotoFactory GmbH
Raiffeisenstraße 21 • 49124 Georgsmarienhütte • (05401) 498-0

AAD-TRESCOM
Jenaer Straße 20 • 10717 Berlin • (030) 854 91 16

Desktop Studio Treuwerth
Hohenzollerndamm 152 • 14199 Berlin • (030) 820 99 180

Profi-Color-Fachlabor
Frankfurter Straße 25 • 38122 Braunschweig • (0531) 89 15 89

Profact GmbH
Stadtwaldwende 18 • 45134 Essen • (0201) 47 30 03

macTech
Dieselstraße 6 • 71277 Rutesheim • (07152) 99 91 80

Wenn Sie eine größere Anzahl von Plakaten herstellen wollen, lohnt es sich, eine konventionelle Druckerei einzuschalten und sie mit der Herstellung von Vierfarbfilmen zu beauftragen. Im Fortdruck (also ohne Berücksichtigung der Kosten für die Druckvorlagenherstellung) kostet ein DIN A2-Plakat nur zwischen 1,10 DM und 1,70 DM, wenn Sie 1.000 Stück drucken lassen. Große Auflagen können die Stückkosten weiter reduzieren.

Plakate können ein nützliches Instrument sein. Alles hängt davon ab, wie sie eingesetzt werden. Sie sind eine sehr gute Möglichkeit, um besondere Ereignisse (wie zum Beispiel eine Ladeneröffnung oder Aktionsverkäufe) werblich herauszustellen. Es kann sehr werbewirksam sein, ein Plakat als Direktwerbeobjekt zu versenden, besonders wenn Sie es an jemanden (also etwa an ein Einzelhandelsgeschäft oder ein Büro) schicken, der es an eine Wand hängt, wo es der Rest der Welt sehen kann. Sie müssen dann allerdings bereit sein, in eine Plakatrolle für den Postversand zu investieren. Gefaltete Plakate werden nämlich nicht aufgehängt.

Plakate sind hervorragend geeignet, um Ereignisse anzukündigen, insbesondere wenn das Ereignis sich in einem Zeitraum wiederholt. Zum Beispiel druckt ein Eishockey-Team der Ostküsten-Eishockeyliga zu Beginn jeder Eishockeysaison Plakate. Das Plakat enthält den Saisonspielplan für Heimspiele und einige Fotos. Die Plakate werden in der ganzen Stadt verteilt. Die Leute lieben es, sie in die Schaufenster von Geschäften und in Geschäftsräume (insbesondere Restaurants) zu hängen. Die Plakate erinnern das Publikum daran, wann die Mannschaft spielt. Sie wurden auch ein Artikel für Sammler.

Wie Sie ein Plakat verwenden können

- Plakate eignen sich hervorragend als Zugaben in Geschäften. Kunden – besonders Kinder – lieben es, etwas kostenlos zu bekommen.
- Hängen Sie Plakate an verschiedenen Stellen im Laden auf. Die Naturkostetikkette The Body Shop setzt große Plakate ein, um eine anregende Atmosphäre zu schaffen. Sie wechseln die Plakate häufig aus, damit die Dekoration immer interessant ist.
- Wenn der Zirkus in die Stadt kommt, hängen sie überall Plakate auf. Sie können das gleiche tun, um Ihr besonderes Ereignis anzukündigen.
- Capcom, eine Firma für Videospiele, versandte jeden Monat ein Plakat an die Medien, das ihre Spiel-Grafiken herausstellte. Wenn Ihr Plakat künstlerisch gestaltet ist, werden die Empfänger es aufbewahren und verwenden, um einen Raum oder ein Büro damit zu schmücken. Ihre Werbebotschaft wird eine Dauerbotschaft.
- Verwenden Sie Ihr Plakat als lose Beilage für Ihre Tageszeitung oder eine regionale Zeitschrift.

Dieses Plakat kündigt eine Vorstellung des Varietétheaters Schmidts Tirol an. Es wird auch als Direktwerbe-Postkarte eingesetzt.

Brainstorming für Plakate

Verwenden Sie diese Seite, um ein Plakat zu zeichnen, das Sie bei einer Ausstellung, einem Medienereignis oder in den Straßen Ihrer Stadt einsetzen können.

Mitteilungsblätter

Ein großartiges Medium, um mit Kunden und potentiellen Kunden zu kommunizieren

David Calabria, Inhaber von Calabria and Company, verwendet ein Mitteilungsblatt als einziges Marketing-Instrument. Seine Firma hilft Klienten, die Unternehmensethik zu stärken, um so neue Marktanteile zu erringen.

Er hat nie einen Dollar für Werbung ausgegeben. Statt dessen versendet er sein Mitteilungsblatt an Fachzeitschriften und sorgfältig ausgewählte potentielle Kunden. Dieses Vorgehen hat ihm eine große Werbepräsenz in Form von PR und direkten Anfragen von potentiellen Kunden eingebracht.

Nachdem Calabria mit seinem Mitteilungsblatt »Profit and Philanthropy« (Gewinn und Ethik) begann, erhielt er so viele Anfragen nach dieser Publikation, daß er bereits überlegt, es in ein Abonnentenblatt umzuwandeln.

Findige Guerillas suchen neue, werbewirksame Wege, um die Kunden ständig an ihren Namen und ihr Geschäft zu erinnern. Ein kostengünstiger Weg ist das Mitteilungsblatt.

Wenn Ihr Geschäft nicht nur Lieferant von Produkten und/oder Dienstleistungen ist, sondern außerdem eine Informationsquelle wird, werden Sie bei Ihren Kunden Ansehen und eine verstärkte Kundenbindung erringen.

Ein örtliches Fischgeschäft könnte ein Mitteilungsblatt einsetzen, um Kunden über Rezepte zu informieren, den Beitrag von Fisch zu gesunder Ernährung hervorzuheben, Informationen über das saisonale Fischangebot zu geben usw. Dadurch, daß es sich als eine Firma positioniert, die ihren Fisch tatsächlich kennt, erringt es Glaubwürdigkeit und hebt sich von seinen Konkurrenten ab.

Howard Penn Hudson, der Präsident von *The Newsletter Clearinghouse*, hat einmal gesagt, daß Mitteilungsblätter werbewirksam sind, weil sie auf die Zielgruppe ausgerichtet sind. Wenn Sie zum Beispiel einen Schreibdienst gründen, wollen Sie offensichtlich Geschäftsleute erreichen. Durch die örtliche Industrie- und Handelskammer können Sie eine Liste der Geschäftsführer von ortsansässigen Firmen erhalten. Wenden Sie sich direkt an die Entscheidungsträger, die den Auftrag erteilen können. Senden Sie ihnen ein Mitteilungsblatt mit witzigen Geschichten über Kunden, die Ihren Service benutzen. Beschreiben Sie die Vorteile Ihres Angebots und liefern Sie Anwenderbeispiele. Machen Sie es den Empfängern leicht, Verbindung zu Ihnen aufzunehmen, um weitere Informationen zu erhalten. Versuchen Sie es mit einem Gutschein oder mit einem besonderen Angebot.

Scheuen Sie nicht davor zurück, Ihre Erfolge der Außenwelt mitzuteilen. Wenn Sie einen hochkarätigen Kunden gewinnen konnten, erwähnen Sie es. Lassen Sie es jeden wissen, welche Häuser Sie gestrichen haben, welche Gebäude Sie vermietet haben oder wie viele Hamburger Sie zubereitet haben.

Wenn Ihr Mitteilungsblatt interessant genug ist, können Sie es allmählich in einen Katalog verwandeln und an Ihre Kunden verkaufen, während Sie sie unterhalten.

Ivan Levinson baute ein sehr erfolgreiches Geschäft als Texter auf, indem er ein monatliches Mitteilungsblatt an alle seine Kunden und potentiellen Kunden verschickte. Das Mitteilungsblatt gibt Tips für Textgestaltung und präsentiert Fallstudien von erfolgreichen Direktwerbeaktionen, die er ausgearbeitet hat.

Seien Sie sparsam

Wahrscheinlich wollen Sie nicht viel Geld für Ihr Mitteilungsblatt ausgeben. Eine Möglichkeit, Geld zu sparen, ist: Lassen Sie eine farbige Überschrift für die Titelseite gestalten. Sodann lassen Sie eine Auflage drucken, die für einige Ausgaben reicht. Wenn es dann Zeit wird, das Mitteilungsblatt zu veröffentlichen, lassen Sie den Schwarz-Weiß-Text auf die vorgedruckte farbige Titelseite drucken. Auf diese Weise sparen Sie Zeit und Geld und erhalten ein professionell aussehendes Mitteilungsblatt für die Hälfte der Kosten.

Eine andere Möglichkeit, Geld zu sparen, ist, die Kosten für den Umschlag zu vermeiden. Gestalten Sie Ihr Mitteilungsblatt als Postvertriebsstück.

Lassen Sie Verbund-Marketing nicht außer acht. Suchen Sie Geschäftszweige, die sich ergänzen (wie zum Beispiel Klempner, Elektriker und Maler), und entwickeln Sie ein Mitteilungsblatt, das allen Beteiligten hilft.

Jessica's Biscuit, jetzt der größte Vertrieb von Kochbüchern in den USA, begann damit, ein Mitteilungsblatt an die Kunden zu verschicken. Das Mitteilungsblatt entwickelte sich zu einem Katalog, der jetzt sogar international erhältlich ist. Die Umsätze im Ladengeschäft sind nur noch ein Bruchteil der Umsätze, die über telefonische Bestellungen eingehen.

Tips für Mitteilungsblätter

- Schreiben Sie einen interessanten Text, und fügen Sie dabei kurze Fakten und Randtexte ein, die für die Leser nützlich sind. Wenn Ihr Rundbrief langen und langweiligen Text aufweist, werden Sie Ihre Leser schnell verlieren.
- Lesen Sie sorgfältig Korrektur. Das Mitteilungsblatt ist ein Spiegelbild von Ihnen und Ihrer Firma.
- Seien Sie informativ. Berücksichtigen Sie verschiedene Themen. Langweilen Sie Ihre Leser nicht dadurch, daß Sie ein Thema zu ausführlich behandeln.
- Setzen Sie Ihr Mitteilungsblatt als Verkaufsinstrument ein. Geben Sie Ihre gebührenfreie Telefonnummer und Faxnummer an, vielleicht auf jeder Seite.
- Fassen Sie sich kurz. Ihr Mitteilungsblatt muß nicht lang sein, um Wirkung zu haben. Viele Leser betrachten ein Mitteilungsblatt als etwas, das sie schnell lesen können, um einige nützliche Informationen zu bekommen.
- Investieren Sie in einen Designer, der Sie hinsichtlich der grafischen Gestaltung und des Layouts berät. Wenn Sie dann ein professionelles Design haben, das gut ankommt, behalten Sie es bei.
- Behandeln Sie Ihre Kunden als interessantes Thema. Leser lieben es, ihre Namen gedruckt zu sehen.
- Ihr Mitteilungsblatt ist ein Verkaufsinstrument, es muß den Leser jedoch auch informieren. Füllen Sie es nicht nur mit Werbung, oder der Leser wird sich abwenden.
- Wenn Sie sich einmal dazu entschlossen haben, ein Mitteilungsblatt zu veröffentlichen, achten Sie darauf, daß es regelmäßig erscheint.
- Wenn Sie Ihr Mitteilungsblatt entwickeln, sollten Sie bestimmte Ziele im Auge haben. Es sollte einen eigenen Stil und einen Schwerpunkt haben. Wenn Sie unsicher sind, welches Ziel Ihr Mitteilungsblatt verfolgt, werden Sie auch Ihr Publikum verwirren.

Jane Wesman, eine PR-Expertin in New York, versendet das Mitteilungsblatt »JW News & Views«. Sie gibt PR-Tips, liefert Brancheninformationen und berichtet über die letzten PR-Erfolge ihrer Firma Jane Wesman Public Relations. Das Mitteilungsblatt verleiht Wesman eine hohe Glaubwürdigkeit und präsentiert sie als eine PR-Expertin.

Textgestaltung für Mitteilungsblätter

i.p.a. Verlag GmbH
Max-Planck-Straße 13 • 28857 Syke • (04242) 601 80

Ralph Wuttke Verlag
Wacholderweg 8 • 53757 Sankt Augustin • (02241) 320 34

Atelier Erich Paulmichl
Bauerntanzgäschen 1 • 86150 Augsburg • (0821) 15 17 56
Karikaturen / Comics

Elfie Wössner Professional Freelance
Pfeifferstraße 74 • 40625 Düsseldorf • (0211) 29 93 93
Vermittlung von spezialisierten Textern

Concepttext Heinz Berthold
Dürerstr. 18A • 61231 Bad Nauheim • (06032) 81714

Dialogo Oliver Fink, Domäne
Schaichhof • 71088 Holzgerlingen • (07157) 5682-0

Werberedaktion Klaus Kroemke
August-Bebel-Str. 2 • 01471 Radeburg • (035208) 4309

Informationen über Mitteilungsblätter

Grundlagen der Gestaltung für Desktop Publishing
Roger C. Parker • Verlag Midas

Bundesverband Deutscher Kundenzeitschriften
Otto-Beck-Straße 46 • 68165 Mannheim

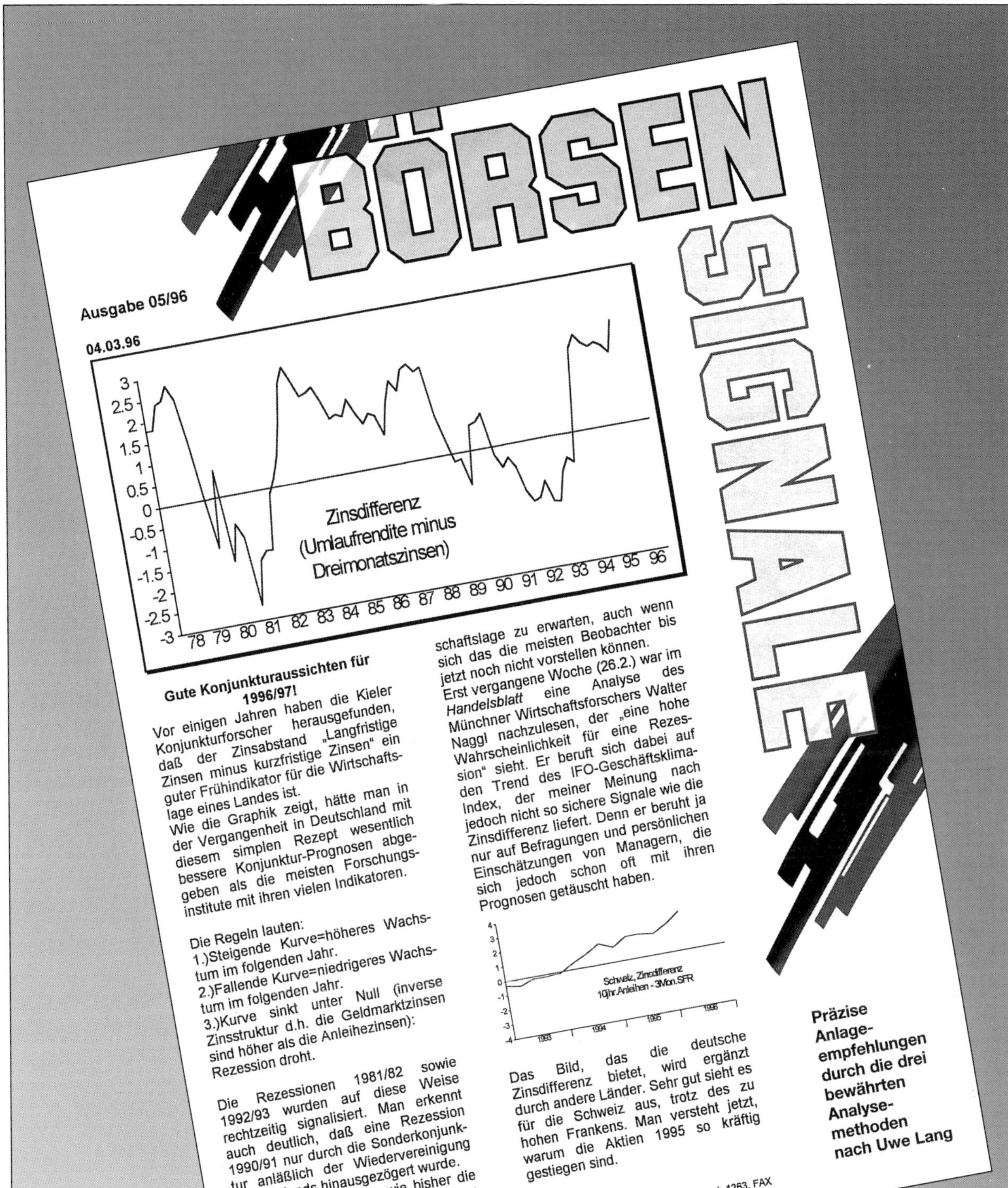

BÖRSEN SIGNALE

Ausgabe 05/96

04.03.96

Zinsdifferenz (Umlaufrendite minus Dreimonatszinsen)

78 79 80 81 82 83 84 85 86 87 88 89 90 91 92 93 94 95 96

Gute Konjunkturaussichten für 1996/97!

Vor einigen Jahren haben die Kieler Konjunkturforscher herausgefunden, daß der Zinsabstand „Langfristige Zinsen minus kurzfristige Zinsen" ein guter Frühindikator für die Wirtschaftslage eines Landes ist.

Wie die Graphik zeigt, hätte man in der Vergangenheit in Deutschland mit diesem simplen Rezept wesentlich bessere Konjunktur-Prognosen abgegeben als die meisten Forschungsinstitute mit ihren vielen Indikatoren.

Die Regeln lauten:
1.)Steigende Kurve=höheres Wachstum im folgenden Jahr.
2.)Fallende Kurve=niedrigeres Wachstum im folgenden Jahr.
3.)Kurve sinkt unter Null (inverse Zinsstruktur d.h. die Geldmarktzinsen sind höher als die Anleihezinsen): Rezession droht.

Die Rezessionen 1981/82 sowie 1992/93 wurden auf diese Weise rechtzeitig signalisiert. Man erkennt auch deutlich, daß eine Rezession 1990/91 nur durch die Sonderkonjunktur anläßlich der Wiedervereinigung Deutschlands hinausgezögert wurde. ... Kurve wie bisher die ... hätten

schaftslage zu erwarten, auch wenn sich das die meisten Beobachter bis jetzt noch nicht vorstellen können. Erst vergangene Woche (26.2.) war im *Handelsblatt* eine Analyse des Münchner Wirtschaftsforschers Walter Naggl nachzulesen, der „eine hohe Wahrscheinlichkeit für eine Rezession" sieht. Er beruft sich dabei auf den Trend des IFO-Geschäftsklima-Index, der meiner Meinung nach jedoch nicht so sichere Signale wie die Zinsdifferenz liefert. Denn er beruht ja nur auf Befragungen und persönlichen Einschätzungen von Managern, die sich jedoch schon oft mit ihren Prognosen getäuscht haben.

Schweiz, Zinsdifferenz 10jhr.Anleihen - 3Mon.SFR

1993 1994 1995 1996

Das Bild, das die deutsche Zinsdifferenz bietet, wird ergänzt durch andere Länder. Sehr gut sieht es für die Schweiz aus, trotz des zu hohen Frankens. Man versteht jetzt, warum die Aktien 1995 so kräftig gestiegen sind.

Präzise Anlage-empfehlungen durch die drei bewährten Analyse-methoden nach Uwe Lang

... Postfach 1263, FAX ...

Börsensignale *ist ein Abonnementblatt der Wertpapierberatung Lang & Hall GbR, verfaßt von dem deutschen Börsenspezialisten Uwe Lang.*

Das Entscheidende

Informationen aus dem Wirtschafts-, Arbeits-, Sozial- und Steuerrecht

12/1995

GWF

Jacobitorstr. 1, 37520 Osterode am Harz
Tel. 05522/73076-78, Fax. 05522/75566

Gesellschaft für Wirtschafts- und Finanzplanung mbH

Geld ist keines der Antriebsräder des Handels; es ist das Öl welches die Bewegung der Räder reibungsloser und leichter macht (David Hume, 1711 - 1776)

Inhaltsverzeichnis

1. *Änderungen von Dienstverträgen bei Gesellschafter-Geschäftsführern*
2. *Fachliteratur für den Betriebsrat*
3. *Betriebsvereinbarung über Weihnachtsgratifikation*
4. *Arbeitsfreistellung an Heilig Abend*
5. *Tarifliche Schriftformklausel für übertragenen Urlaub*
6. *Jahressteuergesetz 1996 - die wichtigsten Änderungen*

1. Änderungen von Dienstverträgen bei Gesellschafter-Geschäftsführern

Die Gesellschafterversammlung einer GmbH ist nach einem Urteil des Bundesgerichtshofs auch für die Änderungen des Anstellungsvertrages eines Geschäftsführers zuständig, soweit keine anderweitige Zuständigkeit (z. B. nach der Satzung) bestimmt ist. Vertragsänderungen, die nicht vom zuständigen Organ vorgenommen worden sind, sind zivilrechtlich nicht wirksam und werden somit steuerlich auch nicht anerkannt.

An der früheren Rechtsprechung, nach der die Änderung des Anstellungsvertrags in den Aufgabenbereich des Mitgeschäftsführers fällt, soweit ein solcher vorhanden und alleinvertretungsberechtigt ist, wird nicht mehr festgehalten.

Das gilt auch bei Vereinbarungen über die Änderung der Bezüge eines Gesellschafter-Geschäftsführers. Ist eine derartige Vereinbarung zivilrechtlich nicht wirksam zustande gekommen, sind vereinbarte Gehaltserhöhungen steuerlich als verdeckte Gewinnausschüttung anzusehen.

Für vor dem 1.01.1996 gezahlte Bezüge wird jedoch keine verdeckte Gewinnausschüttung angenommen, wenn die zugrundeliegende Vereinbarung nicht den verschärften Anforderungen entspricht. In der Zeit **bis zum 31.12.1995** sollten alle Anstellungsverträge der GmbH-Geschäftsführer überprüft und den Erfordernissen angepaßt werden. Ab dem 1.01.1996 werden Änderungen des Anstellungsvertrags eines Geschäftsführers steuerlich nur noch anerkannt, wenn sie durch den Gesellschafterbeschluß abgesegnet werden, solange in der Satzung der GmbH keine abweichende Regelung getroffen worden ist.

(BMF-Schr. v. 16.05.94, IV B 7 - S 2742 - 14/94)

Herausgeber: ERNST RÖBKE VERLAG, 32459 Petershagen, Postfach 12 26, Tel.-Nr. 05705/1700

Das Entscheidende *ist eine Publikumszeitschrift des Ernst Röbke Verlags, die von Unternehmensberatern und Wirtschaftsprüfern abonniert und dann als kostenlose Klientenzeitschrift eingesetzt wird. Am Kopf der Titelseite wird der Firmenname eingedruckt.*

Kaffeeklatsch

WISSENSWERTES ZUR GETRÄNKEVERSORGUNG – FRISCH AUS DEM HAUSE KAFFEE PARTNER *Ausgabe 3, Frühjahr '95*

VORGESTELLT

Bei unserem „Kern-Team“ im Vertriebs-Innendienst sind Interessenten stets in besten Händen. Hier werden alle Anfragen verwaltet und in Zusammenarbeit mit den Mitarbeiterinnen der Telefonmarketing-Abteilung für die Außendienstmitarbeiter „aufbereitet“.

Das Team des Vertriebs-Innendienstes besteht aus (v.l.n.r.): Karin Neumann (einigen vielleicht noch besser bekannt als Karin Saurien), Ute Leszinski, Nicole Klumpe und Angelika Klaas (Vertriebsleiterin Innendienst).

INTERN

APPLAUS FÜRS „KLATSCHEN“

■ **Jetzt geht's wieder los, liebe Kaffeeklatsch-Leser, mit News und Infos rund um das beliebteste Getränk Deutschlands.**

In dieser Ausgabe sind wir erneut sehr engagiert zu Werke gegangen, denn der „Applaus“ für „Kaffeeklatsch“ in Form von viel Lob und Zustimmung hat uns besonders stark motiviert.

Beim neuesten „Kaffeeklatsch“ entdecken Sie u.a., was ein „Schwerter-Kaffee“ ist und was es Neues in Sachen „Kaffee-Aroma“ gibt.

Außerdem stellen wir Ihnen wieder Mitarbeiter und Kunden vor und wollen es auch nicht versäumen, Ihnen zu zeigen, daß unser Kaffee Partner-Team nicht nur beim Kaffeetrinken, sondern auch beim „Feste feiern“ absolut Spitze ist.

In diesem Sinne alles Gute und viel Spaß bei der Lektüre!

EINLADUNG

WER ZU UNS KOMMT, KOMMT AUF SEINE KOSTEN!

■ **Wenn Sie uns auf der Hannover Messe 1995 in der Halle 6, Stand H 20 besuchen, können sie sich nicht nur bei einer frisch für Sie gebrühten Tasse Kaffee entspannen, sondern können auch gleich eine Tasse mit nach Hause nehmen.**

Diese dann allerdings ungefüllt, aus schneeweißem Porzellan im exclusiven Kaffee Partner-Design.

Und ganz nebenbei erleben Sie natürlich hautnah, wie man die Getränkeversorgung in Büro und Betrieb auf engstem Raum optimal organisieren kann.

Also dann, wir freuen uns auf die Hannover Messe '95 - und ganz besonders auf Ihren Besuch.

BESUCHEN SIE UNS
HANNOVER MESSE '95
3.-8. APRIL 1995
HALLE 6 · STAND H 20

BÜRO, BÜRO!

AUF DEN HUND GEKOMMEN!

■ **Japans Unternehmen sind auf den Hund gekommen. Um ihren Mitarbeitern ein entspanntes Arbeitsklima zu bieten, mieten immer mehr Firmen einen Vierbeiner fürs Büro.**

Die lukrative Marktnische entdeckte nach Berichten der Wirtschaftszeitung Nikkei Weekly eine Tokioter Firma, die ursprünglich Tiere an Filmteams verlieh. Sie zählt inzwischen sieben große Unternehmen, darunter auch eine Computerfirma, zu ihren Abnehmern.

„Bevor wir einen Hund hatten, gab es oft Streit und Intrigen im Büro“, sagte einer der Kunden. „Die Hunde sind gut gegen Streß und schaffen eine harmonische Atmosphäre“.

Die Unternehmen lassen sich die tierische Entspannung etwas kosten: Etwa 4500 Mark monatlich müssen sie für den Vierbeiner zahlen, um ihn drei Tage pro Woche in der Firma zu haben.

(Quelle: Neue Osnabrücker Zeitung)

1

Dies ist eine kostenlose Kundenzeitschrift der Firma Kaffee Partner. Sie bietet aktuelle Informationen rund um das beliebte Genußmittel. Eine Zusatzfarbe (rot) sorgt für erhöhte Aufmerksamkeit.

Brainstorming für Mitteilungsblätter

Falls Ihre Firma ein Mitteilungsblatt für Kunden hätte, welche aufregenden neuen Entwicklungen würden Sie darin behandeln?

Einzelhändler

Wenn Sie ein Einzelhandelsgeschäft betreiben und keine Mitnahme-Box auf dem Ladentisch haben, versäumen Sie eine lukrative Gelegenheit. Guerillas hören nie auf zu verkaufen, wenn der Kunde erst einmal im Laden steht. Als Verkaufshilfen, die in Mitnahme-Boxen ausgelegt sind, verwenden Sie Handzettel, Beilagen und Gutscheine. Wenn Sie zum Beispiel ein Rundfunkgeschäft betreiben, lassen Sie eine Broschüre oder einen Handzettel mit der Überschrift drukken: »Empfehlungen zum Kauf einer Stereoanlage«.

Es ist eine grundlegende Guerilla-Taktik, den Kunden etwas Schriftliches zu geben, das ihnen dabei hilft, Sie und Ihr Produkt näher kennenzulernen. Verwenden Sie die Broschüre auch, um Ihre Qualifikation zu betonen sowie Anwendungsbeispiele von früheren Kunden und andere Informationen zu präsentieren, die Kaufinteressenten überreden werden, bei Ihnen zu kaufen.

Suchen Sie jedes Geschäft in Ihrer Nachbarschaft auf und vereinbaren Sie, daß dort Handzettel für Ihr Produkt auf dem Ladentisch ausgelegt werden. Bieten Sie jedem Laden eine kleine Entschädigung an (denken Sie daran, ggf. Ihr Produkt oder Ihre Dienstleistung anzubieten), oder vereinbaren Sie, daß diese im Gegenzug ihre Handzettel auf Ihrem Ladentisch auslegen können. Ein örtliches China-Restaurant mit Straßenverkauf hat eine Mitnahme-Box für Handzettel eines Händlers für Autoöl und -schmiermittel, eines Reifenhändlers, eines Eiscafés und eines Sportfachgeschäftes. Sie können sicher sein, daß die Handzettel des Restaurants auch auf den Ladentischen dieser Geschäfte ausliegen.

Beachten Sie die Einzelheiten. Ihr Handzettel sollte ein professionelles Design haben. Wenn die Handzettel kein Blickfang sind, wird sie niemand aus der Box herausnehmen. Sparen Sie nicht an der Mitnahme-Box selbst. Transparentes Material ist am besten. Wenn die Kunden nicht sehen können, was sie mitnehmen können, werden sie es wahrscheinlich unbeachtet lassen.

Hersteller

Mitnahme-Boxen werden zwar hauptsächlich im Einzelhandel verwendet, um die Umsätze zu steigern. Ein Guerilla-Hersteller kann jedoch die gleiche Technik benutzen, indem er seine Einzelhändler mit Mitnahme-Boxen ausstattet.

Apple zum Beispiel sah sich der schwierigen Aufgabe gegenüber, seine Kunden über den neuen Newton-Computer zu informieren. Indem sie die hervorragenden Eigenschaften des Computers in einer einfachen Mitnahme-Broschüre beschrieben, erleichterte die Firma es ihren Einzelhändlern, die Informationen zu verbreiten.

Besprechen Sie deshalb mit Ihren Einzelhändlern, ob es ratsam ist, Mitnahme-Boxen und Handzettel einzusetzen, die Sie kostenlos liefern würden. Sie werden feststellen, daß die meisten es gern versuchen werden.

Mitnahme-Boxen

Lassen Sie Ihre Botschaft direkt in die Hände Ihrer potentiellen Kunden gelangen, indem Sie Ihre Handzettel, Beilagen und Gutscheine unmittelbar in Ihrem Geschäft oder in der Nachbarschaft verteilen

Amercian Express hat einen großen Teil seines Programms zur Akquisition neuer Kartenmitglieder auf Mitnahme-Boxen aufgebaut. Das Unternehmen spricht seine besten potentiellen Kunden sehr zielgerichtet an, indem es die Mitnahme-Box in Restaurants und in Universitäten aufstellt.

Nexus (Haarpflegemittel) stützt sich ausschließlich auf den Verkauf durch Friseure. Indem die Firma Friseure mit hübschen Mitnahme-Boxen ausstattet, gelingt es Nexus, sozusagen direkt vor den Verbrauchern einen Verkaufsstand einzurichten. Dies spart für den Friseur Zeit, während es für Nexus die Umsätze steigert.

Die Agentur Direct Mailers im US-Bundesstaat New York begann vor einiger Zeit, Mitnahme-Boxen zu vermieten. Sie ließ für ihre Direktwerbekunden 1.000 Beilagen zusätzlich drucken und verteilte sie in örtlichen Geschäften. Die Beilagen waren mit einem Farbstreifen gekennzeichnet, so daß ihre Kunden feststellen konnten, wieviel Neugeschäft auf die Direktwerbekampagne und wieviel auf die Mitnahme-Boxen zurückzuführen war. Die Mitnahmeboxen waren so erfolgreich, daß sie ein neuer Geschäftszweig für die Firma wurden.

Neal Perlovitz, der Präsident von Direct Mailers, sagt: »In einer engen Wirtschaft müssen Sie sich Stadt für Stadt einzeln erobern, und örtliche Gutscheinverteilung ist der ideale Weg, Ihre Umsätze zu steigern.«

Tops Appliances im Nordosten der USA setzt regelmäßig Mitnahme-Boxen in Einzelhandelsgeschäften ein, um Zusatzumsätze mit Kunden zu erzielen, die bereits im Laden sind. Sie verwenden dabei Gutscheine (»Sie sparen heute 100 Dollar an jeder Klimaanlage«) sowie besondere Kundenwegweiser, um die Kunden in verschiedene Abteilungen zu führen.

Gestaltung von Handzetteln für Mitnahme-Boxen

- **Spielen Sie Ihr Produkt bzw. Ihre Dienstleistung voll aus**

  Ihre Überschrift sollte direkt auf den Punkt kommen und fett gedruckt sein. Ihre Botschaft sollte unmißverständlich sein und den Kunden dazu anregen innezuhalten, zu lesen und den Handzettel mitzunehmen.

- **Machen Sie Ihre Kopfzeile oder Ihr Logo zum Kernstück Ihrer Werbebotschaft**

  Der Handzettel soll die Identität Ihres Produktes und Ihrer Firma vermitteln. Sie haben nur den Bruchteil einer Sekunde, um die Aufmerksamkeit des Kunden zu erregen. Ein Logo oder eine Kopfzeile sind genügend werbewirksam, um das zu erreichen.

- **Bieten Sie dem Kunden einen wertvollen Vorteil an**

  Der Handzettel sollte als Hauptelement einen Gutschein oder einen speziellen Vorteil, den Sie anbieten, enthalten. Erläutern Sie ein Sonderangebot; erwähnen Sie, daß Ihre Verkaufsförderungsaktion demnächst ausläuft; oder weisen Sie auf eine besondere Produktausstattung hin, die Sie zur Zeit anbieten. Sie müssen eine gewisse Dringlichkeit schaffen und mit dem Handzettel einen Nutzen versprechen. Der Kunde muß einen Grund haben, Ihren Handzettel *jetzt* mitzunehmen.

- **Setzen Sie geschickt Farbe ein**

  Der Handzettel muß auffallen. Klarheit ist jedoch wichtiger als Auffälligkeit.

- **Verwenden Sie beschichtetes Qualitätspapier**

  Geben Sie dem Kunden etwas, das ihn veranlaßt, Sie ernst zu nehmen.

- **Erleichtern Sie es dem Kunden, auf Ihr Angebot zu reagieren**

  Wenn Ihr Handzettel ein Gutschein ist, gestalten Sie ihn so, daß er gut verständlich ist und leicht eingelöst werden kann.

Quelle: Supermarket Communications Systems (Norwalk/Connecticut, USA)

Firmen für Kleindrucksachen

KENTSCH DRUCK
Oerier Straße 4 • 30982 Pattensen • (05101) 65 42

Siegl-Druck GmbH
Adelheidstraße 26-28 • 88046 Friedrichshafen • (07541) 92 07-13

Die meisten Hersteller für Kleindrucksachen sind lokale Unternehmen. Sie finden sie in den Gelben Seiten unter den Rubriken »Werbung« oder »Wurfsendungen«.

Handzettel

Ein kostengünstiger Weg, um Ihr Angebot bekannt zu machen

Angesichts ihrer geringen Kosten stellen Handzettel eines der wirksamsten Guerilla Marketing-Instrumente dar. Sie verbinden größte Werbewirkung mit äußerster Wirtschaftlichkeit. Warum?

- Sie erregen sofortige Aufmerksamkeit.
- Sie sind überraschend kostengünstig (die Stückkosten liegen bei wenigen Pfennigen).
- Sie gestatten es Ihnen, auch einmal Farbe zu verwenden, um sich von der Flut an Schwarz-Weiß-Druckerzeugnissen abzusetzen.
- Sie bieten ein Höchstmaß an Einfachheit und Flexibilität.

Handzettel können an den verschiedensten Stellen verteilt werden: angeheftet an öffentliche Anschlagtafeln, ausgehändigt an Straßenecken, verteilt an Sport- und Musikfans, wenn sie das Spiel oder Konzert verlassen, unter Windschutzscheiben geklemmt, Ihrer Ausgangspost beigelegt. Sie können sogar mit benachbarten Geschäften, die keine Konkurrenten sind, vereinbaren, Ihre Handzettel in diesen Geschäften auszulegen.

Tips zur Gestaltung eines Handzettels

Sie waren es gewohnt, Geld zu sparen, indem Sie die Gestaltung Ihrer Handzettel einem Druckereibetrieb überlassen haben. Mit der schnellen Verbreitung von Desktop-Publishing und preiswerten Kopier-Servicefirmen ist es jedoch sinnvoller, mehr Geld für einen erstklassigen Designer auszugeben und dann das zu kopieren, was Sie benötigen.

Gehen Sie nicht nachlässig mit dem Text um. Der Unterschied zwischen Erfolg und Mißerfolg eines Handzettels ist häufig darauf zurückzuführen, wie gut er geschrieben ist. Beachten Sie die besondere Bedeutung einer aufmerksamkeitsstarken Überschrift.

Erwähnen Sie Ihr Angebot, den Auslauftermin Ihrer Verkaufsförderungsaktion, Ihre Adresse, Telefon- und Faxnummer sowie die Produktnutzen, die Ihr Produkt bietet. Wenn auch der überwiegende Teil der Umsätze, die Sie durch Handzettel erzielen, bald nach der Verteilung zustande kommt, wollen Sie doch gleichzeitig ein Markenimage aufbauen, das zu Anschlußkäufen führt.

Ein örtliches Feinkostgeschäft legte einen Stoß Handzettel in der Eingangshalle unseres Bürogebäudes aus. Er enthielt ihre Menüs und die Telefonnummer und warb in großen Buchstaben »KOSTENLOSE LIEFERUNG«. Wir hatten nie von diesem Geschäft gehört. Jetzt bestellen wir täglich unser Mittagessen bei ihnen.

Die Verteilung entscheidet über den Erfolg

Die Verteilung ist für den Erfolg von Handzetteln von entscheidender Bedeutung. Sie könnten daran denken, Schüler einzusetzen, um sie an Haushalte oder an einer belebten Straßenecke zu verteilen. Hängen Sie sie an Anschlagtafeln in Ihrer Umgebung aus (falls dies zulässig ist). Händigen Sie die Handzettel an Kinobesucher aus. Verteilen Sie die Handzettel jedoch nicht in einem Einkaufszentrum oder einer anderen privaten Einrichtung, ohne vorher die örtlichen Bestimmungen zu prüfen.

Handeln Sie überlegt. Legen Sie fest, wer Ihre Kernzielgruppe ist. Ein China-Restaurant heftet Handzettel unter die Scheibenwischer aller Autos auf dem Pendler-Parkplatz – immerhin lebt jeder Pendler in der Gegend und wird den Handzettel lesen. Eine sehr gute Zielgruppenansprache.

Mit Handzetteln kann man Schüler hervorragend ansprechen. Sie können sie durch Schüler in Schulbussen oder nach Schulveranstaltungen verteilen lassen. Gestalten Sie die Handzettel humorvoll, und Sie werden garantiert eine Wirkung erzielen.

Schlagen Sie auf den Gelben Seiten unter »Werbeunternehmen« oder »Prospektverteilung« nach. In vielen Städten gibt es Firmen, die sich auf die Verteilung von Prospekten und Handzetteln spezialisiert haben. Diese Firmen sind zwar teurer als Schüler, dafür jedoch verläßlicher.

Nachdem ein Hersteller vergeblich versucht hatte, einen Einzelhändler zu überzeugen, daß es einen Markt für sein Produkt gäbe, griff er auf Handzettel zurück. Er verteilte 10.000 Handzettel mit einem Gutschein (für eine Preisermäßigung auf sein Produkt von 5 Dollar). Nachdem mehr als 50 Kunden versucht hatten, den Gutschein im nächstgelegenen Warenhaus einzulösen (jenes, das das Produkt zunächst nicht anbieten wollte), erkannte der Manager, daß es doch einen Markt für dieses Produkt gab. Der Hersteller hatte natürlich den Namen des Warenhauses im Handzettel nicht erwähnt. Das hätte schiefgehen können.

Handzettel des Jalousienanbieters Blohberger. Sie sind Teil einer Positionierungskampagne, die das gesamte, einheitlich und ansprechend gestaltete Werbematerial sowie die Geschäftspapiere der Firma umfaßt (siehe auch Seite 155).

Brainstorming für Handzettel

Verwenden Sie diese Seite, um einen Handzettel zu entwerfen. Fassen Sie sich kurz, und stellen Sie die wichtigsten Elemente sichtbar heraus.

Türanhänger

Eine kostengünstige, sehr persönliche Möglichkeit, um an potentielle Kunden heranzutreten

Wenn Sie ein Geschäft betreiben, das ortsgebunden ist, und wenn Sie Ihren potentiellen Kunden etwas über sich mitteilen wollen, ist ein Türanhänger eines der besten Werbeinstrumente, das Sie einsetzen können. Die Kosten für Druck und Verteilung sind nicht hoch, und Sie erreichen ihre potentiellen Kunden direkt. Ein Türanhänger, den Sie verteilen, sendet die Botschaft aus: »Ich war persönlich hier, und ich habe gerade IHNEN etwas zu sagen. Als Kunde sind Sie für mich wichtig«.

Die werbewirksamsten Türanhänger sind jene, die wie übergroße Hotel-Türanhänger mit der Aufschrift »Bitte nicht stören« aussehen. Der Erfolg dieser Werbeform hängt wiederum stark von der Überschrift ab. Um Ergebnisse zu erzielen, muß Ihr Türanhänger eine unmittelbare Werbewirkung auf den Empfänger haben. Ein gut gestalteter Türanhänger wird mit Gewißheit von der Person gelesen, die ihn von der Türklinke zieht. Sobald die Person ihn in die Hand nimmt, wird die Werbebotschaft übermittelt – das ist direkte Werbung!

Die Handlungsaufforderung ist das Hauptanliegen: »Sie könnten heute abend eine heiße Pizza essen, anstatt zu kochen«. Dies ist eine gute Überschrift. Stellen Sie sich die Person vor, die nach einem langen Arbeitstag nach Haus kommt und den Türanhänger mit dieser Schlagzeile findet, darunter ein Gutschein der örtlichen Pizzeria. Der Türanhänger wird seine Wirkung kaum verfehlen.

Tips für die Gestaltung von Türanhängern

- Eine kurze, aussagekräftige Schlagzeile ist am wirksamsten.
- Sparen Sie nicht in der Herstellung. Türanhänger sind ohnedies billig, daher übertreiben Sie es nicht. Lassen Sie Ihren Türanhänger auf stärkerem Papier oder Karton drucken, und fügen Sie einen Schuß Farbe hinzu.
- Verwenden Sie Anwenderbeispiele. Dies ist der wirkungsvollste Weg, um potentielle Kunden zu überzeugen, daß Sie ein angesehenes Geschäft führen.
- Beschreiben Sie Ihre besondere Qualifikation für Ihre Dienstleistung. Die Kunden sollten wissen, daß Sie nicht gerade eine Eintagsfliege sind.
- Bieten Sie einen Vorteil an – einen Rabatt, einen Gutschein, einen kostenlosen Kostenvoranschlag oder eine kostenlose Broschüre. Veranlassen Sie den potentiellen Kunden, Sie anzurufen.

Selten kann ein Marketing-Instrument allein den ganzen Verkaufsprozeß für Guerillas erledigen. Es trägt jedoch vielleicht dazu bei, daß Guerillas einen Fuß in die Tür bekommen, und das kann zu einem Kundennamen auf einem Bestellformular führen.

Die überall zu findenden Speisekarten von chinesischen Restaurants, die in den meisten Städten wahllos in die Eingänge von Appartementhäusern geworfen werden, sind die schlechteste Art von Marketing. Sie haben keine griffige Überschrift oder ein Sonderangebot, und die Verteilung ist verschwenderisch

Ein Geschäftsmann hatte ein relativ komplexes Produkt zu verkaufen – einen Video-Auslieferungs- und -Abholdienst. Er begann seinen Verkaufsprozeß damit, daß er in Schüler einsetzte, die in seinem Zielgebiet Türanhänger aufhängten. Die farbigen Türanhänger (es geht auch ohne Farbe) beschrieben kurz den Service und forderten die Leser auf, die angegebene Telefonnummer anzurufen, um weitere Informationen zu erhalten.

Bemerkenswerterweise riefen 18 % der Leute an, die einen Türanhänger erhalten hatten, und verlangten zusätzliche Informationen. Diese Interessenten wurden von College-Studenten besucht, die die Verkaufsabschlüsse tätigten. Ein derartiger Erfolg wäre niemals eingetreten, wenn unser Geschäftsmann auf herkömmliche Medien vertraut hätte.

Die Türanhänger waren geradezu die Eintrittskarte in das gute Wohngebiet, dessen Einwohner seine Kernzielgruppe waren. Er prüfte, ob es rechtlich zulässig war, Türanhänger aufzuhängen. Sie waren erlaubt, solange sie an Türklinken aufgehängt wurden. Es wäre nicht erlaubt gewesen, sie in die Briefkästen zu werfen. In Deutschland ist dies zulässig; allerdings müssen eventuelle Verbotsaufkleber für Werbematerial an privaten Briefkästen beachtet werden.

und störend. Viele Restaurants haben zweifellos sogar Kunden verloren, weil sie in die Privatsphäre potentieller Kunden eingedrungen sind. Jedesmal wenn Sie ein neues Werbemedium ausprobieren, sollten Sie ein wenig Marktforschung durchführen, um sich zu vergewissern, daß Sie die potentiellen Kunden nicht vor den Kopf stoßen.

Türanhänger lassen sich leicht testen. Kennzeichnen Sie die Türanhänger (entweder mit Farbe oder einer Nummer am unteren Rand des Gutscheins), und ermitteln Sie nach dem Rücklauf die Ergebnisse. Tauschen Sie die Angebote in den verschiedenen Verteilbezirken aus. Sie sollten sich jedoch bewußt sein, daß diese Taktik sich erschöpfen kann. Die Erfahrung hat gezeigt, daß Türanhängerkampagnen einige Male wiederholt werden müssen, bevor optimale Ergebnisse erzielt werden. Ein Kunde, der bei der ersten Gelegenheit, bei der er das Angebot sieht, keine Pizza bestellt, wird vielleicht in der nächsten Woche dem Angebot erliegen.

Brainstorming für Türanhänger

Verwenden Sie diese Seite, um einen Türanhänger zu skizzieren, der in Ihrer Nachbarschaft werbewirksam eingesetzt werden könnte.

»Rufen Sie uns an, und wir liefern – kostenlos!« – Dieser Türanhänger hat eine gute Überschrift, eine Handlungsaufforderung und bewirbt einen besonderen Service.

Geschenkgutscheine

Ein kostengünstiges, einträgliches Marketing-Instrument

! Seien Sie nicht habgierig. Zu viele Einzelhändler verlieren neue Kunden, weil sie ihnen das Leben schwer machen, wenn diese versuchen, ihren Geschenkgutschein gegen Geld einzulösen. Wenn ein Kunde einen 20-DM-Artikel mit einem 100-DM-Geschenkgutschein kauft, sollten Sie nicht zögern, ihm das Wechselgeld bar auszuzahlen. Wenn man einen Kunden zwingt, etwas zu kaufen, das er nicht will, erreicht man nichts. Man baut jedoch eine Ablehnung auf. Seien Sie großzügig – schließlich ist der Geschenkgutschein bereits bezahlt.

Geschenkgutscheine zu drucken ist wie Geld zu drucken. Firmen, die sich dazu entschließen, bereuen es später nicht. Nie? Nein, nie. Machen Sie nicht den Fehler anzunehmen, daß Geschenkgutscheine ausschließlich die Domäne von Warenhäusern sind. Heutzutage werden mit Geschenkgutscheinen beachtliche Gewinne erzielt, die ausgegeben werden von Kinos, Masseuren, Computerläden, Autohändlern (für Ersatzteile und Service), Buchhandlungen, Schuhgeschäften, Skigebieten, Fluglinien und zahllosen anderen Geschäftszweigen.

Hinweis: Geschenkgutscheine funktionieren besonders gut in Geschäften, die sie vorher noch nie angeboten haben. Die Verbraucher halten ständig Ausschau nach neuen und ungewöhnlichen Geschenkideen. Geschenkgutscheine sind da häufig genau das Richtige. Eisenwarengeschäfte, Videotheken und Kaffee-Bars sind zum Beispiel perfekte Plätze, für die man Geschenkgutscheine anbieten kann.

Beginnen Sie Ihr Vorhaben, indem Sie ein Schild drucken oder in Ihrer Broschüre, Beilage oder Anzeige eine Zeile hinzufügen, die lautet: »Fragen Sie nach unseren Geschenkgutscheinen«. Für den Druck der Gutscheine wird Qualitätspapier empfohlen. Führen Sie Ihren Firmennamen oben auf, lassen Sie Platz für den Geldbetrag, und sehen Sie auch für den Namen des Empfängers genügend Platz vor. Ein passendes Anwenderbeispiel, das den Wert und die Zweckmäßigkeit Ihrer Geschenkgutscheine demonstriert, wird die Akzeptanz Ihres Programms steigern. Vermeiden Sie ein Gültigkeitsdatum. Wie Diamanten sollten Geschenkgutscheine für immer sein. Die meisten Empfänger lösen sie schließlich doch ein. Trotz der Schwierigkeiten mit der Buchhaltung: Einem Kunden mitzuteilen, daß der Geschenkgutschein nicht mehr gültig ist, wird ihn garantiert verärgern.

Als Alternative zu den Standard-Geschenkgutscheinen in Form des Blankoschecks können Sie etwas Ausgefalleneres versuchen. Bieten Sie einen Geschenkgutschein an für eine wöchentliche Wagenwäsche für ein Jahr, für eine Tasse Espresso jeden Morgen oder eine Rückenmassage oder was auch immer. Wenn Sie die Angabe des Geldwertes auf dem Gutschein vermeiden, können Sie den Gutschein für den Geber sogar attraktiver machen.

Fast jedes Geschäft kann von einem Warengeschenkgutschein profitieren. Hier sind einige Ideen, um Sie zu veranlassen, darüber nachzudenken, wie solche Gutscheine in Ihrem Geschäft eingesetzt werden können.

Neun Ideen für Geschenkgutscheine

- Eine Massage
- Ein Rosenstrauß
- Ein Bowlingabend
- Ein Jahr Kino (Videothek oder im Kino)
- Essen für zwei Personen mit Wein an einem reservierten romantischen Tisch

- Kostenlose Hausreinigung vom Dach bis zum Keller
- Kostenlose Tankfüllung (»Dank dafür, daß Sie mir Ihr Auto geliehen haben«)
- Kostenloses Babysitting für einen Nachmittag
- Kostenlose E-mail-Verbindung mit CompuServe für einen Monat

Die wichtigste Gelegenheit

Wenn Sie einen Geschenkgutschein verkaufen, erzielen Sie mit dem ersten Gutschein tatsächlich keinen Gewinn. Ein Geschenkgutschein ist Ihre Gelegenheit, einen Erstkunden in einen Dauerkunden zu verwandeln.

Geben Sie Ihren Mitarbeitern die Anweisung, daß Einlöser von Geschenkgutscheinen mit besonderer Aufmerksamkeit zu behandeln sind. Dies ist Ihre Gelegenheit, sie zu beeindrucken und zu Stammkunden zu machen.

Stellen Sie sicher, daß eine Liste mit den Namen und Adressen aller Kunden geführt wird, die einen Geschenkgutschein in Ihrem Geschäft einlösen. Fassen Sie bei diesen mit einem Brief, einer Broschüre, Gutscheinen oder auch mit einem Dankschreiben nach. Sie haben jemanden gefunden, dem bereits eine Empfehlung gegeben wurde (von der Person, die ihm den Gutschein geschenkt hat) und der Ihre Produkte und Ihren Service kennengelernt hat. Tun Sie alles, was Sie können, daß er als zahlender Kunde wiederkommt.

Brainstorming für Geschenkgutscheine

Einige der wirkungsvollsten Geschenkgutscheine sehen an Stelle eines Geldgeschenks einen bestimmten Artikel oder eine Dienstleistung vor. Stellen Sie eine Liste mit zehn Dingen auf, die Sie in Ihrem Geschäft verkaufen und die als Geschenk geeignet sein könnten.

Tiffany verwendet keine Geschenkgutscheine. Statt dessen prägt das Kunst- und Juweliergeschäft in New York seine eigenen Münzen – schwere, massive Metallscheiben, die sogar wertvoller als Geld aussehen.

Wiederverwendbare Metall-Geschenkgutscheine vermeiden Auseinandersetzungen und sind leicht zu verfolgen, und es macht Spaß, sie zu kaufen und einzulösen.

Geschenkgutschein eines Fitneßcenters. Der Wert des Gutscheins ist vom Kunden frei wählbar.

Guerillas übersehen niemals die kleinen Dinge. Das anscheinend unwichtige Detail der Gestaltung eines Bestellformulars ist tatsächlich sehr wichtig. Wenn Sie durch Direktbestellung oder mit Katalog verkaufen, ist das Bestellformular die letzte Hürde zwischen dem Kunden und dem Auftrag.

Bestellformulare sollten zunächst so benutzerfreundlich wie möglich sein. Sie sollten Ihre Garantie beinhalten, leichtverständliche Hinweise zur Bestellung geben und auch auf neue oder besondere Produkte hinweisen.

Vorstellung neuer Produkte

Wenn Sie ein neues Produkt einführen, heben Sie es auf dem Bestellformular hervor. Ihre Stammkunden bemerken vielleicht nicht, daß Sie etwas Neues haben. Sie werden es schätzen, wenn Sie ihnen einen Hinweis geben. Wenn Sie eine kostenlose Probe anbieten wollen, sollte dies auf dem Bestellformular erwähnt werden.

Sie sollten auch Sonderangebote und Verkaufsförderungsaktionen hervorheben. Wenn Sie Ihre Bestellformulare drucken lassen, könnten Sie überlegen, die Sonderangebote handschriftlich quer aufzuführen. Dieser persönliche Anstrich wird Aufmerksamkeit erregen und den Kunden im kritischen Zeitpunkt der Entscheidung auf einer persönlichen Ebene ansprechen.

Bestellen Sie selbst

Stellen Sie in einem Test fest, wie lange es dauert, Ihr Bestellformular auszufüllen. Gibt es Teile, die unklar sind? Muß der Kunde etwas tun, das Sie übernehmen könnten (Steuerausweisung, Frachtberechnung usw.)? Machen Sie das Bestellformular benutzerfreundlich.

Eine kurzsichtige Politik kann sogar hervorragend konzipierte Guerilla-Marketing-Bemühungen wieder zunichte machen. Hannah Anderson, normalerweise ein Guerilla, präsentiert ihre Waren in einem schönen, bestellfreundlichen Katalog. Aber wenn der Kunde das Bestellformular sorgfältig betrachtet, stellt er fest, daß die Versandkosten bis zu 25 % des Auftragswertes betragen können. Damit wird sie sicherlich einige Kunden abschrecken.

Es erleichtert die Geschäftsabwicklung, wenn Sie verschiedene Bestell- und Zahlungsmöglichkeiten anbieten. Für Wiederholungskäufer sollten Sie automatisch Banklastschrift, Bezahlung mit Kreditkarte oder Teilzahlung anbieten, selbst wenn dies in Ihrer Branche nicht üblich sein sollte. Sie wären überrascht, wenn Sie wüßten, wie viele Verbraucher sich schwer tun, Rechnungen zu bezahlen – besonders kleine. Viele Hypothekenbanken haben dies erkannt. Sie haben Ihren Gewinn und Cash-flow deutlich erhöht, indem sie anboten, die Zahlungsbeträge direkt vom Bankkonto abzubuchen.

Bestellformulare

Verzichten Sie nicht auf diese Werbegelegenheit

Der Mehlhersteller King Arthur, der normalerweise in jeder Hinsicht Guerilla ist, macht es nahezu unmöglich, die Versandkosten richtig zu ermitteln. Jeder Artikel wird mit einem anderen Frachtsatz belastet. Daher brauchen Sie einen Taschenrechner, um die Frachtkosten zu berechnen. Das Unternehmen hat dadurch mindestens einen Stammkunden verloren, weil mir die Bestellung einfach zu schwierig ist.

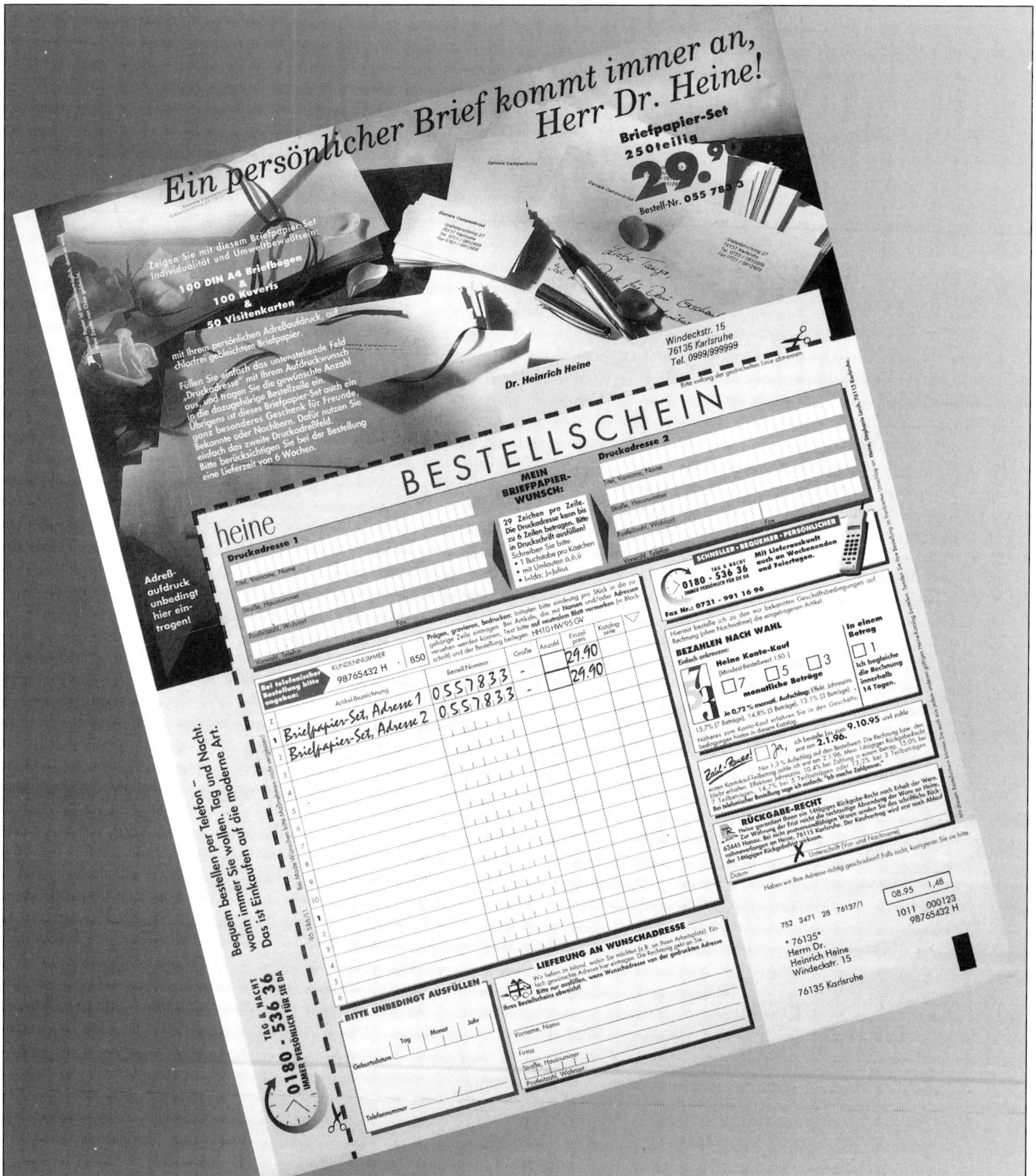

Bestellformular aus dem Katalog der Heinrich Heine GmbH. Alle wichtigen Elemente werden übersichtlich und ansprechend präsentiert und sind leicht aufzufinden. Der Kunde kann wahlweise per Telefon, Fax oder Brief bestellen – natürlich mit Rückgabegarantie.

Sie wären überrascht, wenn Sie wüßten, wie viele Kunden Ihr Bestellformular ausfüllen. Viele dieser Formulare bekommen Sie jedoch gar nicht zu Gesicht, weil sie nie abgeschickt werden. Erlauben Sie den Kunden, ihre Bestellungen per Fax zu senden. Wenn Sie Postversand wünschen, legen Sie Ihrem Katalog einen Antwort-Briefumschlag bei. Sie sollten alles tun, was Sie können, um den Bestellvorgang leicht und flexibel zu machen.

Wenn Sie eine Produktgarantie geben, führen Sie sie deutlich sichtbar auf dem Bestellformular auf. Wenn Sie schnelle Lieferung zusichern, halten Sie das auch ein. Hard Manufacturing, der Weltmarktführer für Krankenhaus-Kinderbetten, gibt auf jedem Bestellformular diese Garantie: »Wenn wir Ihre Bestellung nicht innerhalb von zwei Wochen ausliefern, bezahlen Sie keine Frachtkosten. Wenn wir Ihre Bestellung nicht innerhalb von vier Wochen ausliefern, brauchen Sie das Bett nicht zu bezahlen.« Bei einer derartigen Garantie wird der Kunde kaum zweifeln, daß Sie pünktlich liefern werden.

Brainstorming für Bestellformulare

Nehmen Sie eines Ihrer Bestellformulare und listen Sie die wichtigsten Elemente auf. Gewichten Sie die Merkmale nach Benutzerfreundlichkeit, Verkaufsförderungswert und Klarheit.

Geschäftspapiere

Lassen Sie Ihren Briefkopf für sich arbeiten

Die Gestaltung der Geschäftspapiere scheint eine leichte Aufgabe zu sein. Jeder von uns hat die Briefköpfe von Tausenden von Firmen gesehen. Wie schwer kann es sein, es richtig zu machen?

Ein glücklicher Umstand für Guerillas ist, daß die meisten ihrer Konkurrenten nicht ein Zehntel des Werbepotentials nutzen, das ihr Briefkopf bietet. Damit haben Guerillas eine echte Möglichkeit, eine Alternative zu entwickeln, die werbewirksam ist.

Denken Sie daran, daß Ihre Geschäftspapiere wie Ihr Double wirken, wenn Sie nicht persönlich auftreten. Sie sollten genauso gut aufgemacht sein, wie Sie es für eine wichtige Besprechung wären. Verwenden Sie das teuerste Papier, das Sie sich leisten können. Vermeiden Sie farbiges Papier. Verwenden Sie weiß oder blaßgelb.

Der Briefkopf sollte Ihren Namen sowie Ihre Adresse, Telefonnummer, Faxnummer und E-mail-Adresse angeben. Er sollte jedoch auch Ihre Positionierungsaussage in einem Satz enthalten (»Der führende Hersteller von Krankenhausbetten«). Eine Positionierungsaussage leistet zwei Dinge für Sie: Erstens hilft sie, daß der Briefleser die Positionierung Ihrer Firma versteht. Zweitens erinnert sie den beschäftigten Leser genau daran, wer Sie sind.

Ergänzend zu einer Positionierungsaussage haben viele Guerillas ihren Briefkopf in »Mini-Broschüren« verwandelt. Listen Sie Ihre Dienstleistungen in voller Bandbreite auf. Wenn Sie zum Beispiel in Ihrem Postannahmedienst auch Schreibarbeiten erledigen, setzen Sie das auf Ihren Briefkopf.

Qualität ist alles

Die Sorgfalt, die Sie den ausgehenden Geschäftspapieren widmen, spiegelt die Sorgfalt wider, die Sie Ihrem Geschäft widmen. Don Slavin, Begründer von International Testing Services, Inc., fand dies auf unbequeme Weise heraus. Nachdem er für seine aufstrebende Softwarefirma vor fünf Jahren in einer Fachzeitschrift geworben hatte, wurde er aufgefordert, ein Angebot für ein Unternehmen aus der Fortune-Liste der 500 größten Unternehmen abzugeben.

Er druckte Geschäftspapiere und Firmeninformationen, die er selbst entworfen hatte, und verschickte sie an den potentiellen Kunden. Nachdem dieser das Material erhalten hatte, war er nicht länger interessiert. Wie Don bemerkt: »Ich wurde etwas unhöflich behandelt. Der Interessent war nicht einmal an der Qualität meines Produktes interessiert! Die Tatsache, daß meine Unterlagen minderwertig waren, hatte ihn veranlaßt, mehr über meine Firma besorgt zu sein als über das Produkt. Unnötig zu erwähnen, daß ich sofort neue Geschäftspapiere, Visitenkarten und Broschüren drucken ließ.«

Am Ende verkaufte die Firma von Don Slavin mehr als 15.000 Kopien ihrer Trainings-Software.

Mehr als nur Ihr Briefkopf

Denken Sie auch darüber nach, was Sie bei ausgehender Post im Briefumschlag beifügen. Viele Firmen haben herausgefunden, daß es kostengünstig ist, ihren Namen und ihre Telefonnummer über eine beigefügte Visitenkarte oder Rolodex-Karte (für eine Rotationskartei) in die Hände von potentiellen Kunden gelangen zu lassen. Denken Sie darüber nach, jedem ausgehenden Poststück etwas beizulegen, nicht nur Werbeanschreiben. Eine Firma fügt jedem Scheck eine Visitenkarte bei, wenn sie Rechnungen bezahlt. Eine Autowaschanlage in den USA fügt einen Gutschein für einen Rabatt von 2 Dollar bei jeder Wagenwäsche bei, während die Leute von M&M/Mars häufig jedem Brief, den sie an Verbraucher senden, einen Gutschein für ein kostenloses Pfund M&Ms beilegen (siehe *Beilagen*).

Die Firma Blohberger Jalousien verwendet den Briefbogen und Mitteilungsformulare, um ihr Angebot und das Unternehmen zu positionieren. Die Visitenkarte ist aus echtem Jalousieblech!

Quelle: LOGO *Werbung & Kommunikation, Paderborner Straße 3, 10709 Berlin*

Zielgruppengerichtete Medien

Adressenlisten

Das erfolgentscheidende Element für Ihre Direktwerbekampagne

Kundenlisten sind für ein etabliertes Geschäft so wertvoll wie eine Goldmine. Einen bestehenden Kunden zu halten, ist wesentlich leichter, als einen neuen Kunden zu gewinnen. Allerdings verwenden sehr wenige Unternehmen genügend Zeit darauf, an ihre Stammkunden zu verkaufen. Beginnen Sie mit der Aufstellung Ihrer Kunden-Adressenliste am Tag der Eröffnung, und hören Sie niemals auf, Namen zu sammeln.

Neun Möglichkeiten zur Aufstellung von Adressenlisten

- Wann immer Sie mit einem Anrufer sprechen, notieren Sie sich gleich zu Beginn des Gespräches seine Telefonnummer. Wenn Sie dem Anrufer anbieten, ihm eine Broschüre oder einen Gutschein zu übersenden, bekommen Sie auch gleich seine Adresse.
- Wenn ein Kunde etwas bei Ihnen abgibt (z. B. Schuhe zur Reparatur oder Kleidung zur Trockenreinigung) oder etwas bestellt (z.B. Bücher), achten Sie darauf, daß Sie seine Adresse und Telefonnummer erhalten.
- Führen Sie häufig Preisausschreiben durch (siehe *Verlosungen* und *Preisausschreiben*). Für die Teilnahme müssen die Kunden ein Formular mit ihrer Adresse und Telefonnummer ausfüllen. Die Manager einer neu gegründeten Eishockeymannschaft in Norfolk (Virgina) nahmen zu Beginn an jeder gewerblichen Ausstellung teil. Auf jeder Ausstellung stellten Sie eine Glasschüssel auf ihren Werbetisch und forderten die Besucher auf, ihre Visitenkarten in die Glasschüssel zu werfen, um einen Eishockey-Pullover zu gewinnen. Die Verlosung erzeugte an dem Stand Kundenfrequenz und versorgte die Manager der Mannschaft umgehend mit einer Liste von Namen und Adressen, an die sie Informations- und Werbematerial verschickten. Einige Verlosungsteilnehmer wurden schließlich treue Anhänger der Mannschaft oder Sponsoren.
- Installieren Sie einen auffälligen Briefkasten für VORSCHLÄGE. Dies ist in jedem Fall eine gute Geschäftspraxis. Es gibt Ihnen jedoch auch die Möglichkeit, Adressen zu sammeln. Kunden, die Vorschläge einwerfen, sollten Sie nicht nur auf Ihre Adressenliste setzen, sondern Sie sollten auf jeden Vorschlag persönlich antworten. Senden Sie eine handschriftliche Notiz an den Einsender und danken Sie ihm für seine Vorschläge – ein großartiger erster Schritt, um eine persönliche Kundenbeziehung aufzubauen.
- Entwickeln Sie ein kostenloses Mitteilungsblatt oder einen Katalog, und bieten Sie diese jedem Kaufinteressenten an, der Ihnen seine Adresse und Telefonnummer gibt.
- Fügen Sie Ihrem Produkt ein Angebot bei, das die Kunden auffordert, Ihnen zu schreiben, um es einzulösen. Der Kaffeeproduzent Mister Coffee druckt zum Beispiel auf die Innenseite der Kaffeefilter-Verpackung ein Angebot für seine Wasserfilter. Der Anbieter spricht so nicht nur ernsthafte Kaufinteressenten für eines seiner anderen Produkte an, sondern er sammelt auch Namen

Zielgruppengerechte Medien für Guerillas

Konzentrieren Sie sich auf den Begriff »zielgruppengerichtet«. Mit Direktwerbung, Katalogen und dergleichen können Sie den Kunden direkt ansprechen – einen Kunden nach dem anderen.

In diesem Teil werden Sie die wichtigsten Elemente einer zielgruppengerichteten Medienkampagne kennenlernen und erfahren, wie man sie am besten einsetzen kann. Sie werden lernen, wie Sie die aussichtsreichsten Kaufinteressenten für Ihr Produkt oder Ihre Dienstleistung finden, bevor *Sie mit Ihren Kunden in Kontakt treten. Und dann werden Sie lernen, wie man sie immer wieder anspricht.*

Guerillas erzielen durch ihre direkte Zielgruppenansprache eine höhere Rücklaufquote und schaffen langfristig eine größere Kundenbindung als konventionelle Anbieter, die einfach versuchen, ihre Botschaft in so viele Briefkästen wie möglich zu werfen. Qualität ist zweifellos wichtiger als Quantität, wenn es um die direkte Zielgruppenansprache geht.

und Adressen für seine Datenbank. Die Kunden müssen ein Formular ausfüllen und einsenden, wenn sie das vorteilhafte Wasserfilter-Angebot wahrnehmen wollen.

- Alle verkauften Produkte sind laut Gesetz mit einer Garantie ausgestattet. Geschickte Anbieter legen trotzdem eine Garantiekarte bei. Obgleich für diese Garantiekarte kaum eine rechtliche Grundlage vorhanden ist (d.h. die Garantieverpflichtung ist gegeben, unabhängig davon, ob sie angekündigt wird oder nicht), bietet sie eine gute Möglichkeit, mehr über die Kunden zu erfahren. Die ausgefüllte Garantiekarte enthält Name und Adresse sowie andere wertvolle Informationen über den Kunden.
- Bieten Sie neuen Kunden ein Begrüßungspaket an, das Gutscheine, einen Katalog usw. umfaßt.
- Stellen Sie eine Glasschüssel auf Ihren Verkaufstisch und laden Sie Ihre Kunden ein, ihre Visitenkarten einzuwerfen, um etwas aus Ihrem Laden zu gewinnen.

Wozu Sie Adressenlisten verwenden können

- Versenden Sie Glückwunschkarten zu Geburtstagen, Feiertagen usw.
- Versenden Sie Schlüsselketten, Taschenmesser, Taschenlampen, kleine Kunststoffkürbisse oder dergleichen – einmal im Monat (siehe *Prämien* und *Werbegeschenke*).
- Schneiden Sie Artikel aus und versenden Sie sie an Kunden, die interessiert sein könnten.
- Versenden Sie Dankesbriefe nach besonders großen Einkäufen. Es bestärkt Ihre Beziehung zu einem Kunden in einem besonderen Augenblick.
- Beginnen Sie mit einem Firmen-Mitteilungsblatt. Sie können eine Reihe von Themen ansprechen, wie zum Beispiel Autopflegetips, Schulsportnachrichten, Neuigkeiten aus der Nachbarschaft (jeder liebt es, über sich selbst zu lesen), Informationen über neue Produkte (besonders gut für Hobbys usw.) und sogar Zeitungsausschnitte und besondere Leistungen, die Sie erbracht haben (einschließlich Foto).
- Versenden Sie Zeitschriftenabonnements – gut geeignet für Friseure, Fußbodenreinigungsfirmen und Schornsteinfeger. Ihr Wert wird hoch eingeschätzt, und sie erinnern Ihren Kunden regelmäßig an Sie.

Calyx & Corolla ist ein Blumenhandels-Filialist in den USA, der auf die landesweite Lieferung von frischen Orchideen spezialisiert ist. Wenn Sie einen Strauß für den Geburtstag eines Freundes oder für ein Jubiläum bestellen, wird das Datum im Computer gespeichert.

Elf Monate später werden Sie einen Anruf von Calyx erhalten, der Sie an diese Gelegenheit erinnert, und man wird Sie fragen, ob Sie wieder einen Strauß verschicken wollen. Es kostet das Unternehmen sehr wenig, und die meisten Kunden sind über diesen Hinweis erfreut.

Ein Autoverkäufer hält von jedem Interessenten, der hereinschaut, um sich Autos anzusehen, Name und Adresse fest. Am nächsten Tag schickt er ihnen ein persönliches Dankschreiben dafür, daß sie hereingeschaut haben, und erwähnt das Auto, das sie sich angesehen haben, seine Ausstattungsmerkmale und seinen Preis. Wir kennen wenigstens einen Kunden, der den Händler erneut besuchte, und das freundliche Schreiben, das er erhalten hatte, als Grund für seinen zweiten Besuch angab.

Lowes, ein Baumarkt-Filialist in Nord-Carolina, startete vor kurzem ein Mitteilungsblatt mit dem Titel Select Connection (»Wählen Sie Ihre Verbindung«). Das Blatt liefert Geschichten und Informationen über alle möglichen Do-it-yourself-Projekte. Dadurch, daß Lowes das Mitteilungsblatt an alle Kunden aus seiner Adressenliste verschickt, die derartige Projekte planen könnten, positioniert sich die Firma als Experte auf diesem Gebiet. Wenn Kunden einmal etwas über ihr Vorhaben in dem Mitteilungsblatt gelesen haben sollten, werden sie ihr Material sehr wahrscheinlich bei Lowes kaufen.

Brainstorming für Adressenlisten

Verwenden Sie diese Seite, um aufzulisten, wofür Sie Ihre Kunden-Adressenliste verwenden. Falls die Aufzählung nicht lang ist, entwickeln Sie zehn weitere Ideen.

____

____

____

____

____

Direktwerbe-Postkarten

Eine wirtschaftliche, innovative Lösung für Direktwerbung

Wenn Sie eine Direktwerbeaktion durchführen wollen, könnten Sie es mit einer Postkarte versuchen. Sie können gleichzeitig Geld sparen und Ihre Rücklaufquote erhöhen. Verwenden Sie eine farbige Postkarte und Sie werden zwei Fliegen mit einer Klappe schlagen: Farbe steigert die Leserschaft um 41 % und verbessert die Kaufbereitschaft eines potentiellen Käufers um 26 %. Die Kosten? Geringer, als Sie denken.

Direktwerbung ist teuer. Bei Kosten von ungefähr 1,40 DM pro Brief (wenn Sie Porto, Briefumschlag, Beilage, Kuvertieren und Postfertigmachen berücksichtigen) und einer Rücklaufquote von 1 oder 2 % können Sie erkennen, daß Sie einen kräftigen Gewinn pro Auftrag benötigen, damit es sich lohnt.

Postkarten sind billiger. Sie sparen beim Porto, Sie haben keine Beilage und keinen Umschlag, und Sie müssen nicht kuvertieren. Ein Postkartenversand kostet weniger als 0,55 DM pro Stück. Erkundigen Sie sich in Ihrem Postamt nach dem Porto, bevor Sie die Postkarten drucken lassen. Es gibt auch Größenbestimmungen, die Sie berücksichtigen müssen (Mindestabmessungen: 140 x 90 mm; Maximalabmessungen: 162 x 114 mm; die Länge muß mindestens das 1,41fache der Breite betragen).

Weil die Empfänger die Postkarte nicht öffnen müssen, ist die Chance viel größer, daß sie wenigstens einen Blick auf die Werbebotschaft werfen. Postkarten sind völlig ungeeignet, um zu einem Verkaufsabschluß zu gelangen. Sie sind jedoch sehr gut, um Mitteilungen zu machen oder Aufmerksamkeit zu erregen.

Wenn Sie Ihre Postkarte gestalten, denken Sie daran, daß Sie nur eine Chance haben, Eindruck zu machen. Ihre Überschrift sollte daher dynamisch sein. Verwenden Sie farbiges Papier oder zweifarbigen Druck (z.B. schwarz und rot). Falls möglich, testen Sie eine Vierfarbpostkarte mit einem Foto Ihres Produktes. Weil der erste Eindruck so wichtig ist, widmen Sie den Farben, die Sie testen, besondere Aufmerksamkeit. Sie können Ihre Umsätze verdoppeln. Einige Guerillas haben das bereits geschafft.

Vier Möglichkeiten, um Postkarten für eine Direktwerbekampagne einzusetzen

- Kündigen Sie Ihren besten Kunden ein Sonderangebot an.
- Kündigen Sie Ihren besten Kunden die Eröffnung eines neuen Ladens an.
- Teilen Sie eine gute Kritik mit. Dies eignet sich vorzüglich für Restaurants oder Theater.
- Kündigen Sie eine Verkaufsförderungsaktion an oder eine Neueinstellung – hervorragend für Friseursalons.

Spezialisten für Direktwerbepostkarten

ADM Agentur für Direct-Marketing GmbH
Marienstraße 64 • 41844 Wegberg • (02434) 35 98

DIRECT FRIENDS Werbeagentur für Direct Marketing und Verkaufsförderung GmbH
Borsteler Chaussee 55 • 22453 Hamburg • (040) 51 43 20

"Edgar - auf der Karte" Marketing GmbH
Hallerstraße 57 • 20146 Hamburg • (040) 41 46 04-0

Gremer Direkt
Herder Straße 82 • 40721 Hilden • (02103) 49 93-0

Postkartenbeihefter-Werbung, Heining + Müller GmbH
Lahnstraße 30 • 45478 Mülheim/Ruhr • (0208) 9 99 27-0

refeka Werbemittel GmbH
Am Werbering 1 • 85551 Kirchheim bei München • (089) 903 10 96

Tip: Sie brauchen Postkarten nicht von Grund auf neu zu gestalten. Was halten Sie davon, eine Landschaftsaufnahme von den Karibischen Inseln zu versenden, um Ihr neues Reisebüro vorzustellen?

Pat Rickey, Inhaber von Downpat Productions, der sich selbst als Guerilla zu erkennen gibt, setzt voll auf Direktwerbepostkarten, um für sein Tonstudio neue Kunden zu gewinnen. Alle zwei Monate versendet er 700 Postkarten an Produzenten von Werbespots und an Werbeträger, auf denen er über die Arbeit berichtet, die er kürzlich durchgeführt hat. Er erzielt eine Rücklaufquote von durchschnittlich 1 %. Es kostet ihn einige hundert Dollar, die Postkarten zu versenden, und er erzielt wenigstens einen Auftrag mit jeder Aussendung.

Als direktes Ergebnis seiner zweimonatlichen Postkartenaktion wurde er vor einiger Zeit beauftragt, die Musik für Zsa Zsa Gabors neues Fernseh-Kochstudio zu produzieren.

Ein Drucker, den wir kennen, versandte Postkarten, die er in Las Vegas gekauft hatte. Er schrieb die Adressen von Hand und benutzte den Slogan »Spielen Sie nicht mit Ihren Druckbedürfnissen«, während er einen Rabatt auf seine Dienstleistungen anbot. Die Aussendung erbrachte eine Rücklaufquote von 10 %, sehr hoch für eine Direktwerbekampagne.

Serie von Direktwerbepostkarten, die von Stewart Monderer Design verschickt wurde. Die Agentur versendete alle zwei Wochen eine Postkarte und erhielt einen Werbekostenzuschuß vom Drucker, dessen Namen sie mit aufführten.

Quelle: Stewart Monderer Design, *10 Thatcher St., Suite 112, Boston, MA 02113, USA*

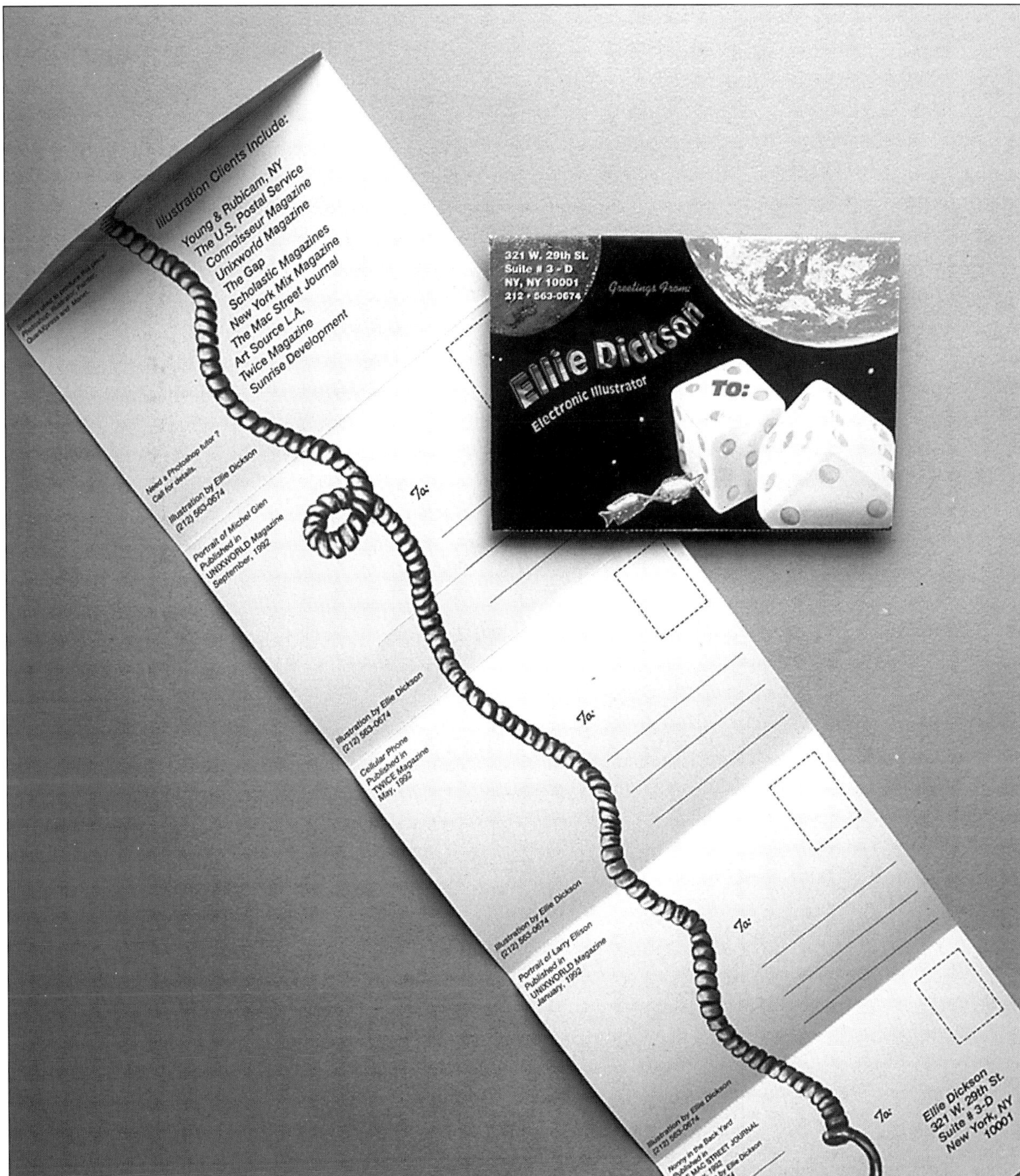

Nicht eine Postkarte, sondern viele. Diese Selbstdarstellung, die von Ellie Dickinson (einer Computer-Graphikerin) verschickt wurde, war perforiert, so daß jede Karte vom Empfänger abgetrennt und verwendet werden konnte. Auf der Rückseite jeder Karte ist eine von Ellies Illustrationen.

Quelle: Ellie Dickinson, *321 W. 29th St., Suite 3-D, New York, NY 10001, USA*

Beilagen

Zielgruppenorientierte, kostengünstige Werbung, die es Guerillas ermöglicht, ihre Kräfte zu bündeln, um aussichtsreiche Kaufinteressenten anzusprechen

Beilagen nutzen die Aufwendungen anderer zum eigenen Vorteil. Sie sind ein flexibles, aktuelles und kostengünstiges Instrument, um die Zielgruppe sehr genau anzusprechen. Suchen Sie einen Anbieter, der bereits eine Zielgruppe abdeckt, an der Sie interessiert sind. Fügen Sie Ihre Werbebotschaft seiner Botschaft als Beilage bei, und Sie werden beide gewinnen.

Beilagen können mit sehr geringen Kosten verteilt werden. Guerillas wissen jedoch, daß sie die Werbewirkung von Beilagen sorgfältig steuern müssen, indem sie sicherstellen, daß diese nur ernsthaften Kaufinteressenten zugehen. Wie bei jeder anderen Direktwerbekampagne ist die Qualität der Kaufinteressenten viel wichtiger als die Quantität. Es nützt Ihnen wenig, eine Beilage an 100.000 Empfänger zu versenden, die kein Interesse an Ihrem Geschäft oder keine Verwendung für Ihre Produkte haben. Daher sollten Sie zuerst Marktforschung betreiben.

Anders als Broschüren werden Beilagen nie von Kaufinteressenten angefordert. Daher müssen Sie sich in der Werbeflut unbedingt abheben. Ihre Beilage muß auffallen – bieten Sie einen Nutzen an, der so unwiderstehlich ist, daß Ihr Angebot nicht übergangen werden kann. Verwenden Sie Beilagen, um Anhaltspunkte für den Verkauf zu bekommen, bei bestehenden Kunden nachzufassen, einen Verkaufsabschluß zu tätigen oder als Unterstützung für eine Verkaufsförderungskampagne.

Huckepack-Beilagen

Unter die Kategorie »Beilagen« fallen verschiedene Werbeformen. Paket-Beilagen werden auch »Huckepack-Beilagen« genannt. Dies sind Direktwerbesendungen, die anderen Aussendungen an Kunden oder Interessenten beigelegt werden. Legen Sie solche Beilagen Ihren eigenen Aussendungen bei, oder kontaktieren Sie eine Firma, die ein passendes Produkt liefert, und vereinbaren Sie, daß Ihre Beilage einer ihrer Aussendungen beigelegt wird. Ein uns bekannter Guerilla-Landschaftsgestalter vereinbarte, daß ein Gutschein für seine Dienstleistungen jeder Aussendung des örtlichen Marktes für Gartenbedarf beigelegt wurde. Der Landschaftsgestalter erreichte seine Zielgruppe und konnte neue Kunden gewinnen. Der Markt für Gartenbedarf gewann auch, weil die Kunden des Landschaftsgestalters nun verstärkt Gartenbedarf und Geräte kauften.

Beilagen-Definitionen

Huckepack-Beilagen: Beilagen oder Werbeanzeigen, die Sie der Postaussendung eines anderen Anbieters beilegen.

Motivwechsel-Test (Auflagensplit): Testen eines Elements in derselben Aussendung. Wenn Sie eine Aussendung von 1.000 Stück planen, können Sie eine Aufteilung vornehmen und 500 Stück mit einer Überschrift sowie 500 Stück mit einer anderen Überschrift aussenden. In den Aussendungen sollte jedoch nur ein Element unterschiedlich sein, und beide Aussendungen sollten zur gleichen Zeit vorgenommen werden. Dies sichert die Aussagefähigkeit des Tests.

Selbständige Beilage: Zum Beispiel jene Handzettel mit Gutscheinen, die Ihrer Zeitung beigelegt werden.

Selbständige Beilagen

Selbständige Beilagen sind jene, die Ihrer Tageszeitung beigelegt werden. Meistens werden sie von Großunternehmen eingesetzt, die einen riesigen Markt mit Gutscheinen oder Hinweisen auf Sonderangebote eindecken wollen. Der Werbetreibende trägt die Kosten für die Herstellung der Beilage und die Kosten für die Zeitungsbeilage – nicht sehr zielgruppenorientiert.

Solche Kampagnen können Millionen von Dollar kosten, und sie erreichen alle Arten von Empfängern – einschließlich jener, die absolut kein Interesse am Angebot des Werbetreibenden haben. Als Guerilla können Sie sich jedoch die gleiche Methode und die dahinterstehende Technik zunutze machen. Lassen Sie eine farbige Beilage mit guter Qualität drucken, und lassen Sie diese Ihrer örtlichen Tageszeitung beilegen. Vielleicht können Sie auch eine Teilbelegung wählen; das heißt, Ihre Beilage wird dann nur in einem bestimmten Teil des Verbreitungsgebietes der Tageszeitung verteilt.

Versuchen Sie, Ihre Beilage zu testen, indem Sie verschiedene Varianten drucken lassen. Lassen Sie Ihre Beilage einer Regionalausgabe der Zeitung beilegen, und ermitteln Sie den Rücklauf. Dies ist eine optimale Vorgehensweise für Einzelhändler, Bauunternehmer oder jeden sonst, der ein bestimmtes Absatzgebiet ansprechen will.

Verbund-Direktwerbung

Es gibt zahlreiche Firmen, die Direktwerbung durchführen. Sie können sie auf den Gelben Seiten unter »Prospektverteilung« finden. Diese Firmen suchen verschiedene örtliche Werbetreibende, die die Kosten einer Direktwerbekampagne mit anderen teilen wollen, um Angebote und Gutscheine in einem Stadtteil zu verteilen. Solche Direktwerbeunternehmen sprechen überwiegend Einzelhändler in einem bestimmten Gebiet an. Sie können eine dieser Firmen kontaktieren, oder Sie wenden sich direkt an andere Werbetreibende. Tun Sie sich mit anderen Geschäften in Ihrer Nachbarschaft zusammen, und versenden Sie ein Paket von Beilagen oder Gutscheinen nach Ihren kombinierten Adressenlisten. Sie werden die gleichen Vorteile haben, Ihre Direktwerbung wird jedoch verstärkt zielgruppenorientiert sein.

Guerilla-Erfolgsstory

Als Sam Altenberg seine Firma Quick Results Video gründete, hatte er ein Problem. Es erwies sich als sehr schwierig, die Kunden über sein neues Sortiment von Videokassetten zur Computerbedienung zu informieren.

Mit konventionellem Marketing hätte man Anzeigen in allen Computerzeitschriften geschaltet und die Videokassetten in Computergeschäften plaziert. Das Problem ist, daß nur ein sehr kleiner Prozentsatz der Zeitschriftenleser tatsächlich Hilfe für ein bestimmtes Programm benötigt. Sam hätte Geld verschwendet, um Leute anzusprechen, die keinen Bedarf hatten.

Statt dessen verfolgte er eine Guerilla-Vorgehensweise. In der Annahme, daß die Schulung von Computerbenutzern auch im Interesse der Softwareanbieter liegen müsse, sprach er diese mit dem folgenden Angebot an: Er würde das Video produzieren und alle Kosten übernehmen, und das Softwarehaus würde sich bereit erklären, jedem Programm einen Handzettel für seine Videokassette beizulegen. Auf diese Weise könnten 100 % aller neuen Programm-Anwender einen Handzettel für die Video-Kassette sehen, und sie könnten sie telefonisch bestellen, anstatt eigens ein Computergeschäft aufsuchen zu müssen.

Bei einem Anwenderprogramm führten 4 % aller Softwarekäufe zu Videokäufen – eine erstaunlich hohe Zahl. Das Sortiment von zehn verschiedenen Videokassetten erzielte Umsätze von mehr als einer Million Dollar.

Direct Micro ist eine Firma, die Computer-Modems verkauft. An wen könnte man Upgrades für schnelle Modems besser verkaufen als an die Abonnenten von Online-Serviceanbietern wie CompuServe? So ließ Direct Micro eine Werbebeilage im Magazin von CompuServe verteilen, das monatlich mit einer Auflage von 1 Million Exemplaren erscheint.

Fast alles kann durch Beilagen beworben werden. Der US-Nahrungsmittelhersteller Nabisco setzte vor einiger Zeit folgende Beilage ein: Mit der Tageszeitung in einem New Yorker Vorort wurde in einem Kunststoffbeutel ein Probierpaket seines neuen Produktes Schokoladen-Cracker verteilt.

Prospektverteiler

AFD-Werbung GmbH
Berliner Ring 127-129 • 64625 Bensheim • (06251) 76001
Fachorganisation für europaweite Haushaltswerbung; Verteilung von Wurfsendungen u.a. durch persönliche Abgabe.

Werbemittelvertrieb und Kurierdienst WKD
Uferstraße 3-4 • 15517 Fürstenwalde • (03361) 50195

ABC-ALLWI-Werbung
Romain-Roland-Str. 16 • 51109 Köln • (0221) 891199

Dau Werbung GmbH
Bebelstraße 5 • 58453 Witten • (02302) 6712

Egro-Direktwerbung GmbH
Bieberer Str. 137 • 63179 Oberhausen • (06104) 4773

Korneli-Werbung GmbH & Co. KG
Am Kiekenbusch 11 • 47269 Duisburg • (0203) 97575-0

Rhein-Main-Prospektverteilerdienst
Schillerstraße 15 • 55590 Meisenheim • (06753) 3033

WVO Waler Werbung GmbH
Frankfurter Ring 32-36 • 80807 München • (089) 333393

Jürgen Johann Werbemittel-Vertriebs-GmbH
Faulbrunnenweg 5 • 65439 Flörsheim • (06145) 31798

Informationen über Beilagen und Wurfsendungen

BDWV Bundesvereinigung Deutscher Werbemittelverteiler e.V.
Oststraße 41-43 • 22844 Norderstedt • (040) 5264796

Zehn Regeln für wirksame Beilagenwerbung

- **Wählen Sie das richtige Verteilungsprogramm**

  Suchen Sie die demographische Struktur, die auf Ihr Produkt oder Ihre Dienstleistung abgestimmt ist. Vergewissern Sie sich, daß das Warenangebot, das Ihre Beilage umgibt, die Werbewirkung Ihres Angebotes erhöht.

- **Testen Sie wenigstens zehn Programme gleichzeitig**

  Von zehn getesteten Programmen sind im Durchschnitt drei Verlierer. Experimentieren Sie mit neuen Beilagen, um einen verläßlichen Erfolgsmaßstab zu bekommen.

- **Testen Sie Text, von dem Sie bereits wissen, daß er die Leser anspricht**

  Entwerfen Sie keinen neuen Text bzw. neue Grafiken oder ein neues Angebot, wenn Sie Ihre Beilage zum ersten Mal testen. Testen Sie das, von dem Sie wissen, daß es in der Direktwerbung oder in der Medienwerbung wirkt. Falls Ihr Programm nicht erfolgreich sein sollte, dann wissen Sie, daß es das Programm war und nicht der Text oder das Angebot.

- **Seien Sie geduldig, wenn Sie ein Programm bewerten**

  Beilagen zu Einzelhandelsprodukten können sechs Monate brauchen, bevor sie vollständig verteilt sind. Ermitteln Sie die vertretbaren Kosten pro Auftrag. Solange Ihre Kosten darunter liegen, können Sie das Beilagen-Vertriebsprogramm als Erfolg betrachten.

- **Versuchen Sie, Programme mit mäßigem Ergebnis in Gewinnbringer zu verwandeln**

  Durch Reduzierung der Druckkosten, Änderung der Gestaltung oder Änderung von Lagerhaltung, Farbe oder Text können Sie vielleicht die Kosten für die Teilnahme an einem Programm beeinflussen. Kreative Überarbeitung kann ein mäßig gewinnbringendes Programm in einen richtigen Erfolg verwandeln.

- **Codieren Sie jeden Beilagen-Satz**

  Verwenden Sie einen fünf- oder sechsstelligen Schlüssel und codieren Sie jede Beilage, die Sie versenden. Das erlaubt Ihnen, bei Rückläufen festzustellen, zu welcher Beilage sie gehören. Es ist besser, die Zusatzkosten für eine Druckunterbrechung zu zahlen und den Schlüssel zu ändern, als über den Erfolg unsicher zu sein.

- **Verwenden Sie eine angemessene Auflagenhöhe**

  Ihre Testergebnisse sind vielleicht nicht statistisch signifikant, wenn Sie nicht wenigstens 10.000 Beilagen in jedem Testprogramm haben. Andererseits müssen Sie zu lange warten, bis alle Ihre Beilagen verteilt sind und Sie die Ergebnisse beurteilen können, wenn die Zahl der Beilagen in einem Vertriebsprogramm zu hoch ist. Ein Lösungsweg ist, eine Beilagen-Aussendung mit sehr hoher Auflage in Teilauflagen mit unterschiedlichen Schlüsselnummern aufzuteilen und den Erfolg schrittweise zu ermitteln.

! ***Hinweis:*** *Versenden Sie nie Post, ohne eine Werbebeilage für eines Ihrer Produkte beizulegen.*
Immer wenn Sie ein Produkt versenden, fügen Sie eine Beilage bei, die den Kunden auffordert, wieder bei Ihnen zu bestellen. Fügen Sie Beilagen Ihren Rechnungen, Katalogen, Mitteilungen und Mitteilungsblättern bei. Nutzen Sie jede Gelegenheit, Ihren Kunden ein Kaufangebot zu präsentieren.

- **Wählen Sie ein zuverlässiges Direktwerbeunternehmen aus**

  Infolge von Herstellungs- oder Versandfehlern werden viele Beilagen nicht bestimmungsgemäß verteilt. Das von Ihnen beauftragte Direktwerbeunternehmen muß sicherstellen, daß Ihre Materialien korrekt gedruckt werden, bestimmungsgemäß versendet werden, von der richtigen Zielgruppe empfangen werden und im richtigen Programm beigelegt werden.

- **Testen Sie bei erfolgreichen Rückläufen erneut**

  Wenn Sie es unterlassen, kann ein Wettbewerber einspringen und Sie daran hindern, von Ihrem Erfolg zu profitieren. Andererseits sollten Sie einen ausreichenden Vorrat an vorcodierten Beilagen bereithalten, so daß Sie an einem neuen Programm teilnehmen können oder an Stelle eines Konkurrenten einspringen können, der es versäumt hat, seinen Wiederholungstest rechtzeitig durchzuführen.

Quelle: Leon Henry, Präsident von Leon Henry, Inc.

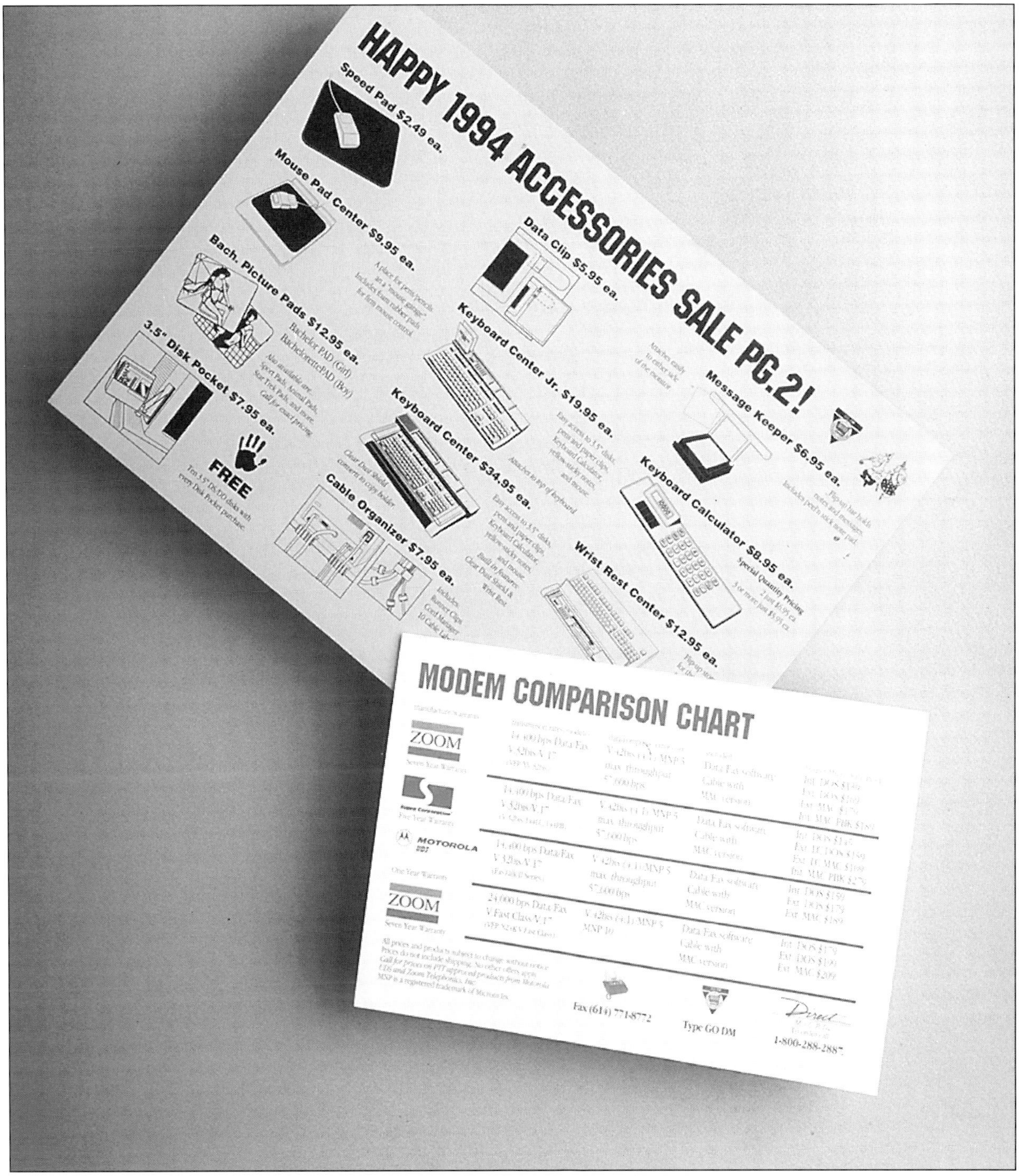

Die Beilagen, mit denen Direct Micro in jeder Ausgabe des CompuServe-Magazins warb (siehe Seite 164).

Direktbestellungen im Versandgeschäft

Wiederholungskäufe sind der Schlüssel für Versanderfolg

Direktbestellungen sind nicht Direktwerbung.

Direktbestellungen geben dem Kaufinteressenten eine Gelegenheit, auf Ihre Werbung in einer Zeitschrift oder im Fernsehen zu reagieren.

Direktwerbung ist ein Brief, der an bestimmte Mitglieder einer Zielgruppe gerichtet ist und besonders zu einer Bestellung auffordert.

Aus Sicht des Werbetreibenden ist die Direktbestellung passiv und Direktwerbung aktiv.

Direktbestellungen sind für einige Guerillas ein nützliches Instrument. Zunächst sind die Anfangskosten gering. Zahllose Versandgeschäfte in den USA haben mit weniger als 1.000 Dollar am Küchentisch begonnen. Was noch wichtiger ist: Das Versandgeschäft gibt Ihnen die Möglichkeit, starke direkte Beziehungen zu individuellen Kunden aufzubauen – etwas, das viel schwieriger ist, wenn Sie an Einzelhändler verkaufen.

Direktbestellungen sind weniger zielgruppenorientiert als andere Direktwerbeinstrumente. Sie wählen ein Werbemedium – eine Zeitschrift, eine Fernsehshow, ein Radioprogramm –, dann schalten Sie Ihre Werbung und hoffen das Beste. Unvermeidlich erreichen Sie eine große Zahl von Personen, die an Ihrem Produkt nicht interessiert sind. Wenn Sie jedoch das richtige Publikum mit der richtigen Werbung erreichen, können die Ergebnisse äußerst profitabel sein. Einige erfolgreiche Anzeigen wurden 30, 40 oder 50 Jahre lang geschaltet, mit regelmäßigen, vorhersehbaren und hohen Ergebnissen.

Der Grund für die geringen Anfangskosten sind die vorherigen Produkttests. Guerillas wissen, daß sie zu geringen Kosten ein umfassendes Testprogramm durchführen können, das mit hoher Wahrscheinlichkeit vorhersagen läßt, ob ein Produkt gewinnbringend sein wird oder nicht. Kann ein Einzelhandelsgeschäft nicht das gleiche tun? Besitzer von Einzelhandelsgeschäften müssen Ihre Augen schließen und direkt den Sprung in den Markt wagen, in der Hoffnung, daß Ihre Investition in Ladenmiete, Ladenausstattung, Kasse und Mitarbeiter sich auszahlt. Der Betreiber eines Versandgeschäftes kann das Geschäft nach seinem Belieben und mit vergleichsweise geringen Fixkosten ausbauen.

Sie sollten nicht zu viel Geld investieren, ohne zuvor Ihr Produkt, Ihren Preis und – noch wichtiger – Ihre Werbung zu testen. Wenn ein Produkt getestet ist und sich als Erfolg erwiesen hat, können Guerillas ihre Umsätze durch eine starke Werbekampagne für Direktbestellungen überproportional steigern.

Guerillas im Versandgeschäft

Der normale Anbieter von Massenprodukten, das Gegenteil eines Guerillas, kann im Versandgeschäft erfolgreich sein, wenn er sich darauf konzentriert, mit einem Produkt gleichzeitig so viele Kunden zu erreichen wie möglich. Guerillas verwandeln jedoch diese traditionell unpersönliche Verkaufsform in einen Prozeß, der von persönlichen Verkaufsbeziehungen lebt und so ein Netzwerk loyaler Kunden aufbaut, die ein ganzes Sortiment für eine lange Zeit kaufen. Ein Guerilla verkauft mehr an weniger Kunden als traditionelle Anbieter von Massenprodukten. Indem er so verfährt, baut er jedoch eine stärkere und gewinnbringendere Marktbasis auf, die sein Geschäft bis weit in die Zukunft unterstützt.

Ein (gravierender) Nachteil für Guerillas im Versandgeschäft ist das Fehlen von Mundpropaganda. Die meisten Guerillas gedeihen auf der Grundlage der Empfehlungen ihrer Kunden. Wenn Sie jedoch ausschließlich im Versandgeschäft verkaufen, ist es schwierig, die Beziehung zu pflegen, die notwendig ist, um wertvolle Mundpropaganda zu erzeugen. Glücklicherweise gibt es Möglichkeiten, die Barriere zwischen dem Versender und dem Direktbesteller zu überwinden. Und Guerillas nutzen diese Gelegenheiten, um persönliche Beziehungen zu Ihren Kunden aufzubauen.

Der Schlüssel zum Erfolg beim Aufbau der Kundenbeziehung im Versandgeschäft heißt Werbung. Einige Techniken für Kleinanzeigen werden in unserem Kapitel »Kleinanzeigen« behandelt. Der Rest folgt nachstehend:

Ted Nicholas empfiehlt in seinem Buch The Golden Mailbox, *in Ihrer Werbung kein Postfach als Adresse anzugeben. Ein Postfach ist zu un-persönlich. Geben Sie den Kaufin-teressenten eine richtige Adresse, an die sie ihre Bestellung schicken können. Straßenanschriften kann man finden und lassen den Kunden glauben, daß Sie einen florierenden Geschäftsbetrieb unterhalten und nichts zu verbergen haben.*

Empfehlungen für wirksame Kleinanzeigen im Versandgeschäft

- Erringen Sie die Aufmerksamkeit des Lesers. Die Überschrift ist besonders wichtig. In seinem Buch *Mail Order: Starting Up, Making It Pay* schlägt J. Frank Brumbaugh vor, einen der folgenden Aufhänger in Ihrer Überschrift bzw. Schlagzeile zu verwenden:

  Das Geheimnis von ...
  Enthüllung: ...
  Neue Entdeckung: ...
  Was Sie über ... wissen sollten.
  Kostenlos! Das Geheimnis ...
  Ist Zufriedenheit 5,75 DM wert?
  Fehler, die ... kosten.
  273 Möglichkeiten, um ...
- Stellen Sie sicher, daß Ihre Kleinanzeige in die richtige Rubrik eingeordnet wird. Die Bezeichnung der Rubriken hängt von der jeweiligen Zeitschrift oder Zeitung ab.
- Halten Sie Ihren Anzeigentext kurz und einfach. Jedes Wort in Ihrer Kleinanzeige sollte zählen, insbesondere deshalb, weil jedes Wort Geld kostet.
- Fordern Sie den Kaufinteressenten zur Handlung auf, und machen Sie es für den Kunden möglichst einfach, Ihnen zu antworten. Der Leser sollte den dringenden Wunsch verspüren, etwas zu tun – idealerweise, einen Auftrag zu erteilen. Geben Sie eine gebührenfreie 0130-Telefonnummer an.
- Geben Sie eine Geltungsdauer für Ihr Versandangebot an. Diese Art von Angeboten zwingt Kaufinteressenten zu handeln. Sie können zum Beispiel werben: »Im nächsten Monat können Sie mein Buch zum Sonderpreis von 9,95 DM kaufen«. Wir empfehlen, die Verwendung von Zeitvorgaben zu testen, da einige Kunden durch Schlußtermine verprellt werden. Testen Sie, ob es für Sie funktioniert.
- Loben Sie eine Geld-zurück-Garantie aus. Sie sollten nicht erwarten, daß viele Kunden Ihr Produkt ohne diese Garantie probieren werden.

- Bieten Sie eine Probe an. Ermöglichen Sie es dem Kaufinteressenten, Ihr Produkt kostenlos auszuprobieren und nur dann zu bezahlen, wenn er zufrieden ist.

- Halten Sie Ihren Text so einfach und ehrlich wie möglich. Der Versandkunde will die harten Fakten über das Produkt wissen, das er kauft, ohne es direkt gesehen zu haben. Er wird auf übertriebene, den Holzhammer schwingende Werbung skeptisch reagieren.

Empfehlungen für Themenanzeigen im Versandgeschäft

- Überlegen Sie, sowohl eine Kleinanzeige als auch eine Themenanzeige zu schalten, vielleicht sogar in demselben Werbemedium. Die meisten Versandunternehmen beschränken Ihre Werbung auf Kleinanzeigen. Sie sollten natürlich dort auch vertreten sein, weil die Kaufinteressenten dort zuerst nach Produkten aus Versandhäusern suchen. Sie könnten jedoch vielleicht einen Wettbewerbsvorteil erringen, wenn Sie das Potential einer gut gestalteten Themenanzeige ausloten.

- In einer Themenanzeige sollten Sie so viele Anwendungsbeispiele berücksichtigen, wie Sie können. Dies ist die beste Gelegenheit, Mundpropaganda zu nutzen. Ihre zufriedenen Kunden haben nicht so viele Foren, wo sie Ihr Produkt empfehlen können, daher sollten Sie es für sie tun.

- Verwenden Sie Abbildungen, wenn Sie können. Sie sollten jedoch sicher sein, daß sie relevant sind. Die besten Abbildungen zeigen das Produkt in der Anwendung bzw. im Gebrauch.

- Verhandeln Sie über eine gute Plazierung Ihrer Anzeige. Idealerweise möchten Sie, daß Ihre Anzeige im vorderen Teil der Zeitschrift oder Zeitung am Außenrand einer rechten Seite erscheint.

Wenn Sie eine Werbeagentur beauftragen müssen, sollten Sie daran denken, eine Agentur zu beauftragen, die sich auf Direktwerbung spezialisiert hat. Nach unserer Erfahrung sind normale Werbeagenturen – ohne die unversöhnlichen Zahlen von Direktbestellungen, die sie zwingen, immer am Thema zu bleiben – häufig mehr an Kreativität als an Ergebnissen interessiert. Agenturen für Direktwerbung verstehen, daß es ohne Rücklauf keine Kunden gibt.

Beachten Sie, daß die meisten Werbeagenturen ein großzügiges Mindesthonorar verlangen, da sie es vorziehen, mit größeren Firmen zusammenzuarbeiten. Hier sind einige Firmen aufgeführt. Es gibt jedoch zahlreiche Firmen, die auf diesem Gebiet arbeiten. Kontaktieren Sie einen oder mehrere der Verbände, die am Schluß dieses Kapitels aufgeführt sind, um eine vollständige Adressenliste zu erhalten.

Werbeagenturen, die auf Direktwerbung spezialisiert sind

Um eine Werbeagentur zu finden, können Sie die entsprechenden Verbände kontaktieren oder in der nächsten Ausgabe des *Marken-Handbuch* (Team-Fachverlag) nachschlagen (Adressen siehe Seite 51). Die Gelben Seiten sind auch hilfreich, um eine örtliche Spezialagentur zu finden. Oder Sie kontaktieren die nächstgelegene Agentur aus der folgenden Aufzählung.

Bach, Brüggemann & Partner GmbH Direkt Response Werbeagentur
Postfach 12 53 • 46302 Borken • (02861) 9 28-0

Grey Direct
Schulstraße 5 • 60594 Frankfurt/Main • (069) 6 09 05-0

Inter-Direct-Marketing GmbH
Kappellenstraße 22 • 82008 Unterhachingen • (089) 6 11 40 70

Max W. A. Kamer GmbH Direct Marketing
Friedrichstraße 12 • 65186 Wiesbaden • (0611) 3 60 97-0

Pull Response-Werbe-Gesellschaft mbH
Am Prinzregentenufer Liebigstraße 3 • 90489 Nürnberg • (0911) 53 33 45

SHB Individual Marketing & Advertising Stuttgart GmbH
Zeppelinstraße 43 • 70193 Stuttgart • (0711) 99 34 50

TEAM SEITZ Gesellschaft für Response-Marketing und Integriertes Marketing mbH
Waldstraße 73 • 76133 Karlsruhe • (0721) 9 12 01-0

Ihr Produkt kann Sie erfolgreich machen oder scheitern lassen

Selbstverständlich müssen Sie auch ein geeignetes Produkt anbieten, oder Ihre Mühe ist vergeudet. Versandprodukte, bei denen der Verkauf an den Verbraucher aus einer einzigen Transaktion besteht, müssen eine hohe Gewinnspanne haben, um die notwendige Werbung bezahlen zu können.

Bücher und Broschüren eignen sich hervorragend als Versandprodukte. Eine Broschüre über Grundstücksverkäufe kostet im Selbstverlag vielleicht 3,50 DM im Druck und könnte für 10 DM, 20 DM oder sogar 30 DM verkauft werden. Ein Guerilla hatte großen Erfolg, als er einen besonderen Bericht in einem Loseblatt-Ordner für 500 DM verkaufte – dessen Herstellungskosten 10 DM pro Stück betrugen. Guerillas wissen, daß sie nicht immer einen großen Gewinn mit dem Produkt machen müssen, das sie bewerben. Insbesondere, wenn der Zweck des Versandgeschäftes darin besteht, eine Liste von potentiellen Kunden zu erhalten oder einen Stamm an treuen Kunden aufzubauen. Ein Steuerberater zum

Beispiel kann sein Buch »Wie Sie Steuern sparen können« im Selbstverlag mit einer Kleinanzeige in der Zeitschrift DM im Versand anbieten. Er könnte das Buch für 4,95 DM anbieten, nur 1 DM mehr, als die Herstellkosten betragen. Was ist nun der springende Punkt? Dieser Steuerberater weiß, daß er jeden Kunden, der sein Buch bestellt, auf seine Adressenliste für potentielle Kunden setzen kann. Es bestehen sogar Aussichten, daß, wenn der Kunde mit dem Buch zufrieden ist, er für die Idee empfänglich ist, die Dienste des Steuerberaters für die Steuererklärung in Anspruch zu nehmen.

Tips, um das richtige Produkt auszuwählen

- Wiederholungskauf-Produkte bringen in der Regel langfristig mehr Gewinn als einmalige Modeartikel. Produkte wie Uniformen, Kleidung oder Büroartikel bringen Ihnen vielleicht keinen Gewinn, wenn der Kunde das erste Mal kauft, der Schlüssel zum Erfolg ist hier jedoch der Wiederholungskäufer. Diese Produkte werden sich beim zweiten, dritten oder vierten Kauf bezahlt machen. Wenn Sie ein Produkt verkaufen, das die Kunden nur einmal kaufen, ist das Geschäft in zwei Monaten, nachdem Sie die letzte Anzeige geschaltet haben, tot. Erfolg im Einmalgeschäft ruft den direkten Wettbewerb im übrigen schneller auf den Plan, als sie »bankrott« sagen können.

- Erfolgreiche Versandgeschäfte beruhen auf ausführlicher Marktforschung und auf einer gewissen Experimentierfreudigkeit, was Ihr Angebot betrifft. Das Versandgeschäft ist jedoch nicht der Platz, um wankelmütig zu sein. Werben Sie immer wieder am gleichen Ort und im gleichen Format. Sie werden vielleicht feststellen, daß sich von dreißig Produkten in Ihrem Sortiment möglicherweise nur eines mit einer Anzeige für das Versandgeschäft vermarkten läßt. Wenn Sie einmal ein Produkt und eine Anzeige gefunden haben, die zusammen erfolgreich sind, halten Sie daran fest.

- Betreiben Sie ein wenig Marktforschung. Schreiben Sie die Namen aller Zeitschriften und Zeitungen auf, die regelmäßig Anzeigen für Versandgeschäfte abdrucken. Beschaffen Sie sich Belegexemplare und Anzeigenpreislisten von verschiedenen Werbeträgern. Blättern Sie die Themenanzeigen und die Kleinanzeigen durch. Machen Sie sich mit den verschiedenen Arten von Anzeigen vertraut und mit den Firmen, auf die Sie am häufigsten stoßen. Fordern Sie die kostenlosen Angebote von diesen Firmen an. Schließlich werden Sie eine gute Vorstellung von den Produkten haben, die am erfolgreichsten waren. Wie werden Sie das erfahren? Sie werden sehen, daß sie immer wieder beworben werden.

- Wählen Sie ein Produkt mit einem hohen Kalkulationsaufschlag aus. Artikel mit einer geringen Gewinnspanne zahlen sich im Versandgeschäft selten aus. Eine gute Faustregel: Um einen angemessenen Gewinn im werbeintensiven Versandgeschäft zu erzielen, muß der Verkaufspreis eines Produktes das Dreifache der Kosten betragen.

- Engen Sie Ihre Produktauswahl ein, und testen Sie einige Produkte, bevor Sie alle Ihre Mittel auf ein Produkt konzentrieren. Schalten Sie einige gut plazierte Testanzeigen, und prüfen Sie die Werbewirkung. Wählen Sie das Produkt aus, das das größte Potential zeigt. Sie werden vielleicht feststellen, daß mehrere der ausgewählten Produkte zusammen vermarktet werden können.

- Ihr Produkt sollte in die Logistik des Versandgeschäftes passen. Es sollte kostengünstig zu versenden sein, unzerbrechlich sein und keine besondere Verpackung oder Behandlung erfordern.

- Wählen Sie ein Produkt aus, mit dem Sie Ihr Geschäft später ausweiten können. Das Versandgeschäft führt oft zu Katalogen. Wenn Ihr erstes Produkt erfolgreich ist, versuchen Sie, Ihr Sortiment um ein weiteres zu ergänzen. Fahren Sie fort, das ursprüngliche Produkt mit Kleinanzeigen zu bewerben. Sie sollten jedoch auch Ihren Katalog jedem kostenlos anbieten, der bestellt. Der Katalog wird dann die Basis für eine ständige Beziehung mit dem Kunden und für Wiederholungskäufe sein.

- Ausländische Märkte bieten sich an, um neue Produkte zu finden. Versuchen Sie, Fachzeitschriften aus England oder den USA auszukundschaften. Passen Sie das Produkt an, damit es auf die deutschen Bedürfnisse abgestimmt ist, und testen Sie es. Importierte Spezialartikel sind oft einzigartig. Sie sind schon häufig bewährte Kassenschlager im Versandgeschäft gewesen.

Produktempfehlungen für den Versandhandel

- **Lebensmittel und Getränke**

  Konzentrieren Sie sich auf Spezialartikel, die im Einzelhandel nicht leicht erhältlich sind. Lachs ist zum Beispiel die Spezialität der Region Seattle. Amerikanische Käufer bestellen den Lachs bei Händlern im Bundesstaat Washington, weil er an ihrem Wohnort nicht angeboten wird.

- **Bücher**

  Selbst verlegte Bücher werden häufig im Versandhandel angeboten. Sach- und Selbsthilfebücher (»Wie Sie am besten ...«) sind besonders gewinnbringende Versandartikel.

- **Fernkurse**

  Fernkurse sind ein Idealsortiment für das Versandgeschäft.

- **Kleidung**

  Spezialkleidung ist ein Renner im Versandhandel. Eine Firma in den USA verkauft Damenschuhe in Übergrößen und eine andere maßgeschneiderte Herrenanzüge, die aus Hongkong importiert werden.

- **Sportartikel**

  Golfbälle, Trimm-Dich-Geräte und Campingausrüstung sind bewährte Versandartikel. Konzentrieren Sie sich auf Produkte, die häufiger gekauft werden oder die in örtlichen Sportfachgeschäften nicht leicht erhältlich sind.

- **Gartenbedarf**

  Blumenzwiebeln, Werkzeug und Gartenbücher sind bewährte Renner.

- **Hobby-Informationen und -Bedarf**

  Die besten Geschäfte lassen sich in kleinen Marktnischen machen. Wenn Sie den besten handgearbeiteten Fliegenköder der Welt anbieten, werden die Angler bei Ihnen Schlange stehen. Finden Sie eine Marktnische, machen Sie sich unentbehrlich, und Sie werden für eine lange Zeit den Gewinn ernten.

Preisbildung

Testen Sie Ihren Preis. Dabei sollten Sie Ihre Annahmen ruhig einmal beiseite legen. Sie finden vielleicht heraus, daß höhere Preise besser akzeptiert werden als niedrige. Kalkulieren Sie sorgfältig.

Im Gegensatz zum Einzelhandel ermöglicht es der Versandhandel, Preise zu testen. Schalten Sie zwei Anzeigen und stellen Sie fest, welche das bessere Ergebnis erzielt. Sie sollten Ihr Angebot ständig anpassen (vielleicht ist kostenloser Versand genau das Zugpferd, das Sie brauchen), bis Sie die ideale Kombination gefunden haben.

Auslieferung

Wenn Sie erst einmal Ihr Sortiment und Ihre Werbekampagne gefunden haben, müssen Sie festlegen, wie die Belieferung der Kunden erfolgen soll. Sie können es selbst tun, oder Sie schalten eine Servicefirma ein. Dieser Dienstleister kann eine gebührenfreie Telefonnummer einrichten, Bestellungen im 24-Stunden-Dienst entgegennehmen, den Versand abwickeln und das Inkasso übernehmen. Einige Dienstleister bieten alle Serviceleistungen an, während andere nur Bestellungen entgegennehmen. Sie sollten wissen, was Sie benötigen, bevor Sie einen Dienstleister kontaktieren.

Obgleich die Einschaltung eines Dienstleisters Ihnen viel Ärger ersparen kann, erhöhen sich Ihre Kosten und verringern sich Ihre Kontrollmöglichkeiten. Sprechen Sie daher unbedingt mit mehreren Firmen, bevor Sie sich festlegen. Und falls Sie eine Firma beauftragen, beobachten Sie diese sorgfältig. Immerhin haben Sie hart gearbeitet, um Kunden zu gewinnen. Ein Fehler in der Auftragsbearbeitung kann dazu führen, daß Sie den Kunden für immer verlieren.

Wenn Sie sich entscheiden, eine externe Firma mit der Bearbeitung der Bestellungen zu beauftragen, sollte das Versandpaket als Werbeträger genutzt werden, um Wiederholungskäufe auszulösen. Der Versand erhält einen persönlichen Anstrich, wenn Sie ein Dankschreiben beilegen lassen. Denken Sie auch daran, einen Katalog mitzusenden sowie Informationen über Verkaufsförderungsmaßnahmen bzw. Sonderangebote.

! *Verbrennen Sie sich nicht.*

Seien Sie wachsam, weil ein externer Dienstleister vielleicht nicht immer die vereinbarten Leistungen erbringt. Hier sind einige Beispiele:

- *Eingehende Telefongespräche werden nicht umgehend und nach Ihren Vorstellungen beantwortet. Machen Sie regelmäßig Testanrufe.*
- *Bestellungen werden nicht zügig bearbeitet.*
- *Kreditkarten werden nicht korrekt belastet.*
- *Bestellungen und Gutschriften werden nicht korrekt verbucht.*

Kontrollieren Sie den externen Dienstleister ständig, und alle Beteiligten sind glücklicher.

Auslieferungsfirmen (Vertriebsservice)

Die nachstehend aufgeführten Firmen nehmen Bestellungen an und übernehmen die Auslieferung. Schlagen Sie auch in den Gelben Seiten nach.

FDS Fulfillment Directmarketing Service GmbH
Wilhelmstraße 39 • 75015 Bretten • (07252) 8200

Wiegmann GmbH
Dingbreite 16 • 32469 Petershagen • (05702) 8200

Werbeagentur Janssen GmbH
Verteil- und Zustelldienste, Handels- und Vertriebs-Service
Ronsdorfer Str. 126 • 40233 Düsseldorf • (0211) 98495-0

Folgegeschäft

Das Geschäft, das auf den ersten Verkaufsabschluß folgt, wird als Folgegeschäft bezeichnet. Für die meisten Unternehmen sind die Gewinne im Folgegeschäft größer als jene, die im Anfangsgeschäft erzielt werden.

Die Kosten, um einen Versandhandelskunden zu gewinnen, sind sehr hoch. Falls Sie Ihr Sortiment sorgfältig ausgewählt haben, können jedoch die Kosten für den Verkauf zusätzlicher Produkte vergleichsweise gering sein. Wenn die Kunden erst einmal bei Ihnen gekauft haben, sollten Sie alles unternehmen, was in Ihrer Kraft steht, um sie zu Stammkunden zu machen. Es gibt zahlreiche Geschäfte, wie zum Beispiel Buchklubs, die 100 % ihres Gewinns im Folgegeschäft erzielen.

Analysieren Sie Ihre Kunden: Welche Produkte kaufen sie? Wie häufig kaufen sie? Wie hoch ist der durchschnittliche Kaufbetrag? Fassen Sie mit weiteren Direktwerbe-Aussendungen nach. Belohnen Sie Ihre Kunden, indem Sie ihnen

Exklusivangebote, Gutscheine oder einen Katalog übersenden. Gestalten Sie die Kundenbeziehung persönlich, indem Sie Ihren Kunden ein Erinnerungsschreiben schicken, wenn es Zeit für eine Anschlußbestellung ist.

Informationen über Versandhandel

DDV Deutscher Direktmarketing Verband e.V.
Hasengartenstraße 14 • 65189 Wiesbaden • (0611) 977 93-0

Gesamtverband Werbeagenturen GWA e.V.
Friedensstraße 11 • 60311 Frankfurt/Main • (069) 25 60 08-0

Zentralverband der deutschen Werbewirtschaft e.V. (ZAW)
Villichstraße 17 • 53177 Bonn • (0228) 82 09 20

Direktmarketing - Kommunikation
Gerhard Kirchner • Verlag Forkel
Direktwerbung, Mailmarketing, Telefonmarketing sowie audiovisuelle und elektronische Direktmarketing-Medien

Brainstorming für Versandhandel

Bieten Sie Produkte oder Dienstleistungen für eine besondere Zielgruppe an? Beschreiben Sie einige sehr spezielle, genau definierte Zielgruppen (z.B. »Reitlehrer für Dressurreiten in Niedersachsen«). Überprüfen Sie anschließend, ob Sie die entsprechenden Adressenlisten über Adreßverlage oder sonstige Datenbanken beschaffen können.

Direktwerbung ist ein perfektes Instrument für Guerillas. Sie ist zielgruppengerichtet, leicht zu testen und preisgünstig. Direktwerbung ermöglicht es Ihnen, potentielle Kunden ohne Umwege zu kontaktieren, Ihr Angebot zu unterbreiten und Kaufinteressenten einzuladen, bei Ihnen Kunde zu werden. Große Werbebudgets sind dafür nicht erforderlich.

Im Gegensatz zu den Riesen des Versandgeschäftes, wie z. B. Quelle oder Otto-Versand, haben Sie ja nicht vor, in jeden Briefkasten in Deutschland einen Katalog einzuwerfen. Indem Sie Ihre Energie und Ihr Budget auf eine sehr kleine, genau bestimmte Zielgruppe konzentrieren, können Sie die Postgebühren in Umsätze verwandeln. Wenn Sie fünfzig potentielle Kunden Ihrer Kernzielgruppe mit einem persönlichen Brief erreichen und 2 % davon kaufen, hat es Sie weniger als 70 DM gekostet, einen neuen Kunden zu gewinnen.

Direktwerbung erlaubt es David, mit Goliath zu konkurrieren. Sie ist ein Geldbringer. Großunternehmen fehlt die Geduld, Kunden einzeln zu gewinnen. Während sie sich den Kopf über Marktsegmente und Media-Pläne zerbrechen, können Sie sich auf Barbara Neumann konzentrieren, die in einem Vorort von Frankfurt wohnt.

Der Schlüssel zum Erfolg in der Direktwerbung lautet: Testen Sie Ihre Direktwerbeaktion. Sie müssen fortlaufend testen, welche Maßnahmen erfolgreich sind. Verschicken Sie zwei verschiedene Angebote, und stellen Sie fest, welches Angebot den besten Rücklauf erzielt. Probieren Sie verschiedene Preise oder Bestellformulare aus. Direktwerbung ist die beste Marktforschung.

Vorteile der Direktwerbung im Vergleich zu anderen Medien

- Sie können die Ergebnisse genauer messen.
- Sie können mitteilsam oder kurz angebunden sein, ganz wie Sie wollen.
- Sie können sich auf jede beliebige Zielgruppe einschießen.
- Sie können Ihr Marketing genau auf den Empfänger abstimmen.
- Sie haben unbegrenzte Testmöglichkeiten.
- Sie können Stammkunden zu Nachkäufen veranlassen.
- Sie können mit Großunternehmen konkurrieren und sie sogar schlagen.

Wenn Direktwerbung eingesetzt wird, sind drei Kernelemente zu beachten: die Adressen, das Angebot und die Sendung (auch »Package« genannt). Von diesen drei Aspekten sind die Adressen mit Abstand das wichtigste Element. Die Auswahl und Beschaffung geeigneter Adressen ist ausschlaggebend für Erfolg oder Mißerfolg in der Direktwerbung.

Direktwerbung

Ein kostengünstiges Instrument, um potentielle Kunden zu erschließen und direkt anzusprechen

Guerilla-Erfolgsstory

Joe Gerard bezeichnet sich als Verkaufskanone – er ist tatsächlich ein echter Guerilla-Anbieter.

Als Joe Autos verkaufte, erzielte er regelmäßig bessere Verkaufszahlen als jeder andere Autoverkäufer in den USA. Seine Autos waren nicht billiger oder besser als andere. Er wußte jedoch, wie man sie anbieten muß. Während die meisten Verkäufer ihr Mäntelchen nach dem Wind richteten oder Zeitung lasen, baute Joe sein Kundenimperium auf, einen Haushalt nach dem anderen.

Wer seinen ersten Wagen bei Joe Gerard gekauft hatte, sollte in Zukunft alle seine Autos bei Joe Gerard kaufen. Er sorgte dafür, daß sich jeder Kunde wie ein Familienmitglied fühlte, und er erinnerte sich an ihre Namen.

Joes beste Werbeidee war seine monatliche Kartenkampagne. Wer ein Auto bei Joe Gerard gekauft hatte, bekam für den Rest seines Lebens jeden Monat eine Grußpostkarte von ihm. Joe nutzte diese Gelegenheiten, seine Kunden daran zu erinnern, daß er an sie dachte, und – nicht zufällig – sie daran zu erinnern, daß sie ihren nächsten Wagen bei ihm kaufen sollten.

Klingt das töricht? Es funktionierte. Auf dem Höhepunkt seiner Karriere verkaufte Joe täglich zehn Autos. Die meisten Autoverkäufer schaffen das nicht in zwei Wochen. Mehr als die Hälfte seiner Verkäufe entfielen auf Kunden, denen er bereits einen Wagen verkauft hatte – ein leichter Verkauf nach der Vorbereitung. Viele Verkäufe erfolgten auf Empfehlung.

Diese einfache und kostengünstige Marketing-Technik demonstriert, daß Begeisterung und eine gewisse Kreativität Guerillas zum Erfolg führen.

Adressen-Kult

Viele wissen noch nicht, wie zielgruppenorientiert das Adressengeschäft mittlerweile geworden ist. Für weniger als 30 Pfennig pro Adresse können Sie Adreßetiketten für alle möglichen Zielgruppen kaufen.

Adressenverkauf ist das Geschäft von Adreßverlagen. Die Preise für Standard-Adressen betragen ca. 230-460 DM pro Tausend. Da der Markt spezifische Adressen verlangt, werden Adressen in zunehmendem Maße mit wertvollen Zusatzinformationen angeboten, bei Branchen- und Berufsadressen etwa Namen von Entscheidungsträgern, Beschäftigtenzahl und Umsatzkategorie. Hier sind einige Beispiele:

- Restaurants der Spitzenklasse in Bayern
- Niedergelassene Internisten in der Briefregion Frankfurt
- Video-Fachhändler mit Videokamera-Aufnahmediensten

Bei Privat-Adressen wird jede Adressenauswahl durch über 30 beschreibende Kriterien definiert: Bei Verbraucher-Adressen sind dies z. B. Altersstruktur, Region, Wohngebietsstruktur, Wohnung/Haus, Telefonanschluß, Interessen/Hobbies, Käufer/Interessent, Kaufobjekt oder durchschnittlicher Bestellwert; bei Fernsprechteilnehmern lauten die Hauptkriterien Region, Wohnung/Haus und Beruf. Beispiele für Listen von Privat-Adressen:

- Abonnenten des *Spiegel* in der Briefregion Hannover
- Käufer von Videokameras in Sachsen
- Kaufinteressenten für Geländewagen mit Allradantrieb in Niedersachsen

Vergessen Sie nicht, mit den Adressen Ihrer eigenen Kunden zu beginnen (siehe *Kunden-Adressenlisten*). Dies ist die Adressenauswahl mit der größten Werbewirkung, die Sie überhaupt verwenden können, weil Ihre Stammkunden die besten Verkaufsaussichten bieten. Später sollten Sie gekaufte Adressen zusätzlich einsetzen, um Ihren Markt auszuweiten.

Adressen-Optimierung

Nicht-Guerillas sind auf die Zahl der Adressen fixiert. Sie kaufen die Adressen zu Tausenden, anstatt selektierte Adressen zu verwenden, welche für Guerillas ideal sind, die wissen, daß eine Aussendung an 100 Personen mit Kaufinteresse viel wirksamer ist als eine Aussendung an 1.000 unqualifizierte Adressen.

Ihr erster Schritt ist, die Adressenkataloge von Adreßverlagen durchzublättern (siehe Adressenverzeichnis am Ende dieses Kapitels). Anhand der Adressenkataloge können Sie Ihre Zielgruppe exakt auswählen.

Wenn Sie Ihren Markt genau definieren können (und das sollten Sie sogar im Schlaf können), dann können Sie die Adressen finden, die für Sie optimal sind.

Sie bestellen die Adressen bei einem Adressenverlag für eine einmalige adressierte oder telefonische Werbeaktion. Für eine Mehrfachnutzung der Adressen ist eine gesonderte schriftliche Vereinbarung zu treffen. Für eine Dauernutzung ist ein gesonderter Dauermietvertrag abzuschließen.

Möchten Sie eigene Adressen vermieten? Die Adressenverlage sind für Privat-Adressen als »Listbroker« tätig. Falls Sie an einem lukrativen Nebengeschäft interessiert sind, nehmen Sie mit einem Adressenverlag Kontakt auf. Für die Einhaltung der Datenschutzbestimmungen garantiert der Datenschutzbeauftragte des Adressenverlages. Sie legen den Preis Ihrer Adressen selbst fest. Im Durchschnitt werden zur Zeit ca. 170 DM pro Tausend Kundenadressen erzielt. Kosten fallen lediglich in Form der Maklerprovision an (d. h. 20 % vom erzielten Vermietpreis).

Wenn Sie Adressen kaufen – in rechtlichem Sinne »mieten« – sind Sie normalerweise nur zum einmaligen Gebrauch berechtigt. Wenn die Person, die Sie anschreiben, jedoch antwortet, »besitzen« Sie diese Adresse. Halten Sie sorgfältig fest, welche der Adressenlisten, die Sie kaufen und verwenden, einen besseren Rücklauf erbringen, und vergessen Sie nicht, die Adressen nach antwortenden und nichtantwortenden Empfängern zu trennen.

Adressen veralten sehr schnell – bis zu 20 % der Personen auf einer Liste mit Privat-Adressen ziehen beispielsweise jedes Jahr um. Stellen Sie daher sicher, daß Ihr Adressenbestand stets so aktuell wie möglich ist. Wenn Sie eine Adressenauswahl gefunden haben, die funktioniert, sollten Sie den Adressenverlag regelmäßig kontaktieren, um die neuesten Ergänzungen zu dieser Liste zu erhalten – diese neuen Adressen werden garantiert so werbewirksam sein wie der letzte Adressenstapel.

Zu viele Guerillas konzentrieren sich auf den kreativen Aspekt der Direktwerbeaussendung, ohne sich um die Adressenqualität zu kümmern. Wenn Sie eine Direktwerbekampagne planen, sollten Sie die bekannte 60-30-10 Regel beachten: 60 % des Direktwerbeerfolgs liegt darin, die richtige Adressenauswahl zu verwenden; 30 % hängt davon ab, daß Sie das richtige Angebot machen; 10 % hängt von der kreativen Gestaltung Ihrer Aussendung ab.

Adressenverlage

Edgar Meyer Werbeagentur für Direktmarketing
Rombachweg 11 • 69118 Heidelberg • (06221) 86 33 62

directa Ges. für Direktmarketing und Verkaufsförderung
An der Alster 37 • 20099 Hamburg • (040) 24 33 06

Werbeservice Wunder Widat-Wirtschaftsdatenbank, Direktmarketing
Eschenweg 7 • 64331 Weiterstadt • (06150) 140 37

Direkt-Marketing Service Kneiphoff GmbH
Friedrichstraße 4 • 76275 Ettlingen • (07243) 317 74

Kodeweyh GmbH Direktmarketing & Co. KG
Senefelder Straße 1 • 73760 Ostfildern • (0711) 44 20 03

Beaumont-Bennet & Frey
Schanzenstraße 20 • 40549 Düsseldorf • (0211) 55 61 21

mailpool Adressen-Management GmbH
Birkenwaldstraße 200 • 70191 Stuttgart • (0711) 2 57 30 50

Karl Trebbau GmbH Adressenverlag und Direktwerbeunternehmen
Schönhauser Straße 21 • 50968 Köln • (0221) 3 76 46-0

Ziegenhorn Spezial-Adressenverlag
Postfach 16 45 • 76716 Germersheim • (07274) 27 59

Vogel Adress
Postfach • 97064 Würzburg • (0931) 4 18 21 66

social concept GmbH Agentur für Sozialmarketing
Magdeburger Straße 5 • 47800 Krefeld • (02151) 44 00 80

OST-WEST DIREKT Werbegesellschaft mbH
Landwehrstraße 17 • 80336 München • (089) 59 87 10

Informationen über Adressen

Adreßbuchausschuß der Deutschen Wirtschaft
Adenauerallee 148 • 53113 Bonn • (0228) 10 43 22

DDV Deutscher Direktmarketing Verband e.V.
Hasengartenstraße 14 • 65189 Wiesbaden • (0611) 977 93-0

Bundesfachvereinigung Deutscher Werbemittelverteiler (BDWV)
Oststraße 41-43 • 22844 Norderstedt • (040) 5 26 47 96

Verband Deutscher Adreßbuchverleger e.V.
Ritterstraße 17-19 • 40213 Düsseldorf • (0211) 32 09 09

Werbe-Vertriebs-Organisations-Verband e.V. (WVO)
Am Aubach 36 • 63619 Bad Orb • (06052) 80 70

Das Angebot

Jede Direktwerbung fordert den Empfänger zu einer Handlung auf, selbst wenn es nur die Anforderung einer Preisliste oder einer kostenlosen Probe ist. Es ist beabsichtigt, dem potentiellen Käufer etwas so unwiderstehlich anzubieten, daß er oder sie es sofort bestellen.

Für teure Gegenstände oder Dienstleistungen ist es fast immer überzeugender, eine Preisliste oder ein Muster anzubieten, als zu versuchen, in dem Brief das Produkt direkt zu verkaufen. Vorbehalte lassen sich in einem persönlichen Gespräch besser ausräumen, Fragen leichter beantworten. Daher liegt Ihr Hauptinteresse darin, einen Termin zu vereinbaren.

Häufig wird die kreative Gestaltung der Direktwerbeaussendung getestet, während dem Angebot nicht viel Zeit gewidmet wird. Während Sie die Farbe des Papiers, die Größe Ihrer Sendung und die Verwendung eines Fotos im Vergleich zu einer Zeichnung testen, sollten Sie auch das Angebot testen. Dies ist scheinbar der einfachste Teil der drei Elemente einer Direktwerbeaussendung. Wenn Ihr Angebot jedoch nicht werbewirksam ist, dann werden Sie garantiert keinen Erfolg haben.

Mease and Associates entwickelten eine Direktwerbekampagne für Beechcraft, einen Hersteller für Geschäftsflugzeuge. An Vorstandsvorsitzende verschickten sie eine Kiste, die einen Apfel und einen Kunststoffapfel enthielt. Sie forderten die Empfänger auf, die Äpfel zu vergleichen – in diesem Fall symbolisch für Geschäftsflugzeuge. Vorstandsmitglieder, die antworteten und einem Repräsentanten von Beechcraft erlauben, eine Präsentation zu geben, erhielten eine ganze Kiste mit Äpfeln. Die Kampagne erzielte eine Rücklaufquote von 6,35 % – eine tolle Leistung, wenn man berücksichtigt, wie schwierig es ist, Entscheidungsträger anzusprechen.

Möglichkeiten für Sonderangebote

- Bieten Sie einen kostenlosen Test für einen Monat an.
- Gewähren Sie Ratenzahlung.
- Verkaufen Sie Ihr Produkt zu einem *höheren* Preis als im Einzelhandel.
- Verkaufen Sie Ihr Produkt zu einem *niedrigeren* Preis als im Einzelhandel.
- Bieten Sie Versand per Nachnahme an.
- Bieten Sie an, die Fakturierung später durchzuführen.
- Bieten Sie ein kostenloses Geschenk an, wenn man Ihnen erlaubt, eine Demonstration durchzuführen.

Die Marketing-Berater Janet Hughes and Associates führen eine sehr wirkungsvolle Direktwerbekampagne durch. Jeden Monat versenden sie an potentielle Kunden und Stammkunden eine Werbesendung, die verschiedene Aspekte der Dienstleistungen beleuchtet, die sie anbieten. In einer Aussendung wird der potentielle Kunde aufgefordert, einen kurzen Fragebogen auszufüllen und zurückzufaxen. Sie führen diese Kampagne bereits seit über zwei Jahren durch und erzielen im Durchschnitt einen Rücklauf von 25 Anrufen pro Quartal. Elf oder zwölf von diesen Anfragen werden schließlich Kunden dieser Beratungsfirma.

Eine Direktwerbesendung des Café Kranzler an alle Firmen in Berlin und Brandenburg mit mehr als 100 Mitarbeitern. Sie positioniert das Unternehmen gut, ist ansprechend gestaltet und enthält eine integrierte Antwortkarte.

Werbewirksame Gestaltung

Im Mittelpunkt der Vorbereitung der Direktwerbung steht im allgemeinen die Gestaltung der Aussendung. Dies beginnt mit den Briefmarken und der Aufmachung der Sendung und schließt ein: Papier, Text, Layout und Design der Sendung. Obgleich Ihre Adressen und Ihr Angebot letztlich viel wichtiger sind als die kreative Gestaltung, ist dies jedoch der Aspekt, mit dem Sie sich unbegrenzt auseinandersetzen können. Hier sind einige Tips für Sie, damit Sie besseres Werbematerial entwickeln können.

! *Marktforschungsergebnisse zeigen, daß Briefempfänger zuerst die Anrede und dann das PS lesen. Daher sollte Ihr PS den attraktivsten Nutzen ansprechen oder eine Handlungsaufforderung enthalten oder etwas, welches das Gefühl von Dringlichkeit vermittelt. Manche Briefe enthalten ein handschriftliches PS. Dies beweist ohne jeden Zweifel, daß Sie einen einzigartigen Brief entworfen haben, der kein anonymes Schreiben ist, das an Tausende verschickt wurde.*

Einige Vorschläge für werbewirksame Schlagzeilen

Wenn Sie Direktwerbung für ein breites Publikum durchführen, wollen Sie vielleicht eine Schlagzeile auf dem Umschlag verwenden, um Aufmerksamkeit zu erregen. Wenn Ihr Umschlag nicht geöffnet wird, spielt es schließlich keine Rolle, wie großartig Ihre Gestaltung oder Ihr Angebot ist. Hier sind einige Beispiele:

- »Kostenloses Werbegeschenk«
- »Sonderangebot«
- »Vermögensbildung in den 90er Jahren«
- »Vertrauliche Information«
- »Wußten Sie schon, daß Sie Ihren Gewinn verdoppeln können?«
- »Was Sie als Unternehmer wissen sollten.«
- »Aufregende Neuigkeiten über ....«
- »Lesen Sie, was diese Woche für Sie bereitsteht – begrenztes Angebot!«

Es gibt zahlreiche Techniken, die Sie nutzen können, damit Ihr Briefumschlag dem potentiellen Kunden auffällt. Leicht farbige Briefumschläge erregen Aufmerksamkeit. Weiß ist immer die sicherste Farbe für Geschäftspost. Rot und blau sind seit jeher beliebte Farben, aber gelb, orange und rosa sind im Kommen. Wenn die Adresse in übergroßen Buchstaben geschrieben ist, wird das unbewußte Vergnügen des Empfängers gesteigert, seinen Namen gedruckt zu sehen. Je größer, desto besser. Schauen Sie:

Sabine Mustermann	**Sabine Mustermann**
Leopoldstraße 12	**Leopoldstraße 12**
80802 München	**80802 München**

! *Wo steht geschrieben, daß Sie einen Briefumschlag verwenden müssen? Sie können Kunststoffbeutel und -taschen, Mitnahmebehälter für chinesisches Essen, Holzkisten, transparente Taschen, Kanupaddel oder Radkappen verschicken. Die Absicht ist, die Aufmerksamkeit des Empfängers zu erregen. Wenn wir es auch nicht empfehlen, so kennen wir jedoch einen Anbieter, der ein lebendes Huhn mit Kurier an einen potentiellen Kunden schickte. Zwar rettete er das Huhn vor dem Schlachter, löste jedoch Verärgerung aus und konnte das Geschäft nicht abschließen.*

Ein weißer Briefumschlag im DIN-Format DL 229 x 114 mm ohne Absender macht neugierig und wird geöffnet.

Je nach Umfang Ihrer Aussendung können Sie sich eine persönliche Gestaltung erlauben. Verwenden Sie richtige Briefmarken anstelle eines Frankierautomaten. Schreiben Sie die Adresse auf dem Umschlag handschriftlich. Gestalten Sie Ihre Serienbriefe individuell, indem Sie bei Namensadressen die persönliche Anrede und persönliche Texteinschübe im Brief mitdrucken. Fügen Sie ein handschriftliches PS (Postskriptum) hinzu.

Ein Berater für Autohändler verschickte ein neues Hot-Wheels-Spielzeugauto, um die Aufmerksamkeit der Vertriebsleiter zu erregen. Der Gewinn, der mit der Beratung eines Kunden erzielt wurde, deckte die Kosten der ganzen Aktion.

Wie läßt sich eine Rücklaufquote von 22 % erreichen?

Eine sehr bemerkenswerte Kampagne der letzten Zeit betraf eine Zielgruppe von 1.000 Personen, an die ein Unternehmen ein teures Produkt verkaufen wollte. Für einen Projekterfolg war eine Rücklaufquote von mindestens 10 % erforderlich.

Der Briefversand erfolgte mit Federal Express. Wenn man kleine Stückzahlen bei Fedex versendet, kann das teuer sein; für Kunden, die 1.000 Briefe an einem einzigen Tag versenden möchten, bieten sie einen Spezialtarif an. In diesem Fall kostete das Porto 6 Dollar pro Brief.

Der Empfänger erhielt einen personalisierten Brief mit Name, Adresse und Firma, der mit Laserdrucker erstellt war. Der Name des Empfängers und die Firmenbezeichnung wurden in dem Brief mehrfach erwähnt. Ein handschriftliches PS war ebenfalls vorhanden. Nach dem Versand der Briefe erfolgte eine telefonische Nachfaßaktion.

Nahezu 100 % der Empfänger öffneten den Brief. Mehr als 50 % nahmen den nachfolgenden Anruf des Verkäufers an. Und 22 % der Empfänger (d. h. 220 Personen) bestellten das Produkt und überwiesen den Rechnungsbetrag von 1.000 Dollar. Wie man sieht, waren die Kosten dieser Werbeaussendung im Vergleich zu dem erzielten Umsatz gering.

Wenn Sie ein Produkt oder eine Dienstleistung anbieten, die für eine kleine Zielgruppe *sehr* attraktiv ist, könnten Sie daran denken, eine ähnliche Kampagne zu testen.

Direktwerbung zum Anfassen: Dieses Muster eines Fußbodenbelages in Postkartengröße versendet die Firma ROOB Kunststoff-Recycling an Schwimmbäder, Gemeinden und Firmen im ganzen Bundesgebiet.

! Es ist wichtig, daß Sie die Postbestimmungen und Porto-Tarife der Infopost (früher: Massendrucksachen) kennen, bevor Sie Ihre Direktwerbung konzipieren. Sie haben kein Interesse, etwas zu entwickeln, dessen Postversand zu teuer ist. Neben der Ermäßigung für Freistempelung und Maschinenlesbarkeit gibt es auch Entgeltermäßigungen für Vorsortierung auf Leitregionen (d.h. die beiden ersten Ziffern der Postleitzahl) bzw. auf die fünf Ziffern der Postleitzahl und Gebindefertigung (d.h. Leitzonen-/Leitregionspaletten, Leitregions-/Postleitzahlenbehälter). Alle erforderlichen Informationen erhalten Sie bei Ihrer Postfiliale oder direkt bei der Zentralen Auskunftsstelle für Wurfsendungen der Deutschen Post AG, Postfach 10 00 00, 60285 Frankfurt/Main, Tel. (069) 2114646.

Bezugsquellen für Umschläge

Wenn Sie eine Firma suchen, die auf den Druck von Direktwerbungs-Umschlägen spezialisiert ist, können Sie in den Gelben Seiten nachschlagen. Wenn Sie Unterstützung für die Gestaltung oder Entwicklung Ihrer Direktwerbekampagne benötigen, können Sie die nachstehenden Firmen kontaktieren.

DATACOLOR Druck + Fullservice GmbH
Postfach 1480 • 21304 Lüneburg • (04131) 8 96-0

GHP Direct Mail GmbH
Postfach 1609 • 96007 Bamberg • (0951) 94 26-0

maul-belser mailcolor
Breslauer Straße 304 • 90471 Nürnberg • (0911) 80 03 500

ROTAKON GmbH
Verrenberger Weg 7 • 74613 Öhringen • (07941) 60 83-0

8 Erfahrungsregeln für Direktmarketing

- Das wichtigste Element ist die richtige Adressenauswahl.
- Der Empfänger sollte Ihre Handlungsanweisung leicht erkennen und verstehen können.
- Briefe haben eine größere Werbewirkung als Direktwerbeaussendungen ohne Begleitbrief.
- Die besten Kunden sind jene, die bereits vorher im Versandhandel gekauft haben, ein immer größer werdender Personenkreis.
- Unternehmen Sie etwas, damit Ihr Umschlag geöffnet wird. Nicht geöffnete Post ist eine andere Bezeichnung für Abfall.
- Es ist wichtig, die Ergebnisse festzuhalten.
- Kundenaussagen verbessern die Rücklaufquote.
- Denken Sie daran, daß nichts so einfach ist, wie es aussieht.

10 Tips zur Verbesserung Ihrer Antwortkarten

Wenn Sie Ihrer Aussendung eine Antwortkarte beilegen, ist dies eine gute Möglichkeit, die Rücklaufquote zu erhöhen. Manchmal wollen Empfänger nicht auf Ihre Direktwerbung antworten, weil es ihnen zu viel Mühe macht, Sie anzurufen oder etwas in einen Umschlag zu stecken, den Umschlag zu adressieren und einzuwerfen. Für den Kunden ist es bequem, wenn er nur ein Kästchen auf Ihrer Antwortkarte ankreuzen und diese dann in den Briefkasten werfen muß. Sie sollten jedoch vorsichtig sein. Wenn Sie es zu leicht machen, werden vielleicht viele Leute antworten, die nicht ernsthaft am Kauf Ihres Produktes interessiert sind. Es kostet Sie dann später viel Zeit, diese wieder auszusortieren. Für Werbeantworten (Briefe, Postkarten) gilt ein spezielles Porto.

- **Formulieren Sie das Angebot klar und deutlich.**

  Wenn Empfänger erst einmal bereit sind zu bestellen, wollen sie zum Punkt kommen. Enttäuschen Sie sie nicht. Teilen Sie ihnen unmißverständlich mit, was im Angebot ist.

- **Vermeiden Sie, wie ein Rechtsgelehrter zu schreiben.**

  Der Text vieler Antwortkarten klingt häufig hochtrabend und juristisch. Bemühen Sie sich, daß Ihr Text so klingt, als ob er von einem umgänglichen Menschen geschrieben worden wäre.

- **Schreiben Sie kraftvoll und persönlich.**

  Stellen Sie dem Leser die Vorteile dar, wenn Sie Verkaufstexte schreiben.

- **Betonen Sie, daß das Angebot ohne Risiko ist.**

  Wiederholen Sie Ihre Garantie auf der Antwortkarte.

- **Fügen Sie Kästchen zum Ankreuzen ein.**

  Wenn es verschiedene Bestellmöglichkeiten gibt, sind Kästchen zum Ankreuzen ein Muß. Wenn es keine Optionen gibt, fügen Sie vor dem »Ja« ein Kästchen ein.

- **Denken Sie daran, Ihre gebührenfreie 0130-Telefonnummer anzugeben.**

  Sie hoffen, daß die Leser eher anrufen als einen Coupon einsenden (Sie verkürzen den Verkaufszyklus und schmieden das Eisen, solange es heiß ist). Darum müssen Sie direkt auf dem Coupon mitteilen: »Um jetzt zu bestellen, rufen Sie 0130... an«.

! *Postversand oder telefonische Bestellung*

Wenn ein Kunde Ihre gebührenfreie Telefonnummer anruft, um zu bestellen, kostet es Sie weniger als 1,50 DM, und Sie erhalten die Bestellung sofort. Wenn der potentielle Kunde Fragen hat, können Sie diese gleich beantworten. Wenn der Kunde noch andere Produkte benötigt, können Sie diese jetzt gleich mitverkaufen.

Wenn ein potentieller Kunde eine Postkarte zurückschickt, kann es bis zu zwei Wochen dauern. Häufig enthält die Antwortkarte ungenaue Informationen (oder es fehlen entscheidende Daten), und es besteht keine Möglichkeit, Zusatzprodukte zu verkaufen.

Aus welchem Grund haben Sie eigentlich keine gebührenfreie Telefonnummer?

- **Geben Sie keine wichtigen Informationen auf der Rückseite an.**

  Auf der Rückseite Ihrer Antwortkarte kann eine ergänzende Botschaft stehen. Sie sollten jedoch vermeiden, dort die Kernelemente Ihres Angebots aufzuführen. Alles Wichtige muß auf der Vorderseite stehen.

- **Verwenden Sie Abbildungen, um Aktionen auszulösen und den Leser zu führen.**

  Ein gut plazierter roter Pfeil kann auf Ihre Kernaussage hinweisen und höhere Rücklaufquoten bewirken.

- **Fügen Sie einen Kontrollabschnitt an.**

  Antwortkarten erzielen oft bessere Ergebnisse, wenn ein Kontrollabschnitt am Rand der Karte angefügt ist. Was sollte dort stehen? Nun, wie wäre es mit einer Kopie der Geld-zurück-Garantie, die der Käufer für seine Unterlagen behalten kann?

- **Geben Sie Ihrer Antwortkarte einen geeigneten Titel.**

  Anstatt Ihre Antwortkarte »Bestellformular« oder »Bestellkarte« zu nennen, versuchen Sie es einmal mit Bezeichnungen wie zum Beispiel »Aktionskarte« oder »Karte zur Einstufung als Vorzugskunde«.

Nachdruck mit Genehmigung von The Levison Letter: Action Ideas For Better Marketing Communications. *Veröffentlicht von Ivan Levison & Associates, Greenbrae, Kalifornien*

12 Schlagzeilen für den Verkauf von Glühbirnen

Die Schlagzeile soll Aufmerksamkeit erregen. Hier sind einige Überschriften beispielhaft aufgeführt, die Sie verwenden könnten, wenn Sie Glühbirnen verkaufen würden. Sie lassen sich für jedes Produkt entsprechend anpassen und vermitteln Ihnen eine Vorstellung davon, wie man die Ausstattung eines Produktes in der Überschrift verkauft.

- Ankündigung als Neuigkeit: »Die neuen Glühbirnen halten 30 % länger.«
- Hinweis auf eingebauten Vorteil: »Sparen Sie bis zu 30 % Ihrer Stromkosten.«
- Prahlerische Anpreisung: »Tests ergaben, daß ABC-Glühbirnen am längsten halten.«
- Aufforderung zum Kauf: »Testen Sie die Glühbirne, die von den 500 größten Unternehmen bevorzugt wird.«

- Emotionaler Appell: »Funktionieren Ihre Glühbirnen, wenn sie von Ihrer Familie am dringendsten benötigt werden?«
- Trick: »Thomas Edison würde es kaum glauben.«
- Neugier: »Wie oft wechseln Sie?«
- Werbeslogan: »ABC-Glühbirnen setzen Sie in ein gutes Licht.«
- Angebot: »Testen Sie ABC-Glühbirnen 30 Tage kostenlos.«
- Information: »Die meisten Leute geben mehr Geld für Beleuchtung aus als nötig.«
- Anwenderbeispiel: »Wie ich meine Stromkosten um 30 % gesenkt habe.«
- Prognose: »In fünf Jahren werden alle Glühbirnen wie die ABC-Glühbirnen hergestellt werden.«

Quelle: The Golden Mailbox *von Ted Nicholas*

Was Sie in Ihrem Direktwerbebrief berücksichtigen sollten

- Beschreiben Sie das Problem, mit dem Ihre potentiellen Kunden konfrontiert sind.
- Stellen Sie dar, warum das Problem sich nicht von allein lösen wird. Fügen Sie hinzu, daß es vielleicht noch lästiger werden wird.
- Beschreiben Sie den Nutzen Ihres Produktes oder Ihrer Dienstleistung, der dieses Problem löst oder zumindest lindert.
- Erwähnen Sie, wie bequem und preisgünstig Ihre Lösung ist.
- Verstärken Sie diese Aussage mit Anwenderbeispielen von gegenwärtigen Kunden.
- Jetzt, da Ihre potentiellen Kunden Ihren Produktvorteil erkennen und akzeptieren, sollten Sie auf einen Kaufabschluß hinwirken. Erzählen Sie ihnen, wieviel frühere Kunden bereitwillig für dieses Produkt oder diese Dienstleistung gezahlt haben, und erläutern Sie dann, um wieviel der Preis in dem gegenwärtigen Angebot niedriger ist.
- Versüßen Sie den Kaufabschluß. Bieten Sie ein Produkt als kostenlose Zugabe an, falls der Kunde kurzfristig bestellt (nach deutschem Wettbewerbsrecht dürfen solche Zugaben allerdings nur geringwertig sein).

- Geben Sie als zusätzliche Verstärkung Ihre Rücknahmegarantie mit dem Hinweis an, daß bei Rückgabe keine weiteren Fragen gestellt werden.

- Betonen Sie, daß jetzt gehandelt werden muß. Teilen Sie den potentiellen Kunden mit, daß dieses außergewöhnliche Angebot nur gültig ist, solange der Vorrat reicht.

- Beschreiben Sie, was potentielle Kunden verlieren, wenn sie es versäumen, Ihr Produkt oder Ihre Dienstleistung jetzt zu kaufen.

- Als PS können Sie den Vorteil wiederholen oder das Angebot oder den Verkaufsabschluß weiter versüßen. Häufig empfiehlt es sich an dieser Stelle, noch einmal zur Handlung aufzufordern. Bitten Sie den Kunden, jetzt kein Geld zu überweisen, sondern nur die Richtigkeit von Name und Anschrift auf dem Adressenaufkleber zu überprüfen. Fordern Sie ihn auf, das Adreßetikett abzuziehen und auf den Bestellcoupon zu kleben und diesen in dem beigefügten Antwortumschlag zurückzuschicken.

5 praktische Tips für wirksame PS-Formulierungen

- Zögern Sie nicht, ein langes PS zu schreiben. Wenn Sie eine wichtige Nachricht oder Information mitzuteilen haben und Sie den Leser fesseln, brauchen Sie sich wegen der Länge keine Sorgen zu machen. Das PS ist der Teil Ihres Briefes, der am wahrscheinlichsten gelesen wird. Darum sollten Sie es verwenden.

- Die Ansprache sollte persönlich gehalten sein. Das PS ist der Platz, um etwas Farbe und Persönlichkeit hinzuzufügen. Vergeuden Sie diesen wertvollen Platz nicht, um trockene Fakten mitzuteilen. Lockern Sie den Text auf, und schreiben Sie in bestimmtem Ton.

- Verwenden Sie Unterstreichungen oder eine zweite Farbe. Um Ihr PS besonders auffällig zu machen, verwenden Sie Fettdruck, Kursivschrift oder sogar eine Schriftart, die der Handschrift ähnelt. Lassen Sie es ins Auge springen.

- Vermeiden Sie ein PPS. Bescheidenheit ist der Schlüssel zum Erfolg, und ein PS ist keine Ausnahme. Ein PPS entwertet den Brief und deutet auf eine billige Reklamesendung hin.

Quelle: The Golden Mailbox *von Ted Nicholas*

Textfehler-Checkliste von Ted Nicholas

- **Nicht ausreichend Marktforschung zu betreiben.**

  Habe ich die Wettbewerbssituation sorgfältig genug analysiert? Habe ich die Bedürfnisse festgestellt, die meine Kunden wirklich haben, und bin ich vollständig davon überzeugt, daß das Produkt ihre Bedürfnisse erfüllt?

- **Den Verkaufsbrief oder die Werbung nicht mit dem größten Nutzen zu beginnen, den das Produkt potentiellen Käufern bietet.**

  Manche Texter beginnen ihren Werbebrief mit der Aufzählung von allerlei Gründen, warum die potentiellen Kunden das angebotene Produkt oder die Dienstleistung benötigen *könnten*. Erfüllen Sie nur die Bedürfnisse, die Ihren Kunden bekannt bzw. bewußt sind. Versuchen Sie nicht, Bedürfnisse zu »schaffen», indem Sie Ihre Kunden zu überzeugen versuchen, sie hätten Bedürfnisse, die ihnen nicht bewußt seien. Ebenso ungünstig ist es, die Werbung oder den Brief mit einer »Ich«-Botschaft zu beginnen. Niemand interessiert sich grundsätzlich für Ihre Firma. Die Empfänger werden Ihr Werbematerial nur lesen, wenn Sie darstellen, wie Sie ihre Bedürfnisse erfüllen können.

- **Die Werbung oder den Brief zu schließen, ohne eine besondere Handlung zu verlangen.**

  Sie wollen erreichen, daß Ihr Kunde bestellt oder eine Anfrage an Sie richtet. Dazu müssen Sie ihn allerdings ausdrücklich auffordern, und Sie müssen Ihrem Kunden mitteilen, wie er Ihre Bitte erfüllen kann. Seien Sie nicht zu bescheiden. Wenn Ihre Kunden das Werbematerial oder den Brief gelesen haben, müssen sie interessiert sein. Teilen Sie ihnen mit, was zu tun ist.

- **Zu lange Einleitung**

  Teilen Sie dem Empfänger in den ersten 8-10 Zeilen mit, was Sie verkaufen. Dabei müssen Sie das Angebot nicht detailliert vorstellen. Sie verspielen jedoch das Interesse des Lesers, wenn Sie diesem nicht schnell erzählen, was Sie anzubieten haben.

Informationen über Direktwerbung

DDV Deutscher Direktmarketing Verband e.V.
Hasengartenstraße 14 • 65189 Wiesbaden • (0611) 977 93-0

Veröffentlicht eine monatliche Mitgliederzeitschrift »DDV-Report«. Jährlich erscheint »Who's who im Direktmarketing«.

D & G Direkt-Marketing
Pforzheimer Straße 176 • 76275 Ettlingen • (07243) 10 20

Marketing Journal
Koopstraße 20-22 • 20144 Hamburg • (040) 4 10 31 48

Guerillas testen immer

Keiner weiß, warum der eine Direktwerbebrief besser ankommt als ein anderer. Anders als viele andere Dinge auf der Welt, steht eines jedoch fest: Entweder funktioniert Ihr Werbebrief oder nicht.

Es ist bekannt, daß lange Briefe besser ankommen als kurze, daß eine Briefzustellung dienstags am günstigsten ist und daß die Hinzufügung eines PS die Rücklaufquote erhöht. Keines dieser Fakten ist logisch zwingend, und die einzige Möglichkeit, dies herauszufinden, ist ein Test.

Wenn Sie Direktwerbebriefe verschicken, testen Guerillas immer. Jede Aussendung sollte wenigstens einen Test enthalten – größere Aussendungen sollten sogar mehrere Tests einschließen. Viele kleinere Versandhäuser testen jedoch nicht so häufig, wie sie sollten. Obwohl es offensichtlich ist, zeigt dieses Beispiel, wie wichtig ein Test sein kann: Wenn Sie 100.000 Briefe bei einer Rücklaufquote von 2 % verschicken, werden Sie 2.000 Bestellungen erhalten. Wenn Sie die Rücklaufquote auf 2,1 % anheben könnten, würden Sie 100 Bestellungen zusätzlich erhalten. Wenn Ihr Gewinn pro Auftrag 150 DM ist, wären das immerhin 15.000 DM.

Testen Sie Ihren Text, die Größe des Umschlags, die Art der Briefmarke, die Farbe der Tinte, die verwendete Schriftart, die Fotos – alles. Es gibt nur drei Regeln, die Sie während des Tests beachten müssen:

- Führen Sie Tests immer als Zufallstest innerhalb der gleichen Adressenauswahl durch. Testen Sie nicht eine Aussendung in München und eine andere in Hamburg.
- Testen Sie nur ein Merkmal. Wenn Sie Text und Farbe gleichzeitig ändern, können Sie die Einzelwirkung nicht feststellen.
- Testen Sie wenigstens 200 Adressen gleichzeitig. Es ist wahrscheinlich statistisch nicht erforderlich, mehr als 400 Adressen zu testen.

Für den Test drucken Sie eine dreistellige Zahl auf den unteren Rand Ihres Gutscheins. Die Kontrollzahl sollte auf dem Teil aufgeführt sein, den der Empfänger in der Hand hält, wenn er Ihre 0130- oder 0180-Telefonnummer anruft, um zu bestellen. Fordern Sie Ihre Telefonistinnen auf, nach der Kontrollzahl zu fragen. So können Sie leicht feststellen, woher die Anrufe kommen.

Testen sollte man nicht nur Direktwerbung. Zeitungen und Zeitschriften bieten für Tests Auflagensplit oder Teilbelegung nach Vertriebsgebieten an. Wenn Sie nicht testen, verlieren Sie Geld.

10 Elemente einer Direktwerbekampagne, die Sie testen können

Maximieren Sie Ihre Testgelegenheiten. In jeder Aussendung sollten Sie so viele Tests durchführen, wie Ihr Publikum und Ihre Logistik erlauben. Beachten Sie, daß Sie Aussendungen an verschiedene Zielgruppen nicht testen können. Solange Sie wenigstens 250 Personen in einer Gruppe haben, die Ihrer Kontrollgruppe demographisch ähnlich ist, können Sie einen Test durchführen. Machen Sie nicht den Fehler, ein Angebot in einem wohlhabenden Postleitzahlbezirk und ein anderes Angebot in einem einkommensschwachen Postleitzahlbezirk zu testen – Ihre Ergebnisse werden durch die unterschiedliche Einkommenshöhe verzerrt sein.

Hier sind verschiedene Elemente, die Sie testen können:

- Farbdruck gegen Schwarz-Weiß-Druck
- Motivationsanreize
- Produktpreis
- Länge des Briefes
- Ihre Adressenauswahl
- Farbe und Art des Briefumschlags
- Bestellwege
- Anzahl von Anlagen in Ihrem Umschlag
- Bezahlte Rückantwort oder Käufer zahlt Porto für Rückantwort oder gebührenfreie Telefonnummer
- Ein- oder zweistufiger Verkaufsprozeß (Fordern Sie den Empfänger auf, sofort bei Ihnen zu kaufen, oder fordern Sie ihn auf, telefonisch eine Broschüre anzufordern oder einen Besuchstermin zu vereinbaren, und fordern Sie ihn dann auf, bei Ihnen zu kaufen?)

Quelle: How to Make Your Advertising Twice as Effective at Half the Cost
von Herschell Gordon Lewis

13 105

Published by Poetic Art Edition ©

Werbung nach Maß bringt mehr Erfolg.

Was haben maßgeschneiderte Weihnachtskarten mit maßgeschneiderten Anzügen gemein?

Sie sind schöner und erfolgreicher als Konfektionsware.

Und was unterscheidet Weihnachtskarten nach Maß von Anzügen nach Maß?

Weihnachtskarten nach Maß sind nicht teurer als Konfektionsware.

Wählen Sie aus über 300 Motiven Ihre branchenbezogene Karte.

Sie werden verblüfft sein über den Erfolg bei Ihren Geschäftspartnern und Kunden.

PS.: Bei vielen Karten bieten wir Ihnen auch den aufmerksamstarken Firmen/Logo-Eindruck auf der Motivseite an.

Originell und werbewirksam

Beispiel eines Firmeneindruckes

Weihnachtskarten-Motiv aus dem Angebot des Verlags Schuler. Durch Eindruck des Firmenlogos und die Wahl eines branchenbezogenen Motivs wird die Karte auf das werbende Unternehmen abgestimmt.

Quelle: Poetic Art Edition, *Verlag Schuler GmbH, Machtlfingerstraße 21, 81378 München*

Begriffe der Direktwerbung, die Sie kennen sollten.

Alternativer Versand: Eine Versandmethode, die den Postweg umgeht. Alternative Versandfirmen liefern Ihre Werbung direkt an potentielle Käufer, normalerweise in einem Kunststoff-Hängebeutel an der Türklinke.

Antwortkarte: Eine Antwortform der Direktwerbung. Eine Antwortkarte, die der Empfänger als Reaktion auf das unterbreitete Angebot ausfüllen und an den Werbetreibenden zurückschicken kann, ist einer Direktwerbesendung (Brief, Kartensatz, Beilage usw.) beigefügt. Normalerweise sind Antwortkarten portofrei, so daß der Empfänger sie nur ausfüllen und abschicken muß.

Beilage: Eine Direktwerbeaussendung, die einer Sendung beigelegt ist, die ein anderer bereits durchführt, z. B. die Produktproben, die Sie mit Ihrer Illustrierten erhalten.

Briefbeilagen: Werbung oder Versandangebote, die Rechnungen oder der Korrespondenz mit bestehenden Kunden oder der Post einer anderen Firma an ihre Kunden beigelegt werden.

Einstufiges Angebot: Eine Aussendung, die den Empfänger zum Kauf auffordert. Das Ziel ist, daß der Empfänger durch die Bestellung des Produktes antwortet. Im Gegensatz dazu steht ein zweistufiges Angebot, das Anhaltspunkte für den Verkauf schafft. In einer zweistufigen Aussendung antworten die Empfänger, indem sie schriftlich oder telefonisch mehr Informationen über das Produkt anfordern.

Gutschein: Ein Coupon in einer Werbeaussendung, der eingelöst wird, wenn der Kunde ihn an Sie zurückschickt.

Postvertriebsstück: Eine Direktwerbung, die gefaltet – ohne Umschlag – verschickt werden kann. Sie werden gefaltet gestapelt und sind kostengünstiger herzustellen als eine typische Direktwerbesendung mit einem separaten Umschlag.

Verbundauslieferung: Verschiedene Werbetreibende versenden Ihre Direktwerbebeilagen zusammen in einem Umschlag.

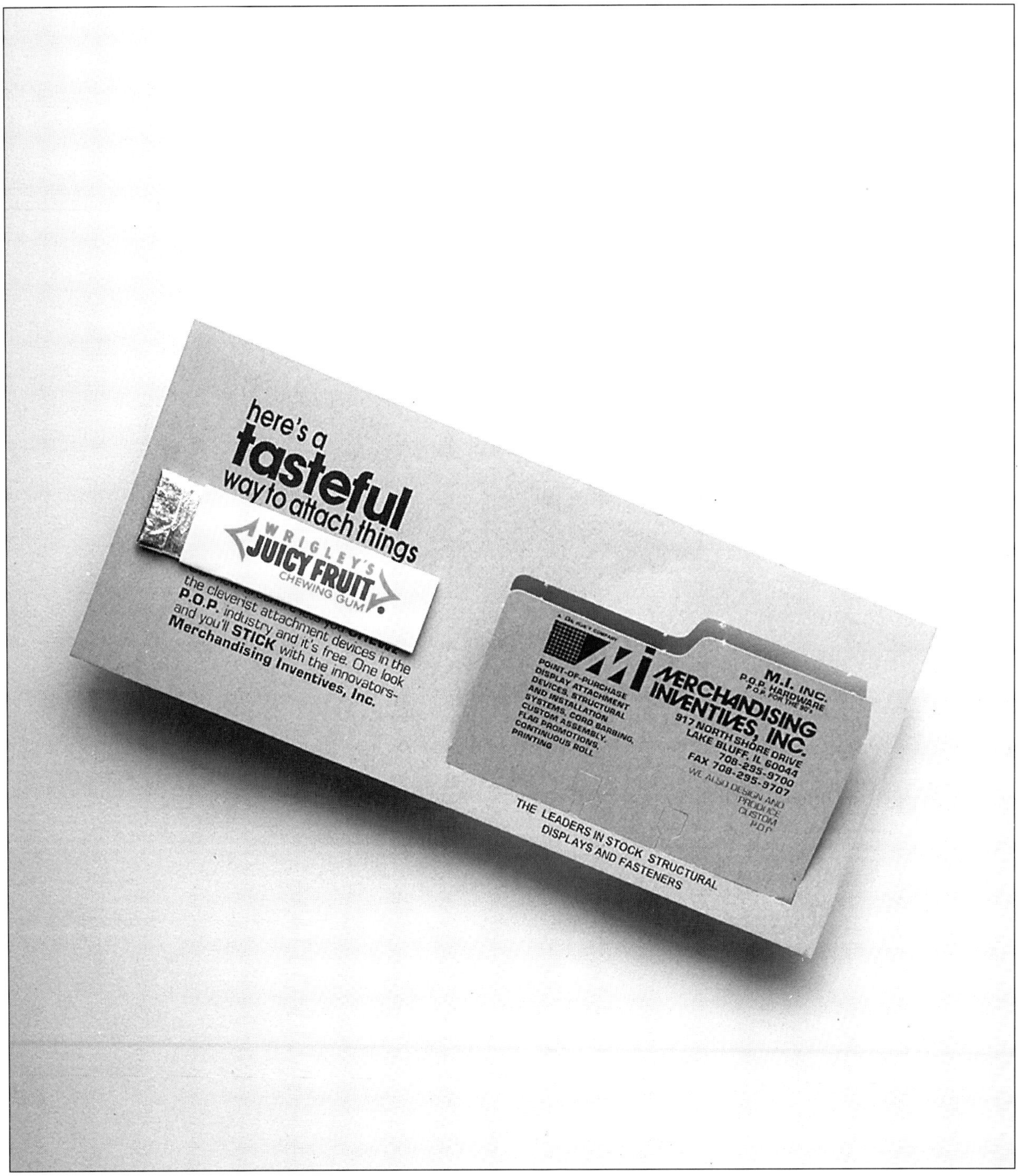

Eine Direktwerbebeilage, die von Merchandising Incentives, einer Spezialagentur für Direktwerbung, verschickt wurde. Achten Sie auf die abtrennbare Visitenkarte, die der Empfänger herausnehmen und in seine Rotationskartei aufnehmen kann.

Die Vantec-Dose, eine gelungene Werbeidee aus den USA. Die Firma Vantec in Milwaukee/Wisconsin entwirft kreative Vierfarbetiketten und klebt diese auf ganz normale Kaffeedosen, die mit Werbematerial gefüllt sind. Der Preis für so viel Werbewirkung: Kaum mehr als 1 Dollar.

Kataloge

Hervorragend geeignet, um Ihr Geschäft zu positionieren und die Aufmerksamkeit ernsthafter Kaufinteressenten zu erregen

Kataloge sind ein ausgezeichnetes Guerilla-Instrument. Sie ermöglichen es Ihnen, viel mehr Kaufinteressenten anzusprechen, Ihre Firma und Ihre Produkte zu positionieren, und erleichtern Ihren Kunden den Kauf.

Ihr Katalog muß nicht wie der Quelle-Katalog aussehen, um werbewirksam zu sein. Wenn das von Ihnen angebotene Produkt oder Ihre Dienstleistung eine ausgewählte Gruppe motivierter Menschen anspricht, kann sogar der einfachste Katalog unglaublich wirkungsvoll sein. Aber es hilft natürlich, wenn Ihr Kundendienst und Ihre Auftragsbearbeitung so gut wie bei Quelle sind. Als Versandunternehmen müssen Sie Ihren Kundenstamm Kunde für Kunde aufbauen, indem Sie Ihren Katalog als Ihren Hauptverkäufer einsetzen. Geben Sie keinen Katalog heraus, wenn Sie nicht in der Lage sind, ihn durch hervorragenden Service und Beachtung der Wünsche Ihrer Kunden zu unterstützen.

Kataloge werden nicht immer verschickt. Einige Einzelhandelsgeschäfte verwenden sie nur zur Verteilung im Geschäft. Kunden, die den Laden betreten, können die ausgelegten Kataloge ergreifen und studieren, während sie durch den Laden gehen.

3 Regeln für Katalog-Anbieter

- **Beginnen Sie klein**

  Versuchen Sie es zunächst mit einem ein- oder zweiseitigen Handzettel, beurteilen Sie die Wirkung, gehen Sie dann weiter.

- **Achten Sie auf genaue Zielgruppenansprache**

  Die Kosten für ungezielte Aussendungen stellen mit Abstand die höchsten Kosten des Kataloggeschäftes dar. Einen Katalog an jemanden zu verschikken, der nicht interessiert ist, ist reine Geldverschwendung. Beginnen Sie damit, den Katalog an Ihre Stammkunden zu versenden. Erweitern Sie Ihr Geschäft dann, indem Sie sorgfältig ausgewählte und überprüfte Adressen verwenden (siehe *Kundenadressenliste* und *Direktwerbung*).

- **Testen, Testen, Testen**

  Hören Sie nicht auf, Ihren Adressenbestand zu ändern, Ihren Katalog, Ihre Preise – alles –, bis Sie die optimale Lösung gefunden haben.

Gucrilla-Kataloganbieter nutzen den Vorteil des Versandgeschäfts, indem sie jeden potentiellen Kunden individuell ansprechen – etwas, das Warenhäuser nicht tun können. Weil Sie sich mit jedem Kunden einzeln auseinandersetzen können, kann Ihr Geschäft klein beginnen und dann später wachsen.

Nutzen Sie jede Verkaufschance, wenn Sie Ihren Katalog herstellen. Offensichtlich liegt der Schwerpunkt auf den angebotenen Produkten, ihrer Beschreibung sowie ihren Preisen. Es gibt jedoch noch zahlreiche andere Möglichkeiten,

Ihr Produkt und Ihre Firma zu verkaufen. Heben Sie hervor, daß Ihr Katalog eine Erweiterung Ihres Geschäftes ist. Sie bringen Ihr Einzelhandelsgeschäft zum Kunden. Nutzen Sie das aus.

Setzen Sie alle Katalog-Elemente ein, um den Kunden zu beeindrucken und Ihr Produkt zu verkaufen. Ihr Katalog sollte eine Stimme haben – es sollte z. B. richtige Personen dahinter geben. Die Beschreibungen sollten sich lesen wie persönliche Empfehlungen. Geben Sie dem Kunden visuell einen Bezugspunkt, so daß er Ihre Firma charakterisieren kann. Dies verleiht Ihrer Firma Glaubwürdigkeit, die Kunden brauchen, bevor sie – unbesehen – bei Ihnen kaufen.

Begrüßen Sie den Kunden genau so, als wenn er Ihr Ladengeschäft betreten würde. Legen Sie ein Schreiben bei, in dem Sie dem Kunden mitteilen, wie wichtig er ist. Unterschreiben Sie den Brief, um ihm eine persönliche Note zu geben.

Nutzen Sie Ihr Bestellformular voll aus, um Ihr Produkt zu verkaufen. Bestellen Sie das Formular so, daß es leicht verständlich ist, und füllen Sie es beispielhaft mit Produktbeschreibungen und Sonderangeboten aus. Wählen Sie für Ihren Katalog ein »Produkt des Monats« aus, und drucken Sie die Artikelnummer und den Preis in das Bestellformular. Alles, was der Kunde noch zu tun hat, um den Artikel zu bestellen, ist, das dazugehörige Kästchen anzukreuzen.

Bringen Sie im Katalog Anwenderbeispiele. Empfehlungsschreiben von Käufern Ihrer Produkte werden die Glaubwürdigkeit erhöhen. Wenn die Kaufinteressenten sehen, daß andere durch den Kauf zufriedengestellt wurden, werden sie auch bestellen wollen. Bei Aufgabe einer Bestellung werden die Käufer darüber hinaus Mitglied in Ihrem Club.

Gestalten Sie den Bestellvorgang so leicht wie möglich. Geben Sie Bestellhinweise an verschiedenen Stellen im Katalog. Eröffnen Sie den Kunden die Möglichkeit, telefonisch, schriftlich oder per Fax zu bestellen. Teilen Sie den Kaufinteressenten Ihre gebührenfreie Telefonnummer mit. Bei einigen Versandhäusern kann Tag und Nacht bestellt werden. Falls Sie das nicht anbieten können, sollte zumindest ein Faxgerät ständig empfangsbereit sein, so daß Kunden ihre Bestellungen faxen können. Sie sollten auch Kreditkarten akzeptieren. Für die Zufriedenheit der Kunden ist das unverzichtbar.

Beachten Sie immer, daß 36 % der Versandhauskunden diesen Vertriebsweg bevorzugen, weil es bequem ist. Machen Sie es den Kunden noch bequemer, nach Ihrem Katalog zu bestellen, und Sie werden Ihren Konkurrenten bald voraus sein.

Garantieren Sie Zufriedenheit – ohne Wenn und Aber. Zwar gibt es keine Möglichkeit, zu garantieren, daß die Kunden genau das bekommen, was sie erwarten. Aber immerhin könnten Sie den Kunden versprechen, daß Sie die Ware zurücknehmen, wenn der Kunde nicht vollständig zufrieden ist.

Der Katalogtext muß klar und eindeutig sein und den Charakter der angebotenen Produkte widerspiegeln. Der Text kann snobistisch, marktschreierisch, informativ oder volkstümlich sein, trotzdem sollte er klar und knapp gehalten sein und alle wichtigen Informationen enthalten. Hier sind einige Tips für verkaufswirksame Texte.

Nach einer neueren Erhebung sagten 36 % der Befragten, daß sie bei Versandhäusern Bequemlichkeit am meisten schätzen. 19 % meinten, es sei die größere Angebotsvielfalt; 17 % lieben die günstigen Preise; 6 % schätzen die hohe Qualität der angebotenen Produkte und 22 % nannten »andere« Vorteile oder gaben keine Antwort.

Tips für Katalogtexte, die ankommen

- Halten Sie den Text direkt und knapp. Sie wollen dem Leser so viel Informationen wie möglich geben, so klar wie möglich.
- Motivieren Sie den Empfänger zum Kauf. Begeistern Sie ihn für Ihr Produkt. Ihr Katalog ist Ihr Verkäufer, geben Sie ihm daher das optimale Erscheinungsbild.
- Stellen Sie sicher, daß Fotos und Abbildungen zum Text passen.
- Machen Sie dem Leser Komplimente: »Nur Sie verdienen es, ... «.
- Stimmen Sie Ihren Text auf die Jahreszeit und den Jahresfestkreis ab. Wenn der Erscheinungstermin Ihres Katalogs für die Weihnachtssaison geplant ist, sollten Sie sich im Text häufig auf den Nikolaus und den Weihnachtsmann beziehen.
- Halten Sie den Text auf Ihrem Bestellformular einfach und leicht verständlich, jedoch detailliert genug, daß der Kunde ihn gut verstehen kann.
- Schreiben Sie auffordernd!
- Heben Sie die Hauptverkaufsargumente für jeden Artikel hervor und wiederholen Sie diese wenigstens zweimal.
- Verwenden Sie aussagefähige Überschriften. Sie müssen die Aufmerksamkeit des Lesers beim Blättern erregen.
- Der Text sollte die Identität sowohl des Produktes als auch Ihrer Firma zum Ausdruck bringen. Alle Elemente in Ihrem Katalog sollten aufeinander abgestimmt sein, um ein Image zu schaffen, auf das sich der Kunde beziehen kann.

Richtlinien für Katalog-Marketing

- Legen Sie konkret fest, was mit dem Katalog erreicht werden soll.
- Definieren Sie Ihre Zielgruppe, damit Sie wissen, wer Ihren Katalog erhalten soll. Das erleichtert die Entwicklung und Herstellung des Katalogs.
- Planen Sie vor der Katalogherstellung alle Elemente Ihres Versandgeschäftes: Produkte, Preise, Auslieferung usw.
- Gliedern Sie Ihr Angebot nach Möglichkeit in Produktgruppen, um zu vermeiden, daß der Katalog ein Sammelsurium ist.

- Skizzieren Sie grob den Inhalt Ihres Katalogs, einschließlich Produktangebot, Bestellformular, Werbebeilagen usw.
- Legen Sie das gewünschte Format exakt fest: Größe, Schriftart, Farbe oder Schwarz-Weiß-Druck, Papier und Bindung.
- Entwerfen Sie ein Layout, das übersichtlich und logisch ist und dem Geschmack Ihrer Zielgruppe entspricht.
- Planen, schreiben und überarbeiten Sie den Text. Entwerfen Sie dann einen Zeitplan und halten Sie sich daran.

Jackson's Obstplantage und Baumschule in Bowling Green/Kentucky kann als Guerilla-Gründung betrachtet werden. Bill und Shirley Jackson wenden die bodenständige Methode an.

Gastfreundschaft hat ihren Betrieb in eine Touristenattraktion verwandelt, die an jedem Wochenende von 100.000 Gästen besucht wird. Ihr Versandkatalog – angefüllt mit zahlreichen Abbildungen und Hausrezepten – ergänzt das bodenständige Image.

Wettbewerb mit den großen Versandhäusern

Definieren Sie Ihre Zielgruppe. Suchen Sie sich eine Marktnische, und ignorieren Sie alles andere. Das ist Ihre Geheimwaffe.

Nischenmarketing für Guerilla-Versandhäuser ist der Schlüssel zum Erfolg. Heben Sie sich durch geschickte Positionierung von den großen Wettbewerbern ab, indem Sie Spezialprodukte an eine bestimmte Zielgruppe verkaufen. Großunternehmen übersehen häufig die kleineren Spezialmärkte und überlassen sie dadurch kleineren Anbietern.

Guerillas tun alles, um das unpersönliche Versandgeschäft als Chance zu verstehen, eine persönliche Kundenbeziehung aufzubauen. Sie beginnen mit gebührenfreier Telefonnummer und Telefonverkäuferinnen, die sympathisch und freundlich sind und alles über die Firma und die Produkte wissen.

Ein Unternehmer in Virginia betreibt die einzige Baseball-Buchhandlung in Amerika, deren wichtigstes Marketing-Instrument ein Spezialkatalog ist. Obgleich es umfangreichere, besser ausgestattete Buchkataloge gibt, kann keiner mit dem Schwerpunkt und der Auswahl der Baseball-Buchhandlung konkurrieren.

Katalog-Druckereien

Firmen, die sich auf den Druck von Katalogen spezialisiert haben:

AGS Verlagsgesellschaft mbH & Co. KG
Am Berg Fidel 111 • 48153 Münster • (0251) 78 00 4-0

BECO Werbegesellschaft mbH
Borsigstraße 12 • 49716 Meppen • (05931) 80 01-0

Pfriemer Kataloge GmbH
Rüdesheimer Straße 27 • 80686 München • (089) 579 32 69

Hoehl Druck GmbH + Co - Hersfelder Zeitung KG
Gutenbergstraße 1 • 36251 Bad Hersfeld • (06621) 161-0

König-Artus-Mehl ist eine kleine regionale Mühle, die ungebleichtes Vollkornmehl für die Hausbäckerei herstellt. Um die Schwierigkeiten zu überwinden, in größeren Supermärkten gelistet zu werden, begannen die Guerillas von König Artus mit einem Katalog (den sie übrigens auf den Mehltüten werblich ankündigten). Der Katalog umfaßt mittlerweile mehr als 40 Seiten und bietet alles Erdenkliche an – von Kümmelsaat bis zu 400-Dollar-Mixern.

Der Katalogerfolg erlaubte ihnen, das Mehl als Markenartikel zu vermarkten, und fördert sogar die Ladenverkäufe.

Druckerei Armerding
Hans-Böckler-Straße 62a • 40764 Langenfeld • (02173) 757 37

Verbundkataloge

Eine andere Möglichkeit, die Vorteile des Versandgeschäftes zu nutzen, liegt darin, Ihr Produkt in dem Katalog einer anderen Firma zu bewerben. Dabei müssen Sie sicherstellen, daß der von Ihnen ausgewählte Katalog das richtige Image und die richtige Botschaft für Ihr Produkt und Ihre Firma hat. Sie wollen wahrscheinlich nicht versuchen, Ihre nach einem Geheimrezept hergestellte Feinschmecker-Schokoladentorte in einem Katalog für Diätkost oder Biokost anzubieten.

Auslieferung im Versandgeschäft

»Wir werden sehen, daß der Versandhandel und das Warenhausgeschäft sich in Zukunft gleichen werden. Die Kunden werden in einem Einzelhandelsgeschäft kaufen, das ihnen ins Haus geliefert wird. ... der Prozeß, den ich jetzt zu Haus abwickeln kann, in mein Haus bringen kann, der Markt. Anstatt dorthin zu gehen, wird er zu mir kommen.«
– Lester Wundermann, Experte für Direktmarketing und Gründer von Wundermann Cato Johnson, eine Agentur für Direktmarketing.

Nachstehend sind Auslieferfirmen aufgeführt, die im Versandgeschäft Bestellungen aufnehmen, die Abrechnung von Kreditkarten vornehmen und den Versand Ihrer Produkte durchführen.

FDS Fulfillment Directmarketing Service GmbH
Wilhelmstraße 39 • 75015 Bretten • (07252) 8200

Wiegmann GmbH
Dingbreite 16 • 32469 Petershagen • (05702) 8200

Werbeagentur Janssen GmbH
Verteil- und Zustelldienste, Handels- und Vertriebs-Service
Ronsdorfer Str. 126 • 40233 Düsseldorf • (0211) 98495-0

Veröffentlichungen über Kataloge

Strategisches Katalog-Marketing
Uwe Drescher • Verlag Moderne Industrie
Anregungen zur Gestaltung von Katalogen, die auf Analysen von mehr als 500 Katalogen aufbauen.

Prospekt- und Katalogoptimierung
Gerhard Kirchner • Verlag Moderne Industrie

Direkt zum Käufer
Klaus Prochazka • Haufe Verlag
Wie man Millionen per Post umsetzt. Fallbeispiele vom Werbebrief bis zum Katalog.

Ein Katalog für Designer-Schmuck: Mit einem Minimum an gestaltenden Elementen vermittelt er ein klares Produktimage.

Der Katalog von Coyote Cocina (»Steppenwolf-Küche«) demonstriert Guerilla-Techniken. Es gibt großartige Produktfotos, eine Faxnummer auf jeder zweiten Seite für Bestellungen außerhalb der Geschäftszeit und eine leicht zu behaltende gebührenfreie Telefonnummer. Dies ist gleichzeitig eine großartige Positionierung.

Datenbank-Marketing

Kundennaher Verkauf rüstet Sie für die Zukunft

Datenbank-Marketing ist das perfekte Instrument für Guerillas – große oder kleine. Es bietet Ihnen eine Möglichkeit, sich im Wettbewerb zu behaupten, indem Sie Ihr Wissen über Ihre Kunden nutzen, um einzigartige Produkte oder Dienstleistungen anzubieten. In der dunklen Vergangenheit (d. h. vor 20 Jahren) konnten Guerillas aus ihren Kunden-Adressenlisten höchstens erfahren, ob bzw. was der Kunde in der Vergangenheit gekauft hatte – selbst wenn sie jeden dieser Kunden persönlich kannten (siehe *Adressenliste*). Jetzt – mit dem Einsatz von PCs – können Sie Ihre Kundenliste nach verschiedenen Merkmalen, die Sie von jedem Kunden gespeichert haben, auswerten. Heutzutage kann die Kundenliste dazu beitragen, neue Marktnischen zu besetzen, für die Sie dann neue Produkte liefern können.

Betrachten Sie daher Ihren Kundenstamm auf andere Weise, indem Sie jeden Kunden als Individuum und nicht als statistische Größe eines Massenmarktes verstehen. Anhänger des Datenbank-Marketing machen sich die Mühe, die individuellen Interessen, Bedürfnisse und Wünsche ihrer Kunden kennenzulernen. Sie schaffen Beziehungen, die auf diesem Wissen beruhen, und verkaufen immer wieder an dieselben Personen.

Versandhäuser sind in der günstigen Lage, Datenbank-Marketing zu betreiben. Wenn Sie über einen Katalog Computerzubehör verkaufen, speichern Sie zum Beispiel jeden Kunden, der einen Farbdrucker kauft. Dieselben Kunden könnten Interesse haben, Software zu kaufen, mit der sie auf dem Bildschirm in Farbe zeichnen können. Sie wissen, daß diese Kunden gerade einen Farbmonitor gekauft haben, ihr Konkurrent weiß das nicht. Schicken Sie den Kunden einen Gutschein für das Programm, das sie Ihrer Meinung nach brauchen. Dies sind Ihre Kunden – tun Sie alles, was Sie können, damit es so bleibt.

Wenn Sie beispielsweise eine Liste aller Kunden hätten, die letzten Monat Faxpapier gekauft haben, dann könnten Sie diese im laufenden Monat erneut kontaktieren, um einen Anschlußauftrag zu bekommen. Wenn Sie wissen, was Ihre Kunden benötigen, bevor ihnen das bewußt ist, können Sie es für sie bereitstellen, bevor Ihre Konkurrenten es können.

Die PC-Technologie hat kleinen Unternehmen den Zugang zum Datenbank-Marketing eröffnet. Sie kann Ihnen tatsächlich helfen, mit Großunternehmen nicht nur zu konkurrieren, sondern sie sogar im Marktanteil zu übertreffen. Ironisch formuliert: Es ist die Technologie, die es Ihnen erlaubt, Ihre Kunden sehr persönlich anzusprechen. Ihre Adressenliste ist in einer Datenbank gespeichert – oder? Falls nicht, sollten Sie entsprechende Vorkehrungen treffen. Unternehmen Sie alle Anstrengungen, damit die Datenbank der Kunden und Kaufinteressenten stets auf dem neuesten Stand ist. Jedesmal, wenn Sie etwas Neues über einen Kunden erfahren, sollten Sie es in Ihrer Datenbank speichern. Falls Sie wüßten, welche 250 von Ihren Kunden Riesenweihnachtsbäume kaufen, könnten Sie ihnen zwei Wochen vor Eintreffen der Lieferung einen Brief schicken, in dem Sie ihnen mitteilen, daß sie den gewünschten Baum garantiert bei Ihnen finden können – und daß sie bei Ihnen kaufen sollten.

Jedesmal, wenn Guerillas etwas an einen neuen Kunden verkaufen, sollten sie sich klarmachen, welche Bedeutung dieser Kunde langfristig für ihr Geschäft haben kann. Sie verkaufen nicht nur das Produkt, sie speichern, was der Kunde kaufte, wann und warum er es kaufte, und wann er möglicherweise einen Anschluß- oder Zusatzkauf tätigen muß. Guerillas speichern diese Informationen in ihrer PC-Datenbank und versenden eine freundliche Erinnerung oder einen Gutschein, wenn sie die Lieferung eines geeigneten Produktes erhalten haben oder wenn der Computer ausweist, daß es Zeit für einen Anschlußkauf des Kunden ist.

Pizza Hut führt eine Kundenliste, die nach der Art der bestellten Pizza gegliedert ist, und versendet kundenspezifische Gutscheine und Verkaufsförderungsmaterial. Käufer von Thunfisch-Pizza erhalten Gutscheine für Thunfisch-Pizza usw.

Guerillas sind sich bewußt, daß sie ihren Markt Kunde um Kunde aufbauen müssen. Datenbank-Marketing bringt dieses Denken einen Schritt weiter. Wenn Sie erst einmal eine Beziehung zu einem Kunden aufgebaut haben, ist es viel billiger und leichter, mehr an diesen Kunden zu verkaufen, als einen Kunden zu gewinnen.

Guerillas bauen eine besondere Beziehung zu ihren Stammkunden auf. Das heißt, sie wissen, was der Kunde kauft, was er benötigt und was er wünscht. Es bedeutet auch, daß sie eine Kommunikationsschiene zum Kunden eingerichtet haben und zuhören können, was der Kunde sagt.

Milchmänner waren typische Anhänger des Datenbank-Marketing. Sie hatten eine Beziehung zu jedem Kunden und wußten genau, wann diese Milch brauchten. Die meisten expandierten in Butter, Saft und Eier – sie erhöhten damit den durchschnittlichen Kaufbetrag pro Kunde, weil es billiger und leichter war, als neue Kunden zu gewinnen. Sie machten es den Kunden sehr leicht, in ihren Speisekammern alles vorrätig zu haben. Wenn sie einen Kunden erst einmal gewonnen hatten, war er eine beständige Einnahmequelle. Das Aufkommen der Supermärkte wurde den Milchmännern zum Verhängnis, das Konzept stimmte jedoch.

Die meisten Verbraucher zeigen keine große Kundentreue, wenn es ums Tanken oder um einen Ölwechsel geht. Eine Tankstelle in Austin/Texas verwendet Datenbank-Marketing, um die Chancen zu verbessern, so viel Umsatz mit jedem Stammkunden zu machen wie möglich. Ein Computer speichert das Datum des letzten Ölwechsels und versendet zwei Wochen vor dem nächsten fälligen Ölwechsel einen Rabattgutschein. Diese einfache Erinnerung und der Rabatt haben das einträgliche Ölwechselgeschäft um 60 % gesteigert. In Deutschland wäre eine derartige Werbeaktion allerdings nur in Form eines Mengenrabatts zulässig (»Jeder zehnte Ölwechsel kostenlos«).

Nun zum nächsten Schritt. Wenn Sie Fassaden streichen, haben Sie aus erster Hand Informationen darüber, wie viele Ihrer Kunden Fenster putzen, Fußböden abschleifen, Dachrinnen säubern und Dächer reparieren lassen müssen. Da Sie beim Streichen der Häuser so gute Arbeit geleistet haben, haben Sie bereits ihr Vertrauen gewonnen. Das Zusatzgeschäft auch noch zu machen ist sowohl für Sie als auch für die Kunden günstig – Sie ersparen den Kunden, eine andere Firma suchen und beauftragen zu müssen.

Vor fünfzig Jahren verdiente der Besitzer des Lebensmittelladens an der Ecke seinen Lebensunterhalt damit, daß er jeden seiner Kunden namentlich kannte. Er wußte, was sie kauften und wann sie bestimmte Artikel benötigten. Er war mit ihnen vertraut und baute eine Beziehung auf, die die meisten seiner Kunden zu Stammkunden machte. Diese Art von *Beziehungsmarketing* verschwand mit dem Aufkommen der großen Warenhäuser und Verbrauchermärkte. Jetzt setzen Guerillas den *Beziehungsverkauf* ein, um sich einen Vorsprung gegenüber den konkurrierenden Großbetriebsformen zu verschaffen. Ob Sie einen PC besitzen oder nicht, dieses Instrument ist der Schlüssel zum Verkaufserfolg und unerläßlich, wenn Sie sich im Markt als Anbieter etablieren möchten.

Nehmen wir an, Sie sind Betreiber eines Verbrauchermarktes. Sorgen Sie dafür, daß Sie die Namen und Adressen aller Eltern erhalten, die in Ihren Markt kommen, um Kinderprodukte zu kaufen; die Wahrscheinlichkeit ist groß, daß diese Käufer ein Kind in ihrem Haushalt haben. Wenn Sie Ihre Karten richtig ausspielen – durch Versendung von Handzetteln, Verkaufsförderungsmaterial und Gutscheinen für alles, was ein heranwachsendes Kind benötigt –, sollten Sie erreichen, daß derselbe Kunde in den nächsten 20 Jahren 15.000 DM in Ihrem Markt ausgibt.

Stellen Sie sich die Verschwendung vor, die damit verbunden wäre, an alle Haushalte eines Stadtteils Sonderangebote zum Schulanfang zu verteilen, wenn Sie genausogut Ihre bestehenden Kunden – und zwar nur solche mit Kindern – gezielt ansprechen können.

Hier ist ein anderes Beispiel. Ein großes Schallplattengeschäft nimmt laufend Kunden als Mitglieder in seinen Musikliebhaber-Club auf. Der Kunde erhält eine Karte, die ihn als Clubmitglied ausweist. Der Laden speichert den Namen und die Adresse des Kunden in einer Datenbank und erfaßt dann jede CD, die der Karteninhaber kauft. Wenn Sie beispielsweise *Harvest Moon* von Neil Young kaufen, wird diese Information in der Datenbank gespeichert. Wenn der Sänger eine neue CD herausbringt, versendet der Laden eine Postkarte, auf der das Erscheinen der CD angekündigt wird, und der Kunde erfährt, daß ein persönliches Exemplar auf seinen Namen zurückgelegt worden ist. Eine genauere Ansprache der Zielgruppe gibt es nicht.

Die Aussagefähigkeit Ihrer Datenbank

Wenn Sie erst einmal Hunderte oder Tausende von Kunden in Ihrer Datenbank gespeichert haben, können Sie die Vorteile dieses Instruments nutzen.

- Analysieren Sie die demographische Struktur Ihrer Zielgruppe. Was haben die Zielgruppenmitglieder gemeinsam? Leben sie im gleichen Stadtteil, fahren sie die gleichen Autos, lesen sie die gleichen Zeitschriften? Wenn Sie ihre Hobbies und Gewohnheiten kennen, können Sie festlegen, wie diese Leute zu bewerben sind, und damit können Sie Ihren Kundenstamm erweitern.

- Beobachten Sie die Gewohnheiten Ihrer Kunden. Analysieren Sie ihre Daten, indem Sie nach Verhaltensmustern suchen, die Sie ausnutzen können. Kaufen bestimmte Leute bestimmte Produkte? Falls Sie feststellen, daß die Jugendlichen sonntags Action-Videofilme ausleihen, finden Sie heraus, warum. Wenn Ihre Buchhandlung im Februar mehr Liebesromane an alleinstehende Frauen verkauft, können Sie mit dieser Information wahrscheinlich etwas anfangen.

- Finden Sie heraus, was Ihre Kunden wünschen. Verlassen Ihre Kunden den Laden, ohne alle Kaufwünsche befriedigt zu haben? Falls Sie beispielsweise festgestellt haben, daß 10 % Ihrer Kunden 90 % der Diätnahrung kaufen, sollten Sie vielleicht diese Nische näher untersuchen und herausfinden, welche anderen Produkte diese Kunden noch kaufen könnten.

- Identifizieren Sie Ihre besten Kunden. Nahezu jedes Geschäft hat eine kleine Gruppe von Stammkunden, auf die der größte Teil des Gewinns entfällt (die Leute, die stets erster Klasse nach Asien fliegen, sind die Kernzielgruppe für Northwest Airline). Identifizieren Sie diese »Lieblingskunden«, verwöhnen Sie diese, und halten Sie sie damit für immer.
- Gliedern Sie Ihre Kunden in Kundengruppen. Je mehr Sie über Ihre Kunden wissen, desto eher werden Sie diese zufriedenstellen können – bemühen Sie sich um ihre Einkäufe, anstatt sie an einen Konkurrenten zu verlieren.

Instrumente des Datenbank-Marketing

Auf der einfachsten Stufe ist ein Satz von DIN A6-Karteikarten alles, was Sie brauchen, um Datenbank-Wunder vollbringen zu können. Die meisten Unternehmen haben jedoch mehr Kunden und mehr Produkte, als mit dieser Technik verwaltet werden können, und PC-Hard- und -Software sind mittlerweile so preisgünstig geworden, daß diese Investition sogar für das kleinste Geschäft vertretbar ist.

Ein Schritt aufwendiger ist dann die Verwendung einer Computer-Datenbank, um Ihre Kunden zu analysieren. Filemaker Pro von Claris arbeitet sowohl auf Macintosh als auch unter Windows. Es ist leicht zu benutzen, sehr leistungsfähig und kann Tabellen, Formulare und Serienbriefe aufbereiten.

Wenn Sie Einzelhändler sind, brauchen Sie ein leistungsfähigeres Programm als eine einfache Datenbankdatei. Ihr gegenwärtiges Kassensystem unterstützt vielleicht ein PC-Programm zur Datenaufbereitung. Sprechen Sie mit Ihrem Kassenlieferanten über die verfügbaren Optionen.

Zielsetzung des Datenbank-Marketing ist herauszufinden, was Ihre Kunden wünschen, und es den Kunden leichtzumachen, diese Wünsche zu befriedigen. Obgleich der PC die Durchführung erleichtert, kann er jedoch das dahinterliegende Konzept verdecken. Falls Karteikarten für die Analyse ausreichen, ist das in Ordnung. Lassen Sie sich durch die Komplexität und die Kosten eines PC-Systems nicht daran hindern, mit Analysen zu beginnen.

Spezialisten für Datenbank-Marketing

DMC Data Marketing Consulting GmbH
Am Fürthenrode • 52511 Geilenkirchen • (02451) 62 51 32

Graffiti Agentur für innovative Kommunikation + Werbung GmbH
Hofmannstr. 7 • 81379 München • (089) 74 82 28-0

DATA-Style GmbH
Bandelstraße 4 • 10559 Berlin • (030) 3 94 60 38

Veröffentlichungen über Datenbank-Marketing

Die 1:1 Zukunft - Strategien für individuelles Kundenmarketing
Don Peppers und Martha Rogers • Haufe Management Praxis
Dies ist ein hervorragendes Buch. Wenn Sie alle Bücher der Guerilla-Marketing-Serie gekauft haben, sollte dies das nächste sein, das Sie kaufen.

Database-Marketing
Hendrik Schüring • verlag moderne industrie

Verkaufsförderung

Verlosungen und Preisausschreiben

Erzeugen Kundenfrequenz und Kundenbindung

Spiele sind allgemein beliebt. Letztes Jahr kaufte mehr als die Hälfte aller US-Bürger ein Lotterielos. Und die Preisausschreiben der Buch- und Zeitschriftenclubs Ed MacMahon und Publisher's Clearing House bringen jährlich mehrere Millionen neue Zeitschriftenabonnements ein.

Für eine geringe Investition können Sie eine Verlosung durchführen, die die Aufmerksamkeit auf Ihr Geschäft lenkt, Kundenfrequenz erzeugt und Kunden ermuntert, Ihr Produkt auszuprobieren, und Mundpropaganda schafft.

Verlosungen sind ein großartiges Instrument für Guerillas. Sie müssen jedoch vorsichtig sein – Fehler können Sie Geld und Zeit kosten, und Sie können sogar mit dem Gesetz in Konflikt geraten.

Es gibt entscheidende Unterschiede zwischen Verlosungen, Preisausschreiben und Lotterien (siehe die nachstehenden *Definitionen*). Als wichtigstes ist zu berücksichtigen, daß private Lotterien, d. h. Gewinnspiele, die mit einem eigenen Einsatz verbunden sind, einer staatlichen Genehmigung bedürfen. Das gemeinsame Definitionskriterium ist, daß Preise ausgelobt werden.

Grundsätzlich zulässig sind Preisausschreiben und Verlosungen, wenn keinerlei Bedingungen wie Kauf oder Bestellung an eine Teilnahme geknüpft sind und kein Geldeinsatz verlangt wird. Darüber hinaus gilt aber auch ein sogenannter »psychologischer Kaufzwang« bereits als unlauter. Ein solcher Kaufzwang wird angenommen, wenn die Teilnahmescheine nur im Geschäftslokal ausliegen oder vom Teilnehmer dort abgegeben werden müssen; ebenso, wenn die Preise nur im Verkaufsraum abgeholt werden können oder bei der Entgegennahme von Teilnahmescheinen und Preisen Verkaufsgespräche geführt werden.

Beachten Sie diese Grundsätze auch bei der Gestaltung Ihrer Teilnahmescheine - sie sollten nicht mit einem Bestellschein gekoppelt sein, auch wenn die Bestellung selbst keine Teilnahmebedingung darstellt. Täuschen Sie weiterhin keine Verlosung vor, wenn Sie lediglich vorhaben, kostenlose Werbegeschenke zu verteilen. Und schließlich versteht es sich von selbst, daß Sie keine irreführenden Angaben über die Gewinne oder die Durchführung Ihres Gewinnspiels machen sollten.

Guerilla-Anbieter des Jahres

Verkaufsförderung ist für clevere Guerillas das wichtigste Absatzinstrument. Wenn das Fundament gelegt ist, kann Verkaufsförderung Ihnen einen Vorsprung vor den Konkurrenten verschaffen.

Wirkungsvolle Verkaufsförderung rückt Sie in das Bewußtsein der Verbraucher und beläßt Sie dort. Unser Guerilla-Anbieter des Jahres, Jordan's Furniture in Boston, ist ein hervorragendes Beispiel. Das Unternehmen baute einen Erlebnispark – MOM genannt –, der mit Disneyland verglichen werden kann. MOM wurde am Muttertag 1992 eröffnet. Dieser Park hat viel Beachtung gefunden, und die Leute kommen von überall her, um ihn zu besichtigen. Wenn sie da sind, müssen sie natürlich auch einen Blick auf Jordan's Möbel werfen!

Mit einer Verlosung, einer einzigartigen Verpackung oder einer innovativen Ausstellung können Sie sich von der Werbeflut abheben und Ihre Kunden direkt ansprechen.

Wichtige Begriffsdefinitionen

Lotterien: Glücksspiele mit Teilnahmegebühr. Sie bedürfen einer staatlichen Genehmigung.

Verlosungen: Dies sind Glücksspiele, für deren Teilnahme kein Kauf und keine Teilnahmegebühr erforderlich sind.

Preisausschreiben: Dies sind Verlosungen, für deren Teilnahme zunächst eine Preisfrage zu lösen ist. Auch hier muß die Teilnahme ohne jeden Warenkauf oder Teilnahmegebühr möglich sein.

Elemente einer erfolgreichen Verlosung

- Nutzen Sie die Gelegenheit einer Verlosung, um den Verbrauchern Ihr Angebot nahezubringen. Falls Sie Produzent sind, fordern Sie die Verbraucher auf, eine Reihe von Fragen zu beantworten, deren Antworten nur gefunden werden können, wenn man Ihre Werbung kennt.

- Setzen Sie faszinierende Preise aus. Geld ist im allgemeinen kein guter Preis, es sei denn, die Gewinnsumme ist sehr hoch. Darum sollten Sie an Reisen, Sportveranstaltungen, Dienstleistungen (kostenlose Wagenwäsche für ein Jahr) oder andere Preise denken, die öffentlich Beachtung finden. Ein Preis, der für einen Zeitraum gewährt wird, ist normalerweise billiger für Sie und für den Gewinner genauso verlockend.

  Noch besser, machen Sie den Preis zu einem Ereignis. Eine Radiostation in den USA gibt dem Gewinner die Möglichkeit, ein Konzert in seiner Schule zu veranstalten, das von dem Sender gesponsert ist. Das Konzert wird in den Nachrichten erwähnt, und jeder Schüler ist dem Sender dankbar.

- Stellen Sie sicher, daß die Leute glauben, sie hätten eine Gewinnchance. Durch Hinzufügung einer Geschicklichkeitskomponente zu einem Wettbewerb (»Beantworten Sie diese drei Fragen«) können Sie jene Leute zur Teilnahme ermutigen, die glauben, nie zu gewinnen.

- Bitten Sie die Teilnehmer, Namen, Adresse und Telefonnummer anzugeben. Normalerweise sind die Leute mit Daten sehr entgegenkommend, wenn es um die Teilnahme an einer Verlosung geht. Setzen Sie alle Namen auf Ihre Adressenliste.

- Machen Sie Ihre Verlosung wasserdicht. Wenn die Leute schummeln können, werden sie es tun. Verlassen Sie sich darauf.

- Veröffentlichen Sie den Gewinner. Laden Sie die Lokalpresse ein, um Fotos zu machen. Versenden Sie Pressemitteilungen mit Zitaten vom dankbaren Gewinner.

4 Verlosungen, die Kundenfrequenz erzeugen und neue Adressen einbringen

- **Anwenderbeispiele**

Fordern Sie Ihre Kunden auf, in 25 Worten oder weniger zu beschreiben, warum sie gern in Ihrem Laden kaufen. Hängen Sie die besten Einsendungen als Plakat aus (und verwenden Sie diese in Ihrer Werbung), veranstalten Sie dann eine Gewinnziehung, und wählen Sie durch Zufallsziehung einen Teilnehmer aus, der einen Geschenkgutschein zum Einkauf in Ihrem Laden erhält.

Die No Name Bar in New York gewährt jedem kostenlos Getränke, der seinen Namenstag feiert. Vermutlich werden die glücklichen Jubilare von ihren Freunden begleitet, und die Bar hat bald einen Vorsprung vor ihren Konkurrenten.

- **Gemeinschafts-Verkaufsförderung**

Suchen Sie drei Gewerbetreibende aus, die komplementäre Produkte anbieten (wie z. B. ein Lebensmittelgeschäft, eine Band und eine Bankett-Halle; oder vielleicht eine Bäckerei, ein Feinkostgeschäft und ein Blumenfachgeschäft), und bieten Sie den Kunden aller drei Anbieter einen »Verbundpreis« an. Sie erhalten die Namen der Kunden der anderen beteiligten Anbieter und Sie geben die Namen Ihrer Kunden an diese weiter. Am Ende verfügen Sie über Adressen von Verbrauchern, die ernsthaft an Ihrem Produkt interessiert sind.

- **Sofortgewinne**

Dies ähnelt den Rubbellosen von McDonald's. Jedesmal, wenn ein Kunde Ihren Laden betritt, zieht er aus einer großen Schüssel eine Nummer. Wenn diese Nummer eine Glücksnummer ist, gewinnt er auf der Stelle. Dies schafft immer wieder Kundenfrequenz.

- **Geleebonbons im Schaufenster**

Wenn Sie Ihr Ladenlokal in einer Fußgängerzone haben und die Leute veranlassen wollen, Ihren Laden zu betreten, stellen Sie ein großes Glas mit Geleebonbons in das Schaufenster mit einem Hinweis, der die Passanten einlädt zu schätzen, wie viele Geleebonbons in dem Glas sind. Die Person, die der richtigen Zahl am nächsten kommt, gewinnt einen Geschenkgutschein für einen Einkauf in Ihrem Geschäft. Denken Sie daran, daß Teilnahmescheine auch außerhalb Ihres Ladens erhältlich sein müssen, und sehen Sie hierfür eine Mitnahme-Box vor.

Firmen, die sich auf Verlosungen und Preisausschreiben spezialisiert haben

Die Spiele Agentur
Rheinstraße 7 • 80803 München • (089) 34 34 04

Wolf & Appenzeller GmbH - Papierwarenfabrik
Postfach 40 09 80 • 70409 Stuttgart • (0711) 8 26 07-0
Spezialisiert in der Herstellung von gerollten und flachen Losen im Direktmarketing.

DATACOLOR Druck + Fullservice GmbH
Postfach 1480 • 21304 Lüneburg • (04131) 8 96-0

Knobel-Hans, E. Bertelsen
Am Teich 2 • 97650 Fladungen • (09778) 13 90

M.P.P. Marketing Services GmbH
Cleeberger Straße 30 • 35647 Waldsolms • (06085) 20 76

Grundsätze für Verlosungen und Preisausschreiben

Die amerikanische Direct Marketing Assocation hat eine Reihe von Richtlinien für Gewinnspiele aufgestellt. Viele von ihnen sind in Deutschland als bindende Vorschriften im Wettbewerbsrecht verankert und wurden bereits oben besprochen. Der Deutsche Direktmarketing-Verband e.V. (DDV) verpflichtet seine Mitglieder zusätzlich auf ein verbraucherfreundliches Verhalten. Insbesondere der Umgang mit Kundendaten wird durch strenge »Qualitäts- und Leistungsstandards« geregelt.

Es ist zweifellos eine gute Idee, ein Preisausschreiben-Konzept durch einen Anwalt prüfen zu lassen, um sicherzustellen, daß nicht gegen gesetzliche Bestimmungen verstoßen wird. Unabhängig davon sollten Sie bei einer Verlosung oder einem Preisausschreiben die folgenden Informationen bereithalten:

- Eine schriftliche Fassung der Teilnahmebedingungen.
- Falls zutreffend, der Hinweis, daß Fotokopien des Teilnahmeformulars oder andere Mittel (wie z. B. herkömmliche Postkarten) eingesandt werden können.
- Das Datum des Einsendeschlusses. Dabei sollte angegeben werden, ob das Datum des Poststempels oder das Eingangsdatum maßgeblich ist.
- Die Anzahl der Gewinne und der Wert zu Einzelhandelsverkaufspreisen (für Nichtgeld-Gewinne), eine vollständige Beschreibung aller ausgesetzten

Preise und ein Hinweis, ob anstelle von Waren wahlweise Bargeld ausgezahlt wird. Wenn ein Geldgewinn in Raten ausgezahlt werden soll, sollte dieser Umstand deutlich mitgeteilt werden, zusammen mit Art und Zeitpunkt der Zahlungen.

- Die Gewinnchancen oder eine Erklärung, daß die Gewinnaussichten von der Anzahl der Teilnehmer abhängen.
- Die Methode, mit der die Gewinner ermittelt werden.
- Das Gebiet, in dem das Preisausschreiben veranstaltet wird, und jene Gebiete, für die das Angebot nicht gilt.
- Voraussichtliche Termine, wann die Gewinner ermittelt und bekanntgemacht werden.
- Rechte zur Veröffentlichung des Namens der Gewinner.
- Für die Versteuerung ist der Gewinner verantwortlich.

Keine Werbung sollte behaupten oder andeuten, daß ein Teilnehmer einen Preis gewonnen hat, wenn dies nicht der Fall ist. Die Gewinner sollten nach dem Zufallsprinzip ermittelt werden.

Beachten Sie, daß dies nur Richtlinien bzw. Vorschläge sind, um Ihnen die Durchführung zu erleichtern. Ein Preisausschreiben kann kompliziert sein, deshalb sollten Sie es möglichst durch Ihren Anwalt prüfen lassen, bevor Sie zur Tat schreiten.

Programme zur Stammkundenpflege

Steigern Sie den Umsatz pro Kunde

Sind Sie schon einmal mit einer bestimmten Fluggesellschaft geflogen, um die Vergünstigungen als Vielflieger zu erhalten? Guerillas können die gleiche Technik anwenden, um eine langfristige Kundenbindung aufzubauen.

Angesichts des starken Wettbewerbs trägt jede Maßnahme, mit der Sie einen Kunden davon abhalten, bei der Konkurrenz zu kaufen, dazu bei, Ihren Marktanteil aufrechtzuerhalten. Ein erfolgreiches Programm zur Stammkundenpflege kann die Kunden ermutigen, weiterhin beständig bei Ihnen zu kaufen, ohne daß es Sie viel Geld kostet.

Ein weiterer Vorteil eines Programms zur Stammkundenpflege liegt darin, daß es Ihnen hilft, Ihre wichtigsten Kunden zu identifizieren. Wenn auf 20 % Ihrer Kunden 50 % (oder sogar 80 %) Ihres Umsatzes entfallen, sollten Sie diese Kunden sehr genau beobachten. Durch Einführung eines Programms zur Stammkundenpflege werden Ihre besten Kunden für Ihre Mitarbeiter sofort erkennbar und können dann besonders zuvorkommend behandelt werden.

Achten Sie darauf, die Anforderungen für Vergünstigungen nicht zu streng zu definieren. Falls die Teilnahmebedingungen zu schwer zu erfüllen sind oder die Preise die ganze Aufregung nicht wert sind, werden Sie Ihre Kunden verärgern. Ein Serviceunternehmen für Vielflieger, Air-Miles, brach zusammen, weil die Teilnahme für die Kunden zu umständlich war. Um Flugkilometer als Vielflieger

Eukanuba-Hundefutter bietet einen 18 kg-Beutel Futter als Zugabe an, wenn Sie 10 Beutel gekauft haben. Für die meisten Hundehalter bedeutet das einen kostenlosen Beutel pro Jahr. Eukanuba stellt damit sicher, daß Käufer von Hundefutter nicht zu einer anderen Marke wechseln, für die gerade eine Aktion durchgeführt wird. Wenn Sie bereits acht Bestätigungen auf Ihrer Karte haben, haben Sie einen großen Anreiz, auch die letzten beiden Beutel zu kaufen!

Achtung: Überprüfen Sie sorgfältig die Zulässigkeit Ihrer Verkaufsförderungsaktion, um nicht gegen geltendes Recht zu verstoßen.

zu sammeln, mußte man alle Flugscheine zusammenheften und einem Antragsformular in bestimmter Form beifügen und dieses in einem besonderen Umschlag einschicken. Man mußte auch eine hohe Zahl von Flugkilometern zum Normaltarif zurückgelegt haben, bevor man etwas gewann, so daß die Kunden die beteiligten Fluggesellschaften verließen.

Im Gegensatz dazu ist das Vielfliegerprogramm von USAir besonders kundenfreundlich. Die Erfassung ist einfach. Durch Vorzeigen Ihrer Kundennummer am Abflugsteig werden die Meilen Ihrem Konto gutgeschrieben. Vierteljährliche Kontoauszüge informieren über gültige Angebote und Voraussetzungen für Vergünstigungen und teilen Ihnen mit, wieviel Flugkilometer Sie verdient haben.

Sie brauchen mit Ihrem Programm zur Stammkundenpflege kein Geld zu verlieren. National Car Rental berechnet Kunden eine Jahresgebühr von 50 Dollar mit der Überlegung, daß die Vorteile der Mitgliedschaft (die schnelle Abfertigung, kostenlose Höherstufung, keine Komplikationen) so groß sind, daß der Stammkunde bereit ist, dafür zu bezahlen. Aufnahme- oder Jahresgebühren können unproduktive Teilnehmer auch abschrecken.

Sie müssen nicht immer Ihr eigenes Produkt als Belohnung für Stammkunden anbieten. Wenn auch die Kosten für die Verwendung Ihres eigenen Produktes niedrig sein mögen, so kann es jedoch den Effekt haben, es in den Augen Ihrer Kunden abzuwerten. Statt dessen könnten Sie überlegen, Stammkunden ein verwandtes Produkt bzw. eine Dienstleistung anzubieten. Hotels und Fluggesellschaften kombinieren Ihre Anstrengungen häufig auf diese Weise. Es wird »Partnering« genannt und ist zur Zeit eine der aktuellsten Techniken für Guerillas. Marriott Hotels bieten ihren Gästen Vielflieger-Meilen für bestimmte Fluggesellschaften an. Davon profitiert sowohl die Fluggesellschaft als auch das Hotel.

Ein Konzertveranstalter teilt seinen Stammkunden eine besondere Telefonnummer mit, damit sie schneller und leichter als andere Karten kaufen und in den Konzertsaal gelangen können. Diese VIP-Behandlung kostet nichts, bindet Stammkunden und ermuntert andere, sich für den gleichen Service registrieren zu lassen.

Checkliste für Ihr Programm zur Stammkundenpflege

- **Was ist Ihr Ziel?**

  Versuchen Sie, Personen anzusprechen, die bereits Kunden sind, oder richten Sie ein Programm ein, um neue Kunden zu gewinnen oder Kunden von der Konkurrenz abzuwerben?

- **Wie sieht die Logistik aus?**

  Legen Sie genau fest, unter welchen Bedingungen Ihr Kunde die Vergünstigungen erhält. Müssen die Kunden bei jedem Kauf eine Karte abstempeln lassen oder einen Gutschein einschicken, um ihren Preis einzulösen? Halten Sie es so einfach wie möglich.

- **Welche Vergünstigungen werden gewährt?**

  Die Vergünstigung muß von Ihren Kunden als ausreichend wertvoll angesehen werden, um Handlungen auszulösen. Gleichzeitig dürfen die Vergünstigungen nicht so verschwenderisch sein, daß das Programm ein Verlustgeschäft wird. Die geschätzten Mehrumsätze müssen die Kosten decken, damit es ein Erfolg wird.

- **Wie lange dauert das Programm?**

  Sie müssen den Kunden genügend Zeit einräumen, um von dem Programm profitieren zu können.

- **Wie führen Sie die Einlösung der Vergünstigungen durch?**

  Stellen Sie sicher, daß alle, die an dem Programm teilnehmen, versorgt werden. Falls Sie Kaufbeweise zur Einlösung des Geschenks verlangen, könnten Sie überlegen, eine Abwicklungsfirma zu beauftragen, um die Bestellungen auszuführen und die Belohnungen zu versenden. Wenn die Kunden zu lange warten müssen, wird das Programm mehr unzufriedene Kunden als treue Stammkunden schaffen.

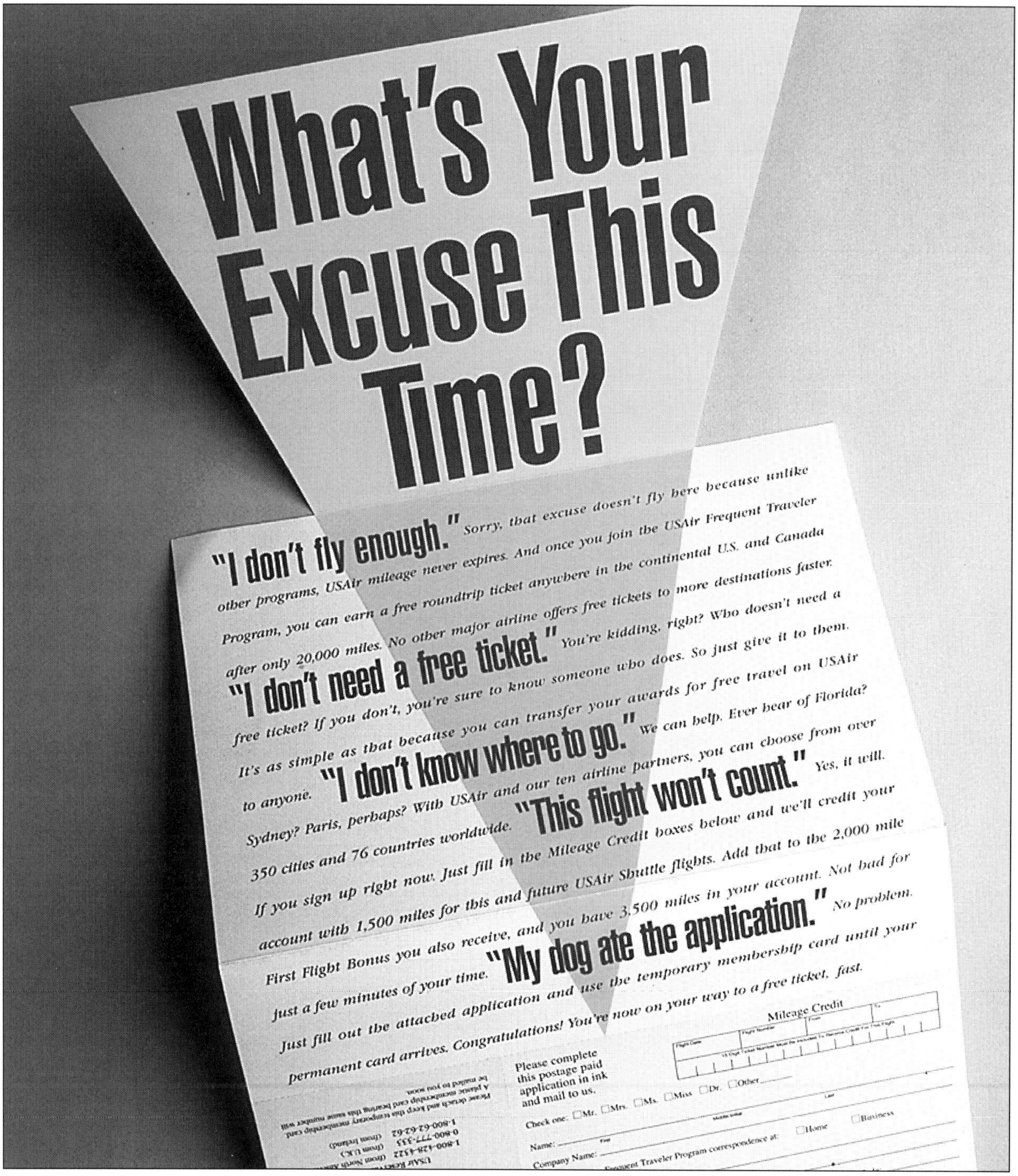

Dies ist eine Direktwerbesendung für das Vielfliegerangebot der USAir. Sie enthält ein Formular zur Beantragung der Mitgliedschaft. Das Programm bietet die bequeme Möglichkeit, Meilen zu sammeln und die Gutschriften gegen Gratisflüge einzulösen.

Musik

In Ihrem Laden und in Ihrer Werbung

Musik kann für Ihr Geschäft in doppelter Hinsicht vorteilhaft sein. Zunächst einmal ist Musik hervorragend geeignet, um Hörer zu motivieren. Marktforschungserhebungen von Muzak (ein amerikanischer Musikverleih-Service) und anderen haben ergeben, daß Kunden mehr kaufen, wenn sie geeignete Musik hören. Die Erhebung von Muzak in einem größeren Warenhaus ergab, daß 17 % mehr Kunden kauften, wenn Musik gespielt wurde.

Bevor Sie lächeln und sagen »Nicht in meinem Geschäft«, sollten Sie wissen, daß wir hier nicht nur von Fahrstuhlmusik sprechen. Musikarchive bieten eine Vielzahl von Musikzusammenstellungen an, von denen jede darauf angelegt ist, daß sie in einer bestimmten Umgebung am besten ankommt. Besuchen Sie irgendein Einkaufszentrum in den USA, und Sie werden sowohl in der Boutique für Jugendliche als auch im Juweliergeschäft an der Ecke sicherlich Musik hören, die von demselben Musikverleih-Service – Muzak – zusammengestellt wurde.

Natürlich brauchen Sie keine Servicegesellschaft einzuschalten, um die Urheberrechtsbestimmungen zu beachten. Wenn Sie Gebühren an die GEMA abführen, können Sie in Ihrem Laden jede beliebige Musik spielen. Sie können das Radio benutzen (nicht unsere Lieblingslösung), oder Ihre Mitarbeiterinnen können die Musik aus einem CD-Stapel auswählen.

Ein CD-Laden in Manhattan hat uns als Kunden verloren, weil die Heavy-Metal-Musik, die mit 100 dB aus den Lautsprechern dröhnte, so unangenehm war, daß wir uns nur wenige Minuten im Laden aufhalten konnten.

Denken Sie gründlich über die Botschaft nach, die Sie mit der gespielten Musik aussenden. Daß sie Ihnen gefällt, bedeutet noch nicht, daß sie auch Ihren Kunden gefällt.

Musik und Ihr Image

So wichtig wie die Musik in Ihrem Laden ist, so hat auch Ihre Werbung eine viel größere Wirkung, wenn Sie die richtige Musik unterlegen (siehe *Jingles*). Einige Radio- und Fernsehexperten behaupten, daß Musik die Werbewirkung eines Werbespots um bis zu 30 % erhöht.

Führen Sie das folgende Experiment durch. Sehen Sie sich ein Schauspiel oder einen Werbespot im Fernsehen an, wenn der Ton abgeschaltet ist. Sie werden feststellen, daß es flach und leblos erscheint. Setzen Sie Ihre Beobachtung bei eingeschaltetem Ton fort, indem Sie sich auf die Hintergrundmusik konzentrieren. Sie werden dann feststellen, wie gezielt sie eingesetzt wird, um Ihre Emotionen zu wecken.

Weil Musik so direkt auf unser Unterbewußtsein wirkt, sollten Sie die Musik für Ihre Werbung sorgfältig auswählen. Jimi Hendrix mag für einen Jeansladen ideal sein, bedenken Sie jedoch, wie diese Musik Ihr neues französisches Restaurant positionieren würde.

Es gibt zahlreiche Möglichkeiten, Musik kostengünstig in Ihre Werbung aufzunehmen. Eine der günstigsten ist, Clips zu verwenden, die mit der »heißen Nadel« hergestellt wurden. Dies sind Musikzusammenstellungen, verfügbar auf CD, die Sie ohne Zusatzkosten in Ihrer Werbung verwenden können. Jedes Tonstudio hat einen Satz davon, oder Sie kaufen Ihre eigene Auswahl.

Neben der Verwendung von Musik in Ihrer Werbung und in Ihrem Laden gibt es zusätzlich eine zweite und sogar noch viel wirkungsvollere Möglichkeit, Musik zu verwenden. Sie verleiht vor allem Guerillas Glaubwürdigkeit.

Die Nature Company hat Musik sehr werbewirksam eingesetzt, um in ihren Läden eine einzigartige Atmosphäre zu schaffen. Jedesmal wenn Sie einen Laden von Nature Company betreten, erkennen Sie es bereits an dem, was Sie hören. Dort gibt es immer den Klang eines plätschernden Baches zu hören oder beruhigende New-Age-Musik.

Die Musik, die Nature Company verwendet, ist so ansprechend, daß die Firma beschlossen hat, ihren Kunden die CDs zum Kauf anzubieten. Die CDs sind in der Nähe der Kasse aufgestellt. Auf dem Display ist ein Schild angebracht, dessen Inhalt lautet: »Wird jetzt gespielt«. Wenn Kunden den Laden betreten und Musik hören, die ihnen gefällt, gehen sie häufig zum Display hinüber und kaufen, was gerade gespielt wird oder eine der anderen angebotenen CDs.

Ein Engagement von Mick Jagger, Madonna oder Whitney Houston (angenommen sie wären frei), um Ihren Laden in die Schlagzeilen zu bringen, würde astronomische Summen kosten (nicht typisch für Guerillas). Die Kosten einer Lizenz für ihre Musik sind viel geringer. Wenn Verbraucher bekannte Musik hören, verbinden sie ihre Empfindungen darüber (positiv, warm, romantisch, aufregend – was auch immer) unbewußt mit Ihrem Geschäft. Es verleiht Ihnen Glaubwürdigkeit, und es gibt Ihnen eine emotionale Verbindung mit Ihren Kunden. Fruit of the Loom verwendet Musik von Crosby, Stills und Nash, um Unterwäsche zu verkaufen. Die Firma setzt diese Musik ein, weil die positiven Gefühle, die Baby Boomers mit jener Zeit verbinden, sich auf Ihr Sortiment überträgt.

Die Lizenzvergabe für Musik, die Sie in Ihrer Werbung verwenden wollen, ist ein schwieriges Geschäft – Sie müssen die Lizenz sowohl für die Komposition (den Gesang selbst) als auch für die Aufführung erwerben. Der einfachste Weg, um alle Genehmigungen zu bekommen, ist, daß sich Ihre Werbeagentur darum kümmert. Wenn Sie keine Werbeagentur haben, fragen Sie bei der GEMA an.

Wenn Sie Musik in Ihrem Laden oder Restaurant spielen wollen, brauchen Sie eine Lizenz von der GEMA.

Lizenz–Agenturen

Gesellschaft für musikalische Aufführungs- und mechanische Vervielfältigungsrechte (GEMA)
Bayreuther Straße 37-38 • 10787 Berlin • (030) 2 14 54-0

Schützt alle Vervielfältigungs-, Aufführungs- und Senderechte von Musik in Film, Funk, Fernsehen, Video und auf allen anderen Tonträgern sowie bei öffentlichen Aufführungen.

Gesellschaft zur Verwertung von Leistungsschutzrechten mbH (GVL)
Heimruhder Straße 5 • 20148 Hamburg • (040) 411 70 70

Wahrung von Urheberrechten für ausübende Künstler sowie Bild- und Tonträgerhersteller.

Musikarchive

Die nachstehend aufgeführten Firmen (und alle Musikarchive) helfen Ihnen, Musik zu finden, die Sie in Ihren Werbespots verwenden können. Einige helfen Ihnen sogar, Ihre eigene Musik zu komponieren.

berodisc MUSIC & MEDIA
Stubenrauch Straße 72 • 12487 Berlin • (030) 851 90 98

Werbe Musical CD's Karl Wildenauer GmbH
Eppsteiner Weg 1 • 65835 Liederbach • (069) 30 98 58

Sony Music
Stephanstraße 15 • 60313 Frankfurt a. M. •(069) 13 88 84 44

Musik Promotion
Celler Str. 81 • 38114 Braunschweig • (0531) 501353

Ping Pong Music und Marketing
Bendestorfer Str. 15a • 21244 Buchholz • (04181) 30937

Jingles und Slogans

Eine Botschaft, die immer wieder gespielt wird

Ergänzen Sie den folgenden Text: »*Cascade - zwingt grau raus und* ... «.

Wenn Sie älter als 30 Jahre sind, wissen Sie sehr wahrscheinlich, daß die nächsten Worte lauten: »*und weiß rein*«. Es wird Sie vielleicht überraschen, daß dieser Slogan mehr als 25 Jahre nicht mehr gesendet wurde! Die Werbewirkung von Jingles (d.h. Erkennungsmelodien) ist erstaunlich.

Ein guter Jingle, der Ihre Firma positioniert, kann sich für Generationen bezahlt machen. Millionen von Hörern erinnern sich an das Ende des Verspaares »Haribo macht Kinder froh, ...«. Sie können Ihren eigenen »Ohrwurm« entwickeln, wenn Sie sorgfältig planen und einigen einfachen Schritten folgen.

Ist ein Jingle für Sie geeignet?

Bevor Sie Zeit und Geld ausgeben, um einen Jingle zu entwickeln, verwenden Sie diese Checkliste, um festzustellen, ob er sein Geld wert ist:

- Werben Sie intensiv in Radio und/oder Fernsehen?
- Ist Ihr Produkt für einen Jingle zu seriös?
- Ist Ihr Produkt ein Impulskauf?
- Nehmen Sie auch in Kauf, einige Verbraucher zu verärgern?

Jingles bieten gerade Raum für eine Botschaft. Sie müssen einen klaren Blick auf Ihre Positionierungsaussage werfen und den Nutzen herausfinden, den Sie hervorheben wollen. Wenn Ihr Geschäft diese Art von Charakterisierung nicht verträgt, sollten Sie in Frage stellen, ob es zweckmäßig ist, einen Jingle zu verwenden.

Zunächst kann Ihr Jingle Ihren Kunden gefallen, aber früher oder später werden Sie Beschwerden erhalten. Jingles sind von Natur aus sehr aufdringlich. Sie gehen uns unter die Haut. Ist dies das Instrument, das Sie einsetzen wollen? Es liegt bei Ihnen.

Slogans im Vergleich zu Jingles

Der Hauptunterschied ist die Verwendung von Musik - Slogans haben keinen Musikhintergrund. Slogans sind im allgemeinen weniger aufdringlich als Jingles, aber auch weniger werbewirksam. Sie gefallen uns, weil man gezwungen wird, sich auf eine Positionierungsaussage festzulegen. Sogar die USA haben einen Slogan (»In God We Trust«– Wir vertrauen auf Gott), obwohl er von Zeit zu Zeit in die Schußlinie gerät.

Entwicklung Ihres Slogans oder Jingles

Weil sie so kurz und eingängig sind, ist es für einen Laien nicht leicht, einen guten Slogan oder Jingle zu entwickeln.

Kontaktieren Sie eine Werbeagentur, um einen Jingle entwickeln zu lassen, oder schlagen Sie die Gelben Seiten auf: Dort finden Sie Jingle-Schreiber unter den Oberbegriffen »Musik« (Unterstichwort »Musikproduktion«) und »Tonstudios« sowie unter »Werbung«.

Die Entwicklung eines Slogans ist ein bißchen leichter. Wir empfehlen, anläßlich einer Betriebsfeier 100 Alternativen zu sammeln und dann in Ruhe den Favoriten herauszusuchen.

Verpackung

Das Fenster zur Seele Ihres Produktes

Die Verpackung kann vielfältige Funktionen erfüllen.

Die Verpackung soll das Produkt optisch ansprechend machen, aber es gibt noch andere Möglichkeiten, die Verpackung zu nutzen. Versuchen Sie beispielsweise Spezialpackungen (wie Großgebinde) einzusetzen, oder fügen Sie der Packung eine Zugabe oder Verkaufsförderungsmaterial bei.

Es ist modern, die Verpackungsflut zu kritisieren. Nach der Explosion der Verpackungen in den 60er und 70er Jahren wenden sich viele Verbraucher ab. Verpackungen hatten zu viel versprochen und wurden verschwenderisch. Sie trieben die Produktpreise in die Höhe, ohne zusätzlichen Nutzen zu bringen.

Wir wollen das Thema jedoch nicht so schnell fallenlassen. Ganze Geschäfte wurden auf einer guten Verpackung aufgebaut. Werfen Sie einen Blick auf diese fabelhaften Verpackungen:

- Perrier
- Contrex
- Tic Tac
- Pez
- Capri-Fruchtsaft

Diese bekannten Produkte verdanken ihren Erfolg großenteils ihrer bemerkenswerten Verpackung. Die Identität des Markenartikels liegt in der Verpackung.

Auch ohne die beste Verpackung der Welt zu erfinden, können Sie Guerilla sein. Das erste, was Sie machen müssen, ist, eine Verpackung zu entwickeln, die Ihnen nicht schadet. Wenn Ihre Verpackung dem Einzelhändler das Leben erschwert, ist sie ein Fehlschlag, bevor sie überhaupt eine Chance erhält. Prüfen Sie jede Verpackung anhand der folgenden Checkliste.

Woran Sie denken sollten, bevor Sie Ihre Verpackung entwerfen

- Der Einzelhändler muß Ihre Verpackung leicht handhaben und im Regal plazieren können. Wenn Sie dem Einzelhändler das Leben schwermachen, wird er verärgert sein und Ihr Produkt durch ein anderes ersetzen. Fragen Sie sich, ob Ihre Verpackung zu hoch ist, um in die Regale zu passen, zu standschwach oder zu unpraktisch, um im Regal angeordnet zu werden. Falls dies zutrifft, gestalten Sie die Verpackung neu.
- Stellen Sie sicher, daß Ihre Verpackung kräftig genug ist, um den Handlingprozeß zu überstehen. Ein Glashersteller verpackt seine Produkte in einem schwachen Umkarton. Ca 15 % der Produkte sind bereits beschädigt, wenn sie den Einzelhandel erreichen, und weitere 5 % brechen, wenn sie im Regal stehen. Das mindert den Gewinn und verärgert den Verbraucher, der versuchte, das Produkt zu kaufen, das jedoch dabei zerbrach.
- Sie brauchen keine Bedenken zu haben, Ihre Verpackung teurer als das Produkt zu machen – Parfüm oder Luxusprodukte verkaufen sich, weil die Verpackung das Produkt ist. Als Infocom mit dem Verkauf von Computerspielen begann, verpackte die Firma eine 60-Cent-Diskette in einer 3-Dollar-Schachtel. Dies erleichterte es Infocom, 40 Dollar für ihr Produkt zu verlangen, und der Aufschlag erwies sich sehr schnell als gewinnbringende Strategie.
- Wenn Sie im Versandhandel tätig sind, müssen Sie die Versandkosten einschließlich der Verpackung berücksichtigen. Wenn die Verpackung das Porto zu stark erhöht, sollten Sie die Verpackung ändern.
- Bei der Gestaltung der Verpackung sind die gesetzlichen Vorschriften zu beachten. Es gibt Vorschriften über Verpackungsgestaltung, die Produktaussagen auf der Verpackung und die Größe einiger Verpackungen. Machen Sie Ihre Hausaufgaben, oder Sie werden auf einem Bestand unverkäuflicher Waren sitzen.

Die Firma, die Chubs Babywischtücher herstellt, erhält unseren Preis für die innovativste Verpackungslösung. Sie verwandelte ihre Verpackung in ein eigenständiges Produkt. Wenn alle Wischtücher aufgebraucht sind, verwandelt sich die Verpackung in einen farbigen, stapelbaren Behälter, den die Firma als Lego-ähnliches Spielzeug vermarktet, mit dem Kinder spielen können.

Die Container gibt es in vier verschiedenen Farben, und sie haben Verbindungshaken, damit sie leicht gestapelt werden können. Eltern können sie auch als stapelbare Vorratsbehälter verwenden, und sie können sogar mit Chubs-Wischtüchern wieder aufgefüllt werden.

Positionierung

Ihre Verpackung sollte Ihre Positionierung deutlich zum Ausdruck bringen. Experimentieren Sie mit Form, Struktur, Farben und Materialien, um eine Nische zu finden.

Betrachten Sie Produkte wie Mehl, Frühstückscerealien oder Antitranspirants. Jedes Produkt in diesen Warengruppen ist ähnlich verpackt. Durchbrechen Sie die starren Regeln ein wenig, und Sie könnten vielleicht in der Lage sein, Ihren Marktanteil deutlich zu steigern. General Electric tat das mit Klimaanlagen. Das Unternehmen verkleinerte die Verpackung, indem es etwas Verpackungsmaterial herausnahm. Dann wurden Griffe an den Seiten des Kartons befestigt. Dadurch verwandelte sich das Produkt, das früher angeliefert werden mußte, in ein Mitnahme-Produkt.

Manchmal ist die Verpackung das Produkt. Betrachten Sie z. B. die Pump-Zahnpasta von Colgate, die Fruchtsaftbeutel von Capri-Sonne. Als diese Produkte auf den Markt kamen, wurden sie als revolutionär begrüßt. Warum? Der Saft war im Grunde immer noch Zuckerwasser, und die Zahnpasta war immer noch die gleiche, die Colgate seit Generationen verkaufte. Die Verpackungen waren der eigentliche Unterschied. Sie waren so radikal verschieden, daß beide Produkte in der Lage waren, den Markt als praktisch neue Produkte zu betreten. Die Verpackung schuf das Produkt.

Tips für vernünftige Verpackungsgestaltung

- Bezeichnungen, Gestaltung, Farben und Materialien müssen zusammenwirken, um Vertrauen zu schaffen. Wenn die Verpackung schlecht ist, wird der Kunde annehmen, daß auch das Produkt schlecht ist.
- Um eine begründete Einkaufsentscheidung treffen zu können, sollte der Kunde genügend Informationen über den Packungsinhalt erhalten. Der Text muß die Produktbeschreibung und die Hauptverkaufsargumente zum Ausdruck bringen.
- Brauchen Sie ein Fenster? Viele Produkte, besonders Kinderspielzeug, profitieren sehr davon, wenn Sie dem Verbraucher den Inhalt direkt zeigen.
- Wenn Sie beabsichtigen, Verkaufsdisplays einzusetzen, sollten Sie sicherstellen, daß Ihre Verpackung den üblichen Standardgrößen entspricht. Dies spart langfristig Geld.
- Die Verpackung muß dem gesamten Erscheinungsbild Ihres Unternehmens entsprechen. Ihr Logo sollte deutlich gezeigt werden, und Ihr Unternehmens-Slogan sollte *fett gedruckt* sein.
- Die besten Verpackungen sagen: »Nimm mich mit«. Wenn der Verbraucher Ihr Produkt erst einmal in der Hand hat, ist die Verkaufsschlacht bereits halb gewonnen.
- Wieviel sollte Ihre Verpackung wiegen? Die Verbraucher haben bestimmte Erwartungen, und Sie sollten das berücksichtigen. Wenn Fahrradhelme angehoben werden, sollten sie so leicht sein wie eine Feder, während teure Hardware-Produkte erwartungsgemäß sperrig und schwer sind.
- Testen Sie. Testen Sie die Produktion, den Versand, die Akzeptanz des Einzelhandels und die Meinung der Verbraucher.

25 Fragen an die Präsentationsfähigkeit der Verpackung

- Hebt sie sich im Regal ab?
- Ist sie hinsichtlich der Form konkurrenzfähig?
- Ist sie hinsichtlich der Größe konkurrenzfähig?
- Ist sie hinsichtlich des Etiketts konkurrenzfähig?
- Ist sie hinsichtlich der gesamten Erscheinung konkurrenzfähig?
- Ist sie ansprechend?
- Ist sie geschmackvoll?
- Ist der Markenname auf der Packung gut lesbar?
- Wurde für den Markennamen die gleiche Schriftart wie in der Werbung verwendet?
- Ist das visuelle Symbol aus der Werbung auf der Packung?
- Steht die Hauptaussage des Produkts auf der Packung?
- Entspricht Ihre Verpackungsgestaltung der Qualität und dem Preis Ihres Produktes?
- Wurden die richtigen Farben verwendet, um die Art Ihres Produktes darzustellen?
- Wirkt Ihre Verpackung wie ein Mini-Plakat im Laden?
- Läßt sich die Verpackung leicht handhaben?
- Erzählt die Verpackung Ihre Geschichte in Worten oder Bildern bzw. beides?
- Sind die Packungsfarben geeignet, um die Art von Kunden anzusprechen, die Ihre Zielgruppe sind?
- Enthält die Packung Gebrauchshinweise oder Rezepte, um den Kunden die Verwendung des Packungsinhalts zu erleichtern?
- Schlägt die Verpackung neue Anwendungen für Ihr Produkt vor?
- Läßt sich Ihre Verpackung gut stapeln?
- Ist Ihre Verpackung so gestaltet, daß Einzelhändler sie gern empfehlen werden?
- Hebt sich der Charakter Ihrer Verpackung deutlich ab?
- Ist das Etikett so gut wie die beste Anzeige, die Sie je entworfen haben?

- Wird Ihre Verpackung in einer günstigen Position in Augenhöhe plaziert?
- Sind Sie vorbereitet, Ihre Außendienstmitarbeiter, Großhändler und Einzelhändler zu motivieren, Ihre Verpackung deutlich herauszustellen? Falls nicht, sind die anderen 24 Fragen beinahe irrelevant.

Spezialisten für Verpackungsgestaltung

Wenn Sie sich entschließen, eine Firma mit der Entwicklung Ihrer Verpackung zu beauftragen, sollten Sie darauf achten, eine Spezialfirma zu beauftragen. Sie werden vielleicht eine Firma einschalten, die auf Verpackungsentwicklung spezialisiert ist, einschließlich Marken- und Corporate Identity, Berücksichtigung von Umweltschutzbelangen oder Messegestaltung.

Schlagen Sie auf den Gelben Seiten unter »Verpackungsgestaltung und -entwicklung« nach, um einen örtlichen Anbieter zu finden, oder kontaktieren Sie die nachstehend aufgeführten Firmen.

CE-PE-WELLKISTEN Verpackungen und Präsentationen mit Wellpappe
Waltrup 16 • 48341 Altenberge • (02505) 93 09-0

GROMEIER & LUCIUS Design-Agentur für Marken und Packungen GmbH
Albert-Einstein-Ring 9 • 22761 Hamburg • (040) 89 96 90-0

Iggesund GmbH
Schillerstraße 44 • 22767 Hamburg • (040) 389 59 33 (Fax)

Karl Knauer KG Verpackungen - Werbemittel
Postfach • 77779 Biberach/Baden • (07835) 782-0

made H. G. Schmid marketing design GmbH
Rudolf-Diesel-Straße 5 • 86470 Thannhausen • (08281) 30 23

Michael Peters GmbH & Co. KG Design for Business
Goethestraße 8-10 • 40237 Düsseldorf • (0211) 9 68 14 07

Informationen über Verpackungen

AGD Allianz deutscher Designer e.V.
Güldenstraße 10 • 38100 Braunschweig • (0531) 1 67 57

DDV Deutscher Designer-Verband e.V., VDID Verband Deutscher-Industrie-Designer e.V., VDGD Verband Deutscher Grafik-Designer e.V.
Businesspark Zettarching 6 • 70567 Stuttgart • (0711) 7 28 53 03

form Zeitschrift für Gestaltung
Postfach 30 09 43 • 51338 Leverkusen • (02171) 5 41 44

Verpackung für Chubs-Babywischtücher (siehe Seite 221). Wenn der Inhalt aufgebraucht ist, verwandelt sich die Packung in ein stapelbares Spielzeug. Die Packung kann auch wieder mit Chubs-Wischtüchern aufgefüllt werden.

Eine großartige Verpackungsidee. Dieser Hersteller von Grafik-Software verpackte ein neues Produkt mit der Bezeichnung Painter (Maler) in einer Farbdose.

Brainstorming für Verpackungen

Werfen Sie einen Blick auf die Verpackungen Ihrer Wettbewerber. Wie positionieren sie sich (und Sie)? Stellen Sie eine Liste auf, die die Attribute Ihrer Verpackung mit denen der Konkurrenzverpackungen vergleicht.

Verkaufsförderung am Point of Sales

Verkaufsabschluß durch große Werbewirkung

Guerillas lassen häufig außer acht, daß für jeden Anbieter der wichtigste Augenblick ist, wenn am Verkaufsort die Kasse klingelt. Es mag gut aussehen, wenn viele Kunden in Ihrem Laden sind, das erhöht jedoch noch nicht Ihren Gewinn. Die Kunden in den Laden zu ziehen reicht nicht aus. Sie müssen die Kunden zum Kauf veranlassen.

Guerillas verwenden Verkaufsförderungsmaterial, wie Schilder, Sonderdisplays, Thekenaufsteller und Regalstopper, um die Kunden zum Kauf anzuregen. Diese Werbung verfolgt zwei Ziele: Sie erinnert die Kunden, daß Ihr Produkt existiert und daß sie es brauchen oder wünschen. Zweitens kann POS-Werbung den Kunden überreden, ein bestimmtes Produkt zu kaufen. Die Art, wie ein Produkt plaziert ist, kann die Kaufentscheidung beeinflussen.

! *Die Farbe Ihrer POS-Displays ist entscheidend. In einer kürzlich durchgeführten Studie plazierten Joseph Bellizzi und Robert Hite Fernsehgeräte vor rote und blaue Displays. Die Geräte vor den blauen Displays erzielten 50 % höhere Umsätze als jene vor den roten Displays.*

Die POS-Werbung wird meistens von den Herstellern bezahlt. Zusammen mit dem Produkt liefern sie dem Einzelhändler Displays in der Hoffnung, der Einzelhändler werde sie im Laden einsetzen. Der Einzelhändler führt in einer Warengruppe normalerweise mehrere Marken, und im Prinzip ist es ihm gleichgültig, welche Marke sich stärker verkauft. Die Marke, die sich am besten verkauft, erhält mehr Regalplatz, was zu größeren Aufträgen für den Hersteller führt. POS-Displays sind für den Hersteller ein Absatzinstrument, um den Verbraucher in der kritischsten Phase des Kaufprozesses direkt anzusprechen.

Einzelhändler profitieren auch von der POS-Werbung. Marktforschungsergebnisse haben gezeigt, daß Einzelhändler, die POS-Werbung einsetzen, höhere Umsätze erzielen. In einer Studie, die vom amerikanischen POS-Werbemittelinstitut durchgeführt wurde, sagten 56 % der Marktleiter von Nachbarschaftsgeschäften, daß POS-Material erheblich zur Umsatzsteigerung beiträgt. Von den Supermarktleitern stimmten 48 % dieser Formulierung zu.

POS-Werbung kann – muß aber nicht – extravagant und teuer sein. In Guerilla-Taktik führen POS-Schilder den Kunden zu den Zielkauf-Artikeln; sie führen den Kunden aber auch zu anderen Artikeln, die er ursprünglich gar nicht kaufen wollte. POS-Werbung steigert die durchschnittliche Kaufmenge, gewinnt neue Kunden und verbessert damit den Gewinn.

! *Nach einem Bericht der Zeitschrift* Progressive Grocer *ist die Positionierung Ihrer Produkte im Regal erfolgsentscheidend. Wenn Sie Produkte im Regal vom oberen zum unteren Regalboden verschieben, können die Umsätze bis zu 80 % zurückgehen.*

POS-Werbung

Ankündigungen: Ankündigung von Packungssondergrößen, neuen Produkten, Beilagen in Zeitungen oder Gutscheinkampagnen.

Markenwerbung: Fördert den Bekanntheitsgrad einer Marke.

Unterstützung von Verkaufsförderungsaktionen: Verwenden Sie Schilder und Verkaufsaufsteller, um Verkaufsförderungsaktionen anzukündigen. Weitere unterstützende Maßnahmen sind: Kostenlose Proben, Verlosungen oder Preisausschreiben und die Einführung neuer Produkte.

Denken Sie einmal darüber nach, was Sie veranlaßt, bestimmte Produkte zu kaufen. Welche Chips werden Sie wahrscheinlich kaufen, wenn Sie das Nachbarschaftsgeschäft an der Ecke aufsuchen – diejenigen, die im neonbeleuchteten Korb am Ende des Ganges plaziert sind, oder diejenigen im Regal?

Was Ernest Gallo und Jay Levinson gemeinsam haben

Die größte Weinkellerei der Welt ist E & J Gallo, obwohl die USA gewiß nicht der größte Weinproduzent sind. Wie also konnte Gallo so groß werden? Qualität? Preis? Auswahl? Falsch, falsch, falsch.

Ernest, das Marketing-Genie der Weinkellerei, stellte fest, daß Spirituosengeschäfte die Schilder nicht einsetzten, die er ihnen lieferte. So machte er es zu einer zentralen Aufgabe der Außendienstmitarbeiter, die Gallo-Weinschilder zu plazieren und zu kontrollieren. Während ihres Besuches in den Verkaufsgeschäften fanden sie auch Zeit, die Weinflaschen in Augenhöhe zu plazieren, wo sie die beste Aufmerksamkeit finden würden.

Viele Läden werden zwar zunächst Ihr POS-Angebot akzeptieren, es jedoch schließlich dennoch hinauswerfen. Sie müssen das tun, was Ernest tat, und dafür sorgen, daß Ihr POS-Material in allen Geschäften jederzeit sichtbar ist. Wenn Ihre Außendienstmitarbeiter es nicht tun können, kann es Ihr Großhändler. POS-Schilder sind ein wirksames Marketing-Instrument, jedoch nicht, wenn sie im Lagerraum Staub fangen.

Viele Experten werden Ihnen sagen, daß dies ein naiver Rat ist. Sie werden darauf hinweisen, daß Einzelhändler es nicht zulassen werden, daß jeder beliebige Guerilla hereinspaziert kommt und Vorschriften für die Displays macht. Zugegebenermaßen ist es schwierig, mit Großbetrieben zu verhandeln. In den meisten Fällen liegt es jedoch hauptsächlich an den fehlenden Bemühungen, wenn Verkaufsförderungsmaterial nicht plaziert wird.

Jay Levinson betreibt weder eine große noch eine kleine Weinkellerei. Aber er schrieb ein Buch mit dem Titel »Das wichtigste 1-Dollar-Buch, das je geschrieben wurde«. Zusammen mit einem Drahtkorbständer, der 24 Bücher faßte, bot er es Buchhändlern an, wenn sie den Korb in der Nähe der Kasse aufstellten. Jay wußte, daß sein Buch ohne POS-Display im Ladeninneren verloren wäre.

Viele Buchhändler lehnten ab. Einige wollten das Buch, weigerten sich jedoch, den Aufsteller in der Nähe der Kasse zu plazieren. Jay bedankte sich – ohne zu liefern – und suchte den nächsten Buchhändler auf. Schließlich fanden sich die Aufsteller in 15 Buchhandlungen. Die Werbewirkung des POS-Displays wurde dadurch demonstriert, daß innerhalb eines Monats alle 15 Buchhandlungen die Bücher verkauft hatten und nachbestellten. Mit Beharrlichkeit konnte so der Grundstein zu einem regionalen Marketingerfolg gelegt werden.

Jeder amerikanische Schüler kennt Cliffs-Notizbücher. Warum wurden (und sind) diese kleinen gelben Bücher so beliebt? Ihr Erfolg ist größtenteils auf die Verwendung von POS-Verkaufsförderung zurückzuführen.

Jede Buchhandlung in den USA wird wenigstens einmal im Monat von einem Cliffs-Außendienstmitarbeiter besucht. Zusätzlich zu einer schnellen Bestandsaufnahme, um die erforderlichen Bestellmengen zu ermitteln, stellt der Außendienstmitarbeiter sicher, daß das maßgeschneiderte Cliffs-Display vorhanden ist und exklusiv für Cliffs-Produkte verwendet wird. Dadurch, daß Cliffs darauf achtet, Konkurrenzprodukte aus seinen Körben fernzuhalten und es High-School-Studenten leichtzumachen, die benötigten Notizbücher zu finden, maximiert das Unternehmen seinen Umsatz und sichert Buchhandlungen einen beständigen Gewinn.

Vor 30 Jahren wollte ein innovativer Hersteller von Füllfederhaltern zeigen, wieviel leichter es war, mit seinem neuen Federhalter zu schreiben. Er entwickelte ein kleines Display, das sowohl 100 Federhalter als auch einen kleinen Schreibblock enthielt. Dieser »Erst probieren, dann kaufen«-Block forderte den Kunden auf, zuzugreifen und die Federhalter zu berühren – und erzielte hohe Umsätze.

Von allen POS-Aktionen bevorzugen wir die Produkt-Demonstration bzw. - Verkostung. Obgleich diese Demonstrationen nicht billig sind, schaffen sie eine Atmosphäre von Begeisterung und festlicher Stimmung, die sich in Umsätzen niederschlägt. Wenn Sie Hersteller sind, sollten Sie es ausprobieren. Einzelhändler begrüßen derartige Initiativen.

Haltbarkeit des Displaymaterials

Wenn Sie Ihr POS-Verkaufsförderungsmaterial entwickeln, müssen Sie festlegen, wie lange es halten soll. In vielen Branchen sind Displays, die vorübergehend eingesetzt werden, die Regel. Diese Wellpappe-Konstruktionen können schnell zusammengesetzt und später entfernt werden, wenn sie leer sind.

Permanente Displays sind viel teurer. Diese werden beispielsweise von Kosmetik-Herstellern an den Verkaufsständen in Warenhäusern eingesetzt. Wenn Ihr Produkt lange Zeit im Laden gut plaziert bleiben soll, sollten Sie diese Alternative in Betracht ziehen. Zusätzlich zu Displays sollten Sie auch Alternativen untersuchen, wie Plakate, Regalstopper (kleine Schilder, die unter Ihrem Artikel am Regal angebracht werden) und Demonstrations-Displays. Diese zeigen, wie Ihr Produkt funktioniert (z. B. Kunststofftelefon, abgeschnittene Skier usw.). Eines unserer Lieblingsdisplays ist das Schutzhelm-Display von Krazy Glue, das sich auf ihren unvergeßlichen Fernsehspot bezieht, in dem ein Bauarbeiter sich mit seinem Schutzhelm an einen Stahlträger klebt, der in der Luft hängt. Mit einem Display können die Verbraucher anschaulich über die Wirksamkeit des Produktes informiert werden.

In den meisten Fällen werden die Einzelhändler bereit sein, sich Ihr Angebot anzuhören und Ihr permanentes POS-Display aufzustellen, wenn Sie demonstrieren können, daß die Maßnahme den Gewinn des Einzelhändlers steigern wird.

Einzelhandelsgerechte POS-Verkaufsförderung

Clevere Guerillas unter den Einzelhändlern werden erkennen, daß POS-Verkaufsförderung den Kaufbetrag pro Kunden steigern kann, was ebenso eine Steigerung des Gewinns bedeutet. Haben Sie in Ihrem Laden einen Lageplan, der es den Kunden erleichtert, die gesuchten Artikel zu finden? Haben Sie Ihrer Konkurrenz auf die Finger geschaut, um die innovativen Wege kennenzulernen, die sie beschreitet, um ihre Produkte zu fördern?

Ernennen Sie einen vertrauenswürdigen Mitarbeiter als Verantwortlichen für POS-Verkaufsförderung. Seine Aufgabe wird es sein, Ihre Kunden-Argumentation ständig zu verbessern und Kaufbegeisterung beim Kunden zu wecken – durch Verbesserung der Informationen, die Sie präsentieren.

Servicefirmen für POS-Verkaufsförderung

ACT Agentur für Werbeartikel und Verkaufsförderung
H.-Brünning-Str.6 • 50969 Köln • (0221) 36 12 52

Voss Promotion Service GmbH VPS
Agentur für Verkaufsförderung und Direktmarketing
Borsigkehre 5 • 25451 Quickborn • (04106) 730 01

SMK Berlin Servicegesellschaft-Medien & Kultur mbH
Thulestr. 44 • 13189 Berlin • (030) 472 01 36

WJB Promotion GmbH
Leuste 92 • 48249 Dülmen • (02594) 50 08

Ziegeler
Hohendodeleber Str. 4 • 39110 Magdeburg • (0391) 731 32 08

Isaria CD Corporate Design GmbH
Aich 7-9 • 85667 Oberpframmern • (08106) 38 70

Skyline Promotion GmbH
Spichernstr. 22 • 50672 Köln • (0221) 511 05

Display- und Dekorationsservice-Anbieter

Die nachstehend aufgeführten Firmen liefern Verkaufsmaterial bundesweit. Für örtliche Anbieter schlagen Sie auf Ihren Gelben Seiten unter »Displays« nach.

Uwe Dunkel vdw Vertriebsgesellschaft mbH VOW
Gartenstraße 9-11 • 49624 Löningen • (05432) 20 57
Regalwerbemittel

D.R.A.I. Display - E.K. Beishuizen GmbH
Empeler Str. 120 • 46459 Rees • (02851) 54-0

Kollinger Metallbau GmbH
Memminger Str. 17 • 87749 Hawangen • (08332) 79 09-0
Displays; Metallbaulieferanten für den Ladenbau

Deko Albert GmbH
Haus der Konfektion 4 • 71065 Sindelfingen • (07031) 81 40 26

F. Meier GmbH & Co. KG
Sommerstr. 18 • 90762 Fürth • (0911) 74 01-0

TK Werbetechnik
Saar-Pfalz-Str. 5 • 66440 Blieskastel • (06803) 34 96

Ardo Werbung GmbH
Münchener Str. 14 • 85123 Karlskron • (08450) 75 91
Schaufenster-Dekorationsservice

Creative Conzept
Hauptstr. 55a • 63594 Hasselroth • (06055) 817 85

OWD GmbH
Wilhelmstr. 25 • 73433 Aalen • (07361) 750 11
Organisation-Werbung-Dekoration

POS-Werbung im Restaurant – warum nicht? Mit diesem und ähnlichen Handzetteln bewirbt das Berliner Café Kranzler seine aktuellen Angebote.

Zugaben und Werbegeschenke

Eine Mini-Plakatwand auf dem Tisch Ihres Kunden

Eine gute Möglichkeit, Ihr Geld auszugeben, wäre, wenn Sie etwas entwickeln könnten, das täglich an Ihr Geschäft erinnert, an die Vorteile, die Sie bieten, und an die Qualität, die Sie liefern, und wenn Sie diesen Gegenstand auf dem Schreibtisch Ihrer besten Kunden plazieren könnten. Aus diesem Konzept hat sich tatsächlich ein ganzer Industriezweig entwickelt, und es gibt zahllose Guerilla-Verwendungen für Zugaben und Werbegeschenke.

Kostenlose Gaben an Verbraucher werden in zwei Kategorien eingeteilt: Zugaben und Werbegeschenke. Zugaben sind im allgemeinen von geringem Wert und sollen Goodwill schaffen und das Firmen-Logo zeigen. Werbegeschenke können durchaus einen gewissen Wert haben und werden eingesetzt, um die Wertschätzung für ein Produkt zu verbessern. Diese Unterscheidung läßt sich jedoch nicht immer aufrechterhalten – die Zugabe für eine Packung Cerealien hat nur den Wert einiger Pfennige, während die Schirme, die beim Masters-Golfturnier verteilt werden, pro Stück 100 Dollar kosten.

Sports Illustrated verkauft Tausende von Abonnements, indem die Zeitschrift statt dessen die Zugabe verkaufen – normalerweise ein Videoband über Sportereignisse. Die Prämie ist ein zusätzlicher Grund, um zu abonnieren. Jedesmal wenn Sie den Videofilm sehen, werden Sie nebenbei daran erinnert, wie gut Ihnen die Zeitschrift gefällt – ein kluger Schachzug von *Sports Illustrated.* Obgleich Bestechung in den USA wie in Deutschland abgelehnt wird, können Sie ruhig ein Geschenk mitbringen, wenn Sie einen potentiellen Kunden besuchen. Ein Sportveranstalter verteilt Hockeybälle mit dem aufgedruckten Firmen-Logo, wenn er potentielle Werbekunden besucht. Die Agentur gibt ungefähr 50 Cents pro Ball aus, der ideelle Wert des Geschenks ist jedoch viel höher. Der Ball ist gleichzeitig ein Eisbrecher im Gespräch.

Eine Investment-Bank versuchte, ihre Dienstleistungen an die 100 größten Unternehmen in den USA zu verkaufen. Es gelang ihr jedoch nicht, die Finanzvorstände der Unternehmen anzusprechen, bis sie ein Werbegeschenk einsetzte.

Einmal pro Woche – einen Monat lang – schickte die Bank den Finanzvorständen einen handschriftlich signierten Baseball. Diese Bälle hatten sie für 100 Dollar pro Stück gekauft. Nachdem der dritte Ball geliefert war, teilte eine Notiz mit, daß der vierte Ball (der das letzte Loch in dem übersandten Display-Koffer füllen würde) durch ihren Repräsentanten persönlich übergeben würde. Weil sie auf keinen Ball verzichten wollten, vereinbarten 80 % der Finanzvorstände Gesprächstermine. Nach Angaben der Investment-Bank brachte diese Verkaufsförderungsaktion der Bank ein Neugeschäft von 50 Millionen Dollar ein.

Zugaben und Werbegeschenke

Zugaben: Zugaben sind an den Erwerb eines bestimmten Angebotes gebunden und in Deutschland grundsätzlich unzulässig. Ausnahmen gelten nur für Reklamegegenstände von geringem Wert und für geringwertige Kleinigkeiten. Gegenstände der ersten Gruppe müssen als solche durch einen unschwer erkennbaren Aufdruck gekennzeichnet sein, ihre Geringwertigkeit wird nach dem Verkehrswert und nicht nach den Herstellkosten beurteilt. Geringwertige Kleinigkeiten besitzen keinen Handels- oder Verkehrswert und dürfen im allgemeinen eine Werthöchstgrenze von DM 0,50 nicht übersteigen.

Werbegeschenke: Werbegaben sind nicht an den Erwerb eines Hauptangebotes gekoppelt, für sie gelten die allgemeinen Grundsätze des Gesetzes gegen unlauteren Wettbewerb (UWG). Das T-Shirt, das mit Ihrem Firmen-Logo bedruckt ist, ist beispielsweise ein Werbegeschenk. Die Absicht ist, daß sich Ihr Name im Bewußtsein des Kunden einprägt. Werbegeschenke werden eingesetzt, um eine Beziehung zu einem Kunden aufzubauen. Der wahrgenommene Wert ist weit weniger wichtig als die Tatsache, ob es benutzt wird oder nicht.

Legen Sie Ziele für Ihre Zugaben und Werbegeschenke fest

Wie Sie sich vorstellen können, kann ein so vielseitiges Instrument wie die Verteilung von Zugaben und Werbegeschenken zahlreiche Ziele für Ihr Unternehmen erfüllen. Bevor Sie eine Mark ausgeben, sollten Sie klar definieren, was Sie mit Ihren Werbegeschenken erreichen wollen. Hier sind einige Wahlmöglichkeiten:

- **Auf sorgfältig ausgewählte potentielle Kunden, die Ihre Firma sonst nicht beachten würden, einen Eindruck machen.**

  Ermitteln Sie überschlägig, wie groß ein neuer Auftrag sein könnte und wieviel Sie ausgeben müssen, um die Aufmerksamkeit der potentiellen Kunden zu erregen. Eine Firma, die Beratungsaufträge im Umfang von mehreren Millionen DM abschließt, kann ein wenig mehr ausgeben als ein Fassadenstreicher. Sie müssen die Kosten des Werbegeschenks mit den Kosten einer Alternative vergleichen – z. B. Direktwerbung oder eine Werbekampagne.

- **Bekanntheitsgrad bei einer großen Zielgruppe schaffen.**

  Bei öffentlichen Ereignissen wird bemerkt, was andere Leute tragen. Wenn jeder am Strand Ihr Logo auf dem Hut hat, ist das beeindruckend. Seien Sie jedoch vorsichtig – Markenbekanntheit und tatsächliche Umsätze sind zwei verschiedene Dinge, und Guerillas sind so aufmerksam, sie nicht zu verwechseln. Wenn es vielleicht auch Ihr Selbstbewußtsein stärkt zu sehen, daß jeder Ihr Bild trägt, sollten Sie dennoch testen, ob das Werbegeschenk die gewünschte Wirkung hat.

- **Die Wertschätzung für das verkaufte Produkt steigern, ohne die Herstellkosten dramatisch zu erhöhen.**

  Genau wie Kinder von Überraschungseiern angezogen werden, lassen sich viele von uns durch eine Zugabe oder ein Werbegeschenk beeinflussen. Wenn Sie beim Kauf einen Bonus anbieten können, hilft das, die Aufmerksamkeit auf Ihr Produkt zu konzentrieren. Achten Sie aber auf die gesetzlichen Bestimmungen!

- **Ihr Unternehmen positionieren.**

  Das Image Ihres Unternehmens im Bewußtsein Ihrer Kunden zu etablieren ist schwierig und teuer. Die richtige Zugabe kann das häufig schnell erreichen. Ein Zahnarzt, der sich als Spezialist für Kinder etablieren will, kann Spielzeug mit seinem Namen darauf verteilen.

Eine beliebte, preiswerte und wirksame Werbegeschenkidee: der Notizzettelklotz mit Ihrem Firmenlogo. Er steht über lange Zeit neben dem Telefon Ihres Kunden und sorgt dafür, daß er Sie buchstäblich nie aus den Augen verliert.

Quelle: Oppermann Versand AG, *Postfach 22 11, 24512 Neumünster*

- **Dem potentiellen Kunden Ihren Namen und Ihre Telefonnummer in Erinnerung bringen, wenn es Zeit ist für einen Anschlußauftrag.**

  Eine Notdienst-Firma ist nahezu vollständig abhängig von kurzfristigen Anrufen. Aber wenn der Kunde die Telefonnummer nicht griffbereit hat, geht der Auftrag an einen anderen Notdienst. Wenn die Notdienst-Firma ein Verzeichnis mit Notfallnummern verteilt, in dem Polizei, Feuerwehr, Rettungsdienst und Krankenhaus aufgeführt sind, kann sie sicher sein, daß ihre Nummer genau da ist, wo sie sein sollte.

! Vorsicht:

Stellen Sie immer sicher, daß eingesetzte Werbegeschenke Ihnen nicht mehr Probleme bereiten, als sie wert sind. Ein Eishockey-Team verteilte an Fans, die ein Spiel besuchten, Sitzkissen. Als die Mannschaft bei einem Heimspiel Fehler machte, warfen die wütenden Fans die Sitzkissen auf das Eis. Der Zwischenfall verzögerte das Spiel, war eine Gefahr für die Spieler und führte dazu, daß die Werbetreibenden sich abwendeten, die dafür bezahlt hatten, daß Ihre Logos auf den Sitzkissen erschienen. Die Verkaufsförderungsmaßnahme war ein Rückschlag.

Einkauf in großen Mengen

Bestellen Sie Zugaben und Werbegeschenke in großen Mengen. Die Preisvorteile können beachtlich sein. Ein gebundenes Buch beispielsweise kann vielleicht 38 DM im Laden kosten, wenn Sie jedoch 1.000 Exemplare oder mehr kaufen, können Sie das Buch leicht für weniger als die Hälfte bekommen (in einigen Fällen bezahlen Sie vielleicht nur ca. 2 DM). Der größte Kostenanteil für viele billige Artikel sind die Kosten für den Eindruck des Logo. Wenn der Stempel einmal angefertigt ist, sinken bei größeren Bestellmengen die Kosten pro Stück.

Verteilung

Sie können Ihre Zugaben und Werbegeschenke entweder selbst verteilen oder jemand anderen damit beauftragen. Finden Sie einen Weg der Verteilung, der das Image des Artikels und Ihres Unternehmens verbessert. Sportveranstaltungen sind eine großartige Gelegenheit für die Verteilung von Werbegeschenken. Kontaktieren Sie die örtlichen Sportvereine, und klären Sie die Möglichkeiten für ein Sponsoring. Vielleicht können Sie ihr Vereinsjubiläum sponsern und Tausende von Fans mit Ihrer Botschaft auf einer Team-Mütze nach Haus schicken. Der Verein wird Ihnen für Ihre Unterstützung wahrscheinlich eine zusätzliche Werbegelegenheit geben. Er wird die Veranstaltung werblich ankündigen wollen, und Sie werden immer als der Sponsor des Ereignisses erwähnt werden.

Bei einer Ausstellung oder öffentlichen Großveranstaltungen müssen Sie den Streuverlust für die Verteilung an Leute, die Ihr Produkt nie kaufen werden, abwägen gegen den Unmut, der ausgelöst wird, wenn Sie jemanden abweisen, der nach einem Werbegeschenk fragt. Daher sollten Sie bei einer öffentlichen Verteilung darauf vorbereitet sein, jedem ein Werbegeschenk zu geben, der die Veranstaltung besucht.

Versuchen Sie einmal das folgende, wenn Sie ein großartiges selbstgemachtes Werbegeschenk anbieten wollen: Investieren Sie in eine Kofferanhänger-Maschine. Jedesmal, wenn Sie eine Visitenkarte von einem Kunden oder potentiellen Kunden erhalten, machen Sie einen Kofferanhänger daraus mit Ihrem Logo auf der Rückseite. Legen Sie den Kofferanhänger einem Nachfaßbrief bei. Es ist ein persönliches und nützliches Geschenk. Am wichtigsten ist, daß es ein greifbarer Gegenstand ist, der den Kunden daran erinnert, daß Sie existieren und ihm zur Verfügung stehen.

Konzentrieren Sie sich auf Ihren Namen

Ein Fotostudio sponsert einen Mannschafts-Fotoabend für das Baseball-Team des örtlichen College. Es verteilt 5.000 Mannschaftsfotos mit seinem eingedruckten Logo. Nicht nur die Fans bewahren die Fotos jahrelang auf, sondern die Qualität der Fotos demonstriert die Qualität, die der Fotograf liefert. Diese Verkaufsförderungsinvestition zahlt sich für Jahre aus.

Es gibt zahlreiche Artikel, die Sie für weniger als 1,50 DM kaufen können, um Ihr Logo und Ihren Firmennamen darauf zu drucken. Kühlschrankmagneten, Kugelschreiber, Bleistifte und Autoaufkleber sind am beliebtesten. Die Leute lieben es auch, T-Shirts und Hüte kostenlos zu bekommen. Dies sind großartige Werbegeschenke, und wenn sie getragen werden, sind es für Ihr Geschäft wandelnde Plakate. Natürlich gibt es auch teure Werbegeschenke, und diese sind sehr sinnvoll, wenn es um eine kleine, spezielle Zielgruppe qualifizierter Kunden geht. Denken Sie daran: Die Kosten des Geschenks sind irrelevant. Was zählt, sind die Kosten des Werbegeschenks pro DM Umsatz. Eine Zugabe, die 0,10 DM kostet und keinen Umsatz bringt, ist wertlos.

Zeitschriftenabonnements sind auch ein großartiges Werbegeschenk. Sie sind äußerst kostengünstig, werden für ein Jahr gewährt und haben einen hohen ideellen Wert. Das gleiche gilt für Nachschlagewerke, die Kunden regelmäßig benutzen, wie Wörterbücher oder Adressenverzeichnisse.

Vorschläge für eine erfolgreiche Werbegeschenkauswahl und -gestaltung

- Wählen Sie ein Werbepräsent aus, das der Empfänger benötigt oder wünscht. Der Artikel muß eine positive Wirkung auslösen, oder er ist nutzlos. Die Leute lieben es, etwas kostenlos zu bekommen; wenn sie jedoch keine Verwendung dafür haben, wird der Artikel im Müll landen, sobald sich der Reiz des Neuen abgenutzt hat.

- Planen Sie die Verteilung sorgfältig. Ein Werbegeschenk kann – je nach Ihrer Absicht – vor oder nach dem Kauf verteilt werden. Beachten Sie in letzterem Fall die gesetzlichen Vorschriften.

- Wählen Sie eine Werbebotschaft, die das angebotene Produkt bzw. die Dienstleistung ergänzt. Wenn Sie Steuerberater sind, könnten Sie Ihren Kunden beispielsweise Taschenrechner-Visitenkarten übergeben. Es ist ein hübscher Einfall, besonders zu Steuerterminen.

- Drucken Sie Ihre Telefonnummer auf den Artikel, falls möglich. Denken Sie daran, Ihr Hauptziel ist, Ihre Goodwill-Geste in Umsätze zu verwandeln, und eine Telefonnummer (und ein Angebot, falls möglich) erleichtern das.

- Stellen Sie sicher, daß die Qualität Ihres Werbegeschenks wenigstens so gut ist wie die Qualität Ihres Produktes. Ein gebrochener Korkenzieher mit Ihrem Namen darauf ist ein Dämpfer für Ihr Ansehen.

- Eine clevere Guerilla-Technik: Finden Sie jemanden, der sein Produkt bekannt machen will und an einer Verbundwerbung interessiert ist. Er kann seinen Bekanntheitsgrad verbessern, wenn Sie seinen Artikel verteilen, und Sie können an dem Präsent Geld sparen, wenn Sie von ihm zu Herstellkosten kaufen.

Ein Profi-Hockeyverein der Ostküsten-Hockeyliga, die Hampton Roads Admirals, setzt Werbegeschenke ein, um für seine Hockeymannschaft zu werben. Ein solcher Geschenkartikel war ein isolierter Kaffeebecher, bedruckt mit dem Mannschafts-Logo und dem Texaco-Logo. Warum Texaco? Weil Texaco die Tassen bezahlte. Die Admirals verteilten bei einem Heimspiel 5.000 Kaffeebecher. Das Präsent schuf Goodwill für die Hockeymannschaft und war ein großartiger Werbeträger für Texaco.

Werbegeschenke als Positionierungsinstrument

Wenn Ihr Produkt vom Konkurrenzangebot kaum zu unterscheiden ist, kann die Positionierung im Markt schwierig sein. Beispielsweise schmecken viele Biersorten sehr ähnlich. Kein Bier schmeckt mehr nach »Vergnügen« oder »Erfolg« oder »sportlicher« als ein anderes. Die Brauereien müssen diese Positionierungen jedoch durchsetzen, um Marktanteile zu erringen.

Eine Taktik besteht darin, ein Werbegeschenk einzusetzen. Wenn Sie zum Beispiel ermäßigte Eintrittskarten für Schlammringkämpfe anbieten, werden Sie klar aufzeigen, welche Zielgruppe Sie ansprechen wollen.

Die Möglichkeiten sind unbegrenzt. Für Frühstücks-Cerealien kann man ein Diät-Buch einsetzen, ein Kosmetikhersteller kann Modeschmuck verteilen, und ein besonders aggressives After-Shave kann Kondome anbieten!

Informationen über Zugaben und Werbegeschenke

Bundesverband der Werbemittel-Berater und -Großhändler e.V.
Flinspachstraße 3 • 83607 Holzkirchen • (08024) 82 58

Präsent Service Institut GmbH (PSI)
Neusser Straße 111 • 40219 Düsseldorf • (0221) 9 01 91 17

Marken und Mittler
Südwestdeutscher Presseverlag • Haldenwangstraße 3 •
76227 Karlsruhe • (0721) 4 14 29
Werbeagenturen und ihre Klienten: ein jährlich erscheinendes Handbuch.

WA Verlag GmbH, Objekt: Werbeartikel Wirtschaft
Am Ringofen 6 • 41334 Nettetal • (02157) 13 20 71-73

Eine Auswahl der derzeit beliebtesten Werbegeschenke auf dem amerikanischen Markt. Besonders gefragt sind Kleidungsstücke sowie Kugelschreiber.

Lieferanten für Zugaben und Werbegeschenke

Für Spezialfirmen in Ihrem Gebiet können Sie auf den Gelben Seiten unter »Werbemittel« nachschlagen.

AIDA Werbeartikel
Blankenburger Weg 3 • 58456 Witten • (02302) 7 40 01

Wagner Werbung Palette
69168 Wiesloch • (06222) 89 77

Kirchner & Träuble oHG
Postfach 862 • 73008 Göppingen • (07161) 12 773
Textilwerbung

Eberhard Göbel GmbH + Co
Griesgasse 13 • 89077 Ulm • (0731) 38 10 24
Werbeschirme

Umlauf Textilwerbung GmbH
Waldfriedhofstraße 70 • 81377 München • (089) 74 13 20-0

Katz Werke
Postfach 40 • 76599 Weisenbach • (07224) 64 71 32
Bierdeckel und Werbeuntersetzer

Flamingo Werbeartikel Vertriebs-GmbH
Brunnenstraße 114 • 13355 Berlin • (030) 4 63 30 88

ProMotion P.M.T Team
Wilhelmshöher Straße 5 • 12161 Berlin • (030) 8 51 85 40

Kalender

Kalender sind ein Werbepräsentartikel, den Sie vielleicht berücksichtigen wollen. Es gibt zahlreiche Firmen, die Ihr Logo und Firmen-Grafiken auf Kalender unterschiedlichster Formate drucken. Überlegen Sie, Taschenkalender mit Ihrem Eindruck zu versenden. Sie sind ein hübsches Geschenk, und die Empfänger werden sie das ganze Jahr benutzen. Wand- und Tischkalender können sogar noch werbewirksamer sein. Sie können darin viel mehr über Ihre Firma sagen, und sie werden von allen gesehen, die das Büro betreten, in dem Ihr Kalender hängt.

Informationen über Kalender

Fachverband Kalender und Werbeartikel e. V.
Ritterstraße 19 • 33602 Bielefeld • (0521) 17 12 03/04

Relief Display
Cäsarstraße 52 • 50968 Köln • (0221) 38 36 32

Eilers-Werke Generalvertretung Ellmenreich Werbemittel
Lietzenburger Straße 51 • 10789 Berlin • (030) 2 18 56 00

Messen und Ausstellungen

Eine der besten Gelegenheiten, um ernsthafte Kaufinteressenten anzusprechen

Eine Ausstellung ist der beste Ort, um ein Maximum an echten Kaufinteressenten alle am gleichen Ort und zur gleichen Zeit anzusprechen. Wenn Sie es richtig anstellen, können Sie durch Ihre Beteiligung an einer Ausstellung genügend Kontakte bekommen, um Ihre Auftragsbücher für ein Jahr zu füllen. Das ist aber nicht der wirkliche Grund, an einer Ausstellung teilzunehmen. Ausstellungen sind die ideale Gelegenheit, um langfristige Beziehungen anzuknüpfen, die sich jahrelang bezahlt machen. Sogar im Zeitalter von Telefax und E-Mail können die persönlichen Kontakte, die man auf einer Ausstellung anknüpft, jahrelang halten.

Anders als bei allen anderen Veranstaltungen ist der einzige Zweck einer Ausstellung zu verkaufen. Die Besucher erwarten, daß Sie ihnen Produkte anbieten werden – je neuer und aufregender, desto besser. Diese Atmosphäre von Kundenneugierde und Verkäuferbegeisterung ist für motivierte Guerillas ideal.

Nach Angaben des Ausstellungsbüros der USA sind 34 % der dortigen Ausstellungsbesucher Top-Manager oder Führungskräfte des mittleren Managements. 21 % sind Marketing- und Verkaufs-Führungskräfte. 20 % sind Ingenieure oder arbeiten in der Forschung, 12% sind Vorgesetzte in der Produktion oder Abwicklung. Die Chancen stehen mithin gut, daß die Kaufinteressenten, mit denen Sie auf einer Ausstellung sprechen, Entscheidungsträger sind.

Tips für Ausstellungserfolg

- **Wählen Sie die richtige Ausstellung aus.**

  Sie können an verschiedenen regionalen und nationalen Messen und Ausstellungen teilnehmen. In manchen Branchen gibt es mehrere Ausstellungen pro Jahr. Wahrscheinlich werden Sie nicht an allen teilnehmen wollen. Bevor Sie entscheiden, ob sich eine Teilnahme lohnt, müssen Sie verschiedene Faktoren berücksichtigen: Wer sind die Besucher; wieviel kostet es; wieviel verlorene Bürozeit wird die Teilnahme kosten; die Qualität der Ausstellung schließlich, wer sind die anderen Aussteller.

- **Denken Sie daran: Ihr Job beginnt bereits, lange bevor die Ausstellung eröffnet wird.**

  Vor der Ausstellung gibt es viel zu tun. Versenden Sie Einladungen an Ihre potentiellen Kunden, und teilen Sie ihnen mit, daß sie sich ein Gratisprodukt an Ihrem Messestand abholen können. Schicken Sie Ihren Kunden einen Messeprospekt und einen Lageplan, so daß Sie leicht zu finden sind. Versenden Sie ein Teilnahmeformular für eine Verlosung, an der man teilnehmen kann, wenn man Ihren Messestand besucht. Geben Sie eine Pressemitteilung heraus, in der Sie über die Ausstellung und Ihre Ausstellungspläne informieren. Wenn Sie ein lokales Unternehmen sind, das an einer nationalen Messe teilnehmen will, kann dies besonders werbewirksam sein. Arbeiten Sie mit der Messe-/Ausstellungsleitung zusammen – oft gibt es besondere Seminare, Empfänge und Adressenlisten für Aussteller.

Im Durchschnitt verweilt der Ausstellungsbesucher an ca. 20 Ständen. Der durchschnittliche Stop dauert ca. 15 Minuten. Daher sollten Ihre Demonstrationen kürzer als 10 Minuten sein, damit noch Zeit für Gespräche bleibt.

- **Nehmen Sie an der Ausstellung mit einem klaren Ziel teil.**

  Sie sollten wissen, ob Sie einen bestehenden Markt bearbeiten wollen oder ob Sie einen neuen Markt erschließen wollen. Sie sollten wissen, ob Sie verkaufen oder Verkaufshinweise sammeln wollen. Ohne ein Ziel kann eine Ausstellung eine Überforderung sein. Wenn Sie nicht genug Anstrengungen unternehmen, werden Sie keinen Erfolg haben.

- **Konzentrieren Sie sich auf die Gestaltung Ihres Standes.**

  Stellen Sie sicher, daß er auf Ihre Marketing-Identität und Ihre gegenwärtige Marketing-Botschaft abgestimmt ist. Falls möglich, sehen Sie eine praktische Demonstration vor oder etwas, das die Messebesucher »anfassen« können. Marktforschungserhebungen zeigen, daß Messebesucher es lieben, Dinge anzufassen. In jedem Fall sollten Sie wenigstens etwas bereithalten, das Sie verteilen können, am besten eine Probe Ihres Produktes. Weil die meisten Leute nicht gern einen Messestand betreten, wo sie sich wie in einer Falle fühlen, stellen Sie sicher, daß Ihr Messestand einladend wirkt. Es ist möglich, für einen Messestand 1 Mio. DM auszugeben, aber sicherlich nicht erforderlich. Wenn Sie eine Ausstellung besuchen, achten Sie darauf, welcher Messestand Ihnen gefällt, und fragen Sie, welche Firma ihn gestaltet hat.

- **Stellen Sie sicher, daß Sie die richtigen Mitarbeiter als Standbesatzung haben.**

  Experten sagen, daß der Erfolg einer Ausstellung hauptsächlich durch die Qualität und Arbeitsweise der Standmitarbeiter bestimmt wird. Sie müssen sympathisch wirken sowie Ihr Unternehmen und Produkt kennen. Sie müssen die Vollmacht haben, Verkaufsabschlüsse zu tätigen und mit den Kunden direkt zu verhandeln. Wenn jemand zum Kauf entschlossen ist, sollte Ihr Mitarbeiter nicht sagen: »Gut. Ich kann diesen Auftrag nicht aufnehmen. Lassen Sie mich Ihren Namen und Telefonnummer notieren, und ich werde veranlassen, daß ein Außendienstmitarbeiter Sie in einigen Tagen besucht.« Der Kun-de wird sein Geschäft woanders machen.

Ein Verlag gibt seinen Mitarbeitern maßgeschneiderte gravierte Namensschilder, die sie auf dem Messestand tragen. Diese Schilder sehen viel besser aus als die üblichen Kunststoffschilder.

- **Besondere Betreuung**

  Mieten Sie einen Luxuswagen, und bieten Sie Ihren wichtigsten Kunden an, ihn während der Messezeit beliebig zu nutzen. Der frühere Anbieter von Videospielen, Activision, engagierte die Beach Boys für einen Auftritt auf der

Der Software-Anbieter Informix wollte große Aufmerksamkeit erregen, als er sein erstes Softwarepaket für Endverbraucher einführte. Daher verteilte die Firma an jeden Standbesucher eine Tragetasche (im Wert von 3 Dollar). Sie hielt die Abgabezone auf dem Messestand bewußt klein und bat Besucher, die eine Tragetasche haben wollten, eine einminütige Demonstration ihrer Software zu verfolgen. Weil die sich bildende Schlange sich so langsam bewegte, waren sofort 30 Wartende außerhalb des Standes. Gegen Mittag war die Schlange auf mehr als 300 Personen angewachsen.

Das Messegespräch war, daß Informix das interessanteste neue Produkt hätte, während das einzige, was der Anbieter tatsächlich vorweisen konnte, die längste Warteschlange für eine kostenlose Tragetasche war.

Ausstellung in Las Vegas – und lud nur seine Lieferanten und Kunden dazu ein. Die jährliche *Playboy*-Party auf der Messe für Unterhaltungselektronik (eine der größten Messen der Welt) ist ein Anziehungspunkt für größere Werbetreibende und erleichtert es dem *Playboy*, wichtige Führungskräfte zu kontaktieren.

- **Führen Sie eine Verlosung durch.**

  Setzen Sie ein Fernsehgerät mit Großbildschirm als Preis aus. Um an der Verlosung teilzunehmen, müssen die Ausstellungsbesucher Ihren Messestand besuchen und einen Ansteck-Button ziehen, der auf einer Seite mit Ihrem Logo und einer Werbebotschaft bedruckt ist. Auf der anderen Seite ist eine Nummer angegeben. Beauftragen Sie jemanden, über das Ausstellungsgelände zu gehen und die Nummern aller Buttons aufzuschreiben, die getragen wurden. Der Gewinner wird aus diesen Nummern gezogen. Sunsoft setzte diese Technik ein, um sein Batman-Videospiel auf einer Ausstellung zu verkaufen. Über 8.000 Ausstellungsbesucher wurden gezählt, die den Button trugen. Sunsoft gab wahrscheinlich 3.000 Dollar für das Fernsehgerät aus und 1.000 Dollar für die Buttons, die Werbewirkung der Verkaufsförderungsaktion war jedoch unbezahlbar – selbst wenn nur 10 Besucher jeden Button sahen, erzielte Sunsoft 80.000 Werbekontakte bei wichtigen Kunden.

Konzentrieren Sie sich auf die entscheidenden 20 %

Bei jeder Messe und Ausstellung werden Sie feststellen, daß auf 20 % der Besucher 80 % des Umsatzes entfallen. Es ist erfolgsentscheidend, daß Sie Ihre Verkaufsanhaltspunkte detailliert bestimmen. Wenn jemand Ihren Messestand aufsucht, stellen Sie sich sofort vor und beginnen Sie, Fragen zu stellen. Finden Sie heraus, was der Besucher macht, was er wünscht, wieviel er ausgeben will.

Ein Guerilla in der Unterhaltungselektronik wollte mit seinem Messestand bei einer größeren Ausstellung nur qualifizierte Einkäufer anziehen. Anstatt einen freundlichen, offenen Messestand zu schaffen, war sein Stand an allen vier Seiten abgeschlossen, und der Zugang war nur auf eingeladene Gäste beschränkt. Nachdem erst einmal durchgesickert war, daß dort eine geheime Demonstration durchgeführt würde, strömten Einkäufer und Presseleute zu dem Stand und baten um Einlaß.

Unbekannte Besucher sollten freundlich behandelt werden, eine Broschüre erhalten und aufgefordert werden, sich umzusehen (Sie wissen schließlich nie, wann ein derartiger Besucher einen neuen Job bekommt und zum Entscheidungsträger wird). Qualifizierte potentielle Kunden sollten andererseits sofort erstklassig betreut werden. Laden Sie sie ein, Führungskräfte zu treffen. Fordern Sie sie auf, Platz zu nehmen (eine willkommene Erleichterung bei den meisten Ausstellungen). Falls möglich, vereinbaren Sie einen Besprechungstermin für einen Zeitpunkt, wenn die Umgebung etwas ruhiger ist.

Vor Beginn der Ausstellung sollten Sie ein besonderes Register für die Visitenkarten wichtiger potentieller Kunden beschaffen. Jeden Abend geben Sie diese Karten in Ihren Laptop-Computer oder in Ihr Geschäftstagebuch ein. An dem Tag, wenn Sie von der Ausstellung zurück sind, drucken Sie für alle Namen Adreßetiketten aus und senden an jeden Gesprächspartner, den Sie auf der Ausstellung getroffen haben, einen persönlichen Brief mit einer Broschüre. Sie wären überrascht, wenn Sie wüßten, wie wenig man sich im allgemeinen darum kümmert, überhaupt nach einer Messe bei Besuchern nachzufassen.

Vergessen Sie nicht die Medien

Messen und Ausstellungen sind für die Medien lebenswichtig. Dies ist für sie der leichteste Weg, die Trends zu erfahren, die eine Branche beeinflussen.

Wachsame Guerillas stellen sicher, daß im Pressezentrum stets ein Vorrat mit eigenen Pressemitteilungen ausgelegt ist, besuchen relevante Pressekonferenzen, führen eine Liste über Pressebesucher, um dort später nachzufassen, und halten mit Adleraugen Ausschau nach Presseleuten, die vielleicht vorbeikommen.

Fragen Sie um Rat

Besuchen Sie eine Ausstellung zunächst als Besucher, bevor Sie Geld in Ihren eigenen Messestand investieren. Besuchen Sie andere Messestände (vorzugsweise nicht von direkten Konkurrenten), erzählen Sie den dortigen Ausstellern, daß Sie bei der nächsten Messe auch ausstellen werden und fragen Sie sie, was funktioniert. Sie können sich auch bei Ihrer IHK oder bei Ihrem Verband erkundigen.

Veröffentlichungen über Messen und Ausstellungen

Ihre örtliche IHK ist eine der besten Informationsquellen über Messen und Ausstellungen. Kontaktieren Sie Ihre IHK, um herauszufinden, wann bestimmte Ausstellungen stattfinden und wer sie veranstaltet. Der Ausstellungs- und Messeausschuß der Deutschen Wirtschaft e.V. (AUMA) veröffentlicht verschiedene Handbücher wie »Messeplatz Deutschland«, »Regionale Ausstellungen« und »International«, die über Preise, Besucherstrukturen, Termine, Aussteller, Standmieten und mehr informieren.

Nachstehend sind zusätzliche Informationsquellen aufgelistet. Sie können auch auf den Gelben Seiten unter »Messe- und Ausstellungsbau« nachschlagen, um eine örtliche Firma zu finden, die Ihren Messestand entwickeln und bauen kann.

Inspiration
Pappelweg 57 • 76275 Ettlingen • (07243) 41 94
Fachzeitschrift für Schauwerbung, Ladengestaltung und Messebau

Ausstellungs- und Messe-Ausschuß der Deutschen Wirtschaft e.V. (AUMA)
Lindenstraße 8 • 50674 Köln • (0221) 20 90 70

Fachverband Messen und Ausstellungen (FAMA) e.V.
Messezentrum • 90471 Nürnberg • (0911) 814 71 02

Fachverband Messe- und Ausstellungsbau (FAMAB) e.V.
Berliner Straße 26 • 33378 Rheda-Wiedenbrück • (05242) 4 78 87

IDFA Interessengemeinschaft Deutscher Fachmessen und Ausstellungsstädte
Karl-Schönleben-Straße 65 • 90471 Nürnberg • (0911) 8 60 64 50

Messeerfolg auf Abruf
Edgar Geffroy • verlag moderne industrie

Handbuch Messemarketing
Karl-Heinz Strothmann, Manfred Busche • Verlag Gabler

Public Relations

PR ist kostenlose Werbung, schlicht und einfach

Guerillas wissen bereits, daß Mundpropaganda das wirksamste Marketing-Instrument ist. Eine der besten Möglichkeiten, um Mundpropaganda zu erzeugen, ist PR. Die »unvoreingenommene« Art der Presseberichte erzeugt bei Verbrauchern ein Interesse, das man mit Werbung nie erreichen kann.

Sie sollten verstehen, daß die Presse Ihre Informationen genauso benötigt, wie Sie diese gedruckt sehen möchten. Jeden Tag müssen Zeitungen gefüllt, Fernsehfilme gedreht und Radiosendungen produziert werden. Ohne solche Geschichten wie die Ihre würden die Zeitungen nur Artikel über Kriege in anderen Ländern enthalten.

Es gibt zahlreiche gute Veröffentlichungen über PR (siehe die Empfehlungen am Ende dieses Kapitels), aber nur wenige Guerilla-Techniken, die Sie einsetzen können, um sich von der Werbeflut abzuheben.

PR-Empfehlungen

- **Versenden Sie nicht an jeden Material.**

  Eine Pressemitteilung, die Sie an den *Spiegel* schicken, ist ziemlich sicher reine Zeitverschwendung. Wählen Sie statt dessen fünf oder zehn Zeitungen und Zeitschriften aus, in denen Sie Ihren Beitrag gern gedruckt sehen möchten. Konzentrieren Sie sich auf diese. Finden Sie heraus, welche Redakteure Berichte über Themen geschrieben haben, die Ihrer eigenen Geschichte ähneln, und sprechen Sie diese direkt an. Vergessen Sie nicht, daß für die meisten Geschäfte ein lokal veröffentlichter Beitrag besser ist als ein bundesweit publizierter.

- **Brechen Sie die Regeln.**

  Wenn Sie kein PR-Fachmann sind, sollten Sie sich nicht zu sehr bemühen, wie einer zu erscheinen. Wenn Sie aus Ihrer neuen Brezel-Bäckerei ein Dutzend Brezeln verschicken wollen, tun Sie es. Einige Redakteure mögen die Stirn runzeln, Sie haben jedoch wenigstens ihre Aufmerksamkeit erregt.

- **Seien Sie hartnäckig.**

  Sie sollten nicht aufgeben, weil Ihr Beitrag gerade diese Woche nicht aufgegriffen wurde. Sie können wahrscheinlich jeden Monat ein Ereignis beschreiben, das eine Meldung wert ist. Senden Sie daher jeden Monat eine Pressemitteilung an Ihre 5-10 Zielmedien. Früher oder später wird es funktionieren.

- **»Kaufen« Sie etwas PR.**

  Je kleiner das Presseerzeugnis, desto besser stehen Ihre Chancen. Die meisten kleinen Presseobjekte und Radiostationen, die sich durch Werbung finanzieren, werden Ihren Beitrag gern veröffentlichen, wenn Sie dort regelmäßig werben. Denken Sie daran: Fragen Sie den Anzeigensachbearbeiter – nicht den Redakteur –, sonst zerstören Sie Ihre Chancen, durch den Redakteur berücksichtigt zu werden, für immer.

Robert Half ist ein sehr bekannter Personalberater. Diese Firma hat ihren Ruf dadurch aufgebaut, daß sie jeden Monat wenigstens eine Pressemitteilung verschickte - jahraus, jahrein. Sie führt Befragungen von Vorstandsvorsitzenden durch und faßt die Ergebnisse in Pressemitteilungen zusammen. Sie analysiert die Aufbewahrungsfrist von Zeitungsauschnitten in Büros und gibt darüber eine Pressemitteilung heraus. Regelmäßig wie ein Uhrwerk schickt Robert Half ausgewählten Redakteuren einen nützlichen Waschzettel mit geschäftlichen Meldungen. Es versteht sich von selbst, daß Half daher als führender Experte auf diesem Gebiet zitiert wird.

PR-Grundlagen

Lassen Sie von Ihren Presseartikeln Nachdrucke anfertigen und verwenden Sie diese in Ihren Briefen, als Plakat, in Broschüren, in Presseinformationen und als Verkaufshilfe für Ihre Außendienstmitarbeiter. Die Zeitung von gestern ist nicht mehr aktuell, der PR-Beitrag kann – und sollte – jedoch für immer aussagefähig sein.

Wie man die Aufmerksamkeit der Presse erregt

Der Geschäftsinhaber, der mehrere hundert Pressemitteilungen verschickt, sich dann zurücklehnt und wartet, wird wahrscheinlich nicht viel Resonanz auf seine Bemühungen finden. PR erfordert schon ein bißchen mehr Erfindungsreichtum.

Ihre Pressemitteilung ist ein guter Anfang. Sie sollten sich jedoch vergewissern, ob Sie Ihre Hausaufgaben gemacht haben. Stellen Sie eine Liste aller Zeitungen und Zeitschriften auf, die Ihrer Meinung nach an Ihrem Produkt interessiert sein könnten, und analysieren Sie diese. Finden Sie heraus, welche Art von Beiträgen sie meistens bringen, und erkundigen Sie sich nach den Namen der wichtigsten Redakteure. Rufen Sie die Redaktion an, und finden Sie heraus, wer Ihr Material bekommen sollte und ob es besondere Anforderungen gibt. Halten Sie Ihren Begleitbrief persönlich, und zeigen Sie, daß Sie das Presseerzeugnis kennen. Erwähnen Sie einen Artikel, den Sie gelesen haben oder eine Ausgabe, die Sie besonders interessant fanden. Machen Sie Vorschläge, wo Ihr Beitrag in der nächsten Ausgabe erscheinen könnte.

Am wichtigsten: Ihre Pressemitteilung muß Nachrichtencharakter haben. Warum versenden Sie diese Mitteilung? Was ist so interessant an Ihrem Produkt, Ihrer Dienstleistung oder Ihrem Geschäft und warum gerade jetzt? Ihr Beitrag

Sie wollen Öffentlichkeit? Versuchen Sie, ein Buch zu veröffentlichen. Das Architekturbüro Swanke Hayden Connell war an der Restaurierung der Freiheitsstatue beteiligt. Das Prestigeprojekt war eine ausgezeichnete Referenz, und um dies einer breiten Öffentlichkeit mitzuteilen, schrieben die beteiligten Architekten ein Buch darüber. Restoring the Statue of Liberty (Die Restaurierung der Freiheitsstatue) von Richard Seth Hayden und Thierry W. Despout wurde 1986 bei McGraw-Hill veröffentlicht.

muß überzeugend sein. Er muß klar und mit einem Minimum an Übertreibungen geschrieben sein. Denken Sie daran, Redakteure lesen Tausende von Pressemitteilungen, und sie werden sich um Ihre nicht kümmern, wenn sie ungeschickt oder schwer zu lesen ist.

Ihr PR-Job endet nicht mit der Pressemitteilung. Fassen Sie mit einem Telefonanruf nach. Fragen Sie den Redakteur, ob er noch weitere Informationen benötigt, um den Beitrag zu schreiben. Verzweifeln Sie nicht, wenn Sie in eine Sackgasse geraten. Häufig sind mehrere Anläufe erforderlich, damit ein Beitrag in der Presse berücksichtigt wird. Versenden Sie die Pressemitteilungen regelmäßig, und fassen Sie jeweils telefonisch nach. Ihre Beharrlichkeit wird sich in einer Schlagzeile auszahlen oder zumindest in einer wertvollen Meldung, die Sie verwenden können, um bei Ihren Kunden und Interessenten an Glaubwürdigkeit zu gewinnen.

Informationen über PR

Es gibt Hunderte von Informationsquellen über PR. Nachstehend sind einige Mitteilungsdienste, Zeitschriften, Verbände und Bücher aufgeführt, die Sie nutzen können. Auf den Gelben Seiten können Sie eine örtliche PR-Agentur unter »Public Relations« suchen.

Deutsche Public Relations-Gesellschaft e.V. (DPRG)
Königswinterer Straße 552 • 53227 Bonn • (0228) 44 45 00

GPRA Gesellschaft Public Relations Agenturen e.V.
Communikationsfabrik • Schmidtstraße 12 • 60326 Frankfurt/Main • (069) 75 80 03 11

Presse- und Medienarbeit für Praktiker
Hans. P. Förster (Hrsg.) • Hermann Luchterhand Verlag

pr magazin
Rolandshof • 53424 Remagen-Rolandseck • (02228) 60 01 50

PR Report
LK Verlag für Public Relations GmbH • Hamburger Straße 125 • 22083 Hamburg, • (040) 2 38 46 71-72

Stamm - Leitfaden durch Presse und Werbung
Goldammerweg 16 • 45134 Essen • (0201) 8 43 00-0

w & v werben und verkaufen
Thomas-Dehler-Str. 27 • 81737 München • (089) 67 80 42 32
Wöchentlich erscheinendes Magazin, das hauptsächlich über die Bereiche Marketing, Kommunikation, Agenturen und Medien berichtet.

Horizont* • *Zeitung für Marketing, Werbung und Medien
Mainzer Landstraße 251 • 60264 Frankfurt/Main • (069) 75 95 16 02

Horizont versteht sich als aktuelle Branchen-Zeitung rund um unternehmerisches Marketing, Werbung, Kommunikation und Medien. Neben wöchentlichen News und Hintergrundberichten zahlreiche Serviceangebote wie Studien, Dossiers, Recherchedienst, Seminare und Fachtagungen.

Taschenbuch der Öffentlichkeitsarbeit
Wolfgang Reineke, Hans Eisele • Sauer Verlag

Macht und Einfluß
Robert Dilenschneider • Gabler Verlag

Wie man Mitarbeiter und Medien für die eigenen Ziele gewinnt.

Das neue PR-Denken
Franz Bogner • Verlag Carl Ueberreuter

Das Unternehmen in kritischer Umwelt
Gert Spindler • Verlag Gabler

AfP - Zeitschrift für das gesamte Medienrecht
Postfach 10 11 02 • 40002 Düsseldorf • (0211) 8 87 10 41

Fachmedia
Johannesstraße 38 • 53225 Bonn • (0228) 46 00 44

Fernseh-Informationen
Hangstraße 44 • 82131 Gauting • (089) 8 50 34 32

Kabel & Satellit, Neue Mediengesellschaft mbH
Karlstraße 41 • 89073 Ulm • (0731) 15 20 23

Kroll - Presse-Taschenbücher
Kroll Verlag • Postfach 11 53 • 82224 Seefeld • (08152) 71 60

media-daten
Am Klingenweg 4b • 65396 Walluf • (06123) 7 00-0

medien aktuell
Friedrich-Ebert-Allee 311 • 22869 Schenefeld • (040) 8 39 10 64

Medien Bulletin
Kellerer & Partner GmbH • Konrad-Celtis-Str. 77 • 81369 München • (089) 74 11 72 20

Medien-Handbuch
Hermann Luchterhand Verlag • Postfach 23 52 • 56513 Neuwied • (02631) 80 10

Medien Report
Hegnacher Straße 30 • 71336 Waiblingen • (07151) 2 33 31

Presse Report
Eidelstedter Weg 22 • 20255 Hamburg • (040) 7 56 50 31-33

PR-Adressenverzeichnisse

Handbuch der PR-Agenturen Deutschland, Österreich, Schweiz und Niederlande
pr magazin • Rolandshof • 53424 Remagen-Rolandseck • (02228) 60 01 50

Informationsgemeinschaft zur Feststellung der Verbreitung von Werbeträgern e.V. (IVW)
Postfach 20 14 14 • 53144 Bonn • (0228) 82 09 25 0
IVW-Auflagenlisten; IVW-Basislisten; IVW-Verbreitungsanalyse Tageszeitungen

Beschaffung von kostenloser Fernsehzeit

Wenn Sie Ihre Werbung und Ihr Produkt fernsehgerecht gestalten, verbessern sich Ihre Chancen, mehr Fernsehzeit zu erhalten, als Sie gekauft haben. Manchmal können Sie sogar kostenlos Fernsehzeiten erhalten, wenn der Sender entscheidet, über Sie in einer Nachrichtenmeldung zu berichten.

Viele innovative Werbetreibende konnten erreichen, daß Ihre Werbespots in den Abendnachrichten erwähnt wurden. Wenn Ihr Werbespot provokativ ist, können Sie ihn an Nachrichtenabteilungen versenden. Wenn er aufgegriffen wird, können Sie Ihre Werbung in Nachrichtensendungen im ganzen Land – kostenlos – sehen.

Eine andere gute Taktik ist, Ihr Produkt in einer Fernseh-Spielshow als Preis verteilen zu lassen. Die Firma IP Multimedia Deutschland GmbH, Westerbachstraße 28, 61476 Kronberg, Tel. (06173) 99-2405, hilft Anbietern dabei, ihre Produkte in Fernseh-Spielshows zu plazieren. Kontaktieren Sie sie, um herauszufinden, ob sie Ihr Produkt in einen Verkaufsschlager verwandeln können.

Dies war eine Pressemitteilung, die mit einem neuen Buch von Seth Godin verschickt wurde. Das Buch paßte in den aufklappbaren Umschlag, und die Pressemitteilung war auf die Innenseite gedruckt. Die auffällige Sendung erregte die Aufmerksamkeit der Medien, und der Autor konnte zahlreiche Interviews geben.

Ein großer PR-Erfolg für die Rhäzünser Mineralbrunnen aus Graubünden (Schweiz) war die Ausrichtung eines Kistenstapelwettbewerbs in vier Städten Baden-Württembergs, für das die Firma eine Reihe namhafter Co-Sponsoren gewinnen konnte.

Quelle: Werbeagentur Beck KG, *Alte Steige 17, 73732 Esslingen-Liebersbronn*

Telefon

Telefonverkauf

Direkte Kommunikation mit Ihren potentiellen Kunden

Das Telefon ist ein großartiges Instrument für Guerillas. Anders als die Massenmedien ist das Telefon ein Instrument für den direkten persönlichen Kontakt. Es zwingt Sie, den potentiellen Kunden als Individuum zu behandeln, und garantiert, daß Sie sofort eine Rückmeldung bekommen.

Richtig angewendet ist Telefonverkauf schnell, effizient und effektiv. Er ermöglicht Ihnen, einen kleinen, aber genau ausgewählten Markt anzusprechen, und hat eine große Werbewirkung. Es lauern zwar einige Gefahren; wenn Sie jedoch erst einmal die richtige Strategie herausgefunden haben, kann Telefonverkauf Ihrem Geschäft einen riesigen Schub geben.

Die goldene Regel des Telefonverkaufs

Rufen Sie nie jemanden ohne Empfehlung an. Wenn Sie dem Anrufer nicht den Namen eines gemeinsamen Freundes, Bekannten oder einer Organisation geben können, vergessen Sie den Anruf. Telefonverkauf ist wirkungsvoll, aber er ist auch ein gefährliches Instrument. Denken Sie daran: Wenn Sie ein Telefon benutzen, platzen Sie im Grunde genommen in das Heim oder Büro Ihres potentiellen Kunden hinein.

Richtig genutzt ist das Telefon eine großartige Möglichkeit, sich von der Werbeflut abzuheben und eine direkte Kommunikation mit einem potentiellen Kunden zu pflegen – das Ziel aller Guerillas. Falsch genutzt löst es Verstimmung und Feindseligkeit aus, und man wird den Kunden für immer verlieren.

Jeder Amerikaner ist schon während des Mittagessens durch einen Telefonverkäufer belästigt worden, der ein Drehbuch bzw. eine programmierte Unterweisung verwendete, nach Zahl der Anrufe bezahlt wurde und absolut keine Vorstellung davon hatte, was er verkaufen sollte. Es gibt einen wesentlichen Unterschied zwischen solcher Schrotflinten-Taktik, die unvermeidlich zur Verärgerung führt, und einem Telefonverkauf, wie er von Guerillas praktiziert wird. Guerillas telefonieren, um eine sorgfältig ausgewählte Person anzusprechen. Sie müssen etwas Besonderes über den potentiellen Kunden wissen, um den Telefonanruf zu rechtfertigen.

Der beste – und in Deutschland der einzig zulässige – Weg zur Nutzung des Telefons ist, Leute anzurufen, die bereits Ihre Kunden sind oder die auf eine andere Weise zum Ausdruck gebracht haben, daß sie mit einer telefonischen Kontaktaufnahme einverstanden sind. In ersterem Fall können Sie Ihr Anliegen sofort zur Sprache bringen: »Hallo, ich wollte Sie nur daran erinnern, daß Ihre Dachrinne dieses Jahr wieder gesäubert werden muß.« Sie haben mit diesen Kunden eine Beziehung, und wahrscheinlich werden diese Ihren Anruf begrüßen. Handelt es sich aber um einen potentiellen Neukunden, dann seien Sie vorsichtig. Fragen Sie zunächst, ob Ihr Anruf gelegen kommt. (»Spreche ich Sie gerade in einem ungünstigen Augenblick an?«). Wenn der Angerufene nicht sprechen will (»Ja. Es ist ungünstig.«), zwingen Sie ihn nicht. Geben Sie ihm eine Chance, Sie zurückzurufen oder Ihnen eine Zeit zu nennen, wann Sie erneut anrufen können, dann legen Sie auf.

Telefon für Guerillas

Das Telefon ist das ideale Instrument für Guerillas, obwohl es allzu leicht mißbraucht werden kann. Richtige Guerillas kennen den wahren Wert des Telefons: direkte Kommunikation.

Das Telefon ist die beste Möglichkeit, um Ihre potentiellen Kunden direkt anzusprechen. Sie geben dem Kontakt damit die Note der persönlichen Wertschätzung. In diesem Teil werden Sie die Erfolgsrezepte kennenlernen, um das Telefon zu einem wirkungsvollen Verkaufsinstrument zu machen. Von gebührenfreien Telefonnummern bis zum Verkauf in der Telefonwarteschlange werden Sie sehen, wie das Telefon die Einkaufserfahrung für Ihre Kunden angenehmer und effizienter machen kann und gleichzeitig für Sie profitabler.

L.L. Bean, ein Freizeitausstatter im US-Bundesstaat Maine, könnte Unterricht über gute Telefonverkaufstechniken geben. Die Telefonleitungen sind 24 Stunden am Tag besetzt, 7 Tage in der Woche. Das ist es jedoch nicht, was die Firma von anderen unterscheidet. Jeder Anruf wird durch eine Person beantwortet, nicht durch eine Maschine, und Kunden müssen selten, wenn überhaupt auf die Verbindung warten. Die Telefonverkäuferinnen haben Warenkenntnisse, sind freundlich und sehr persönlich. Nach dem Telefongespräch fühlen Sie sich, als ob Sie im Laden von L.L. Bean gewesen und wie eine Königliche Hoheit bedient worden wären. Und das Beste dabei ist: Sie mußten das Haus nicht verlassen. Eine Telefonistin telefonierte 40 Minuten mit einer Kundin, ließ ihr Zeit, damit sie die Schuhgröße ihres Sohnes feststellen konnte, und erläuterte die Vor- und Nachteile der verschiedenen Produkte. Nun, das ist Telefonverkauf!

Reagiert Ihr Gesprächspartner jedoch mit den Worten: »Ich habe nur wenig Zeit. Was kann ich für Sie tun?«, dann haben Sie die Tür gerade einen Fußbreit geöffnet. Nutzen Sie es nicht zu sehr aus. Erklären Sie schnell Ihren Vorschlag, und geben Sie dem potentiellen Kunden dann eine Gelegenheit, zu antworten.

Versuchen Sie jedoch nicht, den Verkauf am Telefon abzuschließen. Es gibt zu viele Barrieren, jemanden am Telefon dazu zu bringen, sich zu einem Kauf zu verpflichten. Statt dessen könnten Sie versuchen, einen Besuchstermin zu vereinbaren oder auch nur eine Broschüre oder einen Handzettel anzubieten.

Denken Sie daran, Vertrauen ist die Geheimwaffe von Guerillas, und Sie müssen Ihre Zeit nutzen, um es sorgfältig aufzubauen. Telefonverkauf kann der erste Schritt sein, um Vertrauen zu schaffen, es ist jedoch kaum ein erfolgreicher Weg, den Verkaufsabschluß zu tätigen.

Checkliste zur Planung des Telefonanrufs

- **Legen Sie Ihr Ziel fest.**

  Was ist der Zweck des Anrufs? Ein neues Produkt zu verkaufen? Eine Frage zu beantworten? Einen Besuchstermin zu vereinbaren? Nähere Informationen über einen potentiellen Kunden zu erhalten? Legen Sie Ihr Ziel fest. Sie müssen ein Ziel haben, bevor Sie es erreichen können. Sie sollten nicht erwarten, daß Sie viele Produkte am Telefon verkaufen können. Es ist viel besser, das Telefon zu benutzen, um nähere Informationen über potentielle Kunden zu erhalten, einen Besuchstermin zu vereinbaren oder Informationen für einen maßgeschneiderten Vorschlag zu erhalten.

- **Planen Sie Ihre Vorstellung**.

  Ihr erster Eindruck ist Ihr bester, sorgen Sie deshalb dafür, daß er wirkt. Schritte zu einer erfolgreichen Vorstellung umfassen:

  - Ihren Namen
  - den Namen Ihrer Firma
  - Gestalten Sie Ihre Vorstellung so, wie es den Kunden entspricht. Seien Sie positiv und freundlich, aber reagieren Sie auf den Stil des Kunden. Falls er oder sie zunächst etwas plaudern will, gehen Sie darauf ein.
  - Vergewissern Sie sich, daß Sie mit dem Entscheider sprechen. Hat diese Person die Kompetenz, Ihr Produkt oder Ihre Dienstleistung zu kaufen?
  - Erklären Sie Ihre Bereitschaft zur Hilfe, falls die Situation das erfordert. Beispiel: Ihr Kunde benötigt Hilfe für ein Problem. Wenn Sie Ihre Hilfe anbieten, positionieren Sie sich als teamorientiert.
  - Überlegen Sie sich eine Bemerkung, die Interesse schafft. Diese Bemerkung sollte die Frage beantworten: Warum sollte ich Ihnen zuhören? Beispiel: »Ich rufe an, um die drei Techniken zu diskutieren, die wir

letztes Jahr eingesetzt haben, um die Umsätze von Korthaus – Sanitär und Heizung um 31 % zu steigern.« oder »Ich rufe an, um den Artikel über Sie letzte Woche in der *Frankfurter Allgemeinen Zeitung* zu diskutieren«.

- **Umgang mit dem Vorzimmer.**

Wenn Sie eine Firma anrufen, werden Sie wahrscheinlich den Empfang oder eine Sekretärin am Apparat haben, bevor Sie mit Ihrem Gesprächspartner sprechen können. Diese zögern vielleicht, Sie mit der verantwortlichen Person zu verbinden. Denken Sie daran, sie bekommen jeden Tag Hunderte von Anrufen von Außendienstmitarbeitern. Hier sind einige Tips, die hilfreich sein können, wenn Sie mit einem Assistenten oder einer Sekretärin sprechen:

- Bitten Sie die Gesprächspartner um ihre Hilfe. Sie bieten dieser Firma einen möglichen Nutzen an. Bitten Sie daher um Hilfe, die Person zu identifizieren, mit der Sie sprechen müssen. Abgesehen davon ist es schwierig für sie, nein zu sagen, wenn sie jemand um ihre Hilfe bittet. Beispiel: »Können Sie mir helfen? Ich bin der neue Betreuer für diesen Kunden, und ich weiß nicht genau, wer für den Einkauf von Betriebsstoffen zuständig ist. Wer könnte das sein?«.
- Seien Sie direkt. Sie haben viele Kunden, und deren Zeit zu vergeuden ist genauso schlecht, wie Ihre Zeit zu vergeuden. Niemand hat etwas davon, wenn Sie geschickt versuchen, den Grund Ihres Anrufs zu verschweigen.
- Benutzen Sie Empfehlungen von anderer Seite. Ein bekannter Name verleiht einem Fremden Glaubwürdigkeit.
- Fassen Sie auf Briefe nach, die Sie vorher geschrieben haben. Manchmal schenkt jemand einer Postsendung Beachtung und ist für einen Nachfaßanruf viel aufgeschlossener. Ein Brief kann das Eis brechen und hilft Ihnen, am Vorzimmer vorbeizukommen. »Ich rufe an, um bezüglich eines Briefes nachzufassen, den ich Herrn Jahns letzte Woche geschickt habe.«
- Wenn es sich um einen Rückruf handelt, sagen Sie es.
- Rufen Sie außerhalb der Bürozeit an. Wenn die Telefonistin besonders schwierig ist, rufen Sie vor oder nach der Bürozeit oder während der Mittagspause an, wenn die Wahrscheinlichkeit größer ist, daß der Entscheider selbst am Apparat ist.

- **Entwickeln Sie Sondierungsfragen.**

Falls Sie ohne Drehbuch bzw. programmierte Unterweisung arbeiten, stoßen Sie vielleicht nach ein oder zwei Minuten Unterhaltung auf Widerspruch. Viele Leute verhalten sich am Telefon defensiv, und ohne die richtigen Fragen müssen Sie vielleicht die Unterhaltung vorzeitig abbrechen. Stellen

In einer erfolgreichen Telefonkampagne fügte ein Guerilla einem Einführungsbrief ein Paket Cracker bei. Eine Woche später erfolgten die Nachfaßanrufe. »Ich rufe wegen des Briefes mit den Crackers an« war alles, was er sagen mußte, um mit mehr als der Hälfte der Kunden verbunden zu werden, die er in dem vorhergehenden Brief angeschrieben hatte.

Sie viele Fragen – die Leute lieben es, über sich zu sprechen, und interessante Fragen sind eine großartige Möglichkeit, um eine Unterhaltung fortzusetzen.

- **Unterscheiden Sie Nutzen von Ausstattungsmerkmalen.**

  Viel zu häufig widmen Verkäufer Ausstattungsmerkmalen mehr Aufmerksamkeit als dem Nutzen. Der Kunde kauft jedoch wegen des Nutzens.

  Jeder Nutzen bewirkt letzten Endes drei Dinge für Ihren Kunden:

  - Er erhöht den Umsatz.
  - Er senkt Kosten. (Kosten müssen nicht unbedingt Ausgaben sein. Unnütz festgehalten zu werden oder einen wertvollen Mitarbeiter zu verlieren oder Zeit zu vergeuden. bedeutet auch Kosten).
  - Er erhöht den Gewinn.

- **Fragen Sie nach dem Auftrag.**

  Als Guerilla werden Sie wahrscheinlich nicht versuchen, Ihr Produkt am Telefon zu verkaufen. Aber Sie verkaufen etwas – eine Broschüre, einen Besuchstermin oder einen Ladenbesuch. Seien Sie nicht schüchtern. Fragen Sie nach dem Auftrag. Versuchen Sie, mit der Alternativ-Wahl abzuschließen: »Wäre Montag 15.00 Uhr ein guter Zeitpunkt für einen Besuch, oder ist Dienstagmorgen besser?«. Sie finden Hunderte anderer Schlußsätze in Zig Ziglars Klassiker »*Der totale Verkaufserfolg. Die Geheimnisse des erfolgreichen Geschäftsabschlusses*«.

Quelle: Powerful Telephone Skills, *veröffentlicht von Career Press*

Wirksame Telefoniertechniken

- Lächeln Sie (das überträgt sich auf Ihre Stimme).
- Sprechen Sie klar und präzise.
- Sprechen Sie begeistert.
- Vertiefen Sie Ihre Stimmlage.
- Seien Sie positiv.
- Seien Sie auf Einwände vorbereitet.
- Sprechen Sie direkt in die Sprechmuschel.
- Berücksichtigen Sie die Persönlichkeit Ihres Kunden.

- Argumentieren Sie mit Nutzen.
- Diskutieren Sie eher, als daß Sie vortragen.
- Danken Sie dem Zuhörer stets für seine Zeit.
- Fassen Sie nach, falls nötig.

Unwirksame Telefoniertechniken

- Ablehnen;
- Undeutlich sprechen;
- Müde klingen;
- Monoton sprechen;
- Negativ sein;
- Zu vertrauensselig sein;
- Den Hörer mit dem Kinn halten;
- Abschweifen;
- Anklagende Bemerkungen machen;
- Streiten;
- Plötzlich aufhängen;
- Vergessen, dem Zuhörer zu danken;
- Versuchen, zu sprechen und gleichzeitig etwas anderes zu machen.

Quelle: Powerful Telephone Skills, *veröffentlicht von Career Press*

Veröffentlichungen über Telefonmarketing

Der totale Verkaufserfolg. Die Geheimnisse des erfolgreichen Geschäftsabschlusses
Zig Ziglar • Verlag Oesch
Das beste Buch, das je über Verkauf geschrieben wurde.

Telefonmarketing
Richard Ausfelder • Verlag Gabler

Effektiv telefonieren
Peter Döring • verlag moderne industrie

Phone Power
George Walther • Econ Verlag

Service-Telefonnummern

Wenn Sie etwas Wertvolles anbieten, werden die Kunden für ihren Anruf selbst zahlen

Seit einigen Jahren gibt es den Telekom-Service 0180X bundesweit unter einer Nummer. Je nach 0180-Variante fallen für den Anrufer unterschiedliche Kosten an:

Variante	Gesprächsdauer pro Tarifeinheit
01802	unbegrenzt (1 TE)
01803	30 Sekunden
01805	15 Sekunden

Entsprechend der gewählten Variante, der Tageszeit des Anrufs sowie der Entfernung des Anrufers zur Servicestelle unterscheiden sich die Kosten für den Anbieter erheblich. Fordern Sie eine ausführliche Informationsbroschüre bei Ihrem örtlichen Telekom-Geschäftskundenvertrieb an, oder wählen Sie gleich die gebührenfreie Servicenummer der Telekom: 0130 130 180 (Fax: 0130 131 181).

Neben dem Service 0180X können Informationsanbieter auch den Tele-Info-Service 0190X nutzen. Auch hier bietet die Deutsche Telekom seit dem 1.1.1996 mehrere Varianten mit unterschiedlich hohen Gebühren für den Anrufer an:

Variante	Gebühren (Gesprächsdauer pro Tarifeinheit)	Tarifgruppe
01906	9 Sekunden	T1
01905	6 Sekunden	T2
01907	3 Sekunden	T3
01908	2 Sekunden	T4

Je nach Art Ihres Serviceangebotes werden Sie in eine der beiden Hauptgruppen T1/T2 oder T3/T4 eingeordnet und können innerhalb dieser Gruppe den Preis Ihres Angebots selbst bestimmen. Beim Tele-Info-Service 0190X zahlt allein der Anrufer für die Verbindung; als Anbieter erhalten Sie einen festgelegten Prozentsatz der angefallenen Telefongebühren. Näheres zum 0190X-Service erfahren Sie ebenfalls unter der oben angegebenen Rufnummer.

Hier sind zwei Szenarios, für die Sie die Service-Nummern nutzen können:

Kimberly-Clark bot in den USA eine Service-Nummer an, die ein personalisiertes Wiegenlied spielte. Die Firma erhielt mehr als 100.000 Anrufe und die Gelegenheit, in einer Nachfaßaktion Gutscheine oder Verkaufsförderungsmaterial an die Anrufer zu schicken.

- **Tele-Info-Service 0190**

  Sie bieten wertvolle, aktuelle Informationen an, z. B. Sportnachrichten, Wettervorhersagen, Gesundheitstips oder Informationen zu komplexeren Themen, wie z. B. Finanz- und Anlageempfehlungen oder Testberichte. Die Kunden sind bereit, für diese Informationen zu zahlen. Wenn Sie sich richtig positionieren, können Sie ein profitables Geschäft etablieren.

- **Service 0180X**

  Sie wollen nur die Namen und Telefonnummern von potentiellen Kunden erfassen, ohne sich einem zu großen Risiko auszusetzen. Bieten Sie also ein besonders günstiges Angebot an, um Ihre Interessenten zu motivieren.

Sie können PR und Werbung einsetzen, um Ihre Telefonnummer bekannt zu machen. Wenn Sie erst einmal eine Beziehung zum Anrufer hergestellt haben, wird er vielleicht Stammkunde.

Vorsicht: Die Einrichtung einer 0180- bzw. 0190-Telefonnummer ist mit finanziellen Risiken verbunden. Wenn die Anrufer nicht selbst für ihre Anrufe zahlen, haftet der Inhaber der 0180- bzw. 0190-Nummer.

Fakten über 0180-/0190-Nummern

- Es werden zwar weniger Anrufe eingehen als unter einer gebührenfreien 0130-Nummer, die Anrufer werden jedoch motivierter sein.
- Mit einer Service-Nummer läßt sich eine Datenbank mit potentiellen Kunden aufbauen, falls Sie etwas anderes als Ihr Hauptprodukt oder Ihren Hauptservice anbieten.
- Für die Service-Nummer ist keine Geräteinvestition erforderlich, es fallen lediglich (überschaubare) Bereitstellungsgebühren an. Zögern Sie daher nicht, eine Service-Nummer für eine kurze Zeit als Experiment zu betreiben.
- Wenn Sie für potentielle Kunden Daten bereitstellen, bieten Sie Anrufern an, diese Daten auch zu faxen. Diejenigen, die diese Daten sofort benötigen, werden bereit sein, die Gebühren für den Anruf zu bezahlen.
- Vereinsmitgliedschaften und Abonnements können gut mit einer Service-Nummer verkauft werden. Potentiellen Kunden wird Bequemlichkeit geboten, und ihre Wünsche werden befriedigt.
- Die Verwendung einer Service-Nummer hat sich für Spendensammler bewährt, um Geld von kleinen Spendern zu sammeln.

Service-Büros

Wenn Sie eine Service-Nummer einrichten wollen, können Sie ein Service-Büro beauftragen, das die Nummer einrichtet und die eingehenden Anrufe abfertigt. Beauftragen Sie eine Firma, die im interaktiven Telefonmarketing gut versiert ist. Vorbehalte, die infolge betrügerischer Verwendung von Service-Nummern entstanden sind, lassen sich nur sehr schwer entkräften. Darum sollten Sie eine angesehene Firma beauftragen, die die Wirkung Ihrer Kampagne verstärken wird. Es könnte wirtschaftlicher sein, ein Service-Büro einzusetzen, das auch Auslieferungen übernehmen kann.

b.a.s. GmbH Telekommunikation & Direktmarketing
Blütenstraße 15 • 80799 München • (089) 2 47 11-0

Frey & Linkenheil Telemarketing GmbH
Am Sandfeld 9 + 15a • 76149 Karlsruhe • (0721) 97 77-0

hdm Deutschland
Neuenhauser Straße 95 • 48527 Nordhorn • (05921) 833-250 (Fax)

KLUTH Telemarketing GmbH
Graf-Adolf-Straße 72 • 40210 Düsseldorf • (0211) 16 44-0

Penny Dialogmarketing GmbH
Postfach 14 53 • 63132 Heusenstamm • (06104) 93 50

Telcare GmbH
Technologie Centrum Nordwest • Olympiastraße 1 •
26419 Schortens • (04421) 973-0

TETEL Persönlicher Telefonauftragsdienst &
Fulltime Intermedien-Service GmbH
Daimlerstraße 4a • 47167 Duisburg • (020) 339 55-250

Informationen über Service-Nummern

dnv - der neue Vertrieb
Eidelstedter Weg 22 • 20255 Hamburg • (040) 56 50 31-33

DDV Deutscher Direktmarketing Verband e.V.
Hasengartenstraße 14 • 65189 Wiesbaden • (0611) 97793-0

Innovation Trend Communication- News + Know für Kommunikations Profis
Wiener Straße 61 • 60599 Frankfurt/Main • (069) 65 72 60

Legion Telekommunikation GmbH
Am Seestern 24 • 40547 Düsseldorf • (0211) 5 23 95-30

TOP-LINE Magalog DeTeMedien Deutsche Telekom Medien GmbH
Wiesenhüttenstraße 18 • 60329 Frankfurt/Main • (069) 26 82-0
Hochwertiges Magazin und personalisierter Katalog in einem.

Werbe-Vertriebs-Organisations-Verband e.V. (WVO)
Am Aubach 36 • 63619 Bad Orb • (06052) 80 70

Brainstorming für Service-Nummern

Über welche Informationen verfügt Ihr Unternehmen, für die Kunden vielleicht bereit wären zu zahlen?

Gebührenfreie Telefonnummern

Machen Sie Ihr Unternehmen zugänglich und Ihr Produkt leicht zu bestellen

Guerillas, die eine 0130-Service-Nummer einrichten, erleichtern es Ihren Kunden, sie anzurufen. Die US-Telefongesellschaft AT&T berichtet, daß potentielle Kunden siebenmal eher anrufen, wenn das Gespräch kostenlos ist. Als die 0130-Nummern eingeführt wurden, machten sie die telefonische Bestellannahme für das Versandgeschäft populär. Heute sind sie so weit verbreitet, daß sie beinahe erforderlich sind, wenn man ein überregionales Geschäft betreibt. Laut Statistik der Telekom gehen auf gebührenfreien Telefonnummern in Deutschland 110 Millionen Telefonanrufe pro Jahr ein.

Sie müssen kein Großunternehmen sein, um vom Service der gebührenfreien Telefonnummer zu profitieren. Wenn Ihr Geschäft Kunden aus mehreren Vorwahlbezirken anzieht, sollten Sie eine 0130-Nummer in Betracht ziehen. Jetzt beginnen Unternehmen, gebührenfreie Faxgeräte zu installieren, um ihre Kunden weiter zu ermuntern, sie zu kontaktieren.

Wenn Sie Ihre Nummer auswählen, sollten Sie clevere Kombinationen wie 0130-1234 vermeiden. Die Leute glauben, sie würden sich daran erinnern und vergessen sie dann doch. Es ist besser, eine Nummer zu haben, die man aufschreiben muß.

Versuchen Sie, eine 0130-Nummer zu verwenden, wenn Sie ein neues Produkt einführen. Sie kann verwendet werden, damit Verbraucher Gratisproben bestellen können. Sie erhalten nicht nur Werbemöglichkeiten für das Produkt, sondern auch eine Adressenliste qualifizierter potentieller Kunden. Ciba-Geigy verfuhr so mit einem Schmerzmittel. Das Unternehmen bewarb das neue Produkt und die gebührenfreie Telefonnummer in einer Beilage zu Sonntagszeitungen.

Wenn die Interessenten anriefen, hielt Ciba-Geigy ihre Namen und Daten in einer Datenbank fest. Der Anbieter verschickte eine Gratisprobe und verwendete später die Adressenliste, um diese Leute erneut anzusprechen.

Service-Büros

Die Angabe einer 0130-Nummer in Funk- oder Fernsehspots fordert den Hörer oder Zuschauer zu direkter und sofortiger Antwort auf. Wenn das der Fall ist, müssen Sie bereit sein, die Anrufe entgegenzunehmen, wann immer der Spot gesendet wird. Überlegen Sie, ein Service-Büro zu beauftragen, das auf die Beantwortung von Anrufen spezialisiert ist. Prüfen Sie die in Frage kommende Firma, um sicherzustellen, daß sie genug Anschlüsse und Telefonistinnen haben, um das zu erwartende Volumen abzuwickeln.

Wenn Sie eine gebührenfreie Telefonnummer werblich ankündigen, müssen Sie Ihren Kunden mitteilen, wann sie anrufen können. Ohne Einschränkungen bedeutet eine gebührenfreie Telefonnummer 24-Stunden-Service, 7 Tage pro Woche.

Bevor Sie ein Service-Büro suchen, legen Sie fest, welchen Service Sie benötigen. Wollen Sie den Service in Anspruch nehmen, um die Produktbestellungen zu bearbeiten und auszuliefern, oder soll er nur die Bestellungen entgegennehmen und dann an Sie weiterleiten? Nachstehend sind einige größere Spezialfirmen aufgelistet. Sie können Ihre Suche beginnen, indem Sie diese Firmen anrufen oder auf den Gelben Seiten unter »Direktwerbung« nachschlagen, um einen örtlichen Dienstleister zu finden.

PhonePartner Telefonmarketing
Wilhelm-Leuschner-Straße 56 • 63128 Dietzenbach • (06074) 80 81

TELACTION Ges. f. Marketing - Dienstleistungen mbH
Kleckener Kirchweg 23 • 21218 Seevetal • (04105) 5 45 14

Health Valley Foods, ein Hersteller von Gesundheitskost aus Irwindale/Kalifornien, drang in den Markt ein, indem er eine gebührenfreie Telefonnummer einrichtete, unter der die Verbraucher Rat über gesunde Lebensweise und gesunde Ernährung erhielten. Die Namen der Anrufer wurden in einer Adressenliste erfaßt, um ihnen später Verkaufsförderungsmaterial über Produkte von Health Valley zukommen zu lassen. Health Valley Foods konnte so eine starke Kundenbindung erzielen und sich eine umfassende Datenbank erarbeiten. Nun konnte die Firma das Geschäft mit kleinen Gesundheitsläden verlassen und in die großen Supermarkt-Filialnetze eindringen, wo sie rapide wächst.

TIS Tele Info Service GmbH
Emanuel-Leutze-Straße 1b • 40547 Düsseldorf • (0211) 52 30 80

TMS Telemarketing-Service GmbH
Alexanderstraße 116 • 70180 Stuttgart • (0711) 64 55 40

Walter Telemarketing & Vertrieb GmbH & Co.
Pforzheimer Straße 134 • 76263 Ettlingen • (07243) 3 23-9 00

Informationen über gebührenfreie Telefonnummern

Wie bei den anderen Service-Telefonnummern ist auch hier Ihr örtlicher Telekom-Geschäftskundenvertrieb Ihre erste Anlaufstelle. Natürlich können Sie auch gleich die spezielle Servicenummer der Telekom anwählen: 0130 130 180 (Fax: 0130 131 181).

Federal Express rühmt sich seines schnellen und verläßlichen Service. Wenn Sie dort anrufen, werden Sie daher nur selten in die Warteschlange gelegt. Trotzdem muß Fedex die Kunden manchmal – wie in der Mitte eines Schneesturms, wenn die Firma mit Anrufen überschwemmt wird – in die Warteschlange legen. Aber bevor sie das tut, teilt sie mit, daß Sie infolge ungewöhnlicher Umstände auf die Warteschlange gelegt werden und daß es einige Minuten dauern kann, bis Ihr Anruf beantwortet wird. Anrufer sind viel eher bereit zu warten, wenn sie vorgewarnt wurden.

Verkauf in der Telefon-Warteschlange

Nutzen Sie die Wartezeit der Kunden zu Ihren Gunsten

Hassen Sie es nicht, am Telefon warten zu müssen? Es zeigt Mißachtung des Kunden, und es ist Zeitverschwendung. Wie wir jedoch alle wissen, kann es nicht immer vermieden werden. Wie können Guerillas Kunden davon abhalten aufzulegen, oder noch besser, sie zufriedenstellen?

Studien haben gezeigt, daß Musik in der Warteschlange die Zeit verlängert, die Anrufer bereit sind zu warten. Die Musik auszuwählen, die für alle Kunden geeignet ist, ist schwer – auf Radiosender kann man sich nicht verlassen, und keiner liebt es, eine aufdringliche Autowerbung zu hören, während er wartet. Am schlimmsten sind die blechernen Bänder mit einer Melodie von Beethoven, die sich ständig wiederholt.

Microsoft Corporation erhält täglich Zehntausende von Anrufen für technische Unterstützung, die meisten davon geraten zunächst in die Warteschlange. Die Firma hat das Musikproblem für die Warteschlange dadurch gelöst, daß sie selbst einen Diskjockey engagiert hat, der Musik spielt und »Verkehrshinweise« gibt, um Kunden mitzuteilen, wie lang die Warteschlange auf jeder Leitung ist. Microsoft berichtet, daß die Anrufer bereit sind, beinahe doppelt so lange zu warten, wenn sie wissen, wo sie stehen.

Eine kostengünstigere Alternative ist, einen Musikverleih-Service zu beauftragen, Bänder zu liefern. Sie bieten eine große Auswahl an, nicht nur Aufzugmusik. Wenn Sie Musik spielen wollen, ist es eine gute Idee, dann und wann zu unterbrechen und den Kunden mitzuteilen, daß ihr Anruf für Sie wichtig ist und Sie sich gleich um sie kümmern werden. Musik ist eine gute Zerstreuung, sie wird die Anrufer jedoch nicht davon abhalten zu denken, Sie hätten sie vergessen. Sie müssen die Wartezeit mit verschiedenen Dingen unterbrechen, die die Aufmerksamkeit der Anrufer fesseln. Das letzte, was Sie wollen, ist, daß die Anrufer auflegen.

Aggressive Guerillas werden es nicht mit Musik bewenden lassen. Warum nicht auch Informationen liefern? Sie können ein 5-Minuten-Endlosband entwickeln, das den Zuhörern Informationen über Ihre neuen Produkte gibt oder über Sonderangebote.

Ein Komödien-Club in New Orleans verwendet für die Warteschlange ein Band mit seinen besten Künstlern. Es gab Beispiele, daß Leute darum gebeten haben, erneut in die Warteschlange gestellt zu werden!

Neue Technologien

Preiswerte Desktop-Computer können jetzt benutzt werden, um ein Sprachbeantwortungssystem zu entwickeln. Für einige tausend DM können Sie ein System entwickeln, das es Kunden erlaubt, interaktiv mit Ihrem Computer zu kommunizieren, während sie in der Telefonwarteschlange sind. Beispielsweise könnten Sie ihnen die Wahl unter fünf verschiedenen Produkten anbieten, von denen sie vielleicht mehr erfahren möchten. Sie können Antworten auf die meistgestellten Fragen anbieten. Ein Hotel in Greenwich/Connecticut gab die Anfahrtswege zum Hotel in das System ein. Das garantiert, daß die Erläuterungen korrekt sind, und entlastet die gequälten Damen in der Telefonzentrale.

Statistiken

Als Guerilla sollten Sie genau wissen, wie lang im Durchschnitt die Wartezeit am Telefon bei Ihnen ist. Sie sollten wissen, wie viele Anrufer auflegen (und das Geschäft mit sich nehmen) und wieviel es kosten würde, genügend Leute einzusetzen, um den Kapazitätsengpaß zu vermeiden. Wir sind immer wieder über Firmen erstaunt, die Anrufer grundsätzlich am Telefon warten lassen. Das ist eine törichte Art, Ihre Kunden zu behandeln – immerhin müssen Sie mit den Leuten früher oder später Geschäfte machen, und falls es immer eine Warteschlange gibt, schieben Sie es auf, Ihre Kunden zu befriedigen, um einige DM zu sparen. Dies wird sich langfristig nicht auszahlen.

Eine Möglichkeit, mit dem Kapazitätsengpaß fertigzuwerden, ist, alle Ihre Mitarbeiter anzuweisen, sich in Spitzenzeiten am Telefondienst zu beteiligen. Spinnaker Software, einstmals einer der führenden Anbieter von Computer-Spielen, beschäftigte in der Woche nach Weihnachten ein kleines Heer von Harvard-Absolventen, um technische Fragen beantworten zu lassen. Es half nicht nur, die Kunden zufriedenzustellen, sondern es ermöglichte der Unternehmensleitung, besser zu verstehen, was Kunden schätzen und nicht mögen.

Musik für die Telefon–Warteschlange

Wolfgang Beyer KG MusicPhone
Kaiserstrasse 18 • 40764 Langenfeld • 02173/720 27

Immer, wenn das Geschäft stagniert, besteht die Versuchung, Ihre Preise zu senken. Wenn Kunden nicht kaufen, führen sie häufig als Grund an, daß die Preise zu hoch sind. Ihre Freunde, Partner und Mitarbeiter werden Ihnen alle erzählen, daß Sie den Preis senken müssen.

Das macht aus verschiedenen Gründen keinen Sinn. Zunächst, weil Marktforschungsstudien eindeutig gezeigt haben, daß die Kunden sich häufig nicht so sehr um den Preis kümmern. Wenn die Kunden beispielsweise eine Rangfolge der Gründe aufstellten, warum sie die Trockenreinigung wechselten, so wurden genannt:

- Service
- Qualität
- Standort
- Preis.

Das gleiche wurde bei Banken, Nahrungsmitteln und Autokäufen bestätigt. Betrachten Sie die umsatzstärksten Marken in einer beliebigen Branche, von Zigaretten über Autos bis zu Jeans, und Sie werden erkennen, *daß der billigste Artikel nur selten der umsatzstärkste Artikel ist.*

Wenn ein Kunde Ihnen sagt, daß Ihr Preis zu hoch ist, meint er in Wirklichkeit, daß Sie für den geforderten Preis nicht genügend Wert oder Gegenleistung liefern. Immer wieder haben engagierte Unternehmen gezeigt, daß die Kunden bereit sind, für Qualität und Service zu bezahlen.

Hier ist ein einfacher Test. Nachstehend haben wir für jede Warengruppe zwei Artikel aufgelistet. Einer ist deutlich preiswerter. Welchen kaufen Sie?

- Nike
- Rodeo
- Persil
- No name
- Veuve Cliquot
- Rüttgers Club
- Elmex
- Chlorodont

Diese Beispiele zeigen: Marktführer ist stets die Marke, die Qualität, Service und Bequemlichkeit zu einem angemessenen, nicht aber zum niedrigsten Preis bietet.

Es gibt eine alte Redensart: »Es findet sich immer jemand, der bereit ist, etwas ein bißchen schäbiger und ein bißchen billiger zu machen.«

Wenn Sie Ihre Marktstellung betrachten, werden Sie erkennen, daß Sie Ihre Konkurrenten immer in Service und Bequemlichkeit übertreffen können und daß es immer einen Konkurrenten gibt, der Sie im Preis schlagen kann. Sie müssen Ihre Nische finden und verteidigen.

Um es anders auszudrücken: Wenn Sie nur mit dem Preis konkurrieren können, wie können Sie dann Ihren Lebensunterhalt verdienen? Wenn Ihr Konkurrent entschlossen ist, Sie immer um 1 DM zu unterbieten, werden Sie schließlich

Nicht-Medien

Preisbildung

Guerillas sind keine Billiganbieter

Nicht-Medien-Ideen für Guerillas

Erfolgreiche Guerillas heben sich häufig durch Ihre Kundenbeziehungen ab. In diesem Teil erfahren Sie alles über den Aufbau von Kundenbeziehungen – wie erwerben Sie das Vertrauen Ihrer Kunden, wie können Sie sie mit Ihrem Service in Staunen versetzen, wie vermitteln Sie ihnen, daß Sie sich auf besondere Weise um sie kümmern, wie es Ihre Wettbewerber nicht tun.

Teilnahme am Gemeinschaftsleben und Verantwortung für soziale Belange, Geschwindigkeit und Service sowie Marktforschung schaffen zufriedene Kunden und Wiederholungskäufer – einer der Schlüssel zum Guerilla-Erfolg.

Vor drei Jahren luden wir 2.500 Exemplare eines unserer Bücher auf einen Lkw und fuhren nach Washington zu einer großen Demonstration. Wir dachten, dies sei der ideale Platz, um unseren Restbestand dieses Buches zu verkaufen, das besonders für die Aktivisten konzipiert war, die an dieser Demonstration teilnehmen würden.

Wir mieteten einen Stand auf der Hauptpromenade, plazierten ein Transparent und einige Luftballons und standen bei 1°C draußen. Ungefähr 50.000 Demonstranten gingen an unserem Stand vorbei, und wir verkauften genau ein Exemplar des Buches für 6 Dollar.

»Der Preis ist zu hoch«, erzählten mir meine zitternden Mitstreiter. Nachdem ich mich länger als eine Stunde gewehrt hatte, beschloß ich, etwas Grundsätzliches über Preisbildung zu beweisen. Ich senkte den Preis auf 1 Dollar.

In der nächsten Stunde, als es sich auf 4°C erwärmte, gingen weitere 100.000 Demonstranten (keine Übertreibung) an unserem Stand vorbei. Und ich verkaufte zwei weitere Bücher. Wir fuhren heim und aßen eine Suppe.

Dies ist der springende Punkt: Ihr Preis ist selten das Problem. Denken Sie statt dessen über Nutzen, Positionierung und Service nach.

Die Studiengebühren an der Yale University betragen über 20.000 Dollar pro Jahr, am nahegelegenen Bridgeport Community College ca. 2.000 Dollar. Obwohl Yale 1.000 % teurer ist, ist die Warteliste an der Yale University viel länger als beim BCC. Warum? Weil die Leute das Produkt kaufen, das ihre Bedürfnisse erfüllt, nicht das billigste Produkt.

beide bankrott sein. Ihr Ziel ist nicht, etwas billiger als irgendein anderer zu verkaufen, sondern mehr Wert bzw. Leistung als Ihre Wettbewerber zu liefern. Und Wert wird geschaffen, wenn Sie die Bedürfnisse Ihrer Kunden verstehen, nicht durch Billigverkauf.

Marktpreise oder Kostenpreise

Viele Guerillas glauben, daß der Preis eines Artikels etwas mit den Herstellkosten zu tun hat. Wir werden oft von Geschäften um Rat gefragt, die ihre Preise festgelegt haben, indem sie ihre Ausgaben ermittelt und einen Kalkulationsaufschlag vorgenommen haben. Diese Methode *funktioniert garantiert nicht.* Hier sind die Gründe:

Den Kunden ist es völlig schnuppe, wie hoch Ihre Herstellkosten sind. Ein Verdurstender in der Wüste würde für ein Glas Wasser, das Sie nichts kostet, gern eine Million DM zahlen. Ein kreischender Teenager wird 50 DM für ein Konzert bezahlen (der Deckungsbeitrag einer Karte beträgt 47,50 DM), und Verbraucher werden weiterhin DeBeers kaufen, obwohl der Diamantenpreis durch Horten künstlich verteuert wird – glauben Sie wirklich, daß es eine Million Dollar kostet, einen Diamanten zu fördern?

Bei jeder Kaufentscheidung sind Verbraucher mit einer Entscheidung konfrontiert: »Ist das Geld, das ich für diesen Artikel bezahlen muß, für mich weniger wert als der Artikel selbst?«. Solange der Wert Ihres Produktes größer ist als der Preis, werden Sie es verkaufen können.

Wenn Sie das nächste Mal den Preis für einen Artikel festlegen, sollten Sie den Preis ermitteln, ohne die Herstellkosten zu analysieren. Versuchen Sie festzustellen, was ein Kunde bezahlen würde – sowohl mit als auch ohne Werbung -, und betrachten Sie *dann* die Kosten. Guerillas verstehen, daß Sie Kundenbindung am leichtesten erreichen, indem sie den Verbrauchern ein gutes Geschäft anbieten, ihnen also grundsätzlich mehr bieten, als sie bezahlen. Verschleudern Sie jedoch Ihre Ware nicht über Niedrigpreise, weil Ihre Kosten niedrig sind. Ermitteln Sie Ihren Preis statt dessen als Marktpreis, der vom Wert Ihres Angebots bestimmt wird.

Preisdifferenzierung

Was sollten Sie tun, wenn verschiedene Segmente Ihres Kundenstamms nicht bereit sind, denselben Preis für einen Artikel zu bezahlen? Bei Hochpreispolitik werden Sie preissensible Kunden verlieren. Bei Niedrigpreispolitik verlieren Sie Geld, das weniger preissensible Verbraucher gezahlt hätten.

Fürchten Sie sich nicht vor Preisdifferenzierung. Viele Baumärkte verwenden Computer, um bis zu sechs verschiedene Preise für jeden Artikel anzubieten. Wenn ein Kunde im Kundenstamm neu angelegt wird, gewährt ihm der Marktleiter einen Rabatt entsprechend seinem geschätzten Jahresumsatz. Großabnehmer erhalten Mengenrabatte, während Einzelkunden ohne Kundennummer den Standardpreis bezahlen. Durch Preisdifferenzierung kann der Baumarkt die Produkte an jedes Marktsegment zu marktkonformen Preisen verkaufen.

Konzertveranstalter wenden zum Beispiel immer Preisdifferenzierung an. Sie verkaufen gute Plätze für einen hohen Preis, während die Plätze einige Reihen dahinter viel billiger sind. Den Kunden macht es nichts aus, weil sie das für sie günstigste Preisniveau aussuchen können.

Natürlich müssen Sie in diesem Zusammenhang vorsichtig sein. Nichts verärgert einen Kunden schneller als die Feststellung, daß er das Doppelte seines Nachbarn bezahlt hat. Die Fluggesellschaften müssen sich ständig mit diesem Problem auseinandersetzen. Die Lösung: Stellen Sie sicher, daß Ihre Preisbildung fair und konsequent in der Anwendung ist. Bieten Sie Ihren Hochpreiskunden die Chance, ein Rabattkunde zu werden (durch Vorbestellung oder Erreichen eines bestimmten Jahresumsatzes). Das wird eventuelle Bedenken Ihrer Kunden fast immer beschwichtigen.

Dreyer's Grand Ice Cream, eine der ersten Super-Premium-Eismarken, stellte fest, daß die Umsätze nach jeder Preiserhöhung stiegen. Marktforschungsergebnisse belegten, daß Verbraucher Eiskrem als kleinen Luxus betrachteten und den Preis eher als Qualitätsindikator denn als Kalkulationsgröße ansahen.

Dreyer's entschied daher, die Preise zu erhöhen und die Qualität weiter zu verbessern. Der Anbieter beherrschte schnell den Markt in ganz Kalifornien.

Vereinfachen Sie Ihre Preisbildung

Eine Technik, die für Guerillas erfolgreich war, ist Preisvereinfachung. In Branchen, in denen es ein Labyrinth komplizierter und oft widersprüchlicher Preise gibt, bleiben Kunden untätig. Beispielsweise schrecken die meisten Unternehmen davor zurück, eine PR-Agentur zu beauftragen. Die Preise, wie auch die tatsächlichen Leistungen, können stark schwanken. Obwohl die oben diskutierte Preisdifferenzierung vielleicht komplex erscheint, sollten Sie bedenken, daß der Kunde nur seinen eigenen Preis sieht und daß es aus seiner Perspektive alles sehr einfach ist.

Teppichreinigungsfirmen verwenden eine ähnliche Methode. Anstatt die genaue Quadratmeterzahl eines Hauses zu ermitteln, bieten sie Hausbesitzern einen Preis zur Reinigung aller Teppiche in ihrem Haus an. Dadurch, daß sie zu wertorientierter Preisbildung übergingen und dem Verbraucher Einfachheit boten, erleichterten sie es den Verbrauchern, mit ihnen Geschäfte zu machen.

Prix Fixe, ein Restaurant in Manhattan, bietet komplette Menüs nur zu zwei Preisen an. Im Gegensatz zu anderen guten Restaurants, in denen der Preis außer Kontrolle geraten kann, bietet Prix Fixe komplette Menüs zu einem Gesamtpreis an. Ein einfaches Konzept, aber bestimmt attraktiv für sparsame Gäste. Obgleich der Preis bei Prix Fixe nicht unbedingt niedriger als in anderen guten Restaurants ist, schätzen es einige Kunden, den Preis vorher zu kennen.

Name

Ihr Name sollte Ihr Image und Ihre Positionierung widerspiegeln

Einen Firmen- oder Produktnamen zu finden ist eine schwierige Entscheidung. Anders als bei den meisten Herausforderungen, mit denen Sie konfrontiert sind, handelt es sich um ein Gebiet, auf dem praktisch jeder behauptet, ein Experte zu sein. Wenn man einen Namen entwickelt, sollte man zunächst darauf achten, sich nicht zu stark auf den Rat anderer zu verlassen. Namen, die von Gruppen entwickelt wurden, sind normalerweise nicht erfolgreich.

Beginnen Sie damit, daß Sie sich hinsetzen und auflisten, wofür der Name im Bewußtsein der Verbraucher stehen soll. Häagen Dazs läßt Sie vermutlich an kalte Fjorde und kremige Milch denken. Es spielt keine Rolle, daß es keine Person Häagen oder keinen Ort Dazs gibt – der Name erfüllt seinen Zweck.

Leute verhalten sich sehr emotional, wenn es um die Entwicklung eines Firmen- oder Markennamens geht. Achten Sie darauf, Ihr Namensgebungs-Team zu begrenzen – warten Sie, bis Sie Ihre Auswahl auf zwei oder drei eingegrenzt haben, bevor Sie anderen erlauben, zu wählen oder zu kommentieren. Ein uns bekanntes Unternehmen verbrachte mehr als 250 Mann-Stunden (mit Kosten von 70 DM pro Stunde) damit, um über den Namen für ein Produkt zu diskutieren.

Sie müssen festlegen, was Ihr Name bedeuten soll. Er ist normalerweise das erste, was potentielle Kunden über Sie hören. Hier ist eine unvollständige Auflistung dessen, was Ihr Name Ihren Kunden über Sie mitteilen kann. Prüfen Sie, was zutrifft:

Schnell	Verläßlich
Der Beste	Preiswert
Bequem	Garantiert
Spitzenqualität	Empfohlen
Erfahren	Ehrlich
Spaß	Gefährlich
Zügellos	Einzigartig

Wenn Sie Ihre Liste mit Attributen aufgestellt haben, probieren Sie diese bei Kollegen und in Gruppendiskussionen aus. Wenn Sie beispielsweise eine Trockenreinigung eröffnen wollen, fragen Sie die Verbraucher, ob die von Ihnen gewählten Eigenschaften – schnell, verläßlich und preiswert – ihre Bedürfnisse erfüllen würden. Passen Sie Ihre Liste an, und versuchen Sie es erneut.

Berücksichtigen Sie die gesetzlichen Vorschriften

Ihr Name kann ein Riesenproblem werden, wenn Sie nicht zuerst überprüfen, ob der Name bereits geschützt ist. Das letzte, was Sie wollen, wäre, ihn groß anzukündigen und dann gezwungen zu sein, Ihren Namen zu ändern, weil eine kleine Firma den gleichen Namen hat und eine Unsumme verlangt, um Ihnen das Recht abzutreten, diesen Namen zu führen.

Phantasienamen haben oft einen gewöhnlichen Ursprung. Einige Phantasienamen, die Hits wurden:
Reebok *ist ein australisches Tier.* Nike *ist die griechische Siegesgöttin.* Lotus 1-2-3 *wurde von einem computerunkundigen Werbetexter erfunden, der eine Bezeichnung für »leicht« suchte.*

Für die Firma gelten folgende Grundsätze:

- *Firmenwahrheit*, d. h. keine Irreführung über Inhaber, Art und Umfang;
- *Firmeneinheit*. Der Kaufmann darf für ein Handelsgeschäft nur eine Firma führen (Ausnahme bei Zweigniederlassungen);
- *Firmen-Ausschließlichkeit*, d.h. Unterscheidung von anderen bereits am Ort bestehenden und im Handelsregister eingetragenen Firmen (§ 30 HGB);
- *Firmen-Öffentlichkeit*. Die Firma muß im Handelsregister eingetragen werden (§ 29 HGB).

Firmenschutz gewähren die folgenden Bestimmungen:

§ 37 HGB	Klage auf Unterlassung
§ 12 BGB	Schutz des Namens
§ 16 UWG	Schutz geschäftlicher Bezeichnungen
§ 24 Warenzeichengesetz	Gegen Mißbrauch bei der Warenbezeichnung

Wenn Sie jetzt eine Liste mit Eigenschaften haben, müssen Sie eine weitere Festlegung treffen. Wollen Sie einen Namen, der allgemein, beschreibend oder ein Phantasiename ist? Jeder Rechtsanwalt wird Ihnen sagen, daß ein Phantasiename das beste Warenzeichen ist. Es ist die leichteste Art, sich vor Übergriffen von Wettbewerbern zu schützen, und schließlich ist es die stärkste Bezeichnung. Ein Phantasiename ist eine Bezeichnung, mit der kein Bild assoziiert wird. Niemand weiß, wie eine Nike, Xerox oder Lotus aussieht.

Das Problem mit Phantasienamen ist, daß es schrecklich viel Zeit und Geld erfordert, den Verbraucher zu überzeugen, daß sie für etwas stehen. Der Name selbst beginnt nicht mit der Positionierung des Produktes oder der Firma. Daher ist ein Phantasiename für die meisten Guerillas zu aufwendig, um ihn zu einem Vorteil zu entwickeln.

Die zweite Alternative, die schwieriger zu schützen ist, ist ein beschreibender Name. Diese Namen helfen, Ihre Firma oder Ihr Produkt zu positionieren, und sie informieren über das, was Sie tun. Einige Beispiele:

Autorent

AUTOGlas oder Carglass

Rohr frei!

Beschreibende Namen sind bei Guerillas am beliebtesten. Sie teilen genug über Ihr Produkt mit, um die Umsätze zu beleben, gleichzeitig sind sie einzigartig und haften in der Erinnerung des Kunden und wehren so den Wettbewerb ab.

Schließlich können Sie eine allgemeine Gattungsbezeichnung verwenden. Diese Namen lassen sich nicht schützen, sie können jedoch sofort aussagen, was Sie tun. Einige Beispiele für allgemeine Namen sind:

IBM International Business Machines

BMA Braunschweigische Maschinenbauanstalt

Energieversorgung Mittelrhein

Milchwerke Westfalen eG

RAG Ruhrkohle AG

Wie Sie sehen können, funktioniert ein Gattungsname manchmal, im allgemeinen ist es jedoch ein mühsames Unterfangen – Sie haben Ihr Unternehmen positioniert, aber Ihre Firma hat keine Identität.

Beispiele guter Namen

- *Fearless Computing*

  deutet die Positionierung der Firma an – sie will die Furcht lindern, die Sie empfinden, wenn Sie mit der Aussicht konfrontiert sind, Ihren Computer zu benutzen.

! *Zeitschriften sind sehr erfolgreich in der Namensgebung. Weil sie nur den Bruchteil einer Sekunde haben, um sich zu positionieren, geben sie sich große Mühe, einen Namen zu wählen, der diese Aufgabe schnell und gut erledigt. Hier sind einige gute Beispiele:*

- *Der Spiegel,*
- *Hörzu,*
- *DM,*
- *Capital,*
- *Vogue.*

Dann gibt es die Zeitschriften, die trotz ihrer verwirrenden Namen erfolgreich waren:

- *Forbes*
- *Tempo.*

- *National Public Radio*

  Ein einfacher Name, der sofort Bedeutung, Ernsthaftigkeit und die Tatsache andeutet, daß jeder betroffen ist.

- *Federal Express*

  Das Wort »Federal« ist in diesem Beispiel großartig. Es half dem Unternehmen, in der Konkurrenz mit der Post zu bestehen.

- *Head and Shoulders*

  Der Name verdeutlicht den Produktnutzen – keine Kopfschuppen auf Ihren Schultern.

- *Apple Computer*

  Einfach, freundlich, grundlegend, leicht zu merken.

- *Tic Tac*

  Leicht zu merken und auszusprechen, bedeutet Reinheit und Frische.

Firmen- oder Produktnamen, die Sie vermeiden sollten

- **Ein Name, der mit INTERNATIONAL beginnt**

  Er ist nicht einzigartig, bedeutet im allgemeinen nichts und ist verwirrend. Da viele Firmen das Wort »International« in ihrer Firmenbezeichnung verwenden, wird es oft ignoriert. Wenn Sie zum Beispiel an IBM denken, heben Sie kaum auf den internationalen Aspekt ab. Ihre Wettbewerber sind auch international tätig, darum sollten Sie sicherstellen, daß Ihr Name sich von ihnen abhebt.

- **Ein Wortspiel oder ein Scherz**

  Sie wollen, daß Ihr Geschäft einen Namen hat, der potentielle Kunden anzieht, und keinen, der ein langes Gähnen und eine kritische Bemerkung hervorruft. Denken Sie daran, daß Sie lange Zeit mit Ihrem Namen leben müssen. Friseure sind bekannt für schlechte Namen. Betrachten Sie diese Beispiele:

  Kaiserschnitt
  Haargenau
  Haarlekin
  Salon Struwwelpeter
  Haar-scharf

- **Technologieorientierte Namen**

  Wenn Sie Ihr Geschäft nach der Technologie benennen, die Sie verkaufen, sind Sie damit verheiratet. Wenn Sie beispielsweise Ihre Firma »Fax-Modems GmbH« nennen, positionieren Sie sich als Händler einer Technologie, die vielleicht in einigen Jahren veraltet ist.

- **Die meisten Bezeichnungen, die den Namen einer Person beinhalten**

  Berberich, Berberich und Korthaus

  Fischer Beratungs-Gruppe

  Diese klingen ausgefallen wie Lotus oder Reebok. Aber im Gegensatz zu richtigen Phantasienamen sind diese Bezeichnungen schlechter zu vermarkten (im übrigen will jeder mit dem arbeiten, dessen Name auf dem Firmenschild steht), schwerer zu verkaufen, wenn der Gründer das Geschäft verläßt, und besonders verletzlich bei Skandalen. Wenn der Inhaber in einen Skandal verwickelt ist, überträgt er sich auf das Geschäft, das seinen Namen trägt. Namen dieser Art haben allerdings einen Vorteil: Wenn das Geschäft sehr persönlich ist, teilen Sie dem Kunden genau mit, wer dahinter steht.

Regeln zur Auswahl eines Firmennamens

- Ihr Name sollte einen positiven Klang haben. Vermeiden Sie alles Negative. Ihr Name sollte die Leute begeistern und optimistisch stimmen, mit Ihnen zu arbeiten.
- Vermeiden Sie schwierige Namen. Wenn die Leute Schwierigkeiten haben, ihn auszusprechen und zu buchstabieren, werden sie ihn nicht behalten.
- Machen Sie Ihren Namen einzigartig. Sie wollen vermeiden, daß die Leute Sie mit einem bereits existierenden Geschäft verwechseln, besonders wenn es keinen guten Ruf hat.
- Verwenden Sie keinen Namen, der Sie einengt. *Braun Wohnzimmermöbel* begrenzt Ihre Aktivitäten auf den Verkauf von Wohnzimmermöbeln. *Möbel Braun* bietet mehr Raum für Expansion.
- Verwenden Sie einen beschreibenden Namen, wie z. B. *Quick Pizza.* Beachten Sie, daß dieser Name einen bestimmten Nutzen verspricht.
- Verwenden Sie keinen Trend- oder Modebegriff. Obgleich es kurzfristig sehr einträglich sein kann, nutzt sich langfristig jede Mode ab, und Guerillas planen mehr auf lange Sicht.
- Ihr Name sollte Ihre Persönlichkeit widerspiegeln: Würde, Größe, lokale Verwurzelung, Qualität usw.

- Nehmen Sie einen Namen, der interessant aussieht und klingt: am Telefon, im Radio und auf Ihrem Briefbogen.
- Wenn Sie auf den Gelben Seiten inserieren wollen, sollten Sie einen Namen in Betracht ziehen, der mit »A« beginnt. Dann wird Ihr Name immer am Anfang stehen.

Handelsvertreter

Ihr Produkt in den Laden zu bekommen, ist der halbe Sieg

Handelsvertreter sind ein hervorragendes Absatzinstrument, wenn Sie Ihren Verkaufsaußendienst ausweiten wollen, ohne deshalb neue Mitarbeiter einzustellen. Sie arbeiten auf Provisionsbasis und ermöglichen es Ihnen, Ihre Produkte schnell und mit geringer eigener Anstrengung in den Markt zu bringen. Anstatt einen Außendienstmitarbeiter in Bayern zu haben, können Sie einen Handelsvertreter mit 10 Reisenden beauftragen, der dieses Bundesland abdeckt. Jeder Mitarbeiter arbeitet nur zeitweise für Ihr Produkt, und Sie zahlen eine Provision auf den erzielten Umsatz. Handelsvertreter können auch Lager- und Auslieferungsfunktionen übernehmen.

Es gibt Tausende von Handelsvertretern, die auf den Verkauf bestimmter Produkte in ihrem Absatzgebiet oder eine bestimmte Branche spezialisiert sind. Jeder hat einen Außendienst mit einem oder mehreren Mitarbeitern.

Hier ist eine Aufzählung der Vorteile, die es bietet, wenn Sie einen Handelsvertreter beauftragen, um Ihren Verkaufsaußendienst zu verstärken oder Ihr Produkt in einen neuen Markt einzuführen.

Es gibt Tausende von Buchhandlungen in Deutschland. Die großen Verlage haben meistens einen Außendienst, der die Buchhandlungen direkt besucht und jeden Titel verkauft. Ein kleiner Verlag kann sich jedoch solch einen Luxus nicht leisten. Vertriebsfirmen, wie Geocenter in Stuttgart, übernehmen den Verkauf für eine große Zahl kleinerer Verlage.

Vorteile von Handelsvertretern

- Durch die Beauftragung eines Handelsvertreters entstehen vorher festgelegte fixe Verkaufskosten.
- Handelsvertreter arbeiten ergebnisorientiert – kein Umsatz, keine Bezahlung.
- Handelsvertreter stellen lokale Verkaufskräftc bereit.
- Hersteller erhalten ohne zusätzliche Investition einen trainierten Verkaufsaußendienst.
- Es ist möglich, Handelsvertreter zu beauftragen, die mehrere Außendienstmitarbeiter einsetzen können. So ist es leichter möglich, schneller zu wachsen.
- Wenn Sie einen Handelsvertreter beauftragen, nutzen Sie nicht nur die Mitarbeiter, sondern auch seine Verbindungen und seine Kenntnisse. Die Einarbeitungszeit ist minimal. Dieser Außendienst weiß bereits, wo er die besten Kunden für Sie finden kann.

Finden eines Handelsvertreters

Es gibt buchstäblich Tausende von Handelsvertretern. Finden Sie eine Firma, die ähnliche Produkte anbietet – ohne direkt mit Ihnen zu konkurrieren. Schlagen Sie in den Gelben Seiten nach, um einen Handelsvertreter in Ihrer Nähe zu finden.

Sam Borofsky ist ein Guerilla-Verkäufer. Das Fieber für Nintendo-Videospiele ging beinahe allein auf das Konto seiner Vertriebsfirma. Borofsky verkauft an Toys R Us, Woolworth und andere Großbetriebe des Handels. Durch Spezialisierung auf Elektronik, mit einem Schwerpunkt auf Videospielen, hat Borofsky sich eine starke Marktnische bei jedem Geschäft geschaffen, das er besucht.

Bei Toys R Us, wo viele Außendienstmitarbeiter kämpfen, um überhaupt einen Termin zu bekommen, verbringt Sam mehr als 3 Tage hintereinander mit dem Einkäufer, indem er genau festlegt, welche Titel vorrätig sein sollten. Seine Firma vertritt nahezu jeden größeren Hersteller von Videospielen. Wenn Sie ein Hersteller von Videospielen wären, würden Sie es vorziehen, daß Sam für Sie oder gegen Sie verkauft?

Informationen über Handelsvertreter

AGA Unternehmens- und Arbeitgeberverband Großhandel, Außenhandel, Dienstleistung e.V.
Kurze Mühren 2 • 20095 Hamburg • (040) 30 80 10

Bundesverband des Deutschen Groß- und Außenhandels (BGA)
Kaiser-Friedrich-Straße 13 • 53113 Bonn • (0228) 26 00 40

Logo

Ein visuelles Stenogramm, das daran erinnert, wer Sie sind und was Sie tun

Ist ein Logo wichtig? Können einige sorgfältig plazierte Linien oder ein kleines Bild wirklich Ihr Werbebudget strecken, oder ist es töricht, in ein Logo zu investieren?

Denken Sie an den regenbogenfarbenen Apfel, die gelbe Schachtel von Kodak-Film oder die einfachen Buchstaben von VW. Ein Logo trägt dazu bei, Ihr Unternehmen zu positionieren, Ihrem Geschäft oder Produkt ein Image zu geben und sich im Bewußtsein Ihrer potentiellen Kunden zu verankern. In der heutigen Gesellschaft, wo Sie häufig nur einige Sekunden haben, um die Aufmerksamkeit des Kunden zu erregen, kann ein Logo der erfolgsentscheidende Unterschied sein.

Wenn Sie ein Logo entwickeln, haben Sie zwei grundlegende Wahlmöglichkeiten:

- **Das spezielle Logo**

  Wenn Sie Ihr Geschäft lebhaft positionieren, ist diese Art von Logo das ideale Marketing-Instrument. Das Logo von Apple Computer ist ein gutes Beispiel. In einer Welt, die angefüllt ist mit Abkürzungen und technischem Jargon, demonstriert die Einfachheit und Universalität des Apple-Logo die Einfachheit ihres Produktes.

  Unglücklicherweise können sich viele Guerillas nicht so genau positionieren. Ein Architekt beispielsweise kann sicherlich kein grafisches Zeichen oder Piktogramm verwenden, um die Qualität, Kreativität und Kostenwirtschaftlichkeit seiner Firma direkt zu demonstrieren.

Tops Appliance Warehouse, ein Markt für Elektrogeräte, entschied sich, eine Riesennase als Logo zu verwenden. Tatsächlich gab es keinen Grund, eine Nase zu verwenden. Aber die Ansicht einer 4,60 m hohen Nase auf einer Plakatwand ist ziemlich ungewöhnlich. Durch Wiederholung des Nasenplakats konnte Tops eine Markenidentität aufbauen. Die Firma wiederholte das Plakat so oft, daß ein Kunde, der einen Kühlschrank kaufen will, keine andere Wahl hat, als den Markt mit der großen Nase als Einkaufsquelle zumindest in Betracht zu ziehen. Diese Strategie machte Tops zu einem der expansivsten, am schnellsten wachsenden Einzelhändler für Elektro-Haushaltsgeräte in den USA.

- **Das Qualitätslogo**

  Das Qualitätslogo ist für viele Guerillas ideal. Dieses Logo – manchmal abstrakt, jedoch gelegentlich ein Piktogramm oder Symbol enthaltend – gibt dem potentiellen Kunden ein triftiges, leicht zu behaltendes Bild, das die Positionierung über Werbung, Direktwerbung und Broschüren verstärkt. Die lilafarbene Milka-Kuh hat wenig mit Schokolade zu tun – sie ist allerdings ein auffälliges Symbol. Das gleiche gilt für das Nike-Zeichen und die olympischen Ringe. Manchmal enthält das Logo die Firmenbezeichnung, muß es jedoch nicht.

  Diese Qualitätslogos sind für solche Unternehmen hervorragend geeignet, die viel werben. Ein Symbol ist auffällig und werbewirksam, selbst wenn der potentielle Kunde nicht viel Zeit darauf verwendet, die Anzeige zu lesen. Wenn es erst einmal gut etabliert ist, bewirkt das Logo allein eine vollständige Erinnerung an die Positionierung. Ein Beispiel ist das Nike-Zeichen. Probieren Sie es. Denken Sie jedoch daran, daß ein Qualitätslogo noch nichts aussagt, wenn Sie mit Ihrem Geschäft beginnen. Es ist wie ein unbeschriebenes Blatt. Wenn Sie nicht über das Marketing-Budget verfügen, um ihm eine Bedeutung zu verleihen, bleibt es inhaltsleer.

Wenn eine gegenständliche Darstellung nicht geeignet ist, wie zum Beispiel für eine Bank oder einen Supermarkt, verwenden viele Unternehmen ein abstraktes Logo. Wenn es übertrieben wird, kann es ziemlich lächerlich wirken. Neue Design-Software erleichtert es, ein erstklassiges Logo für sehr wenig Geld zu entwickeln.

Ein abstraktes Logo kann nur das sein – abstrakt. Zerbrechen Sie sich nicht zu stark den Kopf darüber, eine komplizierte Geschichte zu erzählen, was jedes Element bedeutet. Wenn Sie es beschreiben müssen, dann machen Sie es zu rational. Unser Tip: Fügen Sie stets Ihre Firmenbezeichnung unter dem Logo hinzu. In einer Studie wurde kürzlich festgestellt, daß weniger als die Hälfte der führenden 100 Marken in den USA Logos haben, die ohne den Firmen- oder Markennamen von den Verbrauchern sofort erkannt werden.

Vermeidbare Fehler

- **Verwendung des falschen Logo**

  Verwenden Sie kein billiges, allgemeines oder schwer zu verstehendes Logo. Geben Sie die Zeit und das Geld aus, es richtig zu machen, oder lassen Sie die Finger davon. Wenn Sie Zweifel haben, beauftragen Sie einen Designer.

- **Nicht bei einem Logo zu bleiben**

  Es dauert Jahre, um den Bekanntheitsgrad einer Marke aufzubauen. Ändern Sie daher Ihr Logo nicht ohne zwingenden Grund.

Technische Informationen

Auf dem Softwaremarkt konkurrieren eine Vielzahl von Programmen, mit denen man ein Logo entwerfen und gestalten kann. Da der Markt für diese Produkte meist kurzlebig ist, sollten Sie sich direkt bei Ihrem Softwarehändler informieren, um eine kompatible und kostengünstige Lösung zu finden.

Sprenel GmbH
Von-Bodelschwingh-Str. 4 • 29614 Soltau • (05191) 15 06/67
Institut für systematische Namensentwicklung, Namensüberprüfung und Namensvisualisierung für Produkte, Dienstleistungen und Unternehmen.

Logo–Brainstorming

Skizzieren Sie die Logos von Nike, ZDF, Apple und Kodak. Zeichnen Sie dann das Logo Ihrer Firma. Wie fällt der Vergleich aus?

Guerilla-Erfolgsstory

DeltaSonic Car Wash benötigte ein neues Image und ein neues Marketing-Konzept, um den Umsatz zu steigern. Autowäsche war traditionell Männersache, aber da Familien als Doppelverdiener mit zwei Autos zahlreicher wurden, wurden Frauen ein zunehmend wichtiges Marktsegment.

DeltaSonic führte ein neues Logo ein – rote Lippen. Der Anbieter lud die Verbraucher ein, ihr Auto durch eine bürstenlose Wäsche »küssen« zu lassen – ein Bild, das in ihrem Markt hervorragend ankam, besonders bei Frauen.

Um ihre Wagenwäsche zu fördern, wandte die Firma eine klassische Guerilla-Technik an – sie bezahlte ihre Kunden dafür, für sie zu werben. Jedesmal, wenn ein Kunde zu einer Wagenwäsche kam, bot sie ihm einen Autoaufkleber mit den küssenden Lippen als Verkaufsförderung für die Autowäsche an. War der Aufkleber auf dem Auto, wenn der Kunde das nächste Mal zur Autowäsche kam, erhielt er einen kleinen Rabatt.

In wenigen Wochen prangte der Aufkleber auf den Autos in der ganzen Stadt. Nirgendwo konnte man fahren, ohne daran erinnert zu werden, daß DeltaSonic das Auto des Nachbarn wusch. Die Leute hatten entweder ein schlechtes Gewissen, ein schmutziges Auto zu fahren, oder fanden sich bestätigt, daß es eine großartige Idee war, ihren Wagen dort waschen zu lassen.

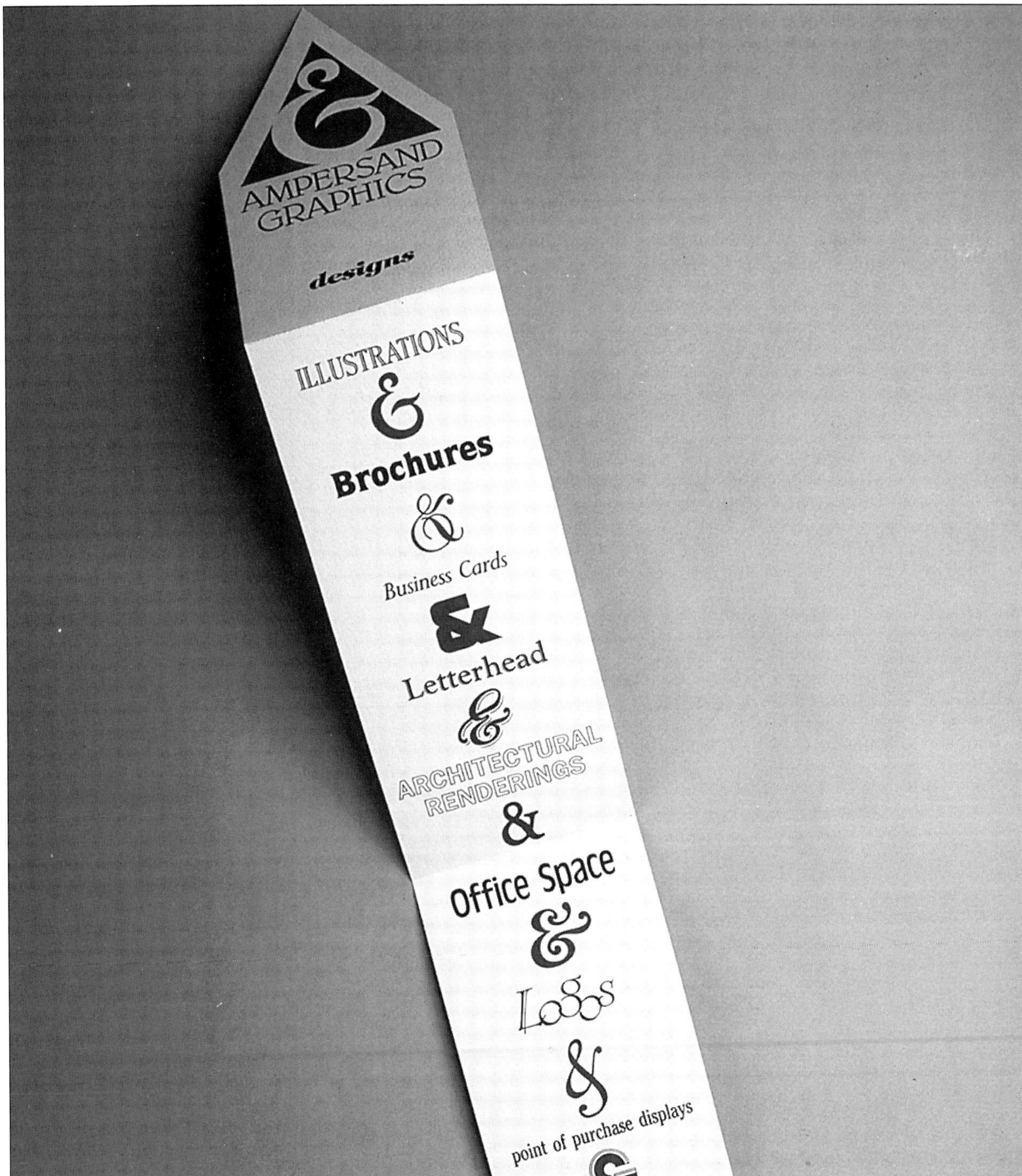

Logo und Broschüre von Ampersand Graphics. Dies ist eine großartige Möglichkeit zur Imagepflege. Firmenbezeichnung und Logo sind aufeinander abgestimmt und positionieren die Firma als vielseitigen Full-Service-Spezialisten für Grafik-Design.

Mundpropaganda ist solch ein wichtiges Instrument für Guerillas, weil sie Vertrauen schafft. Wenn Ihre Tante Susanne einen Maler empfiehlt, dann können Sie sich darauf verlassen, daß der Maler sehr gut ist. Mit einem einzigen Satz kann Susanne den Maler von einem unbekannten Geschäftsmann in eine Vertrauensperson verwandeln. Vertrauensbildung ist für alle Großabschlüsse wichtig. Durch Tante Susanne kann es sofort hergestellt werden, sonst muß es jedoch durch harte Arbeit des Anbieters erst verdient werden.

Der teure Weg, dieses Vertrauen herzustellen, ist Fernseh- und Zeitschriftenwerbung. Die kostengünstigere Methode, Vertrauen durch Mundpropaganda zu erwerben, dauert für viele Anbieter zu lange. Es gibt jedoch eine wirkungsvolle Alternative: Verbund- oder Beziehungsmarketing. Einfach ausgedrückt ist Beziehungsmarketing die Anwendung von Marketing-Partnerschaften. Das amerikanische Versandhaus Sears nutzt beispielsweise die Kundenbindung seiner Kernzielgruppe, um Dienstleistungen für Renovierung zu verkaufen. An jedem Ort bietet es einem Unternehmer die Möglichkeit, den Namen »Sears« gegen Gebühr zu verwenden. Durch seine höheren Umsätze verdient der Unternehmer die Provision, die er an Sears zahlen muß, leicht. Die lokalen Dienstleistungsunternehmen stellten auch fest, daß es leichter ist, höhere Preise zu verlangen, wenn das Vertrauen erst einmal hergestellt ist (in diesem Fall durch Verwendung des Namens Sears).

Es gibt zwei Arten von Verbundmarketing – am stärksten verbreitet ist *autorisiertes* Verbundmarketing, das die Unterstützung der Gruppe bzw. Firma erfordert, die Ihre Zielgruppe kontrolliert. Im oben genannten Fall kontrolliert Sears die Zielgruppe, und der Guerilla muß für ihre aktive Unterstützung zahlen.

Unautorisiertes Verbundmarketing ist kniffliger. Es umfaßt die Ansprache einer Zielgruppe ohne die Genehmigung des »Inhabers«. Unautorisierte Verbundprogramme werden auch Guerilla-Verbundprogramme (manchmal auch *Hinterhalt-Marketing*) genannt.

Verbund-/ Beziehungsmarketing

Beziehungspflege im Markt

! *Es ist wichtig, die Bedeutung von Meinungsführern zu erkennen. Denken Sie einmal an die Situation, als Sie ein Auto, einen PC oder eine Ferienreise gekauft haben. Wahrscheinlich haben Sie jemanden um Rat gefragt, den Sie für einen Experten halten. Wenn Sie Verbund- oder Beziehungsmarketing betreiben wollen, müssen Sie auf solche Experten achten. Wenn Sie diese erst einmal von Ihrer Sache überzeugt haben, werden sich deren Anhänger bald anschließen.*

Autorisierte Verbundprogramme

Es kann schwierig und zeitraubend sein, diese Programme zu entwickeln. Wenn sie jedoch erst einmal eingerichtet sind, können sie langfristig unglaublich gewinnbringend sein.

Sie werden feststellen, daß die besten autorisierenden Verbundpartner jene sind, die vorher noch nicht an *ähnlichen* Allianzen beteiligt waren. Eine Berühmtheit oder eine Organisation zu finden, die noch nie in Verbundmarketing für ein Produkt involviert waren, stellt sicher, daß Sie das aufzubauende Vertrauen maximieren und die Verwirrung darüber minimieren, welches Produkt mit ihnen verbunden ist. Wenn man beispielsweise den Namen von Franz Beckenbauer auf eine Hut-Linie setzen würde, würde dies bei seinen Fans nicht viel Aufmerksamkeit finden, weil er schon für verschiedene andere Produkte geworben hat. Andererseits würden die Umsätze boomen, wenn Helmut Schmidt, Alfred Biolek oder Greenpeace ihren Anhängern ein Produkt empfehlen.

Clevere Guerillas werden einen Verbundpartner finden, der die gleiche Marktnische besetzt. Ein Psychologe kann mit einem Hausarzt zusammenarbeiten, um gegenseitig Empfehlungen auszusprechen. Ein Verleger von Kochbüchern kann Verbundaktionen mit dem Hersteller von teurem Kochgeschirr machen.

Unautorisierte Verbundprogramme

Als Visa die offizielle Kreditkarte der Olympischen Spiele wurde, entschloß sich American Express, dem amerikanischen Olympischen Komitee eine Spende für jeden Kreditkarten-Einkauf zu überweisen. Patriotischen Amerikanern gefiel es gut, daß amerikanische Athleten Geld erhielten, und Visas gewaltige Werbeinvestition verpuffte weitgehend.

Viele Lokale werben mit wichtigen Fußballspielen oder Boxkämpfen. Sie nutzen die große Werbewirkung des Ereignisses, um Anhänger zu überreden, ihr Lokal aufzusuchen.

Anstatt sich der teuren und zeitraubenden Aufgabe zu unterziehen, mit großen Organisationen zu verhandeln, nutzen viele Guerillas die Vorteile des Verbundmarketing ohne Genehmigung durch den Verbundpartner. Natürlich würden Guerillas ohne Genehmigung nicht so tun, als ob sie autorisiert wären. Sie können sich nicht als »Offizieller Sponsor der Olympischen Spiele« ankündigen, wenn Sie es nicht sind, es sei denn, Sie wollten mit dem Gesetz in Konflikt kommen.

Es gibt zahllose gute, rechtlich unbedenkliche Beispiele. Eine Buchhandlung führt eine Aktion durch, indem sie zu Beginn der Spielzeit eine Auswahl von Fußballbüchern anbietet. Ein Restaurant bietet ein leichtes und preiswertes »Nachtmenü« für Besucher des nahegelegenen Theaters.

Die meisten Programme für »Hinterhalt-Marketing« entsprechen den rechtlichen Vorschriften. Sie sollten jedoch zwei Dinge besonders berücksichtigen: Deuten Sie nie eine Bestätigung durch jemanden an, der Ihnen tatsächlich keine gegeben hat. Die mißbräuchliche Verwendung des Warenzeichens und des Ansehens einer Gruppe oder Person wird Ihre Glaubwürdigkeit verletzen und kostet Sie möglicherweise Geld. Verärgern Sie Ihre Kunden nicht. Wenn Sie einen Politiker als Kandidaten mit einem Schild in Ihrem Schaufenster unterstützen, kann dies die Ursache sein, daß Sie Kunden verlieren, die sein Wahlprogramm ablehnen.

Nichtkommerzielle Verbundprogramme

Natürlich sind nicht alle Interessen kommerziell. Sie könnten nicht der offizielle Sponsor für den Weltfrieden sein, selbst wenn Sie es wollten. Sie können jedoch geeignete Themen aufgreifen, wie Frieden und Umweltschutz, und Ihr Geschäft mit solchen Angelegenheiten in Zusammenhang bringen. »Sancho Pansa« ist ein Anbieter von handgefertigten Waren aus Entwicklungsländern, dessen Katalog in der *taz* als Beilage verteilt wird. Die Leser der *taz* haben eine natürliche

Verbundenheit mit dieser Art von Produkten, und das Unternehmen wird kein Problem haben, seine ursprünglichen Verkaufsziele zu erreichen.

Ein Unternehmen, das versucht, sich selbst als Umweltschützer zu positionieren, kann zahllose Möglichkeiten verfolgen. Es kann jeder gekauften Ware eine aktuelle Greenpeace-Broschüre beilegen oder wiederauffüllbare Flaschen anbieten oder einen Recycling-Stand aufbauen. Origins Cosmetics verwendet recyclingfähige Behälter und druckt eine Botschaft auf die Flaschen, die besagt: »Bitte an Origins zur Wiederverwertung zurückgeben«.

Ein hervorragendes Werbemedium: Sie selbst

Mit Beziehungs-/Verbundmarketing wurden ganze Geschäfte aufgebaut. Es gibt Mitteilungsblätter für Fans von »Raumschiff Enterprise« und sogar Elvis-Presley-Gedenkplatten.

Einige Guerillas haben Verbundmarketing-Programme innerhalb ihrer eigenen Organisation entwickelt. Der Motivationsspezialist Zig Ziglar spricht jedes Jahr vor Hunderttausenden von Zuhörern. Seine Glaubwürdigkeit ist unvergleichlich. Zig hat ein ganzes Sortiment von Büchern und Tonkassetten entwickelt, die an seine Zuhörer verkauft werden. Dieses Zusatzgeschäft wuchs so schnell, daß es seine Haupteinnahmequelle geworden ist. Jetzt tragen die Bücher und Kassetten dazu bei, Zigs Vorträge zu vermarkten, so schließt sich der Kreis. Natürlich verstehen manche Anbieter dies als Sortimentserweiterung, aber wenn Sie es in der gleichen Weise angehen, wie Sie es bei einem fremden Lizenzgeber machen würden, werden Sie sorgfältiger überlegen, wie Sie Ihre Zielgruppe erweitern.

Wenn Sie erst einmal ein bestimmtes Ansehen erreicht haben, wendet sich das Blatt. Anstatt die Glaubwürdigkeit und die Zielgruppen anderer Organisationen zu benutzen, ist es *Ihre* Glaubwürdigkeit und Zielgruppe, die von anderen genutzt werden kann. Dies ist ein gewaltiger Vorteil für Sie – jedesmal, wenn die Person, die Sie empfehlen, ein gutes Produkt verkauft, ist es für Sie kostenlose Verkaufsförderung.

Sieben Möglichkeiten, Verbundpartner zu finden

Das Erfolgsgeheimnis, um Ihr Geschäft wirksam zu fördern, ist, eine Organisation oder eine Person mit etablierten Beziehungen zu einem Kundenstamm zu finden. Bezahlen Sie die Organisation für den Zugriff auf die Kunden, und Sie werden beide einen Vorteil haben.

Beispielsweise kann sich ein Anbieter von Datenbank-Software mit dem größten japanischen Anbieter von Textverarbeitungs-Software zusammentun, um seine Datenbank-Software an die Kunden der japanischen Firma zu verkaufen. Die Möglichkeiten sind unbegrenzt. Hier sind sieben Gelegenheiten, um Verbundpartner zu finden:

1. Gemeinnützige Organisationen,
2. Nischenanbieter mit einer ähnlichen Zielgruppe,
3. Prominente,
4. Sportereignisse und Franchise-Organisationen,
5. Dienstleistungsanbieter (z. B. Ärzte, Unternehmensberater, Rechtsanwälte),
6. Einzelhändler,
7. Führende ausländische Hersteller.

Künstler- und Modellagenturen

Diese Firmen können Sie unterstützen, um den richtigen Prominenten für Ihr Verbundmarketing-Programm zu finden.

Berlin Models Agentur
Rosenthaler Str. 3 • 10119 Berlin • (030) 280 51 26

Ercom-Agentur für Ereignis-Communication und Veranstaltungsmanagement GmbH
Rheinallee 109 • 55118 Mainz • (06131) 96 03 30

fieber concerts Kassel
Franz-Hab-Str. 6 • 34121 Kassel • (0561) 254 23

Hartmann
Hauptstr. 364 • 51143 Köln • (02203) 59 11 46

Show Office
Lindenstr. 56 • 89134 Blaustein • (0731) 570 26

Starparade Südwest
Taunusstr. 11 • 63853 Mömlingen • (06022) 310 08

The Spinning Twins
Waibachstraße 36 • 72116 Mössingen • (07473) 49 11

Brainstorming für Verbundmarketing

Stellen Sie eine Liste nicht konkurrierender Firmen mit ähnlicher Zielgruppe auf, mit denen Sie im Rahmen des Verbundmarketing zusammenarbeiten könnten.

Gemeinnützige Aktionen und Spenden

Der Weg zum Herzen Ihres Kunden ist eine Spendenaktion

Das alte Sprichwort »Gutes trägt seinen Lohn in sich«, trifft bestimmt auf Guerillas zu. Ihr Geschäft sollte Ihre Verpflichtung für das Gemeinwohl zum Ausdruck bringen, weil das der richtige Weg ist. Diese Einstellung kann auch Kundenbindung, Umsatz und Gewinn erhöhen.

Kunden machen gern Geschäfte mit Leuten, die sich um sie kümmern. Selbst wenn Sie nicht jeden potentiellen Kunden persönlich kontaktieren können, um ihm mitzuteilen, daß Sie sich um das örtliche Gemeinwesen kümmern, können Sie es durch die Aktionen Ihres Unternehmens klar demonstrieren.

Der Speiseeishersteller Ben & Jerry's spendet 7 % seiner Gewinne für gemeinnützige Zwecke. Dieser herausragende Beweis von Verpflichtung für das Gemeinwohl trug dazu bei, seine Marke zu positionieren und sein Eis unglaublich profitabel zu machen. Die Firma hob sich von der üblichen Werbeflut ab und lenkte die Aufmerksamkeit auf ihre Produkte und ihre guten Taten. Dies ist eine besondere Art von Verbundmarketing, das wir vorher behandelt haben.

Checkliste für werbewirksame und Goodwill schaffende Aktionen

- Fördern Sie einen kleinen Sportverein;
- Regelmäßige Lebensmittelspenden für eine lokale Einrichtung zur Speisung von Obdachlosen;
- Sponsern Sie ein Wohltätigkeits-Fußballspiel zwischen Ihren Mitarbeitern und der Mannschaft der örtlichen Polizei. Dies funktioniert besonders gut für Firmen mit viel Publikumsverkehr, weil es den Verkauf vieler Karten erleichtert.
- Stellen Sie Kunstwerke lokaler Künstler aus. Einige Restaurants stellen nicht nur die Arbeiten aus, sondern verkaufen sie auch und geben den Künstlern alle erzielten Einnahmen. Das wertet Ihre Geschäftsräume auf und erzeugt Mundpropaganda.

Warum Sorge für das Gemeinwohl?

Der Erfolgsschlüssel ist, eine Gruppe zu finden, die sich mit Ihrer Zielgruppe überschneidet. Idealerweise wollen Sie einer Gruppe bzw. Organisation einen Service anbieten, die Ihnen auch – direkt oder indirekt – neue Kunden oder Kaufinteressenten bringt. Werden Sie Mitglied in einer Gemeinschaftsorganisation, helfen Sie einer örtlichen Wohlfahrtseinrichtung, oder sponsern Sie eine gemeinnützige Gruppe in Ihrer Nachbarschaft durch eine Gratislieferung oder -Dienstleistung. Sie werden nicht nur Goodwill und Mundpropaganda erzeugen, sondern Sie werden auch eine Gelegenheit haben, Ihr Produkt oder Ihre Dienstleistung dem Rest des Gemeinwesens vorzuführen. Wenn alles gut geht, erhalten Sie sogar kostenlose PR.

- Ein Eisenwarenfachgeschäft, das versucht, seine Marktstellung gegen den örtlichen Baumarkt zu verteidigen, könnte für eine Aktion »Reparatur des Altenheims« Werkzeuge ausleihen und Material spenden.
- Treten Sie vorübergehend einen Teil Ihres Parkplatzes an Schulkinder ab, damit sie durch Wagenwäsche Geld für ihre Schulmannschaft verdienen können.
- Sponsern Sie ein Straßenrennen, um Geld für eine lokale Wohlfahrtseinrichtung zu sammeln. Wenn es in Ihrer Gemeinde noch keine gibt, überlegen Sie, selbst eine einzurichten.
- Unterstützen Sie eine Lebensmittel-Sammelaktion für Obdachlose, wobei Ihre Geschäftsräume als Sammelstelle für Konserven dienen.
- Richten Sie ein öffentliches Faxgerät ein, das Kunden ermöglicht, kurze Faxe in Ihrem Büro kostenlos zu empfangen.
- Bieten Sie Ihren Kunden oder dem örtlichen Gymnasium an, ein Stipendium zu finanzieren – nehmen Sie Nominierungen an, und zahlen Sie das Stipendium an einen ausgewählten Absolventen des Gymnasiums. Der Betrag kann ziemlich klein sein und wird dennoch vom Abiturienten begrüßt und von der Öffentlichkeit geschätzt werden.
- Stellen Sie in Ihrem Laden eine Sammelbüchse auf, wo Kunden für eine lokale Wohlfahrtseinrichtung spenden können. Bieten Sie an, einen gewissen Prozentsatz der Spenden mit Ihrem eigenen Beitrag aufzustocken.
- Sponsern Sie eine Vortragsserie, die Themen und Persönlichkeiten abdeckt, die für Ihre Kunden wichtig sind. Veranstalten Sie die Vorträge und eine Serie von Gruppendiskussionen in Ihren Geschäftsräumen. Vielleicht können Sie diese Initiative in einen Stammtisch für örtliche Geschäftsleute überleiten.

Die Besitzerin einer Trockenreinigung in einer kleinen Gemeinde bei New York hilft den Obdachlosen und erhöht gleichzeitig die Kundenfrequenz in ihrem Geschäft. Wenn Sie alte Kleidung haben, die Sie loswerden wollen, wird sie diese in ihrem Laden annehmen, reinigen und dann Obdachlosen geben. Durch werbliche Ankündigung schuf sie Goodwill und erzeugte Mundpropaganda in der Nachbarschaft. Über die Aktion wurde sogar in der örtlichen Tageszeitung berichtet.

Informationen über Sponsoring

Sozio- und Umweltsponsoring
Manfred Bruhn • Verlag Vahlen

Image durch erfolgreiches Ökosponsoring
Birgit Grüßer • verlag moderne industrie

Brainstorming für Spenden

Listen Sie örtliche Wohlfahrtseinrichtungen auf, für die Ihre Spenden in Geld, Ware oder Dienstleistungen ein anerkannt wichtiger Beitrag wären.

Guerillas wissen, daß Vertrauen nicht überall verbreitet ist. Es erfordert viel Zeit und Geld, einen potentiellen Kunden zu überzeugen, daß er Ihnen genug traut, um mit Ihnen Geschäfte zu machen. Das ist der eigentliche Grund, warum Guerillas so gerne auf Anwenderberichte zurückgreifen. Sie sind kostenlos, relativ leicht zu bekommen und flexibel genug, um fast jedes Marketing-Instrument in seiner Wirkung zu verstärken. Das Beste von allem ist: Sie sind glaubhaft.

Der Hauptgrund, daß Kunden nicht bei Ihnen kaufen, ist nicht der Preis, Standort oder Service. Es ist normalerweise fehlendes Vertrauen. Kunden befürchten, zu viel auszugeben, ein schlechtes Produkt zu kaufen, nicht den erforderlichen Service zu bekommen. Vertrauen ist das erfolgsentscheidende Element beim Verkaufsabschluß.

Wie überreden Sie einen potentiellen Kunden, bei Ihnen zu kaufen, wenn Sie nicht zu den 500 größten Unternehmen gehören? (Selbst wenn Sie zu den 500 größten Unternehmen gehören, gibt es keine Garantie, daß Sie morgen erfolgreich sein werden.) Verbraucher verhalten sich immer kritischer gegenüber leeren Versprechungen von Verkäufern, gegenüber Produkten, die nicht halten, was sie versprechen, und gegenüber Betrügern. Sie mußten nämlich feststellen, daß es leider nicht immer so leicht ist, ein gutes Produkt mit einem angemessenen Preis von denjenigen zu unterscheiden, um die man einen Bogen machen sollte.

Der beste Weg, Vertrauen zu schaffen, ist offensichtlich noch nicht überall verbreitet. Aufgrund unserer Erfahrungen in der Durchführung von Seminaren fanden wir heraus, daß viele Guerillas zögern, diese Technik einzusetzen, weil sie nicht hinreichend damit vertraut sind.

Denken Sie daran, Empfehlungsschreiben von Ihren Kunden in einer Mappe zu sammeln. Geben Sie sich besondere Mühe, die Briefe gut zu präsentieren – verwenden Sie Prospekthüllen oder – noch besser – kleben Sie sie auf. Diese Anwenderberichte, von richtigen Kunden, auf echten Briefbögen, sind ihr Gewicht in Gold wert. Potentielle Kunden wissen, daß man solches Lob nicht für Gold kaufen kann. Darum wird die Wirkung der Lobesbriefe ihren Zynismus überwinden.

Der schwierigste Teil ist, nach den Anwenderberichten zu fragen. Viele Unternehmen glauben, daß die Bitte um Beurteilung (selbst bei Stammkunden) gleichbedeutend ist mit einer Aufforderung, sich zu beschweren. Unsichere Anbieter glauben, daß der Kunde ihren Service plötzlich kritisch beurteilen und sich daher anderswo umsehen wird. Sie sollten keine Angst oder Hemmungen haben, direkt nach Anwenderberichten zu fragen. Sie werden über die Ergebnisse angenehm überrascht sein.

Wenn Sie immer noch Angst haben, geradewegs nach einem Anwenderbrief zu fragen, versuchen Sie dies: Senden Sie einen Fragebogen an Ihre Kunden. Stellen Sie ihnen einige leichte Multiple-Choice-Fragen (bei denen man eine von mehreren vorgegebenen Antworten ankreuzen kann) über die Qualität Ihres Produktes und die Vorteile, mit Ihnen zusammenzuarbeiten. Dann beenden Sie den Fragebogen mit dieser Anmerkung:

»Wie unsere ganze Kommunikation mit Ihnen werden wir alle Ergebnisse dieser Befragung vertraulich behandeln. Wenn Sie jedoch der Auffassung sind, daß unser Service außergewöhnlich war, würden wir es als persönliches Entge-

Anwenderberichte und Empfehlungen

Wenn Ihre Kunden Gutes über Sie sagen, hat das mehr Überzeugungskraft, als wenn Sie über sich selbst Gutes sagen

American Express hat einige seiner erfolgreichsten Werbekampagnen in den USA auf Anwenderberichten aufgebaut. Charles Lazarus, der Eigentümer von Toys R Us, erscheint in einem Werbespot von American Express, der ständig gesendet wird. Er weist darauf hin, daß Toys R Us seine Kunden durch Annahme der American-Express-Karte verwöhnt. Lazarus empfiehlt Amex und baut sein Ansehen weiter aus. American Express erhält einen großen Vertrauensschub, und Toys R Us erhält eine kostenlose Werbung.

Seien Sie vorsichtig, wenn Sie Empfehlungen und Anwenderberichte herausgeben. Wenn Sie den Kunden, der die Empfehlung gab, vor den Kopf stoßen, beschädigen Sie die Kundenbeziehung. Um sicherzugehen, sollten Sie sich die Zeit nehmen, den zur Veröffentlichung vorgesehenen Text mit dem Kunden durchzugehen. Er wird Ihnen im allgemeinen seine Zustimmung geben, und er wird dankbar sein, daß er gefragt wurde.

Um Anwenderberichte zu bekommen, hat es sich als günstig erwiesen, Ihren Kunden für die freundlichen Worte eine Gegenleistung anzubieten. Wenn Sie z. B. eine Auto-Waschanlage betreiben, bieten Sie jedem Kunden, der Ihnen einen Anwenderbericht gibt, den Sie in Ihrer Werbung verwenden können, für einen Monat kostenlose Wagenwäsche an. Oder warum sollten Sie nicht eine Verlosung durchführen, in der ein nach dem Zufallsprinzip gezogener Anwenderbericht einen Preis erhält.

genkommen betrachten, wenn Sie einen Brief beifügen würden, den wir potentiellen Kunden zeigen könnten, um ihnen Ihre Beurteilung der Zusammenarbeit mit uns mitzuteilen. Danke.«

Wenn Sie einem potentiellen Kunden die ersten Briefe zeigen, sagen Sie ihm: »Hier sehen Sie, wie unsere gegenwärtigen Kunden die Zusammenarbeit mit uns beurteilen. Ich hoffe, daß Sie bereit sein werden, einen ähnlichen Brief für uns zu schreiben, wenn wir erst einmal gleich gute Arbeit für Sie geleistet haben.« Wenn Sie neue Kunden akquirieren, werden Sie erstaunt sein, wie viele mit einem persönlichen Brief antworten. Wenn sich jemand bewußt ist, daß er für Ihr Referenz-Buch schreibt, wird er vermutlich besonders höflich sein.

Ermutigen Sie Ihre Kunden, so konkret wie möglich zu schreiben. Anwenderberichte, die »fein« und »gut« sagen, sind nicht ganz wertlos, jedoch auch nicht ganz überzeugend. Statt dessen sollten sie lauten: »Dank Ihres einzigartigen Service erhöhten wir unseren Gewinn in 60 Tagen um 19 %.« Oder: »Mein Mann macht mir für meine Kochkünste nie Komplimente, er umarmte mich jedoch, als ich ihm Ihr ›Guerilla-Schmorgericht‹ servierte!«

Natürlich müssen die Anwenderberichte nicht die Form vollständiger Briefe haben. Sie können auch knappe Einzeiler oder kurze Absätze sein, die das Wesentliche darstellen, das Ihr Unternehmen von anderen unterscheidet.

Gute Anwenderberichte stellen das Kundenproblem klar dar und zeigen, welche Lösung Ihre Firma dafür gefunden hat. Wir tun uns schwer, Anwenderberichten Glauben zu schenken, die in einer Anzeige zitiert werden und unterzeichnet sind von Frau T.P. Dallas. Andererseits haben wir keine Schwierigkeiten, höfliche Kommentare als glaubwürdig anzusehen, die unterzeichnet sind von Frank Delahanty, Geschäftsführer, Davis Industries, 6808 Crandon Avenue, Chicago, Illinois.

MCI bot potentiellen Kunden an, über eine gebührenfreie Telefonnummer ein Band abzuhören, auf dem zufriedene Kunden über ihre Erfahrungen mit dem MCI-Service sprachen. Die Anzeige, die diesen Service bewarb, enthielt das Foto eines zufriedenen Managers. Er wurde wie folgt zitiert: »Ich liebe meinen MCI-Service. Rufen Sie mich an, und ich werde Ihnen erzählen, wie ich durch ihn Geld gespart habe.« Persönlicher oder werbewirksamer kann Werbung nicht sein.

Denken Sie daran, Anwenderberichte auszutauschen. Kontaktieren Sie nahegelegene Geschäfte, und bitten Sie sie um einen Anwenderbericht, den Sie in Ihre Werbung aufnehmen können. Bieten Sie an, ihnen dafür ebenfalls einen zu geben, den sie ihrerseits in ihrer Werbung verwenden können. Ein Unternehmen, das C-Compiler (ein aktuelles Software-Produkt) entwickelt, könnte andere Software-Anbieter kontaktieren, die dieses Produkt selbst einsetzen, und Sie um eine Empfehlung bitten. Die Herausstellung der Anwender in der Compiler-Werbung ist für beide Parteien vorteilhaft: Der Compiler-Entwickler erhält ein Vertrauensvotum, und der Software-Anwender erhält zusätzliche Werbewirkung.

Wie Sie das meiste aus Anwenderberichten machen

- Drucken Sie eine Broschüre mit Ihren besten Anwenderberichten (je dicker, desto besser), und verschicken Sie diese an Ihre Kunden, potentiellen Kunden und an die Medien.
- Verwenden Sie Anwenderberichte in Ihren Anzeigen.
- Widmen Sie Anwenderberichten von Kunden wenigstens ein Kapitel in Ihrer Broschüre.
- Setzen Sie mündliche Anwenderberichte in Ihrer Funkwerbung ein. Verwenden Sie unbedingt die Originalstimmen und nicht Ihre eigene.
- Bilden Sie Anwenderberichte auf den Wänden Ihrer Besprechungszimmer oder auf einer Wand ab, wo hereinkommende Kunden sie sehen können.
- Verwenden Sie akustische Anwenderberichte als Bestandteil Ihrer Ansage für die Telefon-Warteschlange.

Ein Guerilla hat seine Wand mit Anwenderberichten zu einer Touristenattraktion gemacht. Er befestigt Fotos von Kunden mit ihren Anwenderberichten auf einer Wand seines Ladens. Die Leute senden Ansichtskarten, Fotos und Anwenderberichte aus der ganzen Welt ein, um auf der Wand vertreten zu sein.

Anwenderberichte von Prominenten

Für ein Großunternehmen wie Adidas, das es sich leisten kann, seine Produkte durch Superstars wie Franz Beckenbauer oder andere empfehlen zu lassen, sind Anwenderberichte von Prominenten ein Weg, um sich von der Werbeflut abzuheben – Millionen Verbraucher respektieren die Meinung des Prominenten, und selbst wenn man berücksichtigt, daß für die Produktempfehlung bezahlt wird, hat es eine Wirkung.

Guerillas mit kleinerem Budget können auch noch einen Prominenten zu vertretbaren Kosten finden, der zu ihrem Produkt oder ihrer Dienstleistung paßt. Tatsächlich kann ein weniger Prominenter, der perfekt zum Produkt paßt, sogar eine größere Werbewirkung haben als ein Star mit einem großen Namen.

Die Kosten für den Einsatz eines Prominenten in einer Nischen-Marketingkampagne sind geringer, als Sie vielleicht denken. Tatsächlich sind die besten Empfehlungen von Prominenten kostenlos. Übersehen Sie keine örtlichen Prominenten oder Experten, die oft mehr Gewicht haben als ein Filmstar. Eine örtliche Weinhandlung könnte beispielsweise den Chef des besten Restaurants in der Stadt um eine Empfehlung bitten. Viele kennen den Küchenchef, und – genauso wichtig – seine Kunden nehmen an, daß er nicht gekauft werden kann. Damit strahlt er mehr Glaubwürdigkeit aus als ein durchschnittlicher Hollywood-Star.

Wenn man die 2.000 berühmtesten Stars von Film, Fernsehen und Sport unberücksichtigt läßt, dann steigt die Verfügbarkeit von Prominenten dramatisch. Seien Sie in der Auswahl unkonventionell. Es ist zu leicht, sich immer nur auf den aktuellsten Star zu verlassen. Setzen Sie statt dessen weniger prominente Zeitgenossen ein, deren Aussage das Ansehen Ihres Produktes nachhaltig unterstützt. Guy Kawasaki, ein früherer Vorstand bei Apple Computer, hat Macintosh-Anwendern mehrere Produkte direkt empfohlen – mit durchschlagender Werbewirkung.

Der Arzneimittelhersteller Abtei setzt die Glaubwürdigkeit des bekannten Schlagerstars Udo Jürgens ein, um für seine Produkte zu werben.

Drei Wege, um Nischen-Empfehler zu finden

- Machen Sie sich die »Sechs Grade der Trennung« zunutze. Diese beliebte Theorie besagt, daß jeder Mensch in ein- und demselben Land sechs oder weniger Beziehungsstufen von einem anderen entfernt ist. Denken Sie darüber nach. Ihr Onkel war mit jemandem Skilaufen, dessen Frau mit ... verwandt ist, usw.

- Identifizieren Sie die Person, die Ihrer Meinung nach Ihr Produkt empfehlen sollte. Fragen Sie dann Ihre Freunde und Partner nach Ideen, wie man sie ansprechen könnte. Senden Sie Ihrem »Kandidaten« eine Auswahl Ihrer Produkte, zusammen mit einigen Empfehlungen von Ihren Kunden. Seien Sie ehrlich – Sie suchen einen Prominenten als Werbeträger, und Sie hoffen, daß ihm Ihr Produkt genug gefällt, um teilzunehmen.

- Werden Sie opportunistisch. Sogar Prominente müssen Sachen kaufen, und wenn Sie ein Qualitätsprodukt liefern, werden Sie früher oder später wahrscheinlich sehr bekannte Kunden anziehen, selbst wenn es »nur« der Bürgermeister Ihrer Stadt ist. Lassen Sie Ihre Mitarbeiter Augen und Ohren offenhalten für solche wertvollen Kontakte.

- Unterstützen Sie eine beliebte Wohlfahrtseinrichtung. Gute Werke zu tun ist eine eigene Belohnung, aber Sie haben auch Vorteile, wenn die ausgewählte Wohlfahrtseinrichtung Prominente einsetzt, die von Ihrer Zielgruppe anerkannt sind. Weil das Bostoner Computermuseum beispielsweise Top-Führungskräfte von allen führenden Hardware- und Software-Anbietern anzieht, führt eine Unterstützung des Museums dazu, daß das Angebot einer Software-Firma allen Unternehmensleitungen vorgestellt wird, was wiederum zu Anwenderberichten und Mundpropaganda führen kann.

Überschätzen Sie nicht den Wert einer Prominenten-Empfehlung. Da Verbraucher in zunehmendem Maß abstumpfen, ist ein berühmtes Gesicht (besonders jemand, der nicht als Experte angesehen würde) immer weniger wert.

Kundenfreundliche Geschäfts-bedingungen

Heben Sie sich vom Wettbewerb ab, indem Sie es Ihren Kunden leichter machen, bei Ihnen zu kaufen

Ein sehr erfolgreicher amerikanischer Hersteller von Daunen-Steppdecken beschloß, sein Geschäft durch Versandhandel auszuweiten. Jedoch mußten alle Pläne auf Eis gelegt werden, weil die neue Sparte sich bei Visa oder MasterCard nicht für den »Kaufmanns-Status«qualifizieren konnte. Der Anbieter konnte daher nur Schecks annehmen.

Die erste Werbekampagne erzielte zwar eine große Resonanz, aber nur wenige Anrufer sandten tatsächlich einen Scheck ein. Ohne Kreditkarten war das Geschäft zum Scheitern verurteilt.

Glücklicherweise fand der Hersteller eine Bank, die auf Versandhäuser spezialisiert war, bekam den »Kaufmanns-Status« und konnte das Beinahe-Desaster in ein gewinnträchtiges Geschäft verwandeln.

Ein Schriftsetzer in New York verwendet die Telefonnummern seiner Kunden als ihre Kundennummern. Wenn er erst einmal die Telefonnummer kennt, zeigt ihm der PC sofort alles über den Kundenstammsatz – Adresse, bevorzugte Ausgabe, bevorzugte Lieferart usw. Anstatt den Kunden zu zwingen, sich die Kundennummer zu merken oder dieselben Daten jedesmal neu anzugeben, macht er es den Kunden leicht.

Die Goldene Regel des Guerilla-Marketing lautet: Ihr Produkt oder Ihre Dienstleistung muß für die Kunden so zugänglich sein wie möglich. Gestalten Sie Ihren Geschäftsablauf so, daß der Kunde schnell, leicht und komplikationslos bei Ihnen kaufen kann.

Sie haben zahlreiche Gestaltungsmöglichkeiten, um kundenfreundlicher zu sein als Ihre Konkurrenten. Nach den Ergebnissen einer neueren Befragung von Kunden örtlicher Dienstleistungsanbieter sind Zugänglichkeit und Bequemlichkeit häufig die Faktoren, die dazu führen, daß Kunden ein bestimmtes Geschäft bevorzugen.

»Akzeptieren Sie Kreditkarten?« Wenn Ihre Antwort »nein« lautet, läßt der Umsatzverlust die geringen Zusatzkosten für die Kreditkartenbearbeitung als klein erscheinen. Für manche Geschäfte kann die Annahme von Kreditkarten den Umsatz um bis zu 80 % erhöhen.

Ein uns bekanntes Einzelhandelsgeschäft hat ein großes Schild im Schaufenster, das lautet: »Schecks werden nicht angenommen«. Dem Einzelhändler wäre mit einem Schild sicherlich besser gedient, das mit einer vollständigen Aufzählung der gültigen Zahlungsbedingungen besagt: »Wir nehmen gern ... an«.

Erweiterte Geschäftszeiten und weitere Service-Aspekte

Mit Ihren Geschäfts- oder Ladenöffnungszeiten können Sie sich von Ihren Mitbewerbern abheben – besonders, wenn Sie eine Bank sind! Wer legte eigentlich die Regel fest, daß Banken nur in der Zeit von 9.00-15.00 Uhr geöffnet sein dürfen? Wenn wir eine Bank mit der Bezeichnung Guerilla National Trust eröffnen würden, wären unsere Öffnungszeiten von 12.00-18.00 Uhr und – soweit zulässig – am Wochenende, wenn die meisten Leute Zeit haben, ihre Bankangelegenheiten zu erledigen.

Können Parkmöglichkeiten wirklich ein Wettbewerbsfaktor sein? An wie vielen Geschäften sind Sie vorbeigefahren, weil es zu schwierig war, einen Parkplatz zu finden? Hier ist ein Tip. Stellen Sie sicher, daß Ihre Mitarbeiter nicht die Parkplätze direkt vor dem Geschäft blockieren. Das ist tatsächlich ein großes Problem für eine überraschend große Zahl von Geschäften. Wenn Sie an Ihrer gegenwärtigen Parksituation nichts ändern können, warum sollten Sie dann nicht Parkwärter anstellen und anbieten, die Fahrzeuge Ihrer Kunden kostenlos im nächsten Parkhaus abzustellen?

Wenn die Parkmöglichkeiten an Ihrem Standort zu knapp sind, könnten Sie überlegen, mit dem nächstgelegenen Parkhaus eine Vereinbarung zu treffen. Sie schicken Ihre Kunden dorthin und stempeln ihre Tickets, wodurch Sie einen Rabatt auf die Parkgebühren erhalten. Einige Parkhäuser werden verlangen, daß Sie den vollen Rabattbetrag nachzahlen, andere werden diese Regelung vielleicht akzeptieren und eine Chance erkennen, das Geschäft dank Ihrer Empfehlungen ausweiten zu können.

Belieferungsservice ist eine weitere Möglichkeit, um sich vom Wettbewerb abzuheben. Pizzerias erkannten sehr früh, daß Belieferung sich bezahlt macht. Versuchen Sie es Belieferungsservice in Branchen anzubieten, in denen das noch nicht die Regel ist. Wenn Sie Bankgeschäfte betreiben, bieten Sie an, Kreditbewerber zu Hause zu besuchen, anstatt sie in die Bank kommen zu lassen, wo sie ihre »schmutzige Wäsche« vor aller Augen ausbreiten müssen. Eine Bank in Illinois setzte diese Technik ein und konnte ihr Geschäft mit Autokrediten in sechs Monaten verdoppeln. Reisebüros können die Reisetickets zustellen, und der Video-Verleih könnte mit einem Belieferungsservice beginnen. In Manhattan gibt es sogar einen Häagen Dazs, der Belieferung anbietet!

Einwurf-Kästen sind ein Muß für Geschäfte wie zum Beispiel Video-Shops. Sie sollten auch für Trockenreinigungen, Fotogeschäfte und Schuhmacher in Betracht gezogen werden. Wenn es viele Wettbewerber gibt, ist es notwendig, alles zu prüfen, was die Kundenbindung verstärken kann.

Können Ihre Stammkunden bei Ihnen ohne Komplikationen kaufen? Wenn Sie beispielsweise eine Reinigung betreiben, verlangen Sie, daß Ihre Stammkunden die Kontrollzettel aufheben, oder heben Sie diese auf? Verlangt Ihr Video-Shop bei jeder Ausleihe viel Schreiberei? Versuchen Sie, über den ganzen Prozeß aus Sicht Ihrer Kunden nachzudenken.

Ein letztes Thema: Wechselgeld! Viele Kunden betrachten Wechselgeld-Pfennige als Unbequemlichkeit, aber Sie können eine bessere Lösung dafür finden.

Ein chinesisches Restaurant in Hartsdale/New York, bietet Pendlern ein gutes Geschäft an. Wenn die Reisenden morgens den Zug nach New York nehmen, verteilen Angestellte Speisezettel. Die Speisekarte ermuntert den Leser, eine telefonische Bestellung aufzugeben, bevor er zurückfährt – das Essen ist heiß und mitnahmefertig verpackt, wenn der Zug abends eintrifft. Dieser raffinierte Service kostet das Restaurant absolut nichts (in Wirklichkeit ist er für die Mitarbeiter eine wichtige Hilfe, weil sie nun genau wissen, was die Kunden wünschen und wann sie zurückkommen) und hat die Umsätze beträchtlich erhöht.

- Runden Sie Ihre Preise so ab, daß Sie nur glatte Beträge haben und die Kunden bei Ihnen keine Pfennige benötigen.
- Noch besser, legen Sie ungerade Preise fest, und autorisieren Sie Ihre Kassiererinnen zu sagen: »Vergessen Sie die Pfennige – das geht zu unseren Lasten«. Welch eine große Geste. Natürlich können Sie Ihre Preise zum Ausgleich um 0,10 DM erhöhen – die Kunden erinnern sich noch lange an die Pfennige, wenn sie den Preis bereits vergessen haben.
- Stellen Sie ansonsten zumindest eine Pfennig-Tasse an der Kasse auf, und erlauben Sie es den Kunden, Pfennige herauszunehmen oder hineinzulegen, um den Wechselvorgang bequemer zu machen.

Testkäufer

Die meisten Geschäftsinhaber sind zu stark beteiligt, um objektiv zu beurteilen, wie gut man in ihren Geschäften einkaufen kann. Wie kann man also die Schwierigkeiten ausräumen? Beauftragen Sie einen Testkäufer. Ob Sie es glauben oder nicht, in den USA gibt es große nationale Firmen, die Sie beauftragen können, in Ihrem Geschäft einzukaufen und Ihnen einen schriftlichen Bericht über ihre Erfahrungen zu geben. Praktischer und preiswerter ist es, Freunde oder Familienmitglieder zu bitten, das gleiche zu tun.

Lassen Sie Ihr Geschäft durch Testkäufer anrufen und eine Bestellung aufgeben. Dabei erwähnen sie, daß sie keine Kreditkarte haben. Als Lieferanschrift geben sie ein Postfach oder eine ländliche Adresse an. Lassen Sie feststellen, wie mit Anrufen umgegangen wird, die angeblich aus dem Ausland kommen. Veranlassen Sie Ihren Testkäufer, reichlich Notizen zu machen. Wenn Ihr Ge-

Was sind 8 Pfennig wert? Manchmal konzentrieren sich die Leute auf die kleinen Dinge anstatt auf die großen Themen. Ein Feinkostgeschäft in unserer Nachbarschaft verlangt für Räucherfisch den unglaublichen Preis von 74 DM pro kg. Wenn die Kassiererin zusammenrechnet, rundet sie die Gesamtsumme fast immer nach unten ab – wenn die Rechnung 24,08 DM beträgt, kassiert sie 24,00 DM.

Diese kleine Geste kostet das Feinkostgeschäft 0,08 DM, der Kunde fühlt sich jedoch, als ob ihm eine besondere Ehre zuteil wurde – und wird davon abgelenkt, daß er gerade 24 DM für etwas Räucherfisch bezahlt hat!

schäft strikte Regeln hat, die Sie infolge von Umsatzverlusten mehr kosten, als Sie an Verwaltungskosten einsparen, ist es an der Zeit, sie zu überarbeiten.

Veranlassen Sie einen Testkäufer, Ihren Laden zu besuchen. In welcher Entfernung konnte er parken? Sind die Schilder klar und eindeutig? Ein Lebensmittelgeschäft in unserer Nachbarschaft hat einen Ausgang an der Rückseite – aber keinen Eingang. Ist Ihr Laden für Behinderte zugänglich?

Rufen Sie Ihr Geschäft nach Geschäftsschluß an. Wird Ihr Anruf auf einem Anrufbeantworter festgehalten? Es gibt Dutzende von Großunternehmen, die einen Anrufer automatisch auf Warteposition stellen, wenn er außerhalb der Geschäftszeit anruft. Rufen Sie tagsüber an. Wie viele Klingelzeichen hören Sie, bevor der Anruf beantwortet wird? Werden Sie auf Warteposition gestellt?

Checkliste für Kundenfreundlichkeit

Verwenden Sie diese Checkliste, um die Kundenfreundlichkeit Ihres Geschäftes zu prüfen. Müssen Sie einige der folgenden Regelungen überdenken?

- Geschäftszeiten;
- Auslieferung von telefonischen Bestellungen und/oder Ladeneinkäufen (Versand per bundesweiten Kurierdienst, Exportversand, örtlicher Kurierdienst, preiswerte Auslieferung für nichteilige Sendungen);
- Parkmöglichkeiten;
- Kreditkarten;
- Annahme von Schecks;
- Lieferung gegen Rechnung:

  Mit dem Aufkommen der Kreditkarte haben viele Unternehmen erkannt, daß Lieferung gegen Rechnung riskant ist. Aber bei Schulen, Firmen und Dienststellen des öffentlichen Dienstes ist dies oft der einzige Weg, den Auftrag zu bekommen.
- Lieferung gegen Nachnahme;
- Formulare und Identitätsnachweis;
- Lieferung an ein Postfach:

  Viele Firmen vermeiden eine Lieferung an Postfächer wegen der Gefahr eines Kreditkartenschwindels. Stimmen Sie sich mit Ihrer Bank ab, um den kostengünstigsten Weg zur Vermeidung von Betrug festzulegen – ohne ländliche Kunden zu verärgern.
- Zugänglichkeit für Behinderte (Blinde, Taube, Körperbehinderte);
- Privilegien für Stammkunden (ein kompliziertes Programm ist schlechter als kein Programm).

Geschwindigkeit und Service

Mit Geschwindigkeit und Service können Sie sich vom Wettbewerb abheben und hervorragende Mundpropaganda erzeugen

Die meisten Guerillas betrachten Geschwindigkeit und Service nicht als Absatzinstrumente. Wenn Sie erkannt haben, daß Mundpropaganda für Guerillas das wirkungsvollste Absatzinstrument ist (siehe *Mundpropaganda*), dann beginnen Sie zu überlegen, wie man sie erzeugen kann. Geschwindigkeit und Service sind zwei gute Ansatzpunkte.

Ein Beispiel für Geschwindigkeit: Taco Clip Art ist eine kleine Firma, die sich auf die Entwicklung von grafischen Symbolen und Darstellungen für Mitteilungsdienste und Broschüren spezialisiert hat. Während Illustratoren normalerweise zwischen einer Woche und einem Monat Bearbeitungszeit veranschlagen, beträgt Tacos Standard-Durchlaufzeit 90 Minuten. Der Firma gelingt dies, indem sie immer genügend Mitarbeiter beschäftigt, um jeden Auftrag sofort bearbeiten zu können. Die Lieferung eines Produktes von hoher Qualität mit erstaunlicher Geschwindigkeit erzeugt Mundpropaganda.

Service ist ein anderes Instrument, mit dem Sie das gleiche erreichen können. Ultimate Auto Body ist eine normale Karosseriewerkstatt. Der Autobesitzer kümmert sich nicht sonderlich um den Preis, weil die Versicherung bezahlt. Er kümmert sich auch nicht so viel um die Qualität, weil es ziemlich schwierig ist, eine Stoßstange von einer anderen zu unterscheiden. Er ist jedoch an Service interessiert.

Wenn ein Kunde bei Ultimate eintrifft, bietet ihm der zuständige Mitarbeiter zunächst frischen Kaffee in einem besonderen Keramikbecher an, den der Kunde behalten darf. Dann fährt er ihn in sein Büro oder fordert ihn auf, Platz zu nehmen und in einer großen Auswahl von Zeitschriften zu lesen.

Wenn das Auto termingerecht repariert ist, stellt der Kunde überrascht fest, daß alles sehr gründlich gemacht wurde: innen und außen gesäubert, äußerst gewissenhaft gewaschen und gewachst, Kratzer und Stoßstellen beseitigt. Ohne Berechnung!

Die Reinigung und der Kaffeebecher kosten Ultimate vielleicht 35 DM bei einem Auftragswert von 1.400 DM. Ein gutes Geschäft, wenn man das Zusatzgeschäft berücksichtigt, das damit angestoßen wird. An der Wand im Warteraum hängt sogar ein Dankesschreiben des Bürgermeisters.

Geschwindigkeit und Service können die wesentliche Grundlage sein, um Ihre Position im Wettbewerb deutlich zu verbessern. Versuchen Sie, Geschwindigkeit in einer Branche einzuführen, in der das traditionell nicht üblich war. Betrachten Sie zum Beispiel Buchhandlungen. Bücher werden oft als Geschenke gekauft. Die meisten kaufen ihre Bücher, indem sie in die Buchhandlung gehen, das Buch mit nach Hause nehmen, es einwickeln, zum Postamt bringen, in der Warteschlange stehen und es schließlich versenden.

Obwohl viele Buchhandlungen einen Versandservice anbieten, stellen sie das werblich nicht heraus. Eine Buchhandlung, die genau dies täte, könnte eine attraktive Marktnische besetzen.

Überlegen Sie, welche Verbesserungen am Service oder der Geschwindigkeit Sie in Ihrem Geschäft vornehmen können, um Ihre Kunden zu beeindrucken. Hier sind einige Vorschläge:

Wenn Ihr Geschäft auf Geschwindigkeit und Service beruht, dann verbergen Sie es nicht – stellen Sie es vielmehr deutlich heraus. Bringen Sie auf jeder ausgehenden Sendung einen Klebezettel mit dem Hinweis an, wie schnell Sie diesen Auftrag ausgeführt haben. Hewlett Packard schickte uns kürzlich ein Paket mit einem grünen Aufkleber, der lautete: »Bearbeitungszeit 6 Stunden!«.

Wenn Sie einen Reifenservice betreiben und für einen Kunden Winterreifen montieren, bieten Sie ihm an, seine Sommerreifen kostenlos zu lagern. Eine spätere Entlohnung ist Ihnen praktisch sicher, weil der Kunde im Frühjahr zurückkommen wird, um seine Sommerreifen montieren zu lassen. Noch wichtiger ist eigentlich, daß der Kunde Sie in dem Gefühl verläßt, Sie hätten ihm einen Service geboten, den er anderswo nicht erhalten würde.

In unserem Stadtteil gibt es eine Full-Service-Tankstelle, die bei jedem Ölwechsel auch den Keilriemen prüft. Wenn Sie einen neuen Keilriemen brauchen, bietet man Ihnen zwei an: einen zum Einbau und einen zur Aufbewahrung im Kofferraum. Der Vorschlag, einen Keilriemen im Kofferraum aufzubewahren, ist praktisch, weil es sich um ein billiges Ersatzteil handelt – es sei denn, Sie haben bei Bedarf keinen Ersatzriemen. Dann ruinieren Sie Ihren Motor, wenn Sie Ihren Wagen weiterfahren, um den Keilriemen auswechseln zu lassen. Die Tankstelle hat einen guten Service durchgeführt, als sie Ihnen den guten Tip gab, und sie verdoppelte ihren Umsatz, weil sie zwei Keilriemen verkaufte.

Vorbildlicher Kundendienst

- Arbeiten Sie ein schriftliches Dokument aus, das die Prinzipien Ihres Kundendienstes beschreibt. Hängen Sie es an die Wand, damit die Kunden wissen, daß Kundenorientierung Ihr Hauptanliegen ist.
- Selbst wenn Sie wissen, wie wichtig Kundendienst für Ihr Geschäft ist, wissen es vielleicht Ihre Mitarbeiter nicht. Teilen Sie ihnen genau mit, was erwartet wird, und belohnen Sie sie dafür, wenn sie gute Leistungen erbringen.
- Machen Sie Kundendienst zu Ihrem Wettbewerbsvorteil. Sorgen Sie dafür, daß er besser wird als irgendein anderer in Ihrer Branche. Die Kunden werden es bemerken.
- Bleiben Sie mit Ihren Kunden in Kontakt durch Briefe, Postkarten, Mitteilungsblatt, Telefon und Ausstellungen. Stellen Sie Ihren Kunden Fragen, und werten Sie ihre Antworten sorgfältig aus.
- Pflegen Sie sowohl die persönlichen als auch die geschäftlichen Beziehungen mit Ihren Kunden. Erweisen Sie ihnen einen Gefallen, geben Sie ihnen Informationen, bieten Sie Geschenke an, laden Sie sie zu Sport- oder Theaterveranstaltungen ein. Ihre Kunden verdienen diese Behandlung. Wenn Sie es nicht tun, wird es ein anderer machen.
- Geben Sie Parties für Ihre Kunden und Ihre Mitarbeiter. Die Beziehungen werden bei geselligen Ereignissen enger.
- Investieren Sie in die Telefonanlage (und Telefonistinnen), um Ihr Geschäft zugänglich, freundlich und professionell zu machen.
- Handeln Sie in dem Bewußtsein, daß Kunden Aufmerksamkeit, Verläßlichkeit, Schnelligkeit und Kompetenz schätzen.
- Reagieren Sie sofort auf einen unzufriedenen Kunden. Kein Unternehmen kann jeden Kunden zufriedenstellen. Gehen Sie direkt auf das Problem ein; seien Sie ehrlich und tun Sie alles, was vertretbar ist, um die Situation zu verbessern. Die meisten Kunden werden Ihre Bemühungen anerkennen; vielleicht können Sie die Unzufriedenheit sogar in Kundenbindung umwandeln.

Manchmal müssen Sie einen Kunden ablehnen

Wir kennen ein gemütliches kleines Lokal, das eine geheime Liste unerwünschter Gäste führt. Falls Sie auf der Liste stehen, werden Sie bei Ihrem Anruf für eine Reservierung feststellen, daß das Lokal total ausgebucht ist.

Praktisch alles, was Guerillas machen, ist darauf angelegt, Kunden zu finden und zu halten. Warum soll es dann eine gute Idee sein, einige Kunden abzuweisen? Wegen der 80:20-Regel. In diesem Fall sorgen 20 % Ihrer Kunden für 80 % Ihrer Schwierigkeiten.

Trotz all Ihrer Bemühungen gibt es einige Kunden, die Ihnen keine faire Chance geben wollen. Dies sind die Kunden, die bei Sears Möbel kaufen, sie zehn Jahre benutzen und dann versuchen, sie zurückzugeben und neue Möbel kostenlos zu erhalten, indem sie sich auf Sears Garantiebedingungen berufen. Dies sind die Kunden, die sich bei Ihrem Sonntags-Brunch an Kaviar und Lachs satt essen. Dies sind die Kunden, die ständig Forderungen stellen und dennoch die Straße überqueren, um bei Ihrem Wettbewerber zu kaufen, wenn er einen Rabatt gewährt.

Seien Sie vorsichtig! Es kann leicht passieren, daß man einen Kunden, der lediglich anspruchsvoll ist, in einen Topf wirft mit jenem, der ein echtes Problem darstellt. Firmen, die Kunden zu voreilig abweisen, befinden sich häufig in richtigen Schwierigkeiten. Bevor Sie den riskanten Schritt unternehmen, einen Kunden abzuweisen und negative Mundpropaganda zu erzeugen, probieren Sie dieses dreistufige Vorgehen aus, um mit Problemkunden klarzukommen:

- Sprechen Sie mit dem Kunden, und finden Sie heraus, was ihn stört.
- Schreiben Sie im Beisein des Kunden genau auf, was Sie zur Behebung des Problems tun können. Im allgemeinen werden Sie feststellen, daß die von ihm gewünschten Maßnahmen gar nicht alle so schwierig sind. Sie stimmen vielleicht nicht zu, wessen Schuld es ist, aber Sie müssen sich entschuldigen und die Verantwortung übernehmen. Wenn Sie das nicht wollen, sollten Sie gar nicht erst versuchen, die Situation zu beheben. Sie haben bereits verloren.
- Tun Sie, was Sie versprochen haben. Erfüllen Sie die Anforderungen, und halten Sie den Kunden auf dem laufenden. Wenn Sie fertig sind, fragen Sie ihn, ob er zufrieden ist.

Einige Kunden werden Ihr Entgegenkommen als Zeichen von Schwäche verstehen. Sie werden damit fortfahren, zu nörgeln und zu drängen. Dies sind die Kunden, die Sie nicht brauchen können. Wenn Ihr Kunde an diesem Prozeß nicht konstruktiv teilnehmen will, weisen Sie ihn ab. Wir empfehlen, daß Sie auf einen neutralen (d. h. nichtemotionalen) Augenblick in der Unterhaltung mit dem Kunden warten und dann sagen: »Herr X, es tut mir leid, aber es sieht so aus, als ob wir Sie nicht zufriedenstellen können. Daher schlage ich vor, daß Sie überlegen sollten, Ihr Geschäft woanders zu machen. Einige Firmen, die Ihnen vielleicht helfen können, sind: W, Y und Z (Ihre Wettbewerber).« Dies ist ein Fall, in dem es sicherlich eine gute Idee ist, Kunden zu Ihren Rivalen zu schicken.

Wenn Sie sich jedoch an diese Schritte gehalten haben, werden Sie feststellen, daß Ihr Kunde in 99 % aller Fälle erfreut sein wird. Er wird vielleicht nie wieder bei Ihnen kaufen, aber wenigstens wird er keine negative Mundpropaganda verbreiten.

Wenn Sie bei Hannah Andersson Kinderkleidung kaufen, können Sie diese nach einem Jahr zurückgeben und sie rechnet Ihnen 20 % auf Ihren nächsten Kauf an. Sie spendet die zurückgegebene Kleidung für wohltätige Zwecke. Die Rückgabe-Politik und die Spendenbereitschaft veranlaßt die Kunden, über sie zu reden und zurückzukommen, um Kleidung zu kaufen. Kinderkleidung ist meistens nach einem Jahr abgetragen. Die Tatsache, daß die Kleidung von Hannah noch immer gut genug ist für Spenden, ist außerdem eine subtile Erinnerung an die hohe Qualität der Produkte.

Hewlett Packard schickte uns ein Produkt in diesem Umschlag. Der Aufkleber besagt, daß es innerhalb von 6 Stunden nach Bestelleingang versandfertig gemacht wurde. Teilen Sie den Kunden mit, daß es für Sie wichtig ist, effizient zu arbeiten. Es wird sie beeindrucken.

Brainstorming für Geschwindigkeit und Service

Listen Sie zehn Möglichkeiten auf, wie Ihre Firma die Geschwindigkeit von Service und Auslieferung deutlich steigern kann.

Mundpropaganda

Das wichtigste Element im Marketing-Plan von Guerillas

Wir haben bereits eine Fülle von Möglichkeiten behandelt, wie man Mundpropaganda erzeugen kann. Da die Verbraucher kritischer werden und die Medienvielfalt noch weiter zunehmen wird, wird die Mundpropaganda in Zukunft noch an Bedeutung gewinnen. Die meisten Unternehmen überleben *allein* mit Mundpropaganda, das heißt, für sie ist es das einzige Marketing-Instrument.

Einige wehren sich gegen den Zusammenhang von Mundpropaganda und Werbung. Im Grunde besagt die Erfahrung, daß man Mundpropaganda nicht auf die gleiche Weise wie Werbung kaufen kann. In Wirklichkeit können Sie jedoch Mundpropaganda kaufen. Dazu genügt zwar kein einfacher Anruf bei einer Werbeagentur, eine Investition in Zeit und Geld wird sich jedoch schließlich in verstärkter Mundpropaganda auszahlen.

Sie sollten verstehen, daß Mundpropaganda ein erfolgsentscheidendes Instrument ist. Sie sollten aber auch erkennen, daß das, was als Mundpropaganda bezeichnet wird, häufig das Ergebnis von Werbung in Zeitungen, Zeitschriften und Radio sowie von Direktwerbung ist. Häufig ist es die Mundpropaganda, die die Glaubwürdigkeit erzielt, nicht die Medien. Reden Sie sich nicht ein, daß Mundpropaganda ohne Medienwerbung eine große Rolle spielen könnte.

In Wirklichkeit ist Mundpropaganda das Endergebnis jahrelanger Planung und Medienwerbung sowie des Qualitäts-Service von Guerillas. Um eine Empfehlung oder einen Anwenderbericht von einem Stammkunden zu bekommen, müssen Sie sich die Zeit nehmen, um die Bühne vorzubereiten. Sie können hundert kleine Dinge tun, die Ihr Geschäft für die Kunden attraktiv machen. Das Ergebnis wird der Traum eines jeden Guerilla sein – ein zufriedener Kunde, der für Sie verkauft.

Einige Kapitel dieses Buches behandeln spezielle Techniken, die Sie einsetzen können, um Mundpropaganda signifikant zu verstärken (siehe auch *Geschwindigkeit und Service*; *Anwenderbeispiele*; *Spenden*).

Wie man Mundpropaganda erzeugt

- **Visitenkarten sind ein guter Aufhänger für Mundpropaganda.**

  Ein uns bekannter Wirtschaftsprüfer steckt in jede ausgehende Postsendung drei Visitenkarten. Er bekommt jedes Jahr immer einige neue Klienten von Leuten, die seine Visitenkarte weitergaben.

- **Verteilen Sie Marketing-Material an Ihre neuen Kunden.**

  Anzeigenbeispiele, Artikel und Broschüren erinnern sie, warum sie Ihre Firma bevorzugt haben, und begünstigen mündliche Empfehlungen.

- **Bitten Sie darum.**

  Niemand ist besser geeignet, über Ihre Firma zu sprechen, als Sie selbst – oder vielleicht Ihr bester Kunde. Teilen Sie allen Ihren Kunden mit: »Wenn

Sie wirklich mit unseren Produkten bzw. Dienstleistungen zufrieden sind, würden wir es schätzen, wenn Sie es Ihren Freunden erzählen würden.« Dadurch, daß Sie Ihre Kunden auffordern, Mundpropaganda zu machen, erinnern Sie diese daran, wie sehr sie mit Ihnen zufrieden sind, und teilen Ihnen mit, wie sie Ihnen helfen können. Sie können sogar eine kleine Prämie ausloben für den Fall, daß sich ein neuer Kunde auf eine Empfehlung beruft.

- **Folgen Sie dem Beispiel von Abonnenten-Zeitschriften vor Weihnachten.**

  Die meisten Zeitschriften werben in der Vorweihnachtszeit für Geschenkabonnements, um Abonnenten zu veranlassen, das Zeitschriften-Abonnement zu verschenken. Im nächsten Jahr sprechen sie den Empfänger des Geschenk abonnement an und fragen, ob er die Zeitschrift selbst abonnieren will. Der neue Kunde hätte wahrscheinlich nicht abonniert ohne die Empfehlung des Lesers, der das Geschenkabonnement kaufte – Mundpropaganda.

- **Bestechen Sie durch außergewöhnliche Leistung.**

  Der allerbeste Weg, Mundpropaganda zu erzeugen, ist, Ihre Kunden regelmäßig zu überraschen. Wir behandeln diesen Aspekt an verschiedenen Stellen in diesem Buch, weil es so oft übersehen wird, jedoch so werbewirksam ist. Wenn Sie selbst bei der kleinsten Bestellung mehr leisten, als man von Ihnen erwartet, werden Sie beständig solch einen Eindruck machen, daß Ihre Kunden Sie mit ihren Freunden teilen möchten.

Wie Sie mehr leisten, als Ihre Kunden erwarten

Das Geheimnis, Erwartungen zu übertreffen, liegt darin, Service-Bereiche in Ihrem Geschäft zu finden, wo eine kleine zusätzliche Aufmerksamkeit von Ihrer Seite sich in große Zufriedenheit des Kunden verwandelt. Hier sind Beispiele:

Neue Autos werden an Kunden mit nahezu leerem Tank ausgeliefert. Dies ist ein kurzsichtiger Weg, um eine Beziehung mit einem 30.000 DM-Kunden zu beginnen. Mitsubishi-Händler in den USA liefern Autos mit vollem Tank aus. Diese Geste kostet sie vielleicht 50 DM pro Wagen, aber es schafft sicherlich ein positives Gefühl – eines, das sich vielleicht in eine persönliche Empfehlung verwandelt.

Camp Arowhon schickt jedem Camper jedes Jahr eine Geburtstagskarte. Diese Geste kostet ungefähr 0,70 DM pro Karte, aber die Mundpropaganda, die sie erzeugt, ist viel mehr wert.

Icons and Images, eine Schriftsetzerei in Connecticut, bietet für die meisten Aufträge eine Standard-Durchlaufzeit von 24 Stunden an. Aber oft setzt sie einen Kurier ein, um einen großen Auftrag abzuliefern. Es kostet sie nur einige Dollar zusätzlich. Falls die Firma diesen Extraservice versprochen hätte, würde er erwartet und wahrscheinlich weniger geschätzt. Aber dadurch, daß sie ihn als kostenlosen Bonus liefert, gewinnt sie die Treue ihrer Kunden.

Restaurants verlassen sich hauptsächlich auf Mundpropaganda, Carmine's Restaurant in Manhattan entwickelte verschiedene Techniken zur Verstärkung der Mundpropaganda. Erstens akzeptiert es nur Reservierungen für Gruppen ab sechs Personen. Dies verlangt von seinen Kunden, vier Freunde zu finden, die sich ihnen anschließen, wenn sie nicht auf einen Tisch warten wollen. Zweitens serviert es Portionen, die beinahe doppelt so groß sind wie normal. Dies löst garantiert am nächsten Tag bei der Arbeit begeisterte Diskussionen aus. Schließlich und pfiffigerweise werden ihre Speisen mit übermäßig viel Knoblauch zubereitet. Der starke Knoblauchgeruch erzwingt fast, daß die Gäste ihren Freunden und ihrer Familie erzählen müssen, wie sie zu diesem Geruch gekommen sind!

Das Regent Beverly Wilshire (das Hotel in dem Film *Pretty Woman*) bietet allen Gästen einen kleinen Snack an. Dieser Snack besteht aus einer Silberschale mit Erdbeeren und einer Schale mit Schlagsahne. Wenn auch der Standort des Hotels, die Ausstattung und der Service großartig sind, scheinen die Hotelgäste ihren Freunden immer nur von den Erdbeeren zu erzählen.

Brainstorming für Mundpropaganda

Verwenden Sie diesen Platz, um ein Dutzend Möglichkeiten zu skizzieren, wie Ihre Firma bestehende Kunden ermutigen kann, ihren Freunden über Ihre Firma zu erzählen.

Wenn Kundenforschung auch ein wenig langweilig klingt, so ist sie doch für Guerillas eines der wichtigsten Instrumente im Wettbewerb. Sie ermöglicht Ihnen einen Einblick in die Wünsche und Motive Ihrer Kunden. Wenn sie ordentlich durchgeführt wird, erscheint Kundenforschung wie Trickserei – sie liefert Ihnen die Antworten auf das »Werden sie kaufen«-Rätsel, bevor Sie viel Geld für Marketing ausgeben.

Hören Sie nie auf, Ihren Kunden Fragen zu stellen. Die Kunden sind die beste Informationsquelle, um herauszufinden, wie Sie Ihr Produkt oder Ihre Dienstleistung am wirksamsten anbieten sollten. Sie erhalten nicht nur wertvolle Hinweise darauf, wie Sie Ihr Geschäft führen sollten, sondern Ihre Kunden werden auch erfreut sein, daß sie um ihre Meinung gefragt wurden.

Halten Sie sich einmal vor Augen, wie oft Sie am Flughafen, beim Arzt oder in einem Restaurant warten mußten und wütend dachten, wieviel besser der Service sein könnte. Selbst ein kleines Unternehmen mit ein oder zwei Managern hat vielleicht Tausende von Kunden – die eine Meinung haben, was angeboten werden sollte und wie man es am besten machen sollte.

Sie müssen nicht unbedingt eine strukturierte, teure Erhebung durchführen, um mit der Kundenforschung zu beginnen. Falls Sie interessiert wären, einen Menü-Zustelldienst einzurichten, wäre Ihr erster Schritt, die potentiellen Kunden zu identifizieren. Wenn Sie die Zielgruppe definiert hätten, müßten Sie feststellen, was die Zielgruppenmitglieder gern kaufen würden. Sie müßten festlegen, wie Sie die Zielgruppe am besten ansprechen könnten. Um diese Antworten zu finden, könnten Sie einen Fragebogen, wie den auf der folgenden Seite, erarbeiten.

Kundenforschung

Je mehr Sie über Ihre Kunden wissen, desto besser können Sie diese betreuen

! *Stellen Sie sicher, daß die Anonymität Ihrer Kunden beachtet wird.*

Anfang der 70er Jahre verschickte die Zeitschrift Business Week einen Fragebogen an Abonnenten, in dem alle möglichen persönlichen Fragen über Einkommen, Vermögen usw. gestellt wurden. In dem Fragebogen wurde versprochen, die Ergebnisse vertraulich zu behandeln. Eine Betrachtung des Fragebogens unter ultraviolettem Licht enthüllte jedoch eine versteckte Schlüsselnummer, die es der Zeitschrift ermöglichte, den Befragten zu identifizieren. Dieser Versuch, zu viel zu erfahren, kostete sie für immer das Vertrauen des Abonnenten, der ihnen auf die Schliche kam.

Darum sollten Sie gründlich nachdenken, bevor Sie eine persönliche Information aus der Marktforschung verwenden, selbst wenn Sie den Kunden direkt ansprechen.

Muster–Fragebogen

Wir eröffnen einen neuen Service, der Mahlzeiten direkt in Ihr Haus oder Appartement liefert. Sie können die Speisen eines der fünf Restaurants bestellen, die auf unserer Speisekarte aufgeführt sind. Wenn Sie Ihre Wahl getroffen haben, rufen Sie uns an, und wir liefern Ihnen die Speisen innerhalb einer Stunde. Damit wir den bestmöglichen Service anbieten können, würden wir es begrüßen, wenn Sie sich einen Augenblick Zeit nehmen könnten, die nachstehenden Fragen zu beantworten. Danke!

- Wieviel Personen leben in Ihrem Haus bzw. in Ihrer Wohnung? ....
  - Wie alt sind diese? ....
  - Wer bereitet bei Ihnen normalerweise das Essen zu? ....
  - Wie oft essen Sie auswärts? ....
- Was würden Sie an einer Hausbelieferung am meisten schätzen?
  - 1. ....
  - 2. ....
  - 3. ....
- Wieviel würden Sie für diesen Service bezahlen? ....
- Ihr Geschlecht: ☐ männlich ☐ weiblich
- Welche Zeitungen lesen Sie? ....
- Welche Radiosender hören Sie? ....
- Welche Fernsehprogramme sehen Sie? ....
- Haben Sie Kabelfernsehen? ....
- Welche Zeitschriften lesen Sie? ....
- Ihr Beruf: ....
- Welche Küchenrichtung bevorzugen Sie? ....
- Haben Sie irgendeinen anderen Kommentar oder Rat?

  Welche Restaurants sind Ihrer Meinung nach noch aufzunehmen?

  Benutzen Sie bitte die Rückseite dieses Bogens, um uns Ihre Gedanken mitzuteilen.

> Wir danken Ihnen, daß Sie unserem Anliegen Ihre Zeit gewidmet haben.
> Wenn Sie uns Ihren Namen und Ihre Adresse angeben, werden wir Ihnen einen Gutschein zuschicken für die kostenlose Auslieferung des ersten Essens, das Sie bei uns bestellen.

Name: .... Adresse: ....

Fragebögen müssen kundenfreundlich sein. Vermeiden Sie demographische Fragen über Einkommen und Familienstand. Je leichter Sie die Fragen formulieren, desto besser ist die Rücklaufquote. Halten Sie den Fragebogen kurz.

Diejenigen, die den Fragebogen zurückschicken, sollten einen Gutschein oder einen Preis erhalten. Spenden Sie für jede Antwort einen kleinen Betrag an eine örtliche Wohlfahrtseinrichtung. Teilen Sie Ihren Kunden mit, daß Sie ihre Meinungen schätzen und ihre Antworten Ihnen helfen, einen besseren Service anzubieten.

Vermeiden Sie Suggestivfragen (die Befragten werden Ihnen oft mitteilen, was Sie hören wollen). Vermeiden Sie jedoch auch offene Fragen, deren Beantwortung die Leute scheuen. Die aussagefähigsten Fragen erlauben »Ja«- oder »Nein«-Antworten, evtl. mit einer zusätzlichen Erklärung.

Fragebogen-Gestaltung

- **Stellen Sie fest, ob für Ihr Produkt ein Bedarf besteht.**
  Erkunden Sie, ob die Personen, die Sie ansprechen wollen, bereits Ihr Produkt oder einen gleichwertigen Ersatz besitzen?
  - Besitzen Sie einen Heimtrainer?
  - Wann haben Sie zuletzt ein neues Auto gekauft?
  - Wie oft sind Sie stark erkältet?
  - Wie oft kaufen Sie Erkältungspräparate?
- **Finden Sie mehr über Ihre potentiellen Kunden heraus.**
  - Welchen Beruf üben Sie aus?
  - Wo gehen Ihre Kinder zur Schule?
  - Wie weit ist Ihr Arbeitsplatz entfernt?
  - Wie oft trainieren Sie?
  - Halten Sie sich gern im Freien auf?
- **Finden Sie den besten Weg heraus, um Ihre potentiellen Kunden anzusprechen.**
  - Lesen Sie eine Tageszeitung? Falls ja, welche?
  - Erledigen Sie Ihre Einkäufe überwiegend in Einkaufszentren oder in Fachgeschäften?
  - Wie oft kaufen Sie etwas von einem Versandhauskatalog?

Eine Bibliotheksumfrage

Jede gemeinnützige Institution kann von Befragungen profitieren. Die öffentliche Bibliothek in Arlington/Massachusetts führte eine Leserbefragung durch. Die Mitarbeiter stellten eine Wahlurne an der Bücherausgabe auf und fragten die Leser, ob die Bibliothek Geld in CDs, Videofilme oder Nachschlagewerke investieren sollte.

Die Reaktion war überwältigend und erbrachte Hunderte von Vorschlägen, auch zu anderen Themen. Als die Bibliothek in der nächsten Stadtratsitzung den Antrag auf Zuweisung von Finanzmitteln stellte, waren die Ratsmitglieder natürlich gern bereit, für die Aufstockung der Finanzmittel zu stimmen.

- **Wer sind die Wettbewerber?**
  - Was gefällt Ihnen an der Seife, die Sie gerade benutzen, am besten?
  - Wie könnte Ihr Drucker Ihre Anforderungen besser erfüllen?
  - Welche Bank benutzen Sie?

Quelle: Target Marketing for the Small Business *(Zielgruppen-Marketing für Kleinbetriebe)*

Hard Manufacturing war mit einem Marktanteil von ca. 50 % der führende Hersteller von Kinderkrankenhausbetten in den USA. Das Umsatzwachstum setzte aus, bis das Unternehmen eine Befragung durchführte.

Hard fragte Kinderschwestern, die die Krankenbetten aus der täglichen Arbeit kennen, wie man das Bett verbessern könnte. Mehr als 40 % der Befragten antworteten – ein erstaunlich hoher Rücklauf.

Zehn Jahre später profitiert Hard immer noch von diesen Vorschlägen. Viele von ihnen wurden patentiert und zur Verbesserung der Hard-Kinderkrankenbetten eingesetzt. Dadurch, daß der Anbieter genau das produzierte, was seine Kunden wünschten, konnte er seinen Marktanteil auf mehr als 70 % steigern.

Vorschlagskästen

Um Ihre Kunden laufend zu befragen, können Sie eine Vorschlagsbox einsetzen. Wenn dies auch seltsam erscheinen mag, ist es jedoch eine gute Möglichkeit, Anregungen und Kritik von Kunden zu erhalten, *bevor* Probleme außer Kontrolle geraten.

Stew Leonard, der legendäre Supermarkt, baut auf seine Vorschlagsbox. Jeder Vorschlag wird beantwortet, und manchmal wird ein Gutschein für eine kostenlose Eistüte beigefügt. Die Unternehmensleitung sorgt dafür, daß sie den Kundenkontakt nie verliert, indem sie Tausende von Kundenvorschlägen sorgfältig liest.

Gestalten Sie Ihr Vorschlagsformular sorgfältig. Denken Sie daran, daß der Kunde im allgemeinen nicht viel Zeit darauf verwenden wird. Es ist besser, einen großen Rücklauf auf wenige Fragen zu erhalten, als die Kunden mit einem zu langen Formular einzuschüchtern. Beginnen Sie den Fragebogen mit einigen Multiple-Choice-Fragen, bei denen die gewünschte Antwort lediglich angekreuzt werden muß, und geben Sie den Kunden dann genug Platz, um einige Fragen ausführlicher beantworten zu können.

Jeder einzelne Vorschlag sollte von einem Mitglied der Unternehmensleitung gelesen und beantwortet werden (Welchen Sinn hätte sonst die ganze Sache?). Es besteht keine Notwendigkeit, sich defensiv zu verhalten. Fluggesellschaften sind in dieser Hinsicht häufig kritisiert worden. Ein uns bekannter Reisender wurde auf einem Flug mit Virgin Atlantic Airways von New York nach London in das Raucherabteil plaziert. Er schrieb einen Beschwerdebrief an die Fluggesellschaft, die in ihrem Antwortschreiben darauf hinwies, daß sie gesetzlich das Recht habe, Passagieren dort einen Platz anzuweisen, wenn keine Nichtraucherplätze mehr frei sind. Es ist nicht ganz klar, ob man mit diesem Hinweis seine Verärgerung beschwichtigen wollte. Jedenfalls war das die Antwort des Unternehmens. Virgin hatte eine Gelegenheit verschenkt, eine Beschwerde in eine Möglichkeit zur Kundenbindung zu verwandeln, wenn sie eine Entschuldigung und eine konstruktive Lösung angeboten hätten. Statt dessen demonstrierten sie ihre Selbstgefälligkeit und verärgerten den Passagier.

Viel besser ist die Vorgehensweise von Marriott. J.W. Marriott jun., der Vorstandsvorsitzende des Unternehmens, liest und beantwortet persönlich jeden Beschwerdebrief an dieses Großunternehmen. In seinen Antwortschreiben übernimmt er im allgemeinen die persönliche Verantwortung für alles, was passierte, und schließt mit dem Versprechen, es in Zukunft besser zu machen.

Marriott ist sich im klaren, daß Kundenbindung für ihr Geschäft erfolgsentscheidend ist und J. W. Marriott demonstriert das, indem er jeden eingehenden Reklamationsbrief wie einen Kundenfragebogen behandelt, der er auch in gewisser Weise ist.

Telefonbefragungen

Wenn Sie sich die Zeit nehmen würden, Ihre Kunden telefonisch zu befragen, wären Sie überrascht, wieviel Ihnen die Kunden bereitwillig erzählen würden. Daher könnten Sie überlegen, Ihre gebührenfreie 0130-Telefonnummer als Möglichkeit zu nutzen, um einen Dialog mit Ihren Kunden zu beginnen. Wenn ein Anrufer seine Bestellung durchgegeben hat, könnte Ihre Telefonistin fragen: »Haben Sie eine Minute Zeit , um einige Fragen zu beantworten?«. Wenn die Antwort »ja« lautet, versuchen Sie, die Gesprächszeit unter einer Minute zu halten. Obgleich Sie ein Drehbuch bzw. eine programmierte Unterweisung brauchen, um sicherzustellen, daß die Fragen bei den verschiedenen Kunden übereinstimmen, sollten Sie versuchen, den Dialog so persönlich wie möglich zu führen.

Guerilla-Marktforschung

Ergänzend zu der direkten Befragung Ihrer gegenwärtigen Kunden können Sie auch profitieren, wenn Sie neue Märkte untersuchen, die Sie zukünftig bearbeiten wollen. In Fachzeitschriften finden Sie häufig Marktforschungsergebnisse. Sie berichten über Umsatzentwicklung, Marktführer und Trends verschiedener Märkte. Wir sind immer wieder überrascht, wenn wir mit Jungunternehmern sprechen, die sich nie darum gekümmert haben, irgendeine Fachzeitschrift für ihre Branche zu abonnieren und zu lesen – diese kostengünstige Informationsquelle ist von unschätzbarem Wert.

Manchmal brauchen Sie allerdings detaillierte Marktinformationen, die nur von Marktforschungsinstituten erhoben werden. Das kann sehr teuer sein. Diese Kosten machen sich unter Umständen trotzdem bezahlt, besonders dann, wenn die Kosten für die Einführung Ihres neuen Produktes hoch sind. In den Gelben Seiten findet man solche Anbieter unter den Rubriken *Marktforschung* oder *Marketing*. Angebote »von der Stange«, wie etwa allgemeine Branchenbriefe, sind zwar billiger, aber meist nicht exakt genug auf den eigenen Markt ausgerichtet. Ihr Nutzen liegt daher hauptsächlich darin, einen ersten Überblick zu gewinnen. Sie werden von großen Geschäftsbanken oder von Branchendachverbänden angeboten.

Guerilla-Erfolgsstory

Camp Arowhon ist das älteste Kinderlager für Jungen und Mädchen in Nordamerika. Es liegt im Algonquin Park in Kanada einige Stunden von Toronto entfernt, mitten in der Einsamkeit.

Im Laufe der Jahre fand das Camp treue Anhänger, von denen viele fünf, zehn oder fünfzehnmal hier Urlaub machten. Einige von ihnen haben Eltern oder sogar Großeltern, die das Lager bereits selbst besucht haben.

Infolge einer veränderten Bevölkerungsstruktur und der stagnierenden kanadischen Wirtschaft gerieten viele Sommerlager Mitte der achtziger Jahre in eine Krise. Einige schlossen, andere machten Verluste. Selbst Arowhon spürte die Schwierigkeiten.

Joanne Kates, Leiterin von Arowhon in der dritten Generation, beschloß, Guerilla-Marketing anzuwenden, um die Auslastung zu verbessern und den Marktanteil zu erhöhen. Die Kampagne hatte zwei Hauptziele: Die Zahl der Anfragen zu erhöhen und diese Anfragen in Buchungen umzuwandeln.

Der erste Schritt war, ein Budget für den Marketing-Plan aufzustellen. Aus einer intensiven Kundenbefragung leitete Joanne ab, daß ihre Zielgruppe nicht sehr preisempfindlich ist. Durch Preiserhöhungen von 10 % pro Jahr positionierte sie ihr Lager als Premium-Produkt und erzielte zusätzliche Einnahmen, die sie für die Aufstockung des Marketing-Budgets verwendete.

Um die Zahl der Anfragen zu erhöhen, wurde in einer Verlosung ein kostenloser Lageraufenthalt als Preis ausgesetzt. Die tatsächlichen Kosten dieses Preises waren gering, aber es reichte aus, um die Zahl der Anfragen zu verdoppeln. Die Anfragen waren in Form eines Fragebogens gestaltet.

Um Anfragen in Buchungen umzuwandeln, investierte Joanne in eine Broschüre und einen Videofilm, deren Qualität deutlich besser war als die der Wettbewerber.

Camp Arowhon gab 15.000 Dollar mehr aus als die Wettbewerber und überholte die anderen Lager. Camp Arowhon konnte den Marktanteil erhöhen, weil es in allen Zuschriften an potentielle Kunden Qualität und Stabilität vermittelte.

In den letzten drei Jahren gab es eine Warteliste für Juli-Aufenthalte in Arowhon, und die August-Buchungen steigen kontinuierlich.

Auswertung der Ergebnisse

Sie denken vielleicht, daß Sie raffinierte Computerprogramme benötigen, um die Fragebögen auszuwerten. In Wirklichkeit können Sie praktisch jedes Datenbank-Programm verwenden oder sogar farbige Karteikarten.

Das wichtigste ist Konsequenz. Falls Sie etwas mehr als spekulative Daten aus Gruppendiskussionen wollen (was an sich großartig ist), müssen Sie sicher sein, daß Sie die gleichen Fragen an eine ziemlich große Zahl von Kunden richten. Versuchen Sie, zumindest einige Fragen so zu formulieren, daß sie quantifiziert werden können – »Ja«- oder »Nein«-Fragen sind am leichtesten zu beantworten und auszuwerten.

Wenn Sie erst einmal harte Fakten erhalten haben, ist es viel leichter, Entscheidungen zu treffen. Falls Sie beispielsweise feststellen, daß 72 % Ihrer Kunden zu Hause Magermilch trinken, ist die Entscheidung, Magermilch vorrätig zu haben, ziemlich leicht.

Veröffentlichungen über Marktforschung

inma Institut für Marktforschung GmbH
Felix-Dahn-Straße 4 • 70597 Stuttgart • (0711) 65 31 37

infas Absatzplanung GmbH
Viktualienmarkt 5 • 80331 München • (089) 29 62 52

Hein Eckhardt Markt- und Mediaforschung
Johannesstraße 38 • 53225 Bonn • (0228) 46 00 44

Berufsverband Deutscher Markt- und Sozialforscher e.V. (BVM)
Frankfurter Straße 22 • 63065 Offenbach • (069) 8 00 31 43
Der Verband gibt ein jährliches Handbuch der Marktforschungsunternehmen heraus, das im Schäffer Poeschel Verlag erscheint.

Höre auf die Stimme des Marktes
Vincent Barabba & Gerald Zaltman • Verlag Ueberreuter

Datenbankgestützte Marktselektion
Dieter Schneider & Ralf Müller • Schäffer Poeschel Verlag

Marktforschung
Fritz Unger • Verlag Sauer

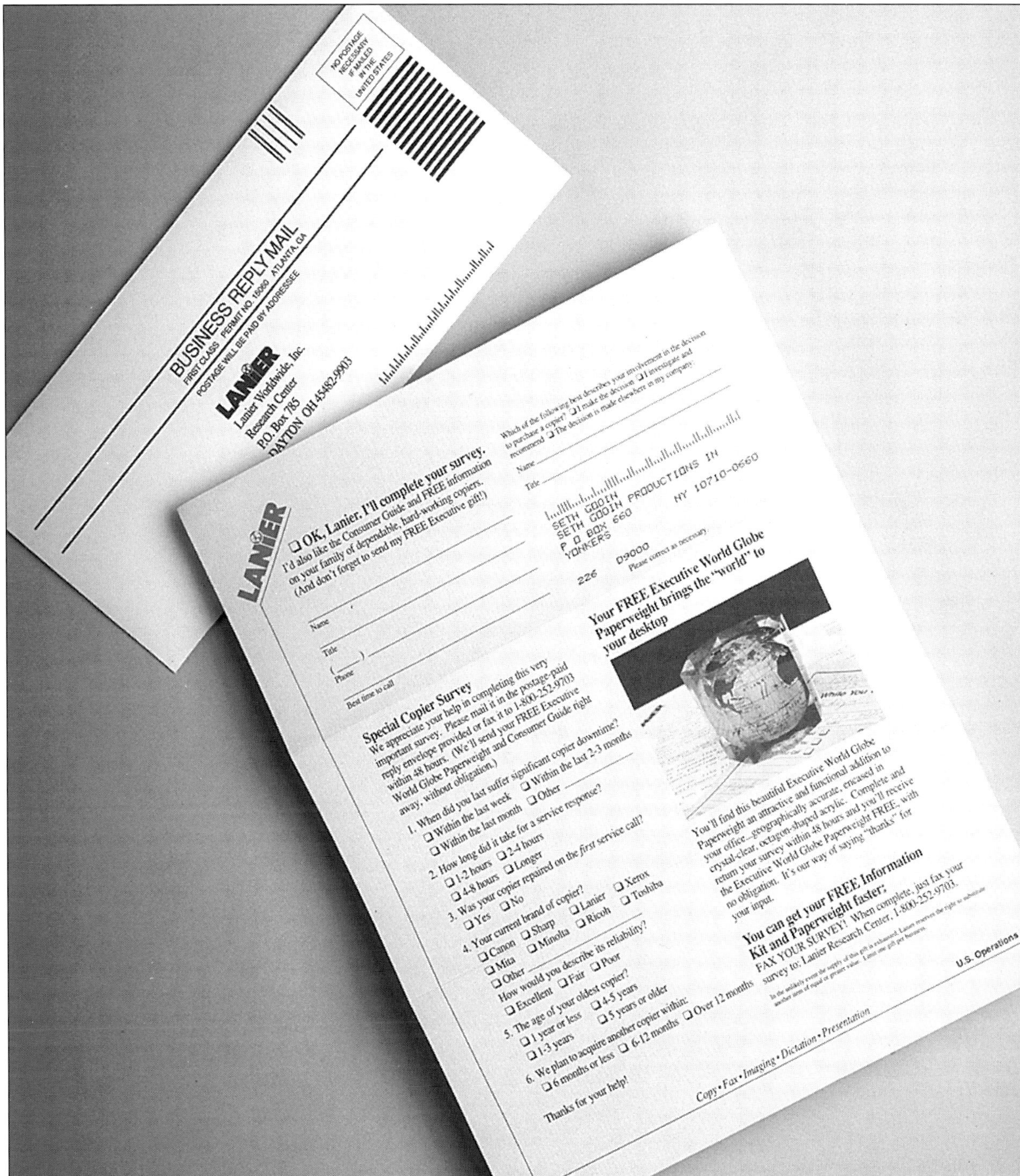

Das ist der Kundenfragebogen des Kopiergeräteherstellers Lanier. Alle Einsender des Fragebogens bekommen einen Briefbeschwerer als Geschenk. Die Rücksendung wird durch den beigefügten Briefumschlag erleichtert.

Anhang

Anhang für Guerillas

Zum Vergleich der Werbekosten verschiedener Medien werden nicht die direkten Anzeigenpreise zugrunde gelegt, sondern der Tausenderpreis (d. h. der Preis pro 1.000 Leser/Hörer/Zuschauer).

Wir haben die Anzeigenpreise und die Tausenderpreise einer Auswahl von Zeitungen und Zeitschriften zusammengestellt. Aus dieser Liste können Sie ersehen, daß beispielsweise der Tausenderpreis für eine ganzseitige S/W-Anzeige in der ADAC-Motorwelt *günstiger ist als in der* Blitz-Illu, *obwohl der Anzeigenpreis höher ist.*

Wir haben auch die Daten für eine Auswahl von Zeitschriften aufgeführt, um Ihnen einen Anhaltspunkt für Ihre Mediaplanung zu geben.

Zeitungen

Auf Anfrage erhalten Sie von den Verlagen die sog. Media-Daten kostenlos, d.h.

- *Leserschaftsstruktur*
- *Technische Angaben*
- *Preisliste.*

Gleichzeitig erfahren Sie die Anzeigenschlußtermine und werden über Rabattkonditionen informiert. Man wird Ihnen auch mitteilen, ob es in nächster Zeit ein besonderes redaktionelles Umfeld gibt, zu dem Ihre Anzeige paßt (Beilage, Sonderausgabe usw.).

Das Zeitungsangebot reicht von den vornehmlich der Sachinformation dienenden Wirtschaftszeitungen bis zu den fast vollständig aus Werbung bestehenden Anzeigenblättern. Dazwischen liegt die Vielzahl der überregional, regional und lokal verbreiteten Tageszeitungen, die zum überwiegenden Teil im Abonnement vertrieben werden, wie auch die Boulevardzeitungen, die ausschließlich im Kiosk- oder Straßenhandel erhältlich sind. Auch die nur einmal in der Woche oder nur sonntags erscheinenden Blätter gehören hierher.

Zeitungen erscheinen in verschiedenen Formaten:

- Berliner Format 470 X 630 mm
- Rheinisches Format 530 X 750 mm
- Nordisches Format 570 X 800 mm.

Soweit Aufträge für Zeitungsanzeigen nicht nach Seiten oder Seitenteilen erteilt werden, wird das Anzeigenformat in der Höhe nach mm und in der Breite nach der Anzahl der gewünschten Spalten angegeben. Während die Breite der Spalten feststeht – sie beträgt bei den meisten Zeitungen im Anzeigenteil 44-46 mm und im Textteil 52-70 mm –, bestimmt der Werbetreibende im Rahmen der Satzspiegelhöhe selbst, wie hoch seine Anzeige werden soll.

Grundlage für die Berechnung der Anzeigenpreise ist der sogenannte Millimeterpreis, der Preis für 1 mm Höhe in einer Spalte. Bei mehrspaltigen Anzeigen vervielfacht sich der Preis entsprechend der Anzahl der belegten Spalten.

I. Deutschland

Titel	Telefon / Fax	Verkaufte Auflage (I/1995)	Anzeigenteil-Millimeterpreis DM	Textteil-Millimeterpreis DM	1/1 Seite DM	Tausenderpreis DM
1. überregional						
Bild	1)	4.392.978	98,80		417.331	95,00
Die Welt	040/3 47 00 040/34 72 45 21	202.094	9,50	17,00	40.128	198,56
Frankfurter Allgemeine Zeitung	069/7 59 10 069/75 91 21 83	391.561	11,70	58,50	48.672	52,25
Frankfurter Rundschau	069/2 02 21 069/1 31 00 30	189.063	7,85	31,90	32.656	187,18
Handelsblatt	0211/8 87 0 0211/37 17 92	129.685	10,20	49,00	43.085	332,22
Süddeutsche Zeitung	089/2 18 30 089/2 18 37 95	396.746	13,20	76,50	55.757	140,54
Die Tageszeitung	030/25 902-119/290 030/25 106 94	57.608	4,75	17,00	11.970	207,78

1 Verschiedene Regionalausgaben

Titel	Telefon Fax	Verkaufte Auflage (I/1995)	Anzeigenteil-Millimeterpreis DM	Textteil-Millimeterpreis DM	1/1 Seite DM	Tausenderpreis DM
2. regional						
Baden-Württemberg						
Badische Neueste Nachrichten	0721/78 90 0721/78 92 70	166.671	5,80		21.762	130,57
Badische Zeitung	0761/4 96 0 0761/4 10 99	175.197	9,40	30,45	23.688	135,20
Stuttgarter Zeitung/Nachrichten	0711/7 20 50 0711/7 20 53 00	216.776	30,91	141,05	104.939	484,10
Zeitungsgruppe Rhein-Neckar	0621/3 92 01 0621/1 70 23 76	289.273	17,55	71,57	59.828	206,82
Bayern						
Augsburger Allgemeine	0821/7 00 71 0821/7 00 73 40	369.481	13,32	87,00	44.453	120,31
Main-Post	0931/6 00 10 0931/6 00 14 27	175.683	11,55	44,00	34.855	198,40
Münchner Merkur	089/53 06 0 089/5 30 66 40	425.803	15,40	77,50	51.097	120,00
Nürnberger Nachrichten	0911/21 60 0911/2 16 23 26	345.324	11,55	46,20	29.106	84,28
tz	089/53 06 0 089/5 30 66 40	151.759	6,25	23,75	20.738	136,65

Titel	Telefon / Fax	Verkaufte Auflage (I/1995)	Anzeigenteil-Millimeterpreis DM	Textteil-Millimeterpreis DM	1/1 Seite DM	Tausenderpreis DM
Berlin/Brandenburg						
Berliner Morgenpost	030/2 59 10 030/2 51 60 71	190.461	6,65	22,00	28.090	147,48
BZ	030/2 59 10 030/2 51 60 71	313.241	9,20	21,85	17.020	54,33
Der Tagesspiegel	030/26 00 90 0 030/26 00 93 75	127.885	6,10	21,70	25.766	201,48
Lausitzer Rundschau	0355/48 10 0355/48 13 75	197.770	9,80	39,45	32.585	164,76
Märkische Allgemeine	0331/32 40 0331/32 45 91	228.123	9,62	32,00	32.256	141,40
Berliner Zeitung	030/23 27 59 84	237.521	8,25		28.009	117.92
Bremen/Niedersachsen						
Weser-Kurier/ Bremer Nachrichten	0421/36 71 333 0421/32 83 80	208.585	9,72	48,60	33.340	159,83
Braunschweiger Zeitung	0531/3 90 00 0531/39 00 4 26	221.401	13,77	55,08	35.940	162,32
HAZ Total	0511/51 80 0511/52 73 28	561.368	39,92	154,58	116.400	207,35

Titel	Telefon Fax	Verkaufte Auflage (I/1995)	Anzeigenteil-Millimeterpreis DM	Textteil-Millimeterpreis DM	1/1 Seite DM	Tausenderpreis DM
Neue Osnabrücker Zeitung	0541/32 50 0541/32 54 55	313.203	14,85	66,85	49.747	158,83
Nordwest Zeitung	0441/2 39 01 0441/23 94 76	325.619	17,73	88,65	44.680	137,21
Hamburg/Schleswig-Holstein						
Hamburger Abendblatt	040/35 10 11 040/34 37 93	582.365	32,03	127,94	109.851	188,63
Hamburger Morgenpost	040/88 303 275 040/88 303 336	160.214	6,55	21,30	9.334	57,89
Schleswig-Holstein Presse	0431/9 03 25 40 0431/9 03 25 14	396.093	27,99	97,30	82.229	207,60
Kieler Nachrichten	0431/90 30 0431/9 03 25 13	165.051	12,53	62,67	32.327	195,86
Lübecker Nachrichten	0451/1 44 0 0451/1 44 10 11	117.131	6,41	28,85	21.538	183,87
Hessen						
Rhein-Main-Zeitung	06131/14 42 21 44 06131/14 42 22 75	90.940	2,70	13,60	11.232	123,51
Fuldaer Zeitung	0661/28 03 00 0661/28 02 77	61.979	15,91	63,64	41.048	662,28

Titel	Telefon / Fax	Verkaufte Auflage (I/1995)	Anzeigenteil-Millimeterpreis DM	Textteil-Millimeterpreis DM	1/1 Seite DM	Tausenderpreis DM
Wiesbadener Kurier	0611/35 53 01 0611/35 53 64	85.398	5,26	24,30	17.674	206,95
Mecklenburg-Vorp., Sachsen, Sachsen-Anhalt, Thüringen						
Ostsee-Zeitung	0381/36 50 0381/36 53 02	217.085	9,86	44,37	33.820	155,79
Thüringer Presse	03681/85 11 27 03681/85 11 07	205.765	13,88	55,52	42.658	207,31
Freie Presse	0371/65 60 0371/64 30 42	495.225	22,90	97,33	75.341	152,13
Sächsische Zeitung	0351/4 86 40 0351/4 86 44 39	423.525	19,15	76,60	61.261	144,65
Mitteldeutsche Zeitung	0345/5 65 0 0345/5 65 23 51	416.452	17,00	68,00	57.596	138,30
Volksstimme Magdeburg	0391/59 99 0 0391/59 99 3 04	318.871	15,88	63,52	53.357	167,33
Leipziger Volkszeitung	0341/21 81 2 15 0341/21 81 5 44	376.248	19,10	76,40	80.678	214,43
Nordrhein-Westfalen						
Aachener Volkszeitung/ Nachrichten	0241/5 10 11 0241/5 10 13 95	168.226	9,02	36,08	30.307	180,16

Titel	Telefon Fax	Verkaufte Auflage (I/1995)	Anzeigenteil-Millimeterpreis DM	Textteil-Millimeterpreis DM	1/1 Seite DM	Tausenderpreis DM
Express	0221/22 40 0221/2 24 24 91	390.968	11,20	26,50	28.896	73,91
Zeitungsgruppe Westfalen	0251/6 90 1 81	957.941	55,47	221,88	185.757	193,91
Rheinische Post	0211/50 50 0211/5 05 25 55	397.576	18,66	66,15	62.698	157,70
Westfälischer Anzeiger	02381/10 50 02381/10 52 12	162.712	12,70	53,48	41.427	254,60
Westdeutsche Allgemeine	0201/80 40 0201/80 42 41 8	1.147.638	61,30	245,20	186.229	162,27
Rheinland-Pfalz/Saarland						
Allgemeine Zeitung	06131/28 27 0 06131/2 82 71 72	229.186	12,70	61,65	42.672	186,19
Die Rheinpfalz	0621/59 02 01 0621/5 90 22 12	246.350	13,59	61,16	46.138	187,29
Rhein-Zeitung	0261/8 92 01 0261/89 24 38	244.948	11,95	66,50	40.152	163,92
Rhein-Main-Presse	06131/14 40 06131/14 42 75	235.053	12,70	61,65	42.672	181,54
Saarbrücker Zeitung	0681/50 20 0681/5 02 33 19	194.431	9,15	36,62	38.064	195,77

Titel	Telefon Fax	Verkaufte Auflage (I/1995)	Anzeigenteil-Millimeterpreis DM	Textteil-Millimeterpreis DM	1/1 Seite DM	Tausenderpreis DM
3. Sonntags- u. Wochenzeit.						
Bild am Sonntag	040/3 47 00 040/34 72 52 50	2.475.085			65.920	26,63
Die Zeit	040/3 28 00 0403 28 04 72	482.371	11,10	67,00	46.176	95,73
Sonntag Aktuell	0711/7 20 50 0711/7 20 53 00	873.076	22,14	66,85	35.535	40,70
Welt am Sonntag	040/3 47 00 040/34 72 45 21	374.111	13,30	61,00	56.179	150,17
Bayernkurier	089/12 00 41 31 089/12.93 05 0	156.062	5,80	19,20	19.488	124,87
Die Woche	040/27 17 28 55 040/27 17 20 80	108.287	9,50		17.460	161,24
Wochenpost	030/61 68 08 10 030/61 68 08 90	103.489	7,50	10,50	10.500	101,46

II. Österreich

Titel	Telefon Fax	Verkaufte Auflage	mm-Preis öS	1/4 Seite öS	1/1 Seite öS	Tausender-preis öS
Tiroler Tageszeitung	0512/53 54 0 0512/57 14 90	97.699	31,50	27.090	108.392	1.109,45
NZ Neue Zeit	0316/28 08 0 0316/28 08 32 5	66.100	30,00	12.375	49.500	748,86
Kleine Zeitung	0316/87 50	162.313	54,00		92.340	568,90
Neues Volksblatt	0732/78 19 01 0732/77 92 42	29.348	20,00	7.950	31.800	1.083,55
Neue Kärntner TZ	0463/58 66 0 0463/54 12 1	53.970	10,00		15.900	294,61
Salzburger Nachrichten	0662/83 73 0 0662/83 73 399	77.890	44,00	26.400	108.240	1.389,65
Die Presse	01/51 41 4 01/51 41 44 00	72.677	54,00	35.150	132.500	1.823,14
Kronen Zeitung	01/36 01 0 01/36 83 85	965.000	179,00		284.610	294,93
Kurier	01/96 21 0	267.800	118,00		283.200	1.057,50

III. Schweiz

Titel	Telefon Fax	Verkaufte Auflage (1995)	Anzeigenteil-Millimeterpreis SFr	Textteil-Millimeterpreis SFr	1/1 Seite SFr	Tausenderpreis SFR
1. Tageszeitungen						
Neue Zürcher Zeitung	01/258 11 11 01/252 13 29	152.707	2,50	15,15	11.000	72,03
Blick	01/259 62 62 01/262 29 53	356.188	6,50	11,70	19.884	55,82
Tages Anzeiger	01/248 44 11 01/248 44 71	281.276	3,04	12,79	12.459	44,30
Neue Luzerner Zeitung	041/227 56 56 041/227 56 66	159.000	2,77	15,40	12.188	76,65
St. Galler Tagblatt	071/29 77 11 071/29 74 76	72.259	1,72	7,40	7.341	101,59
Der Bund	031/385 11 11 031/385 11 12	61.663	1,57	8,45	6.701	108,67
Basler Zeitung	061/639 11 12 061/639 15 82	114.438	2,55	12,75	11.200	97,87
Berner Zeitung	031/330 31 11 031/330 33 03	130.505	2,69	12,20	11.481	87,97

I. Deutschland

Titel	Telefon Fax	Verkaufte Auflage (I/1995)	s/w 1/1 Seite DM	s/w 1/4 Seite DM	4farbig 1/1 Seite DM	4farbig 1/4 Seite DM	Tausender-preis DM
ADAC-Motorwelt	089/7 67 60 089/76 76 47 01	11.767.251	127.000	31.800	189.600		10,80
Die Aktuelle	0911/5 32 50	621.228	13.400	3.350	20.100	7.035	21,57
Auf einen Blick	040/3 01 90	2 613.141	46.280	11.570	78.537	35.762	17,71
Auto Bild	040/3 47 00 040/34 72 52 50	862.390	34.112	8.528	54.580		39,56
Auto-Motor-Sport	0711/1 82 01 0711/1 82 13 49	503.372	32.750	8.188	58.950		65,06
Bauen & Wohnen	0711/45 06 0 0711/45 00 62	614.860	18.790	4.700	28.480	7.120	30,56
Das Beste	0211/49 87 90 0211/49 49 98	1.585.443	29.300	8.150	50.100	13.850	18,48
Bild der Frau	040/3 47 00	2.121.266	47.152	11.788	70.728	29.470	22,23
Blitz-Illu	040/30 19 30 44 040/32 65 49	460.926	18.992	4.748	25.639	8.071	41,20
Bravo	089/6 78 60	1.335.639	43.648	10.912	74.181	26.547	32,68
Bravo Girl	089/6 78 60	785.167	20.608	5.152	33.038	11.513	26,25

Titel	Telefon / Fax	Verkaufte Auflage (I/1995)	s/w 1/1 Seite DM	s/w 1/4 Seite DM	4farbig 1/1 Seite DM	4farbig 1/4 Seite DM	Tausenderpreis DM
Bunte	089/92 50 21 87 089/92 50 26 56	801.893	32.000	8.000	52.440	13.110	39,90
Brigitte	040/37 03 0 040/37 03 56 02	1.108.161	57.200		92.800		51,62
Capital	040/3 70 30 040/37 03 56 07	270.134	31.059		52.717		114,97
Cinema	040/44 19 80 040/41 76 17	224.968	19.800		25.900		88,01
Chip	0931/4 18 0 0931/4 18 20 90	234.688	15.425	3.856	22.130	7.001	65,73
Cosmopolitan	089/9 23 40 089/9 23 41 74	345.511	26.900		43.700		77,86
Coupé	040/30 19 30 44 040/32 65 49	571.199	19.320	4.830	32.245	11.292	33,82
Deutsche-Handwerks-Zeit.	08247/3 54 01	403.616	41.160	10.290	82.992	20.748	101,98
DM	0211/8 87 0 0211/37 49 55	192.874	22.230		36.680		115,26
Echo der Frau	0211/3 66 61 0211/3 66 62 51	464.400	6.020	1.508	10.836		12,96
Eltern	089/41 52 0 089/41 52 6	601.077	36.540		53.520		60,79

Titel	Telefon Fax	Verkaufte Auflage (I/1995)	s/w 1/1 Seite DM	s/w 1/4 Seite DM	4farbig 1/1 Seite DM	4farbig 1/4 Seite DM	Tausenderpreis DM
essen & trinken	040/3 70 30 040/37 03 56 06	218.969	21.520		34.340		98,28
Fernsehwoche	040/3 01 90	1.775.207	33.504	8.376	54.444	18.846	18,87
FF	0911/89 20 10 0911/89 20 13 5	486.744	16.320	4.080	25.296		33,53
fit for fun	040/44 19 82 25 040/45 57 11	354.287	32.900		37.900		92,86
Focus	089/92 50 27 47 089/92 50 25 81	684.558	37.250		57.000		54,41
frau aktuell	0211/3 66 61 0211/3 66 62 51	392.140	5.836	1.460	10.504		14,88
Frau im Spiegel	040/88 30 34 11 040/88 30 34 09	746.787	18.208	4.552	27.312		24,38
Freizeit-Revue	0781/84 01 0781/84 30 77	1.284.895	17.060	4.270	30.100	7.530	13,27
Freundin	089/9 25 00 089/92 50 30 65	732.829	37.120	9.280	61.450	31.180	50,65
Für Sie	040/2 71 70 040/27 17 20 56	734.178	32.830	9.521	51.390		44,72
Funk Uhr	040/34 72 25 86 040/34 72 56 04	1.617.703	30.350	8.195	49.271	17.245	18,76

Titel	Telefon Fax	Verkaufte Auflage (I/1995)	s/w 1/1 Seite DM	s/w 1/4 Seite DM	4farbig 1/1 Seite DM	4farbig 1/4 Seite DM	Tausender-preis DM
Gala	040/88 30 34 15 040/88 30 34 09	251.761	15.840		19.800		62,92
Geo	040/3 70 30 040/37 03 56 04	529.963	49.974	16.658	66.656	22.219	94,30
Das Haus	089/92 50 0 089/92 50 27 75	2.261.469	48.544	12.136	87.380		21,46
HörZu	040/34 70 040/34 72 56 04	2.513.246	63.022	17.016	101.780	34.623	25,08
impulse	040/3 70 30 040/37 03 56 07	130.962	21.369		36.329		163,08
Kicker	0911/2 16 22 12 0911/2 16 27 39	312.085	19.904	4.976	34.815		63,77
Lisa	07221/91 85 44 07221/91 85 23	585.796	16.500		16.500		28,17
Mach mal Pause	040/30 19 30 21 040/32 65 49	458.656	7.136	1.784	9.990	3.211	15,56
Mädchen	089/9 23 40	483.278	15.900	3.975	25.500		32,90
manager magazin	040/3 00 75 51 040/3 00 78 29	103.058	17.420	4.791	28.800	10.479	169,03
Max	040/441 98 270 040/45 12 66	220.318	21.130	5.282	30.335	15.656	95,91

Titel	Telefon Fax	Verkaufte Auflage (I/1995)	s/w 1/1 Seite DM	s/w 1/4 Seite DM	4farbig 1/1 Seite DM	4farbig 1/4 Seite DM	Tausender-preis DM
Mein schöner Garten	0781/84 01 0781/84 30 77	441.993	19.420	4.860	33.860	8.470	43,94
Micky Maus	0711/79 71 1	839.076	37.400		37.400		44,57
Natur	089/63 81 81 43 089/63 81 81 46	750.246	10.790	3.250	17.960	5.460	14,38
Das Neue Blatt	040/30 19 0 040/33 70 11	1.129.755	7.200	1.800	11.536		6,37
Neue Post	040/3 01 90 040/33 69 59	1.582.754	28.256	7.064	45.944		17,85
PC-Welt	089/36 08 62 94 089/36 08 62 63	268.980	13.200	3.450	17.800	8.050	49,07
Playboy Deutschland	089/6 78 60 089/6 70 20 95	212.602	19.992		29.836		94,03
P.M.	089/41 52 0 089/41 52 6 65	418.382	23.700		35.938		56,65
Popcorn	089/9 23 40	308.797	13.092	3.273	21.086		42,39
Pop Rocky	089/9 23 40	175.276	14.492	4.503	22.488		82,68
Praline	040/30 19 0 040/33 69 59	467.094	15.136	3.784	22.704	11.352	32,40
Schöner Wohnen	040/37 03 0 040/37 03 56 06	384.309	31.656		50.250		82,37

Titel	Telefon / Fax	Verkaufte Auflage (I/1995)	s/w 1/1 Seite DM	s/w 1/4 Seite DM	4farbig 1/1 Seite DM	4farbig 1/4 Seite DM	Tausenderpreis DM
selber machen	040/2 71 70 040/27 17 20 67	224.786	17.984	4.586	28.826	15.340	80,00
Selbst ist der Mann	040/30 19 0 040/33 59 23	190.914	16.416	4.104	30.369	12.448	85,99
Ski	0621/3 92 03 0621/3 92 28 00	269.411	18.850	4.715	26.500	6.625	69,97
Der Spiegel	040/3 00 700 040/3 00 78 29	1.036.544	49.500	13.613	84.000	30.863	47,75
Sport Bild	040/3 47 00 040/34 72 43 82	647.906	24.920	6.230	39.868		38,46
Sports Live	040/38 90 62 61 040/38 90 63 01	140.067	14.586	3.647	22.992	5.748	104,13
Stern	040/37 03 0 040/37 03 56 04	1.235.871	59.840	14.960	98.840	53.960	48,42
tina	040/3 01 90	1.510.644	39.664	9.916	63.430	28.440	26,26
TV Hören & Sehen	040/3 01 90	2.201.401	52.424	13.106	85.189	29.488	23,81
TV Movie	040/30 19 31 50 040/32 65 89	2.405.734	55.272	13.818	74.175	27.995	22,98
TV neu	040/34 72 25 86 040/34 72 56 04	861.944	12.232	3.303	19.325	6.641	14,19

Titel	Telefon Fax	Verkaufte Auflage (I/1995)	s/w 1/1 Seite DM	s/w 1/4 Seite DM	4farbig 1/1 Seite DM	4farbig 1/4 Seite DM	Tausenderpreis DM
TV Spielfilm	040/44 19 82 25 040/41 76 17	2.210.130	63.200		78.500		28,60
Vital	040/2 71 70 040/27 17 20 87	379.284	15.810	4.585	25.010		41,68
Wirtschaftswoche	0211/8 87 0 0211/37 49 55	162.660	20.200		33.330		124,85

II. Österreich

Titel	Telefon Fax	Verkaufte Auflage	s/w 1/1 Seite öS	s/w 1/4 Seite öS	4farbig 1/1 Seite öS	4farbig 1/4 Seite öS	Tausenderpreis öS
BUNTE Österreich	0222/51 38 83 3 0222/51 38 83 8	70.000	81.120		146.000		1.158,86
Freundin Österreich	0222/51 38 83 3 0222/51 38 83 8	65.000		64.000		112.000	984,62
Profil	0222/53 47 00 0222/53 47 06 2	105.000	81.600	20.400	142.800	35.700	777,14
trend	0222/53 47 00 0222/53 47 04	90.000	87.900	21.975	153.825	38.465	976,66
Wirtschaftswoche	0222/52 15 0/12 51 0222/52 15 01 27 6	49.067	53.000	15.900	82.700	24.800	24.800,00

III. Schweiz

Titel	Telefon Fax	Verkaufte Auflage	s/w 1/1 Seite SFr	s/w 1/4 Seite SFr	4farbig 1/1 Seite SFr	4farbig 1/4 Seite SFr	Tausenderpreis SFr
Glückspost	01/25 96 13 2 01/25 96 92 1	190.820	7.072	1.768	12.020	6.716	37,06
L'Hebdo	062/50 31 11 062/50 37 84	59.435	7.152	1.788	12.145	6.781	120,33
L'illustré	062/50 31 11 062/50 37 84	85.680	9.984	2.496	17.888	10.400	116,53
NZZ Folio	01/25 81 26 0	170.000	11.200	3.300	16.600	5.000	65,88
Schweizer Familie	01/24 85 26 2 01/29 11 47 0	213.433	10.244	2.561	16.834	7.504	48,00
Schweizer Illustrierte	01/25 96 13 2 01/25 96 92 1	204.919	12.160	3.040	20.672	11.552	59,34
Schweizer Woche	01/25 96 13 2 01/25 96 92 1	132.061	5.600	1.400	8.800	4.600	42,40
Tele	01/25 96 13 2 01/25 96 92 1	253.828	9.184	2.296	14.035	7.147	36,18
TV.8	062/50 31 11 062/50 37 84	853.085	2.272	568	4.320	2.616	2,66

Ihre Notizen:

Verzeichnis der Radiosender

Antenne Bayern
Münchener Str. 20 • 85774 Unterföhring •
Tel. 089/9 92 77 0 • Fax 089/99 27 72 19

Antenne Mecklenburg-Vorpommern
Funkhaus Plate • Am Bollwall 9 • 19086 Plate •
Tel. 03861/55 00 0 • Fax 03861/55 00 51

Antenne Niedersachsen GmbH & Co. KG
Postfach 11 07 11 • 20407 Hamburg •
Tel 040/37 09 07 0 • Fax 040/37 09 07 60

Antenne Sachsen
Junghansstraße 1-3 • 02177 Dresden •
Tel. 0351/3 36 53 90 • Fax 0351/3 36 53 80

Antenne Thüringen
Postfach 1135 • 99409 Weimar •
Tel. 03643/50 28 20 • Fax 03643/50 28 26

Antenne Unna
Mozartstraße 1 • 59423 Unna •
Tel. 02303/20 02 20 • Fax 02303/2 02 25

ARD-Werbung Radio National
c/o Westdeutsche Rundfunk Werbung GmbH (WWF) •
Ludwigstraße 11 • 50667 Köln •
Tel. 0221/2 03 51 45 • Fax 0221/2 03 52 94

Berliner Rundfunk
Leipziger Straße 62 • 10117 Berlin •
Tel. 030/3 08 47 3 00 • Fax 030/3 08 47 4 82

Energy 103,4
Potsdamer Straße 131 • 10783 Berlin •
Tel. 030/21 73 73 0 • Fax 030/2 16 57 14

Kiss FM
Elbestraße 6 • 12045 Berlin •
Tel. 030/6 87 35 60 • Fax 030/8 84 75 2 14

Mittelbayerischer Lokalfunk
Hofmillerstraße 41 • 85055 Ingolstadt •
Tel. 0841/5 60 85

Radio Brocken
Brachwitzer Straße 16 • 06118 Halle/Saale •
Tel. 0345/50 99 20 • Fax 0345/50 99 27

Radio Charivari
Königstraße 26 • 90402 Nürnberg •
Tel. 0911/23 87 0 • Fax 0911/20 89 41

Radio Essen
Sachsenstraße 36 • 45123 Essen •
Tel. 0201/2 45 85 0 • Fax 0201/2 45 85 49

Radio FFH
Hörfunk-Service-NRW • Postfach 18 02 20 • 40569 Düsseldorf •
Tel. 0211/71 30 21 • Fax 0211/71 78 80

Radio ffn
Funk und Fernsehen Nordwestdeutschland GmbH & Co. KG
Dorfstraße 2 • 30916 Isernhagen •
Tel 05139/9 99 0 • Fax 05139/9 99 1 10

Radio Hundert, 6
Mediatainment Gesellschaft für Aktions- u. Medienmarketing mbH
Ahornstraße 16 • 14163 Berlin •
Tel. 030/81 69 06 0 • Fax 030/8 02 32 17

Radio Kö
Konrad-Adenauer-Allee 11 • 86150 Augsburg •
Tel. 0821/5 02 01 0 • Fax 0821/ 5 02 01 11

Radio Köln
Eupener Straße 161 • 50933 Köln •
Tel. 0221/49 96 70 • Fax 0221/4 99 68 79

Radio Lippe
Ernst-Hilker-Straße 11 • 32758 Detmold •
Tel. 05231/2 10 03 • Fax 05231/3 94 42

Radio Mainwelle
Postfach 10 11 61 • 95411 Bayreuth •
Tel. 0921/75 75 00 • Fax 0921/6 69 33

Radio Merkur Mittelbaden
Kaiserstraße 50 • 76437 Rastatt •
Tel. 07222/3 30 30 • Fax 07222/3 06 31

Radio NRW GmbH
Essener Straße 55 • 46047 Oberhausen •
Tel. 0208/85 87 0 • Fax 0208/85 30 99

Radio Regenbogen 101,1
Postfach 1368 • 79013 Freiburg •
Tel. 0761/28 29 90 • Fax 0761/3 54 78

Radio Resonanz + RTL Baden-Württemberg
Heusteigstraße 44 • 70180 Stuttgart •
Tel. 0711/60 10 60 • Fax 0711/6 01 06 50

Radio RPR
Rheinland-Pfälzische Rundfunk GmbH & Co. KG
Turmstraße 8 • 67059 Ludwigshafen •
Tel. 0621/5 90 00 0 • Fax 0621/62 27 50

Radio SAW
Postfach 30 03 • 39014 Magdeburg •
Tel. 0391/7 31 17 68 • Fax 0391/7 31 17 83

Radio W 1
Ludwigstraße 8a • 97070 Würzburg •
Tel. 0931/20 87 89 • Fax 0931/ 1 49 58

Radio Xanadou
Pestalozzistraße • 80469 München •
Tel. 089/23 19 07 0 • Fax 089/2 60 44 17

Radio 7 Biberach
Reichenbach 3 • 88400 Biberach •
Tel. 07351/3 40 00 • Fax 07351/34 00 34

Radio 90,1 Mönchengladbach
Regentenstraße 37 • 41061 Mönchengladbach •
Tel. 02161/18 20 77 • Fax 02161/20 88 70

r.s.2
Voltastraße 5 • 13355 Berlin •
Tel. 030/4 67 03 0 • Fax 030/4 64 21 00

RSH Radio Schleswig-Holstein Kommanditgesellschaft-GmbH & Co.
Postfach 36 09 • 24100 Kiel •
Tel. 0431/58 70 0 • Fax 0431/58 87 75

Stadtradio Karlsruhe
Herrenstraße 23 • 76133 Karlsruhe •
Tel. 0721/1 80 50 • Fax 0721/1 80 51 0

Welle West
Postfach 1473 • 52516 Heinsberg •
Tel. 02452/18 06 0 • Fax 02452/18 06 29

Verzeichnis der Fernsehsender

ARD-Werbung TV National / BRW Bayerische Rundfunkwerbung GmbH
c/o Bayerische Rundfunkwerbung GmbH • Arnulfstraße 42 • 80335 München
Tel. 089/59 00 04 • Fax 089/59 00 42 68

Daten/Media Service
ARD-Werbung Media Marketing
Falkensteiner Straße 77 • 60322 Frankfurt am Main •
Tel. 069/15 30 04 1 00 • Fax 069/15 30 04 2 22

FAB-Fernsehen aus Berlin AG
Nollendorfplatz 5 • 10777 Berlin •
Tel. 030/2 16 60 80 • Fax 030/2 16 77 07

hr werbung GmbH
Bertramstraße 8 • 60320 Frankfurt am Main •
Tel. 069/1 50 91 • Fax 069/1 50 92 29

DER KABELKANAL
Martin-Kollar-Straße 13 • 81829 München •
Tel. 089/4 51 85 0 • Fax 089/4 51 85 10 42

MDR Werbung GmbH
Alfred-Hess-Straße 37 • 99094 Erfurt •
Tel. 0361/21 41 0 • Fax 0361/2 14 11 39

MTV Europe
Widenmeyerstraße 18 • 80538 München •
Tel. 089/29 88 66 • Fax 089/29 87 77

NDR-Werbefernsehen und Werbefunk GmbH
Rothenbaumchaussee 159 • 20149 Hamburg •
Tel. 040/44 19 20 • Fax 040/44 19 22 34

n-tv Nachrichtenfernsehen GmbH & Co. KG
Taubenstraße 1 • 10117 Berlin-Mitte •
Tel. 030/2 01 90 7 80 • Fax 030/2 01 90 7 75

ORB Werbung GmbH
August-Bebel-Straße 26-53 Haus 31a • 14482 Potsdam •
Tel. 0331/9 65 36 90 • Fax 0331/9 65 36 93

PRO 7 Media Gruppe München
Postfach 1310 • 85767 Unterföhring •
Tel. 089/9 50 04 0 • Fax 089/52 53 93

RB Radio Bremen Werbung GmbH
Hans-Bredow-Straße 10 • 28307 Bremen •
Tel. 0421/42 20 42 • Fax 0421/40 23 80

RFR-REGIONAL Fernsehen Programmanbieter GmbH Rosenheim
Aventinstraße 4 • 83022 Rosenheim •
Tel. 08031/38 00 05 • Fax 08031/1 59 62

RNF • Rhein-Neckar-Fernsehen GmbH
Postfach 12 16 52 • 68067 Mannheim •
Tel. 0621/3 92 27 21 • Fax 0621/37 77 88

RTL -Television • IPA-Plus Vermittlung für Fernsehwerbung GmbH
Freiherr-vom-Stein-Straße 31 • Postfach 11 10 63 • 60323 Frankfurt am Main
Tel. 069/9 71 18 0 • Fax 069/9 71 18 1 05

SAT. 1 Satelliten fernsehen GmbH
Werbezeitenverkauf • Otto-Schott-Str. 13 • 55127 Mainz •
Tel. 06131/9 008 00 • Fax 06131/9 00 8 03

SFB Werbung GmbH
Kaiserdamm 80-81 • 14057 Berlin •
Tel. 030/3 03 10 • Fax 030/3 01 97 35

SDR Werbung GmbH
Neckarstraße 221 • 70190 Stuttgart •
Tel. 0711/9 29 0 • Fax 0711/9 29 29 68

Telewest GmbH
Sachsenstraße 36 • 45128 Essen •
Tel. 0201/20 64 6 93 • Fax 0201/20 64 9 75

tv weiß-blau Gesellschaft für neue Medien mbh
Am Moosfeld 37 • 81829 München •
Tel. 089/42 04 04 11 • Fax 089/4 20 41 4 14

WFS Werbefunk Saar GmbH
Funkhaus Halberg • 66121 Saarbrücken •
Tel. 0681/68 79 20 • Fax 0681/6 87 92 21

WiS Werbung im Südwestfunk GmbH
Hans-Bredow-Straße 20 • 76530 Baden-Baden •
Tel. 07221/92 0 • Fax 07221/92 41 41

WWF Westdeutsche Rundfunkwerbung GmbH (WWF)
Ludwigstraße 11 • 50667 Köln •
Tel. 0221/2 03 50 • Fax 0221/2 03 52 97

Zweites Deutsches Fernsehen ZDF
Abt. Werbefernsehen • Postfach 4040 • 55100 Mainz •
Tel. 06131/70 40 22 • Fax 06131/70 21 57

Unsere Literatur-Empfehlungen

Hier ist unsere Liste mit Empfehlungen für alle Guerillas. Diese Bücher vermitteln solide Grundlagen für Verkauf, Marketing, Positionierung, Management und Abfassung von Texten.

Marketing

Maximarketing
von Stan Rapp & Thomas L. Collins • McGraw-Hill

Auf der Suche nach Spitzenleistungen.
Was man von den bestgeführten US-Unternehmen lernen kann.
von Tom Peters & Robert H. Waterman, Jr. • verlag moderne industrie

Kreatives Chaos. *Die neue Management-Praxis*
von Tom Peters • Hoffmann & Campe

Zusammen mit Jay Levinson ist Tom Peters einer der Erfinder des modernen Marketing-Denkens. »Auf der Suche nach Spitzenleistungen« ist die Grundlage vieler der hier vorgestellten Konzepte.

Die 1:1 Zukunft – Strategien für individuelles Kundenmarketing
von Don Peppers & Martha Rogers •Haufe Management Praxis

Dieses Buch ist die erste umfassende Beschreibung von Datenbank-Marketing.

Direktmarketing - Kommunikation
Gerhard Kirchner • Verlag Forkel

Direktwerbung, Mailmarketing, Telefonmarketing sowie audio-visuelle und elektronische Direktmarketing-Medien

Database-Marketing
Hendrik Schüring • verlag moderne industrie

Effektiv telefonieren
Peter Döring • verlag moderne industrie

Positionierung

Positionierung*: Die neue Werbestrategie.*
von Al Ries & Jack Trout • McGraw-Hill

Marketing fängt beim Kunden an. *Taktik geht vor Strategie*
von Al Ries & Jack Trout • Campus Verlag

Zwei Klassiker des Marketing von den führenden Sachkennern. Falls Sie nur ein einziges Buch über Marketing lesen können bzw. wollen (außer dem vorliegenden!), dann sollten Sie Positionierung *lesen.*

Werbung und Texten

Werbung, die sich auszahlt
Wolfgang Meffert • Verlag Wunderlich

Ein weiterer Autor aus der wachsenden Zahl der Guerillas. Viele Tips und Kniffe zu preiswerter Werbung in Deutschland.

Die neue Erfolgsmethode für bessere Werbung
Reiner Selz • Verlag Norman Rentrop

Werbung, die ankommt

Walter Schönert • verlag moderne industrie

Ein hervorragender Ratgeber für die Gestaltung Ihrer Guerilla-Anzeige. Auch Fernsehspots werden behandelt.

Werben wie die Profis

Joachim Bürger • verlag moderne industrie

Alles über Werbetexte und gute Grafik, außerdem Profi-Tips für die Zusammenarbeit mit freien Mitarbeitern.

Verkauf

Der totale Verkaufserfolg. *Die Geheimnisse des erfolgreichen Geschäftsabschlusses*

von Zig Ziglar • Oesch Verlag

Das beste Buch, das bisher über Verkauf und Verkaufstechniken geschrieben wurde.

Meisterstrategien für Verkäufer

von Zig Ziglar • mvg-Verlag

Der Weg zum Erfolg im Guerilla-Marketing ist oft durch Rückschläge und Frustration gekennzeichnet. Dies ist das beste Buch über Zielplanung und Selbstmotivation, das wir bisher gefunden haben.

Kunden fürs Leben. *Die Erfolgsrezepte der besten Automobilhändler in Amerika.*

von Carl Sewell & Paul B. Brown • Autohaus-Verlag

Umwerfender Service. *Die Bibel für den direkten Kundenkontakt.*

von Kristin Anderson & Ron Zemke • Campus Verlag

Management

Schwimm mit den Haien, ohne gefressen zu werden. *Die Kunst, besser zu sein.*

von Harvey Mackay • Heyne-Verlag

Harvay Mackay erläutert seine Methoden zur Auseinandersetzung mit den Wettbewerbern.

Business Reengineering *- Die Radikalkur für das Unternehmen*

von Michael Hammer & James Champy • Campus Verlag

Zukunftsorientierte Unternehmensführung durch Kundenorientierung bei gleichzeitiger Kostensenkung und Effizienzsteigerung. Pflichtlektüre für Manager auf allen Führungsebenen.